KB093895

국어의 문장 의미와 어휘 의미

국어의 문장 의미와 어휘 의미

도 재 학

역락

큰 뜻은 없었던 것으로 기억한다. 그저 국어학을 조금 더 공부해 보고 싶다는 생각이었다. 2007년 대학원 입학과 동시에 군 휴학을 하고 2009년 가을에 복학했다. 말이 복학이지 아는 것도 없이 열심히 해야겠다는 마음 하나뿐이었다. 거의 무방비로 공부의 세계에 발을 들였다. 총과 총알도 없이 군인 정신만 가지고 전투에 임하는 것과 다를 바 없었다.

전역을 두 달 앞두고 메일 하나를 썼다. "반갑다. 기억하다마다." 최호철 선생님의 답변이었다. 이 말씀에 힘입어 대학원 생활을 시작했다. 그러나 연구자가 되기에는 모든 면이 부족했다. 적잖은 시간이 필요했다. 전공 수업을 듣는 것 이상의 노력이 수반되어야 했다. 힘들었지만 매일같이 이어지는 스터디 모임과 선후배들의 격려가 큰 힘이 되어 주었다.

의미론과 문법론에 주로 관심을 가지고 공부했다. 수많은 논제들과 논의들이 있었다. 드넓은 학문의 바다에서 나의 항로를 개척해야 했다. 그런데 예측하고 계획한 길보다는 우연히 빠져든 길을 가게 되는 경우가 더 많았다. 다행스럽게도 여러 선생님과 주변의 동학들이 큰 줄기에서 벗어나지 않도록 도와주었다. 우여곡절 끝에 졸업까지 하게 되었다.

이 책은 문장 의미에 관해 논의한 필자의 박사 논문을 1부로, 어휘 의미에 관해 논의한 기발표된 소논문 세 편을 2부로 구성한 것이다.

대의를 훼손하지 않는 선에서 내용과 체재를 수정·보완하였다. 문장 의미론과 어휘의미론의 몇몇 논제에 대해 필자 나름대로 합리적인 견해를 세워보고자 시도한 것이다. 부끄러움이 앞서지만 감히 용기를 내어 보았다.

조금 더 공부해 보고 싶다고 시작한 일이 끝이 나지 않고 있다. 사실 끝이 보이지 않는다. 박사 논문으로 여태까지의 공부를 일단락 짓겠다고 생각했지만 여기저기에 문제만 잔뜩 남겨두었다. 졸업하면 마음이 좀 편해질 줄 알았는데 그렇지 않아 걱정이다. 그간 저질러 놓은 것들에 대해 책임을 지는 마음으로 앞으로의 학업을 지속해 가고자 한다.

여러 선생님들께 입은 학은이 태산과 같다. 특히 한국언어유형론학회의 공부모임, 통사론 연구회, 말터 모임의 선생님들께 감사드린다. 모교의 신지영 선생님, 장경준 선생님께 받은 학문적 감화도 잊을 수 없다. 마지막으로, 부족한 논문에 생명을 불어넣어 주신 홍종선 선생님, 김정숙 선생님, 최경봉 선생님, 남경완 선생님께 고개 숙여 감사드린다.

필자에게는 세 분의 아버지가 있다. '智父, 德父, 體父'로 부를 수 있을 것 같다. 智父이신 최호철 선생님은 학부 때부터 지금까지 한결같은 모습으로 필자의 학문적 성장을 독려해 주셨다. 필자의 모든 연구가 최호철 선생님의 따뜻한 햇볕 아래에서 싹을 틔울 수 있었다. 사람됨에 대해 베풀어 주신 가르침은 국어학적 지식 이상으로 기억에 선명하다.

體父이신 유학문 관장님은 필자가 검도에 입문한 이래, 항상 바른 마음과 바른 자세를 가지고 생활할 수 있도록 지도해 주셨다. 타격 기술로 상대방을 이겨 먹는 스포츠로서의 검도가 아니라 평상심을 유지하도록 몸과 마음을 수련하는 무도로서의 검도를 익힐 수 있게 해 주셨다. 검도에 있어서는 항상 부족한 모습을 보여드려 송구스럽기만 하다.

德父이신 부친께서는 필자의 학업을 오랫동안 묵묵히 응원해 주셨다. 고등학교 졸업 후 서울로 유학을 떠나게 되었을 때 해 주신 "공부보다 중요한 것이 많다. 공부만 하지 마라. 하고 싶은 일은 다 해 보고 친구를 많이 사귀어라."라는 말씀을 잊지 않고 있다. "내 말을 듣지 말고 네 생각대로 해라."라는 말씀도 필자에게 커다란 가르침으로 남아 있다.

아버지와 더불어 어머니께도 감사드리지 않을 수 없다. 큰아들 걱정에 늘 마음 졸이시는 어머니께는 열심히 살아가는 모습으로 염려를 덜어드릴 것이다. 큰아들처럼 대해 주시는 장인어른과 장모님께도 감사드린다. 건강히 잘 자라 주는 이설이와, 아내에게도 감사한다. 마지막으로 기꺼이 편집과 출판을 맡아 주신 역락 출판사의 여러 분들께도 감사드린다.

2018년 6월

도재학

차 례

제1부 국어 문장의 의미 분석

제1장 서론 / 13
1.1. 연구 목적 ……………………………………………………… 13
1.2. 연구 범위 ……………………………………………………… 15
1.3. 선행 연구 ……………………………………………………… 21

제2장 문장 의미와 관련 개념 / 31
2.1. 문장의 서술 작용 ……………………………………………… 31
2.2. 문장 의미의 특성: 중의성과 유의 관계를 중심으로 …… 36
2.3. 문장 의미 분석을 위한 기본적 논의 ……………………… 45

제3장 문장 의미의 구성 / 107
3.1. 언표 문장 의미의 구성 ……………………………………… 107
3.2. 발화 문장 의미의 구성 ……………………………………… 136

제4장 문장 의미의 분석 / 151
4.1. 언표 문장 의미의 분석 ……………………………………… 151
4.2. 발화 문장 의미의 분석 ……………………………………… 209

제5장 결론 / 251
5.1. 요약 …………………………………………………………… 251
5.2. 남은 문제 ……………………………………………………… 253

제2부 국어 어휘의 의미 분석

제1장 유사 관계: '책, 서적, 도서'의 관련어 네트워크를 중심으로 / 269
    1.1. 서론 ··· 269
    1.2. 관련성 정도(t-점수)와 네트워크 ································· 273
    1.3. 유의어 '책, 서적, 도서'의 분석 ······························· 278
    1.4. 결론 ··· 295

제2장 대립 관계: 유형 분류를 중심으로 / 297
    2.1. 서론 ··· 297
    2.2. 의미 관계의 체계 ··· 300
    2.3. 대립적 의미 관계의 유형 ··· 314
    2.4. 결론 ··· 329

제3장 양립불가능 관계: 어휘 관계와의 관련성을 중심으로 / 333
    3.1. 서론 ··· 333
    3.2. 선행 연구 ··· 336
    3.3. 양립불가능 관계의 개념(선행 연구의 비판적 검토) ······· 342
    3.4. 양립불가능 관계의 범위 ··· 349
    3.5. 양립불가능 관계의 의미론적 함의 ····························· 354
    3.6. 결론 ··· 358

참고문헌 / 363
찾아보기 / 385

제1부 국어 문장의 의미 분석

제1장 서론

제2장 문장 의미와 관련 개념

제3장 문장 의미의 구성

제4장 문장 의미의 분석

제5장 결론

제1장 서론

언어학의 하위 분야로서 의미론이 성립된 이래, 의미에 대한 연구는 구조언어학 시기와 변형생성언어학 시기를 거치면서 다양한 이론적 배경과 연구 방법으로 깊이가 심화되어 왔다. 그리고 언어 단위로서는 단어(어휘)와 문장이 주된 연구 대상이 되었다. 특히 단일한 지시체나 개념을 표시하는 단어(어휘) 의미를 중심으로 많은 논의가 이루어졌다. 이에 비해 상대적으로 덜 논의된, 여러 지시체와 개념이 복합된 문장 의미는 연구가 본격화될 필요가 있다.

1.1. 연구 목적

본 연구의 목적은 완전한 내용을 완결된 형식으로 나타내는 언어 단위인 '문장(文章, sentence)'과 그 의미를 특성에 따라 구분하고, 문장 의미의 구성 요소와 분석 방법을 논의함으로써 문장 의미 연구의 기초를 마련하는 데 있다. 먼저 문장 의미에 대한 체계적 접근의 필요성을 보이면서 이를 바탕으로 문장과 문장 의미의 차원을 구분한다. 이를 통해 언표 문장과 발화 문장을 구분하고 각 문장 의미의 구성 요소와 분석 방법에 대해 차례로 살펴본다.

문장은 전통적인 언어 이론에서 단어와 함께 문법 기술의 근본적인 단위로 다루어져 온 것이고(Lyons 1968: 170), 언어 사용자들에게도 직관적으로 인식되는 단위이다. 그러므로 문장 의미에 대한 체계적이고 분석적인 연구는 필요하고 또 중요하다. 그러나 문장 의미에 대한 연구는 문장의 통사 구조 분석에 관한 논의에 비하면 수효나 깊이가 부족하다. 아마도 문장 의미를 '아는 것' 또는 '있는 것'으로 당연시해 온 경향이 그 이유인 것으로 생각된다.

언어학적으로는 문장이라는 언어 단위의 개념 규정, 외연 한정, 나아가 의미 분석에 있어서 적지 않은 어려움이 상존해 있음에도 불구하고, 일상적인 언어 생활 속에서 문장 의미를 파악하지 못하는 경우는 거의 없다. 화용론적 맥락과 결부되어 나타나는 발화로서의 문장이 어떤 의미를 나타내는지 연구자가 알기 때문에, 문장을 대상으로 한 기존 연구들에서는 의미의 측면을 전제하거나 도외시한 채 언어 현상을 논의한 경우가 잦았던 것으로 판단된다.

자연 언어(自然 言語, natural language)를 여러 가지 약정에 의거한 매개 언어로 형식화하여 다루는 형식의미론 또는 의미의 측면을 배제하고 언어 형식들 간의 관계를 다루는 변형생성문법 등의 접근 방식은, 실상 문장 의미를 알고 있다는 것을 전제하고 있거나 언어 형식으로부터 의미를 분리할 수 있다는 믿음을 필요로 한다. 그러나 의미를 아는 것은 인간의 언어 능력과 습득에 기인한 것이며 의미가 그 자체로 독립적으로 존재하기 때문은 아니다.

의미는 인간의 언어 능력에 온전히 내재되어 있거나 혹은 언어 형식과 별개로 존재하는 것이 아니라, 자의적이거나 유연적으로 관계 맺어진 언어 형식에 의존해서만 드러나는 것이다. 언어 형식으로 표현되기 전의 생각의 단위로 규정되는 것은 '개념(槪念, concept)'이며, 이것은 동일속성을 가진 대상들로부터 추상한 일반화된 관념으로 정의된다(김봉주 1988: 26). 개념은 언어화되고 나서야 비로소 언어 형식의 '의미(意味, meaning)'로 간주될 수 있다.

즉 언어학적 의미 연구는, 인간이 언어 능력을 통해 알고 있는 어떤 언어 형식의 의미가 다른 언어 형식들과의 관계 속에서 무엇으로 규정되는지 분석적으로 접근하는 것으로부터 출발한다. 언어 사용자는 누적적으로 체화된 경험을 통해서 맥락에 따라 다양하게 변이되는 의미를 쉽게 파악하지만, 그 실상은 아주 복잡한 것이다. 그러므로 어떤 언어 형식이 가지는 의미가 어떻게 드러나는지를 체계적으로 논의하는 것은 중요하고도 기본적인 작업이다.

1.2. 연구 범위

연구 범위의 제한을 위해 문장의 외연을 확정할 필요가 있다. 그런데 많은 논의들에서 문장은 일관되게 다뤄진 것이 아니라 형식과 의미의 여러 측면에서 종류가 나뉘고 외연도 달리 설정되어 왔다. 이 때문에 문장이라고 지칭되어 온 모든 것들의 의미를 연구 대상으로 삼을 수는 없다. 여기서는 화맥과의 결부 여부와 형식적 완전성이라는 두 가지 기준을 가지고 선행 연구들에서 설정한 다양한 종류의 문장을 정리한 뒤 연구 범위를 한정하도록 하겠다.

아래 [표 1]에는 여러 선행 연구들에서 '문장'의 유형을 다양한 기준에 따라 나누고 명명한 것들을 정리해 본 것이다. (ⅰ)은 구조적 특성, (ⅱ)는 문법적(기능적) 특성,[1] (ⅲ)은 의미적 특성, (ⅳ)는 형식적·의미적 완전성, (ⅴ)는 화맥과의 결부 여부, (ⅵ)은 구성 요소의 생략, (ⅶ)은 형식적 완전성, (ⅷ)은 구어에서의 문장 대당 단위를 기준으로 설정된 문장의 종류이다. 여기서 꽤 이질적인 특성을 가진 것들이 '문장'으로 함께 지칭되고 있음이 확인된다.

[표 1] '화맥과의 결부'와 '형식적 완전성'을 기준으로 분류한 문장의 종류

화맥과의 결부	형식적 완전성	문장의 유형
화맥 배제 [언표]	완전한 형식	(ⅰ) 단문, 중문, 복문, 혼문(김민수 1971: 167) (ⅱ) 평서문, 감탄문, 의문문, 청유문, 명령문(남기심·고영근 1993: 343) (ⅲ) 중의문, 모호문, 긍정문, 부정문, 능동문, 피동문, 주동문, 사동문, 상·하의문, 동의문, 반의문(박영순 2001: 122-196) (ⅳ) 완전문, (의미적) 불완전문(윤평현 2003: 201) (ⅴ) 체계문(Lyons 1977), 문장(이희자 2002), 언표 문장(최호철 2011), 이론문(김민국·손혜옥 2015)
	불완전한 형식	(ⅵ) 언어적 문맥 생략문(김일웅 1986), 언어 정보에 의한 생략문(박청희 2013)
화맥 결부 [발화]	완전한 형식	(ⅴ) (완전한) 텍스트문(Lyons 1977), 발화문(이희자 2002), 문장 발화(최호철 2011), 분석문(김민국·손혜옥 2015) (ⅶ) 분절문(Jespersen 1924: 308), 대형문(성광수 1972), 정규문(위키백과 영문판)
	불완전한 형식	(ⅳ) (형식적) 불완전문(윤평현 2003: 201) (ⅴ) (불완전한) 텍스트문(Lyons 1977),[2] 발화문(이희자 2002), 분석문(김민국·손혜옥 2015)

[1] 서법을 고려하면 문법적 특성이라 할 수 있고, 화행을 고려하면 기능적 특성이라 할 수 있다. Lyons(1968: 179)에서는 "전통적인 문법에서 문장은 서로 다른 두 가지 방법으로 분류되었는데, 첫째는 진술, 질문, 감탄, 명령과 같은 기능에 의한 것이고, 둘째는 단순 혹은 복합과 같은 구조적 복잡성에 따른 것이다."라고 하여 기능과 구조를 대비하였다.

화맥과의 결부	형식적 완전성	문장의 유형
		(ⅵ) **비언어적 상황 생략문**(김일웅 1986), **상황 정보에 의한 생략문**(박청희 2013) (ⅶ) **반분절문, 비분절문**(Jespersen 1924: 308), **소형문**(성광수 1972), **비정규문**(위키백과 영문판) (ⅷ) **조각문** (서은아 · 남길임 · 서상규 2004)

[표 1] 가운데에서, 직관적으로 분명하고 이견의 여지가 없는 가장 전형적인 문장은 '완전한 형식'에 해당되는 것들이다. 한편 화맥과의 결부 측면에서 '화맥 결부'에 해당하는 것들은 이른바 '발화(發話, utterance)'라고 하는 더 일반적이고 대표적인 용어의 범위에 포섭된다. 발화 차원에는 화시, 참여자의 태도, 발화 장면 등이 함께 고려되어야 하므로(최호철 2011: 509), 더 기본적인 것은 발화 차원의 문장이 아닌 언표 차원의 문장이라고 할 수 있다.

예컨대 '철수는 영어 학원에 갔어.'라는 문장은 발화 차원에서 ① "철수는 영어 학원에 갔어.", ②"철수는 지금 집에 없어.", ③"철수는 영어를 잘 못해." 등으로 사용될 수 있다. 이 가운데 ①은 언어 형식으로 드러나는 그대로의 의미가 발화로 실현된 의미이다. ②와 ③은 특정한 화용적 맥락을 ①과 결부시켜 추론했을 때 이해 가능한 의미이다. 이렇듯 언표 차원의 문장은 화맥과 결부되어 다양하게 변이될 수 있는 언표적 의미를 가지는 점에서 기본적이다.

(1) ㄱ. 평서문: 철수가 착하다. 철수가 밥을 먹는다. 철수가 영희에게 꽃을 주었다.
ㄴ. 감탄문: 철수가 착하구나! 철수가 밥을 먹는구나! 철수가 영희에게 꽃을 주었구나!

---

2) 텍스트문은 완전하거나 불완전할 수 있다(Lyons 1977: 30).

ㄷ. 의문문: 철수가 착하니? 철수가 밥을 먹니? 철수가 영희
에게 꽃을 주었니?
ㄹ. 청유문: 우리는 이제 집에 가자. 우리는 초밥을 먹자. 우
리는 선생님께 꽃을 드리자.
ㅁ. 명령문: 너는 이제 집에 가라. 너는 단무지를 먹어라. 너
는 선생님께 꽃을 드려라.

(1)에는 완전한 형식을 갖춘 언표 차원의 문장 중, 단문의 예를 문
장 유형에 따라 보였다. 이러한 언표 차원의 문장 의미와 더불어 이들
이 화맥과 결부된 경우의 의미가 본 연구의 범위에 속한다. 그리고 소
형문, 생략문, 조각문 등으로 불리는 화맥과 결부된 불완전한 형식들,
즉 언표 차원에서는 온전한 문장의 꼴을 갖추고 있지 못한 단어, 구,
절 등의 의미가 특정한 상황 속에서 문장 의미에 대당된다고 간주되
는 경우들은 제외된다. 다음을 살펴보자.

(2) ㄱ. (질문: 철수 뭐 먹어요?) 밥.   [단어]
ㄴ. (질문: 철수 뭐 해요?) 밥 먹는다.   [구]
ㄷ. (질문: 누가 밥 먹어요?) 철수가 먹는다.   [절]

(3) ㄱ. (독서실 출입문에) 정숙   [단어]
ㄴ. (업무 지시사항 메모에) 내일까지 보고할 것   [구]
ㄷ. (시위 구호에) 정부는 각성하라!   [절]

(2)는 어떤 질문에 대한 대답이다. 이들은 질문에서 전제된 요소를
복원할 수 있다는 특성이 있다. 주어진 형식만으로도 '철수가 밥을 먹
는다.'라는 대형문의 의미를 대신할 수 있으므로, 대형문에 대당하는
소형문으로 간주하는 예이다. (3)은 지시 화행으로 사용된 것들이다.
'당신은 독서실에서 정숙하시오.', '당신은 내일까지 업무에 관해 보고

하시오.', '정부는 실정(失政)을 각성하시오.' 정도의 대형문에 준한다는 점 때문에 소형문으로 간주하는 예이다.3)

물론 (2)-(3)은 자연스러운 발화이다. 실제 일상 발화의 대부분이 문법적으로 불완전하거나 생략된 것이다(Lyons 1995: 259). 그러나 이들은 선행 발화 혹은 발화 장면 등 화맥과 결부된 추론 없이는 독립적인 문장으로서의 온전한 의미를 확인해낼 수 없다. 즉 문장으로서의 형식적 완결성을 갖지 못하므로 언표 차원에서 문장으로 간주할 근거는 없다. 이에 본 연구에서는 일반적으로 완전문 또는 체계문이라 일컫는 문장과 그 의미를 연구 대상으로 삼는다.

발화 차원의 불완전한 형식의 경우 언표로서는 서술형식의 완결성이 결여된 것이다. 이들은 화맥을 통한 서술성의 보충이 이루어질 때 문장에 대당되는 의미로 해석될 수 있지만 그렇다고 해서 이들이 문장인 것은 아니다. 언표 단어, 언표 구, 언표 절 등이 화맥과 결부된 것에 대해 '소형문', '조각문', '불완전한 텍스트문' 등의 명명이 아닌 발화 단어, 발화 구, 발화 절 등으로 지칭하는 것은 의사소통의 단위로 사용된 언어 단위의 자격을 적시하는 것이다.

그러므로 문장은 화맥의 결부 여부에 따라 언표 문장과 발화 문장으로 나뉘고, 이들은 서술적 완비성을 가지는 점으로 특징지어진다.

---

3) 여기 제시한 대형문은 확정적인 것은 아니다. 소형문은 대형문의 존재에 기대고 있다는 것을 보이기 위해 하나의 가능성을 제시한 것이다. 한편, 수행 가설 (performative hypothesis)의 견지에서 모든 문장이 그 심층 구조에 상위 수행절을 가지고 있다는 것을 전제로 할 수도 있다. 표면 구조의 도출 과정에서 수행 동사의 삭제 여부로 명시적 수행 발화와 비명시적 수행 발화를 구분하는 수행 가설의 입장에서는 '나는 당신이 독서실에서 정숙할 것을 지시한다.' 등으로 대형문을 설정할 수도 있다. 수행 가설은 Ross(1970: 224)에서 "모든 평서문은 결국 독립된 절로서의 표면 구조가 되는 내포된 절을 포함하는 심층 구조로부터 도출되는 것이다."라는 입장으로부터 발달된 것이다. 수행 가설의 장단점에 관한 간략한 논의는 윤평현(2008: 376-379) 참고.

한편 언표 차원에서 서술형식의 완결성을 갖지 못하는 것들은 그 언어 단위에 따라 언표 단어, 언표 구, 언표 절 등으로 규정된다. 한편 항진문, 모순문, 변칙문 등 의미적 정합성을 갖추지 못한 것은 준-언표 문장으로 간주된다. 이들은 특별한 의도를 담고 있거나 문학적 효과를 기대하는 경우 사용될 수 있기 때문이다.4)

 (4) 본 연구에서 설정되는 문장의 외연
  ㄱ. 서술적 완비성을 보유한 '언표 문장 I'
  ㄴ. 서술형식의 불완전성을 문맥적으로 복원할 수 있는 '언표 문장 II'
  ㄷ. 서술형식이 완전하나 의미적 정합성을 갖추지 못한 '준-언표 문장'
  ㄹ. 언표 문장에 화맥이 결부된 '발화 문장'

이러한 문장의 외연은 서술적 완비성이라는 내포적 속성에 기초하는 것이다. 서술적 완비성이 없으면 문장이 아니다. 단어인 '철수!', 절인 '철수가 해결해!', 문장인 '철수가 이 일 해결해!' 등은 각각 서로 다른 언어 단위이다. 실현되지 않은 요소들을 복원할 수 있다거나 동일한 화행을 수반할 수 있는 것은 화맥에 기대어 가능한 특성이며, 이들이 문장 단위로서 동등하기 때문은 아니다. 그러므로 문장의 외연과 본 연구의 범위는 [표 2]와 같이 정리된다.

---

4) 문법적으로 적절하나 의미적으로 부적절한 Chomsky(1957: 15)의 유명한 예 'Colorless green ideas sleep furiously.'와 같은 것을 문장이 아니라고 할 수는 없다. 전달하고자 하는 의미가 불분명한 '산은 산이요, 물은 물이다'와 같은 항진문, '찬란한 진실이 유리창을 꿰뗐다.'와 같은 변칙문, 그리고 서술내용이 상충되는 '모든 무생물은 살아있다.'와 같은 모순문 등은 의미적 정합성을 갖추고 있지 않지만 특별한 경우에 사용될 수 있다.

[표 2] 문장의 외연과 본 연구의 범위

화맥 배제	화맥 결부
'언표 문장 I'의 의미	'언표 문장 I 이 발화된 문장'의 의미
'언표 문장 II'의 의미	'언표 문장 II 가 발화된 문장'의 의미
'준언표 문장'의 의미	'준언표 문장이 발화된 문장'의 의미

1.3. 선행 연구

문장 의미에 관한 선행 연구는 크게 두 부분으로 나누어 살펴본다. 하나는 특정한 이론적 견지에 기대어 문장 의미를 다루는 경우이다. 다른 하나는 국어 문장의 의미를 연구 대상으로 삼아 관련 주제를 논의한 경우이다. 실상 본 연구는 어떤 이론적 입장을 전제하고 국어 문장의 의미를 분석하는 입장은 아니다. 하지만 문장 의미에 대해 논의해 온 몇몇 이론적 입장들은 오랜 기간 문장 의미 연구에 영향을 미쳐 왔기 때문에 이에 관한 검토가 필요하다.

문장 의미를 연구 대상으로 삼는 이론적 입장은 다시 네 가지로 나눌 수 있다. 첫째는 명제를 다루는 논리학에서 발전해 온 형식의미론적 접근법이다. 둘째는 문장 의미를 어떤 사건의 존재로 파악하고 그 사건을 형식적으로 표상하는 사건의미론적 접근법이다. 셋째는 개별 동사의 어휘 개념 구조와 연결 규칙을 통해서 문장 의미에 대해 살피는 개념의미론적 접근법이다. 넷째는 구성문법적 연구 가운데 문장 층위의 구성을 논의 대상으로 삼는 경우이다.

각각에 대해 차례로 살펴보겠다. 문장에 대한 형식의미론적 접근법은 명제 논리(propositional logic), 술어 논리(predicate logic), 양화 논리

(quantificational logic), 양상 논리(modal logic), 시제 논리(tense logic) 등으로 논의가 상세화되어 가면서 문장의 다양한 세부적 특성을 다루었다.[5] 그러나 궁극적으로는 화자의 직관을 통해 파악된 문장 의미를 형식화하여 표상하는 방식과 그 표상들을 통한 논리적 연산 체계에 논의의 초점이 맞춰져 있다.

한편 사건의미론(event semantics)은 형식의미론적 접근법과 유사한 맥락에서 발전해 온 것이다. 형식화된 표상으로 문장 의미를 다루는 점은 닮아 있지만, 그 표상의 내용이 가리키는 바가 명제 내용이 아니라는 점에 차이가 있다. 사건의미론에서는 사건(event)이라는 별개의 개체를 설정하고, 문장 의미를 어떤 사건의 존재로 이해한다. 이러한 입장에서 각각의 문장 성분들은 사건 논항과 관계를 맺으며 사건의 갖가지 국면을 명세하는 것으로 파악된다.

형식의미론의 술어논리에서는 서술어를 하나의 함수로 보고 문장의 나머지 성분들이 논항으로 취해지면 그 값이 곧 문장이 된다고 보았다. 그러나 사건의미론에서는 문장 의미를 참/거짓이나 명제로 단순화할 수 없다는 문제, 부사어와 같은 성분들을 또 다른 함수 가능자 혹은 술어로 보았을 때 그들이 취하는 논항은 동사처럼 문장 성분 안에서 찾을 수 없다는 문제를 들어 기존의 관점을 비판하면서(임채훈 2006: 191-193) 사건의 개념을 도입하였다.

사건의미론에서는 첫째, 부분들의 합으로는 전체 의미를 파악할 수

---

5) 형식의미론의 발전 과정에서 1980년대 들어 대두된 담화 표상 이론(DRT: Discourse Representation Theory)은 형식의미론의 전통적 테두리를 벗어난 혁신적인 주장을 담고 있는 이론으로 평가된다(강범모 1991: 387). 담화 표상 이론은 하나의 명제 나 문장을 표상하는 차원을 넘어 담화 층위의 조응 현상 등을 세밀히 다룰 수 있다는 장점이 있다. 담화 표상 이론의 개관은 Cann, Kempson and Gregoromichelaki (2009: 5.3절) 참고.

없다는 것과, 둘째, 전체로서의 고유한 의미, 그리고 전체와 부분들 간의 의미 관계가 문장 의미 형성에 있어 중요하다는 것(임채훈 2006: 216)을 전제로 둔다. 그러나 이 역시 문장 의미를 체계적으로 분석하는 논의는 아니고 형식의미론과 마찬가지로 형식적 표상을 수단으로 문장 단위의 특성들을 다룬다. 그러나 사건 개념 도입과 문장 의미 분석은 직접적이거나 필연적인 관계가 없다.

세 번째로 살펴볼 것은 동사의 어휘 개념 구조(LCS: Lexical Conceptual Structure)를 표상하고 이것이 문장의 통사 구조와 대응하는 양상을 연구하는 개념의미론(conceptual semantics)이다. 여기서는 개념 구조를 인지 체계 속의 한 단원(module)으로 상정하고, 개념 구조를 곧 의미 구조로 본다(양정석 2013: 17). 의미 구조는 의미역 개념을 기초로 하여 형식화되는 것이며(양정석 2004: 330), 이것이 연결 규칙을 통해 통사 구조와 대응된다.

즉, 개념의미론은 개별 동사들의 어휘 개념 구조를 명세하고, 서술어가 논항이나 부가어 등 다른 문장 성분과 관계 맺는 방식을 연결 규칙으로 설명함으로써 문장의 통사 구조와 의미 해석에 접근하려는 견해라고 할 수 있다. 소위 '3원적 병렬 체계(Tripartite Parallel Architecture)'로 지칭되는 문법의 조직(Jackendoff 1990: 16) 내에서 특히 개념 구조와 통사 구조의 대응에 관심을 갖고, 그 관계를 갖가지 원리와 규칙으로 해명하려는 시도이다.

개념의미론적 접근에서는 한편으로는 동사의 용법에 대한 분석과 그를 기반으로 한 어휘 개념 구조를 표상하는 데에 역점을 두고, 다른 한편으로는 어휘 개념 구조가 통사 구조로 연결되는 규칙을 명세하는 데 주력한다. 이에 개념의미론은 동사의 어휘 개념 구조에 기초한 문장의 의미 구조를 표상하는 데 기여한 것으로 평가된다. 그러나 개념

의미론도 논의의 초점은 문장 의미의 분석보다는 개별 동사의 어휘 개념 구조가 문장으로 사상되는 양상에 있다.

마지막으로 살펴볼 것은 구성문법(construction grammar)의 접근법이다. 구성은 한 언어에서 상당히 고정적으로 나타나는 통사적 연쇄 (syntactic sequence) 혹은 결합적 패턴(syntagmatic pattern)을 특정적으로 가리키는 것이다.6) 구성은 다양한 정도의 추상성을 허용하는 개념으로서, '철수가 밥을 먹는다.'처럼 모든 어휘 항목이 명세된 것, 'NP1(-이) NP2(-를) V-ㄴ다'처럼 어느 정도 추상적인 것, 그리고 'Subj Obj V'처럼 추상적인 것을 포괄한다.

그런데 구성은 Goldberg(1995: 4)에서 설명하듯이, 구의 패턴(phrasal pattern)도 형식이나 의미가 그 구성 요소의 부분 혹은 다른 구성의 특성으로부터 정확히 예측할 수 없다면 구성으로 간주된다.7) 고정적인 통사적 연쇄라는 것이 문장이어야만 하는 것은 아니다. 구성의 개념은 한편으로는 다양한 언어 단위에 걸쳐 있고 다른 한편으로는 다양한 층위의 추상성을 허용하기 때문에, 구성에 대한 연구가 곧 문장 단

---

6) 구성이라는 용어 자체는 구성문법이라는 이론이 등장하기 이전부터 일반적으로 사용되어 온 것이다. Matthews(1981: 1-2)에서는 어떤 문장, 또는 그 문장 내에서 우리가 구별해 낼 수 있는 어떤 더 작은 단위의 통사적 특성에 대해서 문법가들이 라틴어 용어인 구성(construction)을 사용한다는 것을 언급한 바 있다. 구성은 문장과 관련하여 이해할 때 '구문(構文)'이라는 용어로도 사용될 수 있다. 선행 연구들에서 '타동 구문, 비교 구문, 자동사 구문, '하다' 구문, 자동사 결과 구문' 등과 같이 다양하게 불러 왔던 명명들은 모두 문장 단위를 전제하고 그 특성에 따라 이름 붙인 것이다.

7) 구성은 논자에 따라 어떤 고정된(관습화된) 의미와 고정된 형식의 결합체로 정의되는 경우도 있고, 형식적인 면만을 기준으로 하여 어떤 고정된 의미는 구성의 필요조건으로 명시하지 않는 경우도 있다. 전자의 입장은 Fillmore(1988: 36)의 "문법적 구성은 어떤 언어에서 하나 또는 그 이상의 관습화된 기능을 할당받은 통사적 패턴을 의미한다."라는 언급에서 볼 수 있고, 후자의 입장은 Asher et al.(1994: 5106)의 "문법적 단위 내의 통사적 배열 또는 패턴"이라는 설명에서 볼 수 있다 (도재학 2014: 274-276).

위의 의미 연구에 직결되는 것은 아니다.[8]

즉 'N + N'의 명사구도 일종의 구성이고, '-을 것이-'도 구성이다. 그리고 'Subj Obj V'와 같이 추상적인 구성들은 문장과는 질적으로 다른 것이다. 문장 단위의 구성이 연구 대상에 포함되기는 하지만 구성 문법은 그 자체로 문장 의미를 다루는 것이 아니고 연구 목적과 연구 대상의 범위에 큰 차이가 있다. 물론 구성문법적 연구 성과는 문장 의미 연구에서 구성적 의미(통사·구조적 의미)도 고려되어야 한다는 점을 보여주었고 주요하게 참고될 수 있다.

이상으로 문장 의미를 연구 대상으로 삼는 형식의미론, 사건의미론, 개념의미론, 그리고 구성문법의 이론적 관점과 주요 내용을 살펴보았다. 이 입장들이 문장 의미에 대한 분석적 접근법을 다룬 것은 아님을 알 수 있다. 형식의미론, 사건의미론, 개념의미론은 기호를 활용하는 정교한 형식화를 통해 논리적 엄밀성을 확보하여 문장 의미의 특성을 다루고자 한 논의이며, 구성문법은 문장 의미 연구에서 고려되어야 할

---

8) Goldberg(2013: 17)에서는 아래 표와 같이 다양한 층위의 복잡성과 추상성을 보이는 구성의 유형들을 제시하였다. 즉, 구성에 관한 연구가 곧 문장에 관한 연구는 아니다.

구성(Construction)	예시(Examples)
단어(Word)	Iran, another, banana
(부분적으로 채워진) 단어 (Word(partially filled)	pre-N, V-ing
(채워진) 숙어 (Idiom(filled))	Going great guns, give the Devil his due
(부분적으로 채워진) 숙어 (Idiom(partially filled)	Jog <someone's> memory, <someone's> for the asking
(최소한으로 채워진) 숙어 (Idiom(minimally filled) The Xer the Yer	The more you think about it, the less you understand
(채워지지 않은) 이항 타동 구성(Ditransitive construction) Subj V Obj1 Obj2	He gave her a fish taco; He baked her a muffin
(채워지지 않은) 수동태 Subj aux VPpp (PPby)	The armadillo was hit by a car

구성적 의미에 특히 주목한 논의이다.

핵심적인 것은, 문장 의미를 형식화한 논의들이 문장 의미에 관한 논리적이고 정확한 기술(description)을 도모해 왔다는 점이다. 이러한 노력은 프로그래밍 언어의 발전에도 기여했다. 그러나 의미론에서 자연 언어와 같은 비형식적인 체계를 사용한다고 해서 형식적인 체계의 장점들을 얻을 수 없는 것은 아니며, 환원적 설명을 탈피하는 데에는 오히려 유용할 수 있다(최호철 1993ㄴ: 198-199). 그러므로 본 연구에서 형식적 표상 방식은 도입하지 않는다.

다음으로 국어 문장의 의미를 대상으로 한 연구들을 살펴본다. 약 10여 편의 논의가 확인되었는데, 구성문법적 연구와 사건의미론적 연구가 눈에 띈다. 이 외에도 연구 방법과 논의 내용이 각양각색이다. 이는 다채로운 연구가 가능하다는 것을 보여주는 한편으로 체계적인 연구가 쉽지 않음을 방증한다. 한편 동사나 형용사, 어미 등의 의미와 기능을 다루면서 간접적으로 문장 의미를 다루는 연구가 많지만 그것들은 문장 의미에 초점을 두는 것이 아니다.

염선모(1985, 1986ㄱ, 1986ㄴ)은 아마도 최초의 연구로 여겨진다. 여기서는 문장 의미가 문장에 포함된 어휘의 의미와 문장을 구성한 통사 규칙에 의하여 결정되는 것으로 보았다. 그리고 문장 의미의 해석은 이른바 심층 구조의 개념으로 설명되어야 한다는 점을 강조하였다. 특히 염선모(1985)에서는 문장 의미 이론으로 제시된 진리조건의미론과 화행의미론, 자극반응설 등을 비판적으로 검토하였고, '문장', '언명', '명제' 세 용어의 개념을 정리하였다.

염선모(1986ㄱ)에서는 문장 의미의 해석 측면에 초점을 맞추어, 심층 구조와 표면 구조의 개념과 이들의 의미 표시, 구절구조 규칙과 선택 제약, 어순에 대해 두루 논의하였다. 그리고 염선모(1986ㄴ)은 종합적 연구로서 앞선 두 논의를 배경으로 실제 문장을 분석하였다. 논리적 개념을 도입·활용하여 한정사문과 부정문의 의미를 논의하는 한편, 지시어와 대용어, 은유, 전제 등 상황적 요인을 검토하였고, 화용론적 의미로 비표현적 효력과 함축을 다루었다.

한편 정주리(2000)은 문장 의미를 만들어내는 데 관여하는 구성의 존재를 밝히고, 어휘 항목들의 합성 방식만으로는 예측하기 어려운 문장 의미가 구성이라는 개념의 도입을 통해서 해명될 수 있다는 것을 논의하였다. 어떠한 행위를 일으키는 사건 구성을 예로 들어 그 개념틀과 통사적 실현 양상을 분석하면서, 수용 구성, 수혜 구성, 동작유발 구성, 결과 구성, 비동작 구성, 위치지정 구성, 채움 구성 등 7가지 구성이 서로 관련되어 있음을 주장하였다.

문장의미론에 대한 독자적인 연구가 필요함을 역설한 박영순(2001)에서는 문장 의미와 관련하여 논의될 수 있는 여러 가지 사항을 종합적으로 다루었다. 문장의미론의 학문적 위상을 밝히는 것으로부터 시작하여 문장의 개념과 유형을 나누고 문장의 유형에 따른 의미 분석 사례를 보였다. 또한 문장 간의 의미 관계(동의문, 반의문 등), 문장의 화행적 기능(정보전달 기능, 설명 기능, 요청 기능 등)을 다양하게 논의하였고, 형식의미론적 접근법도 다루었다.

특히 박영순(2001: 22-23)에서는 문장 의미가 기본적으로 개별 단어 의미의 합이므로 G. Frege의 합성성의 원리와 M. Bierwisch의 투사 규칙으로 설명할 수 있다고 보았다. 그러나 문장 의미가 단어 의미의 합 이상의 의미를 가질 수도 있기 때문에 α를 곱하여 "문장 의미 = ((단어 의미 + 단어 의미) × α)"로 표상한다고 하였다. 이는 문장 의미가 곧 단어 의미의 총합인 경우는 α가 1이고, 제3의 의미인 경우는 α가 1이 아니란 것을 표상한 것이다.

홍승우(2001)에서는 문장 의미가 다의적이지도 않고 모호하지도 않다는 것을 주장하였다. 자연어는 그 의미를 일의적으로 파악하도록 하는 언어적 조건과 예기지평, 상황, 행위 도식, 텍스트 조건 등의 비언어적 조건들이 마련되어 있기 때문에, 그러한 맥락 내에서 화자에 의해 의도된 문장 의미는 확정되어 있다고 하였다. 그리고 이러한 입장에서 인위적으로 고립된 상태에서의 의미는 다의적이거나 모호한 것이 아니라 '결정될 수 없는 것'이라고 보았다.

홍윤기(2002)는 상적 의미에 기여하는 상적 요소들의 기능적 특성과 관계를 바탕으로 문장의 상적 의미가 구성되고 실현되는 방식에 대해 논의하였다. 상적 의미의 구성과 관련된 요소로 상황유형과 상적 특성을, 상적 의미의 표시와 관련된 요소로 관점상을, 그리고 문장에서 특정한 논항이 상적 의미에 기여할 경우 그 기능에 대응하는 의미 역할로 상 역할을 설정하고, 이 네 가지 상적 요소의 상호 관계를 통해 문장의 상적 의미가 나타난다고 보았다.

한편 임채훈(2007)을 비롯한 사건의미론 관점에서의 문장 의미 구성에 관한 일련의 논문에서는 서술어 중심의 문법 이론이 갖는 한계를 비판하고, 그 대안으로서 사건의미론적 관점의 문장 의미에 대해 논의하였다. 여기서는 문장 의미를 발화 상황에서 발화된 어떤 사건의 존재로 정의하였다. 문장 의미를 전체로서의 사건과 발화 상황이 그것을 구성하는 요소로서의 성분과 관계를 맺고 생성·해석되는 것으로 보고 문장 구성 성분들의 특성을 논의하였다.

이동혁(2008)에서는 문장 의미를 해석할 때 의미영역이 어떤 역할을 하는지에 대해 논의하였다. 여기서는 문장 의미가 단어 의미의 합, 구조 의미, 용인성 이 세 가지 중 어느 하나에 의존하여 해석되는 것이 아니라 이들이 복합적으로 관여하여 해석되는 것으로 보았다. 그러므로 문장 의미의 해석에는 단어의 다의성 해소, 구조 의미 파악, 용인성 판단이라는 세 가지 작업이 요구되는데 이 과정에 공통적으로 관여되는 것이 바로 의미영역임을 주장하였다.

신서인(2009)에서는 어순 변이에 따라 달라지는 문장 의미를 통사적 층위의 해석과 화용적 층위의 해석으로 구분하여 논의하였다. 통사적인 측면에서는 동사의 어휘부 논항 정보로 주어지는 기본 어순 정보가 통사적 층위 내의 다른 정보(격표지 정보, 의미역 정보, 선택 제약 정보 등)와 상호 작용한다는 점을 살폈다. 한편 화용적인 측면에서는 주제화와 초점화 같은 의도적 요인과 정확한 의미 전달을 위한 상황적 요인이 어순 변이를 유발한다고 보았다.

이상으로 국어 문장의 의미에 대한 총 10건의 선행 연구들을 정리하였다. 염선모(1985, 1986ㄱ, 1986ㄴ), 박영순(2001)에서는 국어 문장의 의미를 종합적으로 다루었고, 정주리(2000)은 구성문법적 관점에서 임채훈(2007)은 사건의미론의 관점에서 문장 의미를 논의하였다. 한편 이동혁(2008)과 신서인(2009)에서는 의미 해석에 관여되는 의미영역과 어순에 관해 살폈다. 그리고 홍승우(2001)은 다의성과 모호성을, 홍윤기(2002)는 상적 특성을 다루었다.

이렇듯 선행 연구들은 '문장 의미'를 논의 대상으로 삼기는 했지만, 문장 의미에 대한 개념 규정과 배경이 되는 이론적 관점, 연구 주제 등이 모두 상이하다. 각각의 연구들을 통해서 문장 의미의 일단(一端)이 밝혀졌다고 평가할 수 있다. 하지만 이 연구들에서는 화맥의 결부 여부에 따라 구분되는 언표 문장과 발화 문장의 서로 다른 의미 구성 요소와 특성을 분석적으로 논의하지는 않았는데, 언표 문장과 발화 문장은 서로 구분되어 다뤄질 필요가 있다.

언표 문장의 의미는 문장의 구성 요소들의 의미와 그들의 관계적 의미만을 고려하는 의미이다. 반면 발화 문장의 의미는 언표 문장의 의미를 기본으로 하되, 언표 문장의 화맥적 특성, 화자와 청자의 내면적 특성, 참여자 외의 상황적 특성 등 언어 외적 정보를 더 고려하는 의미이다. 발화 문장의 의미는 언표 문장의 의미를 바탕으로 실현·변이되는 의미이지만, 의미 분석 과정에 고려되는 정보가 질적으로 다르므로 둘의 근본적인 차이는 구분되어야 한다.

제2장 문장 의미와 관련 개념

본 장에서는 문장 의미에 대해 개관하면서, 문장 의미를 논의할 때 관련되는 기본적인 개념들에 대해 설명한다. 먼저 문장의미론 분야의 논의 주제 중 하나인 중의성과 유의 관계에 대해 살펴보면서 문장 의미에 대한 체계적인 접근의 필요성을 제기하고자 한다. 문장 의미의 분석에는 문장 의미를 구성하는 다양한 요소들과 변인들이 고려된다. 그러므로 우리는 이들을 적절히 구별함으로써 문장 의미의 분석에 관한 구체적인 논의를 시도할 수 있게 된다.

2.1. 문장의 서술 작용

문장 의미는 완전한 내용을 완결된 형식으로 나타내는 언어 단위인 문장으로써[9] 전달되는 그 무엇이라 할 수 있다. 단어로써 전달되는

---

[9] 사실 문장은 이렇게 간단한 규정만으로 합의되기는 어려운 단위이다. 문장에 관한 정의는 200여 개 이상이 제안되어 왔지만(Fries 1952: 9) 여전히 문제적이다. R.

것을 '단위화된 개념'이라고 규정한다면, 이에 비견하여 문장으로써 전달되는 것은 '어떤 대상에 관한 서술 작용'이라고 규정할 수 있다. 문장은 내용을 현실과 연결시켜서 표현하는 서술 작용을 갖는 단위이기 때문이다(최호철 2014ㄱ: 3). 이러한 문장의 서술 작용은 서술어라는 문장의 구성 요소를 통해 실현되는 것이다.

본 연구에서는 문장 의미의 구성과 분석이 서술어를 중심으로 이루어진다고 본다. 서술어가 문장의 핵심 요소라는 이 관점은 동사 하나만으로 문장이 이루어지는 산스크리트어의 특성을 파악하여 동사가 문장의 중심을 이룬다고 한 고대 인도의 파니니 문법에서도 확인된다(김민수 1983: 134). 그리고 국어 문법에 관한 선구적 연구인 주시경(1910)에서도 문장에 대당하는 단위인 '드'의 성립 조건으로 서술어인 '남이'를 지목한 바 있다(최호철 1993ㄱ: 8).10)

한편 문장 의미에 대해 본 연구와는 조금 다른 입장을 명시한 연구들이 있다. 하나는 문장이 '상황의 심적 묘사'를 제공하는 것이라고 보는 입장이고, 다른 하나는 문장이 '사건의 존재'를 표시하는 것이라고 보는 입장이다. Löbner(2002: 22)에서는 "문장 의미는 특정한 종류의 상황(situation)에 관한 심적 묘사를 제공하는 개념"이라고 하여 전자의

M. W. Dixon 같은 학자는 최근 수십 년 동안 몇몇 언어학자들이 문장과 절을 구별하는 것에 실패해 온 점을 지적하면서, 언어학자는 문장보다는 절이라는 용어를 사용해야 한다고 주장하기도 하였다(Dixon 2010ㄱ: 75-76). 또한 언어 유형론적으로는 문장 확인의 용이성에 있어서 언어들 사이의 넓은 변이가 확인되기 때문에(Dixon 2010ㄱ: 132-133), 문장을 정의하기란 기대만큼 간단한 일은 아니다. 다만, 국어는 문장 종결을 표시하는 문법적 표지가 있고 비교적 전형적인 억양 패턴을 인정할 수 있기 때문에 국어의 문장 식별은 비교적 쉽게 가능할 것으로 본다.

10) "한짠말에남이가잇어다맞은말을다이름이라(주시경 1910: 37)"와 "드는 한낫의 꿈인 말이 아모리 적어도 남이가 잇음을 이름이니(주시경 1910: 40)" 등의 설명 참고. 주시경 문법의 '드'에 대한 상세한 논의는 남경완(2009, 2010) 참고.

입장을 명시하였다. 반면에 후자의 입장인 사건의미론에서는 문장 의미를 어떤 사건의 존재로 이해한다.

그러나 상황의 심적 묘사나 사건의 존재 명세라는 것이 결국은 서술 작용을 통해 이루어지는 것으로 생각한다면, 이들이 전혀 다른 것은 아니라고 볼 수 있다. 문장 의미에 대해 약간은 다른 견해를 천명한 연구들이 있지만 궁극적으로는 어떤 대상에 대한 서술 작용이라는 개념을 근간으로 하고 있음을 부인하기 어려울 것으로 생각된다. 다만 각 입장들은 문장 의미 연구의 전제가 되는 사항을 고려하여 조금씩 다른 방식으로 표현한 것으로 볼 수 있다.

문장 의미에 대한 규정은 어떤 모에서 연구가 출발되는지를 보여줄 뿐 아니라 문장 의미의 분석 방식이나 과정을 달리할 수 있다는 점에서 중요하다. 서술 작용이라는 개념을 중핵으로 삼은 본 연구에서는 서술어를 문장의 핵심 요소로 간주하고 또한 문장 의미 분석에서 중추가 되는 부분으로 이해한다. 그런데 이는 비단 국어에만 적용되는 사항이 아니므로, 언어 유형론적 관점에서 국어 문장의 서술어가 보이는 형식적·의미적 특성이 검토될 만하다.

Croft(2001: 87-88)에서는 "대상, 속성, 행위의 의미 부류가 지시 구성, 수식 구성, 서술 구성 각각의 유형론적인 원형"이라고 하면서, 의미 부류별로 특정 구성을 표시하는 언어적 부호화 방책을 아래 [표 3]과 같이 제시하였다. 이 논의는 구성이 품사보다 더 원초적인, 통사론적 표상의 기본 단위임을 주장하는 맥락에서 이루어진 것인데, 이 맥락을 떠나 여기 제시된 언어 유형론적으로 서술 구성에 이용되는 언어적 부호화 방책은 현재 논의에 참고가 된다.

[표 3] 지시 · 수식 · 서술 구성의 의미 부류별 언어적 부호화 방책[11]

	지시(Reference)	수식(Modification)	서술(Predication)
대상 (Objects)	무표적 명사	속격, 형용사화, 명사에 전치사	서술적 명사, <u>계사</u>
속성 (Properties)	형용사에서 파생된 명사	무표적 형용사	<u>서술적 형용사</u>, 계사
행위 (Actions)	행위 명사류, 보문, 부정사, 동명사	분사, 관계절	<u>무표적 동사</u>

(※ 밑줄은 필자)

[표 3]에서 볼 수 있듯이, 국어에서 대상의 의미 부류를 가리키는 무표적인 명사는 계사를 동반하여 유표적으로 서술 구성에 쓰이고, 속성의 의미 부류를 가리키는 서술적 형용사가[12] 서술 구성에 쓰이며, 행위의 의미 부류를 가리키는 동사는 무표적으로 서술 구성에 쓰인다. '철수는 학생이다.'에서 '명사 + 계사'인 '학생이-'가 서술어이고, '영희가 예쁘다.'에서 서술적 형용사인 '예쁘-'가 서술어이며, '철수가 밥을 먹는다.'에서 동사인 '먹-'이 서술어이다.

일찍이 최현배(1937/1971: 749)에서 주어와 서술어의 관계 형식을 ①

---

11) [표 3]은 Croft(2001: 88)의 표를 인용한 것이다. [표 3]의 이전 버전은 Croft (1991: 67)에 제시되었다. 서술 구성의 대상과 속성에서 '계사' 항목이 추가되었다. Croft(1991: 51-95)에서는 주요 의미 부류를 대상, 속성, 행위로 나누고, 주요 통사 기능을 지시, 수식, 서술로 나누어, 이들의 교차 지점에서 나타나는 구조적 유표성에 대하여 여러 언어 자료를 바탕으로 논의하였다.

12) Dixon(2010ㄴ: 63-64)에서는 형용사 부류를 문법적 특성에 따라 ①동사와 비슷한 문법적 특성을 갖는 형용사, ②명사와 비슷한 문법적 특성을 갖는 형용사, ③ 명사와 비슷한 문법적 특성의 일부와 동사와 비슷한 문법적 특성의 일부를 겸비한 형용사, ④명사 및 동사와 모두 다른 문법적 특성을 갖는 형용사 등 네 가지로 분류하였다. 국어는 이 가운데 표준 중국어(Mandarin Chinese), 태국어(Thai), 베트남어(Vietnamese)와 함께 첫 번째 형용사 부류에 속하는 것으로 설명되었다. 동사와 비슷한 문법적 특성을 갖는 형용사는 전형적으로 시제, 상, 양태, 그리고 서법 모두 혹은 일부에 대한 비슷한 표지를 가지고 자동사 서술의 핵으로 기능할 수 있다. 그리고 관계절 구성을 통해서 동사와 형용사가 명사를 수식하는 경우가 흔히 있다.

무엇이 어찌하다, ②무엇이 어떠하다, ③무엇이 무엇이다 셋으로 들면서, 최현배(1937/1971: 764)에서는 "첫째, 그 임자말된 일몬의 움직임을 풀이함에는 움직씨가 쓰히고; 둘째, 그 일몬의 성질, 상태 등이 어떠함을 그리어 냄에는 그림씨가 쓰히고; 세째, 그것이 무엇이라고 잡음(指定함) 곧 그 일몬의 붙는 또리 개념(類槪念)을 잡아보임에는 잡음씨가 쓰히는 것이다."라고 언급하였다.

같은 맥락에서 김민수(1971: 127)에서도 "述語는 構文上 主部와 맺어져서, 그 主語를 일반적으로 '어찌한다'나 '어떠하다' 또는 '무엇이다'라고 서술하는 構文要素다."라고 하였다. 그리고 김민수(1971: 173-174)에서는 술어의 성질에 따라 구문 유형을 세 가지로 설정하면서 각각을 동사문, 형용사문, 술격문이라고 명명하였고 "(1) 動詞文은 동작·행동을, (2) 形容詞文은 성질·상태를, (3) 述格文은 類槪念을 각기 표현하는 類型이다."라고 규정하였다.[13]

이렇듯 국어는 Croft(2001)에 정리된 서술 구성에서의 언어 유형론적 표현 방책을 잘 반영하고 있다. 최현배(1931/1971)과 김민수(1971)의 논의에서도 명시하였듯이 무표적 동사, 서술적 형용사, '명사류 + 계사' 구성이 서술어로 기능한다. 이러한 서술어의 특성에 따라 문장 의미의 유형도 세 가지로 정리된다. 첫째는 무표적 동사에 의한 '동작·행동'이고, 둘째는 서술적 형용사에 의한 '성질·상태'이며, 셋째는 '명사류 + 계사'에 의한 '정체·부류'이다.

---

13) 최현배(1937/1971)은 계사만을 서술어로 보았고, 김민수(1971)은 체언과 술격토의 결합형을 서술어로 본 차이는 있지만 현재로선 그 입장 차이가 중요하지는 않다. 본 연구에서는 김민수(1971)의 입장과 같이 '명사류 + 계사' 구성이 서술어인 것으로 보는데, 계사가 단독적으로 서술어로 기능한다고 볼 경우 계사의 그 선행 요소에 대한 의존성을 설명하기 어렵고, 또한 선행 요소의 문법 관계를 분석할 수 없기 때문이다.

이러한 세 가지 의미 유형은 '사태(the state of affairs)'라는 개념에 포괄될 수 있다. 또한 Löbner(2002)의 '상황'이나 사건의미론의 '사건'과 대등한 개념으로도 이해할 수 있다. 우리는 문장의 '서술 작용'은 어떠한 '사태'를 나타내며, 이 사태는 다시 서술어의 특성에 따라서 '동작·행동', '성질·상태', '정체·부류'의 유형으로 나뉘는 것으로 본다. 이때의 사태는 실세계에 벌어진 객관적 현상이 아니라 주관적 언어에 의해 매개되고 표상되는 존재이다.

2.2. 문장 의미의 특성: 중의성과 유의 관계를 중심으로

문장 의미 연구에서 논의될 수 있는 의미적 특성은 한 문장에 내재하는 것과 두 문장 사이에 걸쳐 있는 것을 구별할 수 있다(윤평현 2008). 전자에는 중의성, 모호성, 변칙성, 항진성, 모순성 등이 해당되고, 후자에는 유의 관계, 반의 관계, 상·하의 관계 등 의미 관계적 특성이 해당된다. 이들 가운데에서 본 절에서는 한 문장이 둘 이상의 의미로 해석되는 중의성과, 둘 이상의 문장이 표시하는 의미가 서로 유사한 유의 관계에 대해 논의해 볼 것이다.

문장 의미의 특성을 살피는 데에는 문장 의미 해석에 관여되는 다양한 구성 요소와 변인들이 소용된다. 대화 참여자들 간의 실시간적 의사소통 과정에는 명시적으로 또는 암묵적으로 공유되고 교환되는 이러한 사항들이 고려되어야만 하는 것이다. 이들을 체계적으로 구별하여 논의하지 않으면 중의성과 모호성을 구분하기 어렵게 되거나 유의 관계의 한계를 결정하는 것이 쉽지 않게 된다. 여기서 문장 의미에 대한 체계적인 접근 필요성이 제기된다.

2.2.1. 문장의 중의성

중의성(重義性, ambiguity)이란 하나의 언어 표현이 둘 이상의 '분명한', '상보적인' 의미를 갖는 성질을 가리키고, 여느 언어 단위들과 마찬가지로 문장도 중의성을 보이는 경우가 많다. 문장의 중의성은 유발 요인이나 층위에 따라 어휘적 중의성, 구조적 중의성, 영향권 중의성, 화용권 중의성 등으로 나뉘는데(윤평현 2008: 10장), 문장의 중의성에 대한 분석적 논의는 문장 의미에 관여하는 다양한 요인들을 체계화하는 작업과 관계되는 점에서 중요하다.

> (5) '철없는 영희의 동생이 내 반지를 먹었어.'의 중의성
> ㄱ. 영희가 철이 없는데, 그 동생이 내 반지를 입으로 삼켰어.
> ㄴ. 영희의 동생이 철이 없는데, 그 아이가 내 반지를 입으로 삼켰어.
> ㄷ. 영희가 철이 없는데, 그 동생이 내 반지를 가져갔어.
> ㄹ. 영희의 동생이 철이 없는데, 그 아이가 내 반지를 가져갔어.
> ㅁ. 영희 동생한테는 반지 안 보여주는 게 좋아.
> ㅂ. 내 반지 찾을 방법이 없을까?

(5)에는 '철없는 영희의 동생이 내 반지를 먹었어.'라는 문장이 표시할 수 있는 몇 가지 의미를 보였다. (5ㄱ,ㄷ)과 (5ㄴ,ㄹ)은 '철없는 영희의 동생'의 수식 구조에 따라 구분된 의미이다. 한편 (5ㄱ,ㄴ)은 서술어 '먹-'을 '입을 통해 배 속에 들여보내다'라는 기본적 의미로 해석한 의미이다. 또한 (5ㄷ,ㄹ)은 서술어 '먹-'을 기본적 의미가 아닌

'남의 재물을 다루거나 맡은 사람이 그 재물을 부당하게 자기의 것으로 만들다'라는 비유적 의미로 해석한 의미이다.

이렇듯 (5ㄱ,ㄴ)은 주어진 문장 형식을 그대로 해석하여 얻어진 의미이고, (5ㄷ,ㄹ)은 서술어 '먹-'이 반지를 실제로 삼킨 사태가 아니라 탈취해 간 사태를 나타낸다는 화맥적 정보를 고려한 의미이다. 한편 (5ㅁ,ㅂ)은 언어 형식 이외의 것을 고려해야만 한다. (5ㅁ)은 영희의 철없는 동생이 욕심이 많기 때문에 조심해야 한다는 것을 주의시키기 위한 의미이다. 그리고 (5ㅂ)은 화자의 반지를 탈취해 간 것에 대한 대응 방법을 청자에게 질문하는 의미이다.

그러므로 (5)의 여섯 가지 의미들의 관계를 따져보면, (5ㄱ,ㄴ)은 문맥적 정보만을 참조한 의미이고, (5ㄷ-ㅂ)은 화맥적 정보를 더 고려한 의미이다. 한편 화맥적 의미로 묶이는 (5ㄷ-ㅂ)도 차이를 보인다. (5ㄷ,ㄹ)은 서술어 '먹-'이 화맥적으로 가지는 비유적 의미가 문장에 사상된 것인데 비해, (5ㅁ,ㅂ)은 문장 의미 전체가 화맥 속에서 변이된 것이다. 특히 문장 의미 전체가 변이되는 경우는 화맥을 상정하기에 따라 (5ㅁ,ㅂ) 외에도 더 다양할 수 있다.

이렇듯 (5)의 경우만 하더라도 여섯 가지 의미가 화맥의 결부 여부와 구조적 중의성에 따라서 서로 다른 지위를 가지고 있음이 확인된다. 그리고 문맥적인 구조적 중의성에 따라 갈리는 (5ㄱ,ㄴ)과 (5ㄷ,ㄹ)은 의미 사이의 경계가 비교적 뚜렷한 것으로 여겨지지만, (5ㅁ,ㅂ)처럼 문장 의미 전체를 변이시키는 개별적 화맥을 고려해야 하는 경우는 중의적 의미 사이의 경계를 찾기 어렵다. 의미하는 바를 분명하게 알 수 없는 모호성과 사실상 구별되지 않는다.

어떤 화맥도 고려하지 않는다고 할 때, '철없는 영희의 동생이 내 반지를 먹었어.'라는 문장의 여러 의미 가운데, (5ㄱ)과 (5ㅁ)을 두고

이 두 가지 의미가 중의적이라고 말하는 것은 직관적으로 받아들이기 어렵다. (5ㄱ)은 드러난 문장의 내부 구조와 서술어의 의미를 통해서 해석할 수 있는 의미인 반면, (5ㅁ)은 드러난 문장 의미에 더하여 화자의 태도 및 영희의 철없는 동생과 관련되는 배경 지식 등을 특정해야만 해석될 수 있는 의미이기 때문이다.

2.2.2. 문장의 유의 관계

유의 관계(類義 關係, synonymous relation)은 둘 이상의 언어 표현이 서로 유사한 의미를 갖는 관계를 가리킨다. 문장 단위에서도 다양한 유형의 유의 관계가 확인된다. 문장의 유의 관계는 크게 어휘적 유의 관계와 통사적 유의 관계로 구분되고 다시 세부적 유형을 살피는 것이 일반적이다(윤평현 2008: 9장). 그러나 문장 간의 유의 관계가 어휘적이거나 통사적인 것으로만 구별되는 것은 아니고 복잡한 양상을 보이기 때문에 세밀한 논의가 필요하다.

> (6) "철수는 군 복무 중이다."의 의미를 가지는 문장들
> ㄱ. 철수는 군 복무 중이다.
> ㄴ. 철수는 군 복무를 하고 있다.
> ㄷ. 철수는 군대에 갔다.
> ㄹ. 철수는 군대에 있다.
> ㅁ. 철수는 지난 학기에 휴학했다.
> ㅂ. 철수는 제대할 날만 손꼽아 기다리고 있다.

(6)에는 철수라는 인물이 군 복무 중이라는 의미를 가지는 여러 문장을 보였다. (6ㄱ,ㄴ)은 주어진 문장 형식을 해석하는 것만으로 군

복무 중임이 드러난다. 반면에 (6ㄷ-ㅂ)은 주어진 표현의 해석과 관련되는 화맥을 참조해야 한다. (6ㄷ,ㄹ)은 표현 그대로는 군대라는 장소로 이동했다는 의미와 군대라는 장소에 위치해 있다는 의미를 나타낸다. 여기에 한국 남성의 군 복무에 관한 사회문화적 배경지식을 더해야 군 복무 중이란 의미가 해석될 수 있다.

한편 (6ㅁ)은 철수가 병역을 수행해야 하는 한국 남성이고 학교에 다니고 있었으며 곧 입대할 예정이라는 사실을 알고 있던 사람에게 철수의 근황을 알려주는 맥락에서 군 복무 중이라는 의미를 가질 수 있다. 또한 (6ㅂ)은 한국에서의 군 복무에 대해 누군가는 원에 의해 가능한 한 오랫동안 수행하기를 바라지만 다른 누군가는 빨리 끝나기만을 원한다는 것을 알고 있는 사람에게 철수의 근황을 알려주는 맥락에서 군 복무 중이라는 의미를 가질 수 있다.

이렇듯 (6ㄱ,ㄴ)은 주어진 형식만을 해석하면 되는데, (6ㄷ-ㅂ)은 관련되는 화맥을 더 고려해야 한다. (6ㄷ,ㄹ)은 '군대에 가'와 '군대에 있-'의 화맥적인 비유적 의미가 문장 의미로 사상되는 것이고, (6ㅁ, ㅂ)은 문장 의미 전체가 화맥 속에서 변이되는 것이다. 이렇듯 둘 이상의 문장들이 가지는 의미가 유의적이라고 할 때, 의미들이 같은 차원에서 논의될 수 있는 것이 아니라 다른 차원의 이질적인 언어 내외적 요인들이 참조되는 것임을 고려해야 한다.

지적해 둘 것은, 어떤 화맥도 고려하지 않는다고 할 때 (6ㅁ)과 (6ㅂ)은 상호 간 뿐만 아니라 (6ㄱ-ㄹ)의 어떤 문장들과도 의미적 유사성을 직관적으로 인정하기는 쉽지 않다는 점이다. 드러난 형식의 의미를 우선 고려하여 유의 관계를 인정할 수 있는 (6ㄱ,ㄴ)과는 다르다. 문장 의미를 파악하기에 충분한 화맥이 주어지거나, 어떤 주제적 응집성을 가지는 담화 내의 의도된 화맥이 공유되지 않는 이상, (6ㄱ,

ㅁ,ㅂ) 상호 간의 유의 관계는 인정되기 어렵다.

이렇듯 화맥 정보를 고려해야 하는 경우, 문장들 사이의 유의 관계 여부에 대한 판단은 직관적 어려움과 부딪힌다. 만약 유의문 사전을 편찬한다고 할 때, (6ㄷ-ㅂ)을 (6ㄱ,ㄴ)과 함께 "철수는 군 복무 중이다."라는 의미를 가지는 문장으로 제시할 수 있을까? (6ㄷ,ㄹ)에 대해서는 견해가 엇갈릴 수 있겠고, (6ㅁ,ㅂ)에 대해서는 매우 방대한 분량의 대사전이 아닌 이상 수록하기 어려울 것으로 생각된다. 그러나 이들이 유의 관계가 아니라고 단언할 수도 없다.

문장의 유의 관계는 언어 표현의 풍부성을 방증하는 특성이다. 어떤 사태에 대해 다양한 표현이 가능한 것은 사태를 언어화하는 화자의 관점과 판단이 다를 수 있기 때문이다. 유의적인 문장들로 드러나는 미묘한 뉘앙스의 차이나 비명시적인 함축의 차이는 언어가 외부 사태를 있는 그대로 전달하는 매개물이 아닌 사용자의 주관성(subjectivity)의 반사물임을 보여준다. 그러므로 문장의 유의 관계를 유발하는 복잡한 요인들이 체계적으로 다루어져야 한다.

2.2.3. 문장 의미에 대한 체계적 접근의 필요성

위의 2.1절에서는 문장이 서술 작용을 본질적 특성으로 가지고, 이 서술 작용을 일으키는 서술어가 문장의 핵심 요소이자 의미 분석의 중추가 되는 것으로 설명하였다. 2.2.1절과 2.2.2절에서는 문장의 중의성과 유의 관계에 대해 설명하면서 중의적인 문장이 갖는 의미들은 서로 동등한 차원의 동질적인 것으로 볼 수 없고, 또한 둘 이상의 문장에서 확인되는 유의 관계도 서로 다른 실현 차원과 특성을 갖는 의미에 의해 성립될 수 있음을 확인하였다.

물론 상보주의적 입장을 강하게 내세워 의미론과 화용론을 엄격히 구분 짓고서,14) 문장 형식으로 드러난 의미만을 문장의미론의 대상으로 삼을 수도 있다. 그리고 언어 외적인 정보를 고려해야 하는 의미는 다루지 않을 수 있다. 그러면 문장 의미의 실현 차원을 하나로 제한할 수 있고, 특정하기 어려운 화맥적 요소들을 다루지 않아도 된다. 그러나 이는 문장 의미의 외연을 임의로 한정하는 방편일 뿐이며 언어 사실의 한 부분을 외면하는 것이다.

(5ㄷ,ㄹ)의 '먹-'이 남의 재물을 부당하게 자기 것으로 만든다는 의미로 사용되는 것이나 (6ㄷ,ㄹ)의 '군대에 가'와 '군대에 있-'이 '군 복무를 하-'와 같은 의미로 사용되는 것은, 이들과 관련되는 화맥적 정보를 고려해야만 가능한 것이다. 이렇듯 문장을 구성하는 하위 언어 단위들의 의미는 문맥적인 것과 화맥적인 것이 복합되어 있다. 그러므로 문장 의미 연구에서 화맥이 배제된 의미만 다룬다는 것이 분명하거나 적절한 방법은 아니라 할 수 있다.

(7) 동사 '먹-'이 서술어로 사용된 몇 가지 문장15)
    ㄱ. 철수가 밥을 먹었다. (음식 따위를 입을 통하여 배 속에 들여보내다.)
    ㄴ. 나도 나이를 많이 먹었다. (일정한 나이에 이르거나 나이를 더하다.)
    ㄷ. 철수는 겁을 먹었다. (겁, 충격 따위를 느끼게 되다.)

---

14) 의미론과 화용론의 관계를 의미주의(semanticism), 상보주의(complementarism), 화용주의(pragmaticism)의 세 가지로 나누어 살핀 간략한 논의는 Leech(1983: 5-7) 참고. Leech(1983)의 구분에 따르면 본 연구는 의미주의의 입장에 있다고 볼 수 있다. 그러나 중요한 것은 의미주의냐 화용주의냐 등의 입장을 정하는 것이 아니라, '어떤 문장이 어떠한 의미를 가지는가 또는 가질 수 있는가'를 설명할 체계를 세우는 일이라 생각된다.
15) 괄호 안의 의미는 「표준국어대사전」의 뜻풀이를 가져왔다.

ㄹ. 공무원이 뇌물을 먹고 탈세를 눈감아 주었다. (뇌물을 받
   아 가지다.)
ㅁ. 귀금속을 함부로 먹는 것은 위험하다. ((7ㄱ)의 의미 또는
   남의 재물을 다루거나 맡은 사람이 그 재물을 부당하게 자
   기의 것으로 만들다.)

'먹-'의 기본적인 의미는 (7ㄱ)이다. 이 의미는 대상이 '밥'과 같은
음식물일 때 실현된다. 그리고 대상이 (7ㄴ)의 '나이' 또는 (7ㄷ)의
'겁'처럼 추상적인 것이거나 (7ㄹ)의 '뇌물'처럼 재물인 경우에는 나이
를 더하다, 감정을 느끼다, 뇌물을 받다 등의 비유적 의미로 실현된다.
이들 (7ㄴ-ㄹ)은 모두 객어 논항의 특성에 의해 변이되는 문맥적 의미
이다. 한편 (7ㅁ)의 경우는 기본적인 문맥적 의미로도 해석 가능하고
비유적인 화맥적 의미로도 해석 가능하다.

문장 의미 연구에서, (7ㄱ-ㄹ)처럼 문맥 정보만으로 해석이 가능한
것만을, 그리고 (7ㅁ)은 (7ㄱ)과 같은 의미로 쓰인 경우만을 다룬다고
상정해 보자. 그리고 (7ㅁ)의 '부당하게 편취하다'라는 화맥적 의미는
논외로 다룬다고 하자. 이렇게 연구 대상을 한정하는 것이, 동사 '먹-'
이 서술어로 사용된 문장의 의미를 연구할 때 온당한 것일까? (7ㅁ)
의 의미가 논의에서 배제되어야 하거나 배제될 수 있을 정도로 다른
의미들과 동떨어진 것은 아니라고 여겨진다.

한편 문장 의미를 상당히 한정하여 맥락 독립적인 문장 형식의 의
미로만 규정하고, 맥락 의존적인 의미를 화자에 의해 말해진 것(what is
said)과 화자에 의해 의도/함축된 것(what is meant/implicated)으로 구분하
는 경우가 있다(Recanati 2001: 75).[16] 'I am French.'를 예로 들면, 맥락

---

16) '말해진 것'과 '함축된 것'은 일찍이 Grice(1975)에서 구분한 것이다. 말해진 것은
   일반적으로 고정 함축이 배제된 문장의 관계적 의미와 진리조건적 명제 내용으

독립적인 "화자는 프랑스인이다."는 문장 의미이고, 어떤 맥락 내의 "나는 프랑스인이다."는 말해진 것이며, "나는 요리를 잘합니다." 따위는 의도/함축된 것이다.

물론 맥락 독립적인 것과 맥락 의존적인 것을 구분하는 것은 중요하다. 그러나 맥락 독립적인 것만을 문장 의미라고 규정하는 것은 문장 의미 연구의 외연을 매우 좁게 만드는 것이다. 실상 Recanati(2001)를 비롯한 여러 화용론적 논의에서 구분하는 문장 의미, 말해진 것, 의도/함축된 것 등은 문장 의미의 국면들(phases)로 보아야지, 말해진 것과 의도/함축된 것은 문장 의미가 아니라고 할 수는 없다. 문장 의미를 구성하는 요소와 변인이 다를 뿐이다.

중요한 것은, 문장 의미의 한 국면을 세부적으로 살피는 것과 문장 의미의 연구 대상 자체를 좁게 보는 것은 다른 문제라는 점이다. 본 연구에서는 언어 단위로서의 문장에 의해 표시될 수 있는 모든 의미가 문장 의미 연구의 대상이 되어야 한다고 본다. 그리고 문장 의미의 해석에 관여되는 구성 요소들과 변인들이 체계적으로 논의될 필요가 있다고 본다. 이러한 기초 작업을 통해서 문장 의미의 특성과 의미 관계에 대한 논의도 심화될 수 있을 것이다.

로 간주되는 명시적 의미이고, 함축된 것은 명시적 의미를 바탕으로 하여 화용론적 추론을 통해 얻어지는 암시적 의미이다. 그런데 Grice(1975)가 말한 말해진 것에 화용론이 개입된다는 지적이 있어 왔고, 관련성의 원리로 발화 현상을 설명하는 Sperber and Wilson(1986/1995), Carston(1988), Blakemore(1992) 등의 연구에서는 화용론적 추론에 의한 명시적 의미를 '외축(explicature)'이라 하여 함축과 구분하였다(정희자 2002: 152). 화용 층위의 문장 의미를 구분하는 논의는 이보다 더 복잡한데 여기서 상론할 수는 없다. 본론에서 거론된 것과 관련해서만 간단히 정리하면, Recanati(2001)의 '문장 의미'와 '말해진 것'을 합한 것이 Grice(1975)의 '말해진 것'에 해당하고, Recanati(2001)의 '말해진 것'이 적합성 원리를 주장한 학자들의 '외축'에 해당한다.

2.3. 문장 의미 분석을 위한 기본적 논의

본 장에서는 문장 의미를 체계적으로 다루는 데 필요한 개념의 구분과 용어의 문제 등에 대해 논의한다. 중의성과 유의 관계를 통해 보았듯이 문장의 형식과 의미는 다대다(多對多) 관계를 이루고 있다. 그러므로 문장 의미를 체계적으로 분석하기 위해서는 언어 외적 정보의 고려 여부에 따라 문장의 종류를 구분하고, 한편 문장 의미에 기여하는 여러 요소들을 분석해야 한다. 문장의 의미는 실현 환경과 구성 요소의 특성에 의해 영향을 받기 때문이다.

2.3.1. 언표 문장과 발화 문장의 구분

우리는 중의성과 유의 관계를 다룬 (5)-(6)에서 두 가지 의미의 차원을 구분한 바 있다. 하나는 주어진 문장을 해석한 의미이고, 다른 하나는 주어진 문장과 그와 관계된 화맥적 정보를 고려하여 해석한 의미이다. 후자의 경우 구성 요소의 화맥적 의미가 문장으로 사상된 경우와 문장 전체의 의미가 변이된 경우가 구분됨을 확인하였다. 한편 맥락 독립적인 문장 의미와 맥락 의존적인 말해진 것 및 의도/함축된 것을 구분하는 논의가 있다는 것도 확인하였다.

이러한 문맥적 의미 대 화맥적 의미, 맥락 독립적 의미 대 맥락 의존적 의미의 구분은, 언어 외적 정보를 고려하지 않는 문장과 고려하는 문장의 구분이 문장 의미를 논의하는 데 중요하다는 것을 시사한다. 우리가 분석하고자 하는 문장 의미는 다양한 언어 내외적인 정보를 참조하여 해석되는 것이다. 따라서 문장은 의미 해석에 참조되는 정보의 특성에 따라 언어 내적인 정보만이 고려되는 문장과 언어 외적인 정보가 더 고려되는 문장을 대별할 수 있다.

물론 일상적인 언어 생활에서 우리가 문장 의미를 파악할 때, 언어 내적인 정보만이 고려되는 문장과 언어 외적인 정보가 더 고려되는 문장을 의식적으로 구분하면서 구성 요소들을 분석하지는 않는다. 발화는 선형적으로 주어지는 음성의 연쇄체이고, 언어 능력을 가진 인간은 기존 지식으로 이해 가능한 요소를 찾고 조합하고 맥락에 맞게 의미를 추론하고 적절성을 판단하는 등의 인지적 과정을 통해 거의 자동적으로 발화의 의미를 해석하기 때문이다.

그러므로 우리가 아는 (또는 안다고 믿는) 문장 의미를 분석하기 위해서 맥락 독립적인 것과 맥락 의존적인 것을 구분하거나 언어 내적인 정보와 언어 외적인 정보를 구분하는 것이 불필요한 것으로 여겨질 수 있다. 발화로 소통하는 우리의 일상적 언어 활동과 별개로 맥락 독립적인 문장의 의미를 상상하는 것은 낯설다. 하지만 문장을 구분하는 이 과정은 문장 단위에서 이루어지는 의미 작용과 변인을 체계적으로 규명해 내는 데 필요하고 중요하다.17)

---

17) 우리에게 너무나 익숙해서 평소에 잘 인식하지 못하지만 실상이 아주 복잡한 것은 비단 언어 사용뿐만이 아니다. 예를 들어, 팔을 올렸다가 내리는 운동도 겉보기에는 우리의 의지에 의해 이루어지는 단순한 과정처럼 보이지만, 그 실상은 뇌에서 비롯된 운동 신호가 갖가지 신경 기관을 따라서 팔에 전달되고 그것에 의해 신체가 반응하는 복잡한 과정을 거치는 것이다. 이와 비슷한 맥락에서 Löbner (2002: 4)에서는 문장이 의미하는 바를 아는 것과 그 문장의 의미를 기술하는 것은 다른 것이라고 하면서 이러한 상황은 우리의 거의 모든 지식과 비슷하다고 하였다. 우리는 한 장소에서 다른 장소로 어떻게 가야 하는지 정확히 알면서도 다른 누군가에게 그 길을 말해주지는 못할 수 있다. 노래를 외워서 부르면서도 그 멜로디를 기술하지는 못할 수 있다. 수만 개의 단어를 듣고 인식할 수 있지만 그럴 수 있게 하는 지식은 무의식적인 것이다. 이렇듯 단어와 문장의 의미에 관한 지식을 알아내고 그 본질을 밝히는 것이 의미론의 중심적인 연구 목적이라고 하였다.

사실 문장 의미의 연구에 어려움을 가중시켜 온 발화의 개념은 서로 다른 두 위계 속에서 규정되어 왔다. 하나는 구조언어학적 관점의 '문법 기술의 대상이 되는 언어 단위'와 관련되는 '음소-형태소-단어-문장-발화' 위계이다(최호철 1993ㄱ: 38). 다른 하나는 음운론·음성학적 관점에서 '분절음들이 만들어내는 운율 단위'와 관련되는 '음절-음운단어-음운구-억양구-발화' 위계이다(신지영 2011: 230). 또한 이와 별개로 다양한 정의가 제안되기도 했다.

그런데 언어 단위로서의 발화는 문장보다 큰 언어 단위로 상정된 것이다. 이때 발화가 문장보다 큰 언어 단위로 항상 실현되는 것은 아니라는 점에서 혼동이 발생한다. 예컨대 '물!'과 같은 것은 단어이면서 문장이고('단어문') 또한 발화라는 문제적인 진술을 하지 않을 수 없는 것이다. 한편 운율 단위로서의 발화는 음성적 분석 단위이지 의미적 분석 단위로 상정되는 것은 아니다. 그렇다면 발화는 어떻게 규정되는 것이 좋을까? 몇 가지 정의를 살펴보자.

(8) 발화에 대한 정의[18]
　　ㄱ. 말하기 행위가 발화이다. (Bloomfield 1926: 154)
　　ㄴ. 발화는 한 사람에 의해 만들어진 불특정한 길이의 이야기
　　　　이고, 그 사람의 앞과 뒤에 침묵이 존재한다. 발화는 일반
　　　　적으로, (문장이라는 단어가 일반적으로 사용되는 한에서
　　　　는) '문장'과 동일하지 않다. 예를 들어 영어에서 대다수의
　　　　발화가 한 단어, 구, '불완전한 문장' 등으로 구성되기 때문
　　　　이다. (Harris 1951: 14)[19]

---

18) 더 다양한 발화의 정의는 김수진·차재은·오재혁(2011: 92) 참고.
19) 이와 유사한 정의는 Fries(1952: 23-25)에서 확인된다. 여기서는 발화 단위 (utterance unit)라는 용어를 도입하면서, 이것은 "어떤 사람의 편에 침묵이 있기 전부터 침묵이 있은 후까지 그에 의한 불특정한 길이의 말하기"를 뜻한다고 하였고 발화 단위는 그러므로 화자의 전환에 의해 구별되는 이야기의 덩어리라고 하

ㄷ. 발화는 단어나 문장보다 더 원초적인 개념이다. 원초적이
라는 것은 '이론 내에서 정의되지 않는', '전(前) 이론적인'
을 뜻한다. (Lyons 1968: 172)
ㄹ. 발화 U는 어떠한 맥락 C에서 화자 S가 청자 H에게 무언
가를 전달하기 위해서 운율 Φ과 함께 말해진 문장 Σ를
사용할 때 존재하게 되는 시공간적으로 위치된 언어 자료
이다. (Allan 1986: 55)

(8)에서 Bloomfield(1926)의 정의는 사실상 불충분한 것이다. 반면
Harris(1951)은 발화에 관한 많은 부분들을 이야기해 주고 있다. 길이
에 관계없이 발화가 단어, 구, 불완전한 문장 등으로 구성되는 경우가
많다는 것과, 일반적으로는 문장과 동일하지 않다는 것이다. 한편 Lyons
(1968)에서는 발화가 언어 이론과 별개로 일상 언어 생활에서 접하는
원초적인 것임을 밝히고 있다. Allan(1986)은 발화가 어떠한 맥락, 즉
시공간적으로 위치된 것임을 명시했다.

Harris(1951)에서 명시하듯이 발화는 단어, 구 등 여러 언어 단위에
걸칠 수 있다. Bloomfield(1933: 170)에서 "발화는 하나 이상의 문장으로
구성될 수 있다."라고도 하였다.[20] 즉 발화는 언어 단위에 구애받지
않고, 침묵과 침묵 사이에 존재하는 한 차례의 발언을 가리킨다.[21] 반

였다. 그러면서 각각의 발화 단위는 1. 단일한 최소 자립 발화, 2. 확장된, 그러나
최소는 아닌 단일한 자립 발화, 3. 둘 혹은 그 이상의 자립 발화의 연쇄, 이 셋 중
의 하나라고 하였다.

20) Bloomfield(1933: 170)에서는 "How are you? It's a fine day. Are you going to
play tennis this afternoon?"이라는 예문을 들어, 이 발화는 세 개의 문장으로 구
성되어 있다고 하였다.

21) 그러므로 한 차례의 발언으로서의 발화는 대화를 시작하는 것으로서의 '상황 발
화 단위'와 선행 발화 단위에 반응하는 것으로서의 '응답 발화 단위'로 구분될 수
있다(Fries 1952: 37). 한편 어떤 발화에 대한 응답의 성질을 고려하면, 발화는 ①
구술 반응을 이끌어내는 발화(인사, 호출, 질문), ②행위를 이끌어내는 발화(요청,
명령), ③간투사와 같은 연속되는 담화에 대한 관습적 신호를 이끌어내는 발화(진

면 문장은 언어 단위의 하나로서, 문장이기 위해서는 서술형식의 완결성과 서술내용의 완전성을 갖추어야 한다. 다만 형식이 불완전한 경우는 문맥에 의해 보충될 것이 전제된다.

용어에 대한 정의는 물론 다양하고 복잡할 수 있지만, 전통적인 견해들을 고려했을 때 발화는 우리가 실제 경험하는 한 차례의 발언, 그리고 그것을 통해 전달되는 내용을 가리키고 언어 단위의 크기는 문제 삼지 않는 개념이다. 그러므로 단어도 하나의 발화일 수 있다. 한편 문장은 하나의 언어 단위로서 단어, 구, 절보다 큰 것이어야 한다. 따라서 발화와 문장은 한 부류로 묶일 것이 아니라 서로 다른 차원의 것으로 별개로 고려되어야 하는 것이다.

즉, 발화 개념의 핵심은 특정 시공간 내의 실재물로서 우리의 일상 언어 생활에서 경험되는 것이라는 데 있다. 그러므로 발화는 문법 단위나 운율 단위의 계열 선상의 최상위에 놓이는 어떤 '상정된 단위'가 아니다. 한편 문장은 언어 단위의 하나이다. 발화와의 관계를 따지자면, 문장은 발화로 나타나기 이전의 것과 발화로 나타난 이후의 것이 구별될 수 있다. 문장과 발화는 일대일로 치환 가능한 관계가 아니며 서로 독립된 것으로 보는 것이 타당하다.22)

이렇듯 실재물로서의 발화와 언어 단위로서의 문장을 서로 구분하는 것이 가능하고 필요하다. 그렇다면 문장 의미의 분석은 발화의 인지적 처리와는 다른 내용과 절차가 상정될 수 있다. 발화의 처리와 관

술) 등으로 구분될 수 있다(Fries 1952: 41-53). 이러한 발화의 유형을 통해서도 의사소통 단위인 발화와 언어 단위인 문장의 근본적인 차이를 확인할 수 있다.

22) 문장과 발화를 일대일로 치환해 이해하려는 입장에서는 문장을 '최소이거나 확대된, 단일한 자립 발화(a single free utterance, minimum or expanded)'로 규정한다 (Fries 1952: 25). 그러나 본 연구에서는 문장이 곧 발화인 것으로 간주하지 않는다. 문장은 언어 단위로서 단어, 구, 절 등과 대비되는 것이고, 발화는 화맥 결부 여부에 따라 언표와 대비되는 것이다.

련해서는 선형적인 음성 연쇄에서 먼저 나타나는 것들부터 순차적으로 이루어지는 심리적 연상 과정이 논의될 수 있다면, 문장 의미의 분석에서는 서술어를 중심으로 하여 계층적·비선형적으로 의미 단위와 언어 단위를 분석하는 과정이 논의될 수 있다.

따라서 문장 의미에 관한 연구에서는 우선적으로 언어 외적 정보를 고려하지 않은 언어 형식으로서의 문장과 언어 외적 정보를 고려하는 상황 속의 문장을 구분하는 것이 필요하다. 이러한 시도는 Lyons(1977), Allan(1986), 최호철(2011), 김민국·손혜옥(2015) 등에서 확인된다. Lyons(1977)은 '체계문'과 '텍스트문',23) Allan(1986)은 '문장'과 '발화', 최호철(2011)은 '언표 문장'과 '문장 발화', 김민국·손혜옥(2015)는 '이론문'과 '분석문'의 구분을 보였다.24)

이들 연구에서 제시된 전자의 항목들, 체계문, 문장, 언표 문장, 이론문은 화맥이 배제되고 문법적으로 완전한, 추상적·이론적 실체로서의 문장을 가리킨다. 반면 후자의 항목들, 텍스트문, 발화, 문장 발화, 분석문은 화맥과 결부된 발화 결과물로서의 문장을 가리킨다. 다만 여기서 Lyons(1977)의 텍스트문은 완전하거나 불완전할 수 있는데 비해, Allan(1986)의 발화는 통사론의 규칙에 따라 구조화된 완전한 문장에만 대응되므로 약간의 외연 차이는 있다.

다소 차이는 있지만 위 네 연구의 핵심은 화맥의 결부 여부를 기준으로 문장의 종류를 둘로 구분한 데 있다. 드러난 언어 형식의 의미만

---

23) Lyons(1977)의 이전 저술인 Lyons(1968: 176)에서는 체계문과 텍스트문이라는 별도의 용어를 제안하지는 않았지만, 이에 각각 대응되는 문장이라는 용어의 두 가지 뜻에 관해 논의하면서 이를 랑그와 빠롤에 대비하였다.

24) 여기서 Allan(1986)의 용어는 유의해야 한다. Allan(1986)에서는 발화를 맥락 내에서 문장이 사용된 것으로 정의하여, 문장과 발화 사이의 일대일 관계를 상정하였다. 이는 Harris(1951: 14) 등에서 발화가 다양한 언어 단위로 실현된다고 본 것과 차이가 있다.

고려하는 문장과 그 밖의 언어 외적인 정보를 더 고려하는 문장은 의미의 구성 요소가 서로 다를 뿐 아니라 의미 분석의 내용을 달리한다. 이러한 점을 고려하여 화맥이 배제된 것을 '언표', 화맥이 결부된 것을 '발화'로 대별하고 언어 단위를 단어, 구, 절, 문장 등 위계적인 것으로 구분하면 다음 [표 4]가 성립된다.

[표 4] 화맥과 언어 단위[25]

맥락 단위	화맥 배제(언표 차원)	화맥 결부(발화 차원)
단어	언표 단어	발화 단어
구	언표 구	발화 구
절	언표 절	발화 절
문장	언표 문장	발화 문장

[표 4]와 같이, 한편으로 언표와 발화를 상보적으로 구분하고 다른 한편으로 언어 단위들을 계열적으로 설정하면 각 차원에 따른 언어 단위가 설정된다. 이로써 화맥의 결부를 전제하고 문장 단위에 대당하는 것으로 상정되어 온 소형문, 조각문, 형식적 불완전문 등의 단위는 인정하지 않는다. 기본적으로 문장으로서의 서술형식의 완결성을 갖추어야 문장으로 간주될 수 있다. 그리고 언어 단위를 특정할 수 없는 언어 형식은 '조각'으로 규정될 수 있다.

참고로, '언표'란 용어는 화행 이론이 언표내적 행위에 주로 관심을

---

25) [표 4]는 최호철(2011: 502)에 제시된 표를 약간 수정한 것이다. 최호철(2011)에서는 언어 단위를 '단어, 구절, 문장, 단락, 담문'으로 두었는데, 본 연구에서는 구절을 구와 절로 구분하고, 단락과 담문은 표시하지 않았다. 구와 절은 각각 단어와 문장에 대한 문법적 동등성과 관련하여 정의된 이차적인 단위이므로 구분하였다(Lyons 1968: 170-171). 그리고 단락과 담문은 본 연구에서 분석하는 단위가 아니므로 문장까지만 표시하였다.

갖는 반면에 통사론과 의미론이 언표적 행위에 주로 관심을 갖는 것에서 말미암은 것이다. 그러므로 언표는 '언외(言外)'가 아닌 '말로 나타낸 바'의 뜻으로 사용한다. 용어와 관련하여 최호철(2011: 501)에서는, '언표'라는 단어는 한정적으로 사용되므로 단위명 앞에 두고(언표 문장) '발화'라는 단어는 발화체라는 의미로서 피한정적으로 사용되므로 단위명 뒤에 둔다고(문장 발화) 하였다.

본 연구에서는 기본적으로 최호철(2011)과 같은 문장 구분과 용어론을 수용하되, 문장 의미의 연구와 관련하여 '문장'을 구분하는데 초점을 두고 있으므로 언표로서의 문장과 발화로서의 문장이란 뜻에서 '언표 문장'과 '발화 문장'으로 용어를 수정하여 사용하기로 한다. 앞서 구분한 문장 의미로 따지면 언표 문장은 주어진 언어 형식만으로 해석된 의미를 가지고, 발화 문장은 주어진 언어 형식과 더불어 언어 외적 정보를 고려하여 해석된 의미를 가진다.26)

Lyons(1977: 30)에서 설명했듯이 텍스트문은 형식적으로 완전할 수도 있고 불완전할 수도 있는데, 이때 불완전한 텍스트문은 본 연구에서는 '문장'이 아닌 것이므로 텍스트문이란 용어는 부적절하다.27) 또한 Allan(1986)의 '발화'는 일반적으로 통용되는 발화의 정의가 문장 단위의 화맥적 실현만을 가리키는 것이 아니라는 점에서 부적절하다.28) 그리고 김민국·손혜옥(2015)의 '이론문'과 '분석문'은 두 항목

---

26) 언표 문장을 문어 문장에, 발화 문장을 구어 문장에 대응시키는 것이 아니라는 점에 유의하여야 한다.

27) Lyons(1968: 174)에서는 불완전한 문장이 어떤 특정한 맥락 내에 나타났을 때 완벽하게 이해 가능하기 때문에, 이 점에서는 불완전하다고 불리기 어렵다는 것을 지적하면서 맥락적 완전성과 문법적 완전성을 구분해야 한다고 하였다. 이 지적은 물론 타당하지만 완전히 적절한 것은 아니다. 문맥적으로 서술형식의 완결성을 복원할 수 있는 경우는 본 연구의 '언표 문장II'일 것이나, 그렇지 않은 경우는 발화 문장에 대당되는 의미를 가지는 발화 단어, 발화 구, 발화 절 등이거나 조각 발화일 것이기 때문이다.

사이의 대립적 관계가 선명하게 드러나지 않는다.

언표 문장과 발화 문장의 구분은 문장의 문법성 판단과 의미 해석 결과에 직접적인 영향을 미치는 중요한 전제 조건이다. 어떤 문장이 발화 문장의 차원에서는 적격하더라도 언표 문장의 차원에서는 적격하지 않을 수 있고, 어떤 문장 의미가 발화 문장의 차원과 언표 문장의 차원에서 해석되는 것이 다를 수 있기 때문이다. 따라서 어떤 문장의 문법성을 판단하거나 의미를 해석할 때는 어느 차원에서 이루어진 것인가를 구분해야 한다(최호철 2011: 485).

한편 문장을 완전한 내용을 완결된 형식으로 나타내는 언어 단위로 규정하는 본 연구에서 문제적일 수 있는 경우들이 존재한다. 명령으로서의 '밥 먹어라!'나 청자에 대한 질문으로서의 '밥 먹었어?'의 경우 본 연구에서는 발화 구로 규정한다. 직관적으로 이들은 명령문과 의문문으로 여겨지는데 발화 구로 보는 것이 낯설 수 있다. 국어에서는 지정수신인이자 주어가 청자인 것이 당연시되는 화맥에서 2인칭 주어가 자주 생략되고 또 자연스럽기 때문이다.

그리고 국어는 가주어로 주어 자리를 채우는 영어와 같은 주어 부각형 언어와는 달리 주어 생략이 상대적으로 자유로운 주제 부각형 언어로 분류되는 것이 일반적이다. 그런데 형식적 특성을 기준으로 '밥 먹어라!'나 '밥 먹었어?'의 문장 자격을 인정하지 않는 것은 국어 문장으로 논의될 수 있는 많은 예들을 배제하는 것일 수 있다. 그러나

---

28) Harris(1951: 14)에서는 "발화는 한 사람에 의해 만들어진 불특정한 길이의 이야기이고, 그 사람의 앞과 뒤에 침묵이 존재한다. 발화는 일반적으로, (문장이라는 단어가 일반적으로 사용되는 한에서는) '문장'과 동일하지 않다. 예를 들어 영어에서 대다수의 발화가 한 단어, 구, '불완전한 문장' 등으로 구성되기 때문이다." 라고 발화를 정의하고 설명하였다. 이러한 발화의 정의가 Fries(1952: 23-25), 김민수(1971: 51) 등의 많은 연구들에서 수용되었고 일반적으로 통용되고 있다.

'이런 건 너나 먹어라!', '니가 밥 먹었니?'에서처럼 주어가 초점일 때에는 실현이 필수적이라는 사실이 중요하다.29)

또한 이들이 대부분의 화맥에서 2인칭 주어를 갖는 문장으로 해석이 되는 경향은 충분조건이 되지 않는다. 예컨대 어린 아이를 키우는 부부 사이의 대화에서, 늘상 아이의 식사 여부가 관심사라고 할 때 '(오늘은) 밥 먹었어?'라는 발화는 청자가 아닌 3인칭인 아이를 주어로 할 수 있다. 이러한 해석 가능성은 지시적 제스처가 동반되면 더 분명해진다. '밥 먹었어?'의 화맥적 주어 확인은 언표 문장의 주어를 문맥적으로 복원하는 것과는 다른 문제이다.

한편, 연결어미에 종결 억양을 실어 발화되는 '철수가 밥을 먹어서'나 '자네가 이걸 했다던데'와 같은 형식들은 얼마든지 문장 단위로 간주될 수 있다. 종결 억양의 수반을 통해 종결 기능을 갖는 연결어미는 다양하고,30) 사실상 종결어미와 연결어미의 범주를 형태로만 양단하는 것은 불가능하다. 따라서 언표 차원에서는 이 예들이 언표 절과 언표 문장으로 중의적인 것으로 보고, 마찬가지로 발화 차원에서도 경우에 따라 발화 절과 발화 문장으로 분석한다.

다만, 문장 단위로 간주될 때의 특성은 종결 억양의 수반 외에도 두어 가지를 더 꼽을 수 있다. 문말에 나타날 수 있는 보조사 '-요', '-그려' 등의 첨가 여부가 부수적으로 고려될 수 있다. '철수가 밥을 먹어서요.', '자네가 이걸 했다던데그려.'의 형식이라면 발화 절로 간주될 가능성이 낮다. 또한 의미적으로 관계 맺어질 후행절이 맥락적으로

---

29) 물론 연구자의 목적과 필요에 따라 '밥 먹어라!', '밥 먹었어?' 등의 예들을 화맥적으로 주어의 복원이 가능한 전형적인 명령문과 의문문으로 볼 수도 있다.
30) 조민하(2011)에서는 여러 연결어미의 종결 기능에 대한 억양의 역할을 상세히 다루었다. 한편 이 현상은 완전히 종결어미화되지 않은 연결어미의 종결 기능으로 보기도 하고(조민하 2011), 종결어미로의 전용으로 보기도 한다(권재일 2004).

상정되지 않는다면 하나의 문장으로 보게 될 것이다. 물론 종결 억양의 수반이 결정적 요인임은 부인할 수 없다.

본 연구는 기본적으로 언표 차원에서 문장의 자격을 갖추어야 발화로서의 문장으로도 인정될 수 있다고 보는 입장이다. 언표 차원의 언어 단위로는 명명할 용어가 분명치 않은 발화는 굉장히 많다. 예컨대, 발화 문장인 '나에게 물을 주세요!'에 대당될 수 있는 다른 발화로는 발화 단어인 '물!', 발화 구인 '물 줘!' 외에도, '나 물!', '나는 물!', '나한테 물!' 등이 있을 수 있다. 일상 언어 생활에서 접하게 되는 발화의 형식은 구, 절, 문장 등이 아닐 수도 있다.

그러나 언어 단위를 특정할 수 없는 이러한 경우들이 본 연구의 문제점인 것은 아니다. 의사소통 과정에 나타나는 다양한 언어 형식들은 그 현현 방식에 투영되는 정보구조적 특징이 상세히 규명되어야 하는 것이지, 언어 단위의 정의를 수정할 이유가 되지는 않는다. 발화 차원의 형식들이 반드시 단어, 구, 절 따위의 언어 단위로 치환되어야만 할 필연적인 이유는 없다. 모든 낱낱의 발화 형식을 개별적으로 가리킬 용어를 만들어내는 일 또한 불가능하다.[31]

본 연구에서는 언어 단위를 특정할 수 없는 형식을 일종의 여집합으로서의 언표 조각 및 발화 조각으로 규정한다.[32] 언어 단위를 특정

---

31) 비유컨대, 수학에서는 삼각형, 사각형, 원 등의 2차원 평면 도형에 대해 연구하고 갖가지 수학적 정리와 공식을 탐구하여 실생활에 유용한 정보들을 만들어낸다. 그러나 세계에 존재하는 수많은 대상물들은 2차원적이지 않으며 삼각형, 사각형, 원 등의 도형인 것도 아니다. 그럼에도 수학에서의 평면 도형에 대한 정의와 연구가 유용하듯이, 언어학에서의 언어 단위도 마찬가지이다. 언어 단위들이 실생활의 발화 형식들과 다르더라도 그것이 언어 단위의 정의와 외연을 수정할 이유가 되지는 못한다고 본다.

32) 김수진·차재은·오재혁(2011: 103)에서는 서술어를 갖추지 못한 발화에 대해서만 '조각 발화'라는 용어를 사용한 바 있다. 이 연구의 '조각 발화'는 서술어 유무를 기준으로 하므로 본 연구에서의 '발화 단어' 및 '발화 구'가 포함될 것이다.

할 수 없는 경우 언어 단위로서의 명명을 부여하지 않는 것이다. 이것이 언어 단위로 규정되지 않은 조각 형식들을 무가치한 것으로 취급하는 것은 아니다. '발화 조각'이 '발화 문장'과 동등한 의미로 해석되는, 그럼으로써 원초적이고 기본적인 언어 단위로서의 문장의 지위를 보여주는 특성은 중요하게 고려되어야 한다.

문장은 단어와 더불어 전통적인 언어 이론에서 문법 기술의 근본적인 단위로 간주되어 온 것이고, 구와 절은 단어와 문장이라는 원초적인 단위(primary unit)에 대한 문법적 동등성(grammatical equivalence)과 관련하여 정의된 이차적인 단위(secondary unit)이다(Lyons 1968: 170-171). 구와 절, 그리고 조각에 비해 더 실제적인 인식을 부여받는 기본적이고 원초적인 문장의 성격이 발화 차원의 의미 해석에서도 여실히 드러나는 것이라고 하겠다.

부연컨대, 조각 형식에 대해 문장에 준하는 언어 단위로서의 지위와 명명을 부여해야만 할 필연성은 없다. 화맥에 의존하여 드러나는 문장과의 의미적 등가성을 고려하면 되기 때문이다. 용어 사용의 혼란을 줄임으로써 기본 개념의 왜곡과 오해를 줄이고 막을 수 있다. 오히려 본질적인 형식적 차이를 인정하고, 경우에 따라 의미적 등가성을 가질 수 있다는 점을 분명히 함으로써 의사소통 차원에서의 발화 문장의 중요성은 더 부각될 수 있다.

모든 언어 표현은 화맥적 환경 속에 존재한다. 비유컨대 지구상의 모든 생물이 진공 상태가 아닌 대기 중에 노출되어 있는 것과 같다. 그렇지만 과학자들이 가공된 진공 상태를 만들어 그 속에서 어떤 현상을 연구하듯이 언어학자들도 화맥으로부터 자유로울 것을 가정하여

그러나 본 연구에서의 '발화 조각'에는 언어 단위를 규정할 수 없는 발화들이 모두 포함된다.

언어를 연구할 수 있다. 즉 언표 문장은 진공 상태의 것이고 발화 문장은 대기 중의 것이다. 이 구분은 문장 의미 해석에 참조되는 정보의 특성을 반영한 것이란 점에서 중요하다.

2.3.2. 특성적 의미의 종류와 용법

본 절에서는 문장 의미에 기여하는 특성적 의미들의 유형에 관해 논의한다. 먼저 문장 의미를 기술하는 데에는 문맥적 의미와 화맥적 의미의 구분이 필요함을 보일 것이다. 그리고 이와 관련되는 기본적 의미와 비유적 의미, 언표적 의미와 비언표적 의미, 어휘적 의미와 통사적 의미 등을 설명할 것이다. 문장 의미가 하위 언어 단위의 의미와 함께 언어 내외적 정보가 참조되는 것인 만큼 여러 특성적 의미들이 거론되어 왔기 때문에 정리가 필요하다.

기본적으로 언어 표현의 의미가 실현되는 맥락의 차원을 문맥과 화맥으로 구분할 수 있다.[33] 문맥은 언어 표현 안에서 그것들 사이에 맺어지는 내부의 관계를 가리키고, 화맥은 언어 표현과 언어 외적 상황 사이에서 맺어지는 내외간의 관계를 가리킨다(최호철 2011: 493). 즉 주어진 언어 형식을 구성하는 요소들 사이의 내적인 맥락을 문맥이라 하고, 주어진 언어 형식이 언어 외적 상황과 관계 맺는 발화상의 맥락을 화맥이라 하여 서로 구분하는 것이다.

---

33) 맥락을 여러 유형으로 나눈 선행 연구들에 대한 검토는 권영문(1996: 15-18), 김혜령(2015: 23-31) 참고. 본 연구에서는 권영문(1996), 최호철(2011), 김혜령(2015)를 따라서 맥락을 문맥과 화맥으로 대별한다. 물론 맥락 중심으로 의미를 파악하는 관점에서는 문맥과 화맥의 구별이 중요한 것이 아닐 수 있다(최경봉 2015: 12). 그러나 의미의 실현 환경을 고려하는 관점에서는 맥락의 종류를 구분하는 것이 중요하고 필요하다.

그리고 문맥과 화맥과 결부되는 특성을 가진 의미를 문맥적 의미와 화맥적 의미로 일컬을 수 있다. 문맥적 의미가 주어진 언어 표현 내부의 관계적 의미라면, 화맥적 의미는 주어진 언어 표현 내부와 언어 외적 상황 사이의 내외간의 관계적 의미이다. 그러면 문장과 관련해서는 한편으로는 문장 구성 요소들의 문맥적 의미와 화맥적 의미가 구분되고, 다른 한편으로는 이야기 또는 담화 구성 요소로서의 문장 자체의 문맥적 의미와 화맥적 의미가 구분된다.

[표 5] 문장과 관련되는 문맥적 의미와 화맥적 의미의 구분

구 분	문맥적 의미	화맥적 의미
문장 구성 요소	① 문장 구성 요소의 문맥적 의미	③ 문장 구성 요소의 화맥적 의미
문장 자체	② 문장 자체의 문맥적 의미	④ 문장 자체의 화맥적 의미

예컨대, '동생이 내 반지를 먹었어.'라는 문장에서 '반지를 먹-'이라는 서술어구가 가지는 반지를 입을 통해 배 속에 들여보내다라는 의미는 ①에 해당하고 반지를 자기 것으로 부당하게 편취하다라는 의미는 ③에 해당한다. 그리고 '철수는 군대에 있다.'라는 문장에서 '군대에 있-'이라는 서술어구가 가지는 군대라는 장소에 위치해 있다는 의미는 ①에 해당하고, 군 복무 중이라는 의미는 ③에 해당한다. 이 ①과 ③의 의미가 문장 의미로 사상된 것이다.

이에 비해 ②는 문장 의미의 해석에 문맥이 고려되는 점을 특징지은 것이다. 예컨대, '철수는 밥을 먹었다. 그리고 잤다.'라는 언표 텍스트에서 둘째 문장의 의미는 첫째 문장을 통해 생략된 주어를 복원한 후에 해석된다. '철수는 잘생겼다. 그래서 그는 인기가 많았다.'라는 언표 텍스트에서 둘째 문장의 의미는 첫째 문장의 철수를 참조하여

대명사 '그'의 지시 대상을 파악한 후에 해석된다. 이렇듯 문맥을 고려하여 해석되는 문장 의미가 ②에 해당한다.

그리고 ④는 문장 의미의 해석에 화맥이 고려되는 점을 특징지은 것이다. '나는 어제 논문 심사를 받았다.'라는 언표 문장은 화맥 없이는 "화자는 발화가 이루어지는 오늘의 하루 전날에 논문 심사를 받았다."는 의미일 뿐이다. 하지만 화맥을 고려하면 "도재학은 5월 13일에 논문 심사를 받았다."로 해석될 수 있다. '너 참 잘하고 있다.'라는 문장이 반어적으로 해석되는 것도 여기의 예가 된다. 이렇듯 화맥을 고려하여 해석되는 문장 의미가 ④에 해당한다.

이상 살펴본 바대로 문장과 관련해서는 문장 구성 요소의 문맥적 의미와 화맥적 의미, 그리고 문장 자체의 문맥적 의미와 화맥적 의미가 구분된다. 이들 각각을 구분하지 않으면, 서로 다른 특성을 지니는 문장의 구성 요소와 문장 의미의 실현 환경을 체계적으로 분석하기 어렵다. 문장 의미를 단층적이거나 균질적인 것으로 보아서는 복잡한 의미 실현 양상을 설명할 방법이 없다. 따라서 맥락의 차원을 먼저 구분한 다음 문장의 구성 요소를 살펴야 한다.

한편 문장 의미를 기술할 때 동원되는 특성적 의미로는 기본적 의미와 비유적 의미, 언표적 의미와 비언표적 의미, 어휘적 의미와 통사적 의미 등이 더 있다. 이들은 문맥적 의미 또는 화맥적 의미와 일정 부분 관련이 되지만 전적으로 치환 가능하지는 않다. 어휘적 의미와 통사적 의미는 문장 이하의 단어나 형태소의 특성적 의미를 가리키는 반면, 기본적 의미와 비유적 의미, 언표적 의미와 비언표적 의미는 문장과 문장 이하 단위에 두루 쓰이기도 한다.

기본적 의미는 어떤 언어 표현이 가지는 다의 가운데 가장 일반적이고 무표적인 것을 가리킨다. 문장 의미로 말하자면 '동생이 내 반지를 먹었어.'가 가질 수 있는 의미 중에서는 "동생이 화자의 반지를 입을 통해 배 속에 들여보내다."라는 문맥적 의미가 기본적인 것이다. 언어 표현 외에는 고려하지 않는 의미이기 때문이다. 실생활에서 더 빈도 높고 자연스럽게 쓰일 의미는 화맥적 의미이겠지만, 기본적 의미는 의미 환경의 영향을 덜 받는 것을 가리킨다.[34]

기본적 의미의 개념은 주로 단어나 형태소의 의소(義素, sememe) 설정과 관련하여 다루어져 왔다. 의소를 대표하는 것이 곧 기본적 의미이기 때문에, 의소의 개념을 어떻게 설정하느냐에 따라 기본적 의미의 성격에도 차이는 있다.[35] 그러나 대체적으로 기본적 의미는 일반적이고 간결한 규칙으로서 다른 이의(異義)의 실현을 설명할 수 있고, 빈도가 높아서 출현 제약 또는 의미 환경의 영향을 되도록 적게 받는 것이라고 할 수 있다(최호철 1993ㄱ: 45).

한편 비유적 의미는 유사성과 근접성이라는 연상의 동인(動因)을 바탕으로 하는 은유와 환유에 의해 전용·실현된 의미를 가리킨다.[36] 문장 의미 분석에 고려되는 비유적 의미는 두 종류로 구분할 수 있는데, 하나는 문장 구성 요소의 비유적 의미이고 다른 하나는 문장 전체의 비유적 의미이다. 그리고 또 다른 차원에서도 두 종류로 구분할 수

---

34) 이렇듯 언어 표현의 의미 중에 기본적 의미가 반드시 빈도 높게 사용되는 것은 아니다. 기본적 의미로부터 파생·확장된 의미가 더 많이 사용될 수도 있다. 도원영(2012)에서는 단의 간 역학 관계를 살피는 논의에서 저빈도 기본 의미와 고빈도 파생 의미를 가지는 다의어의 특징을 살핀 바 있다.
35) 의소에 대한 연구자들의 입장은 크게 셋으로 나뉜다. 한 어소에 무한수의 독립된 기본적 의미를 인정하는 '용법설', 한 어소에 하나의 기본적 의미만을 인정하는 '기본의미설', 용법설과 기본의미설을 절충한 '다의성설'이다. 이에 대한 논의는 김민수(1981: 27-29), 최호철(1993ㄱ: 37-41) 참고.
36) 천시권·김종택(1985: 251-252)에서 연상을 성립시키는 조건으로서 인접율(隣接律), 유사율(類似律), 반대율(反對律) 세 가지를 들었다. 이를 참고하여 도재학(2013: 49-50)에서는 연상의 동인으로서 유사성과 근접성 외에 대립성을 더 고려해야 한다고 보았다.

있는데, 하나는 문맥을 통해서 드러나는 비유적 의미이고 다른 하나는 화맥을 통해서 드러나는 비유적 의미이다.

[표 6] 문장과 관련되는 비유적 의미의 구분

구 분	문맥 차원	화맥 차원
문장 구성 요소	① 문장 구성 요소의 문맥 내의 비유적 의미	③ 문장 구성 요소의 화맥 내의 비유적 의미
문장 자체	② 문장 자체의 문맥 내의 비유적 의미	④ 문장 자체의 화맥 내의 비유적 의미

예컨대, '철수가 밥을 먹었다.', '철수가 겁을 먹었다.', '동생이 내 반지를 먹었어.'라는 문장이 있다고 할 때, 첫째 문장의 서술어 '먹-'은 대상인 '밥'과 관련하여 기본적 의미로 해석된다. 한편 둘째 문장의 서술어는 대상인 '겁'과 관련하여 어떤 심리적 상태를 느끼게 되는 비유적 의미로 해석된다. 셋째 문장의 경우는 서술어구 '내 반지를 먹-' 전체가 반지를 입으로 삼키는 기본적 의미와 반지를 부당하게 편취하는 화맥적인 비유적 의미로 해석된다.

그러면 위의 예에서 '겁을 먹-'의 '먹-'은 '겁'이라는 문맥적 정보 때문에 비유적 의미로 해석되는 것으로서 ①에 해당한다. 반면 '내 반지를 먹-' 전체는 언어 외적인 화맥적 정보 때문에 비유적 의미로 해석되는 경우에 ③에 해당한다. '내 반지를 먹-'은 반지를 편취하는 상황을 고려하지 않으면 입으로 삼키는 기본적 의미로 해석되는 구성이다. 이러한 문맥 또는 화맥을 통해 실현되는 구성 요소의 비유적 의미가 문장에 사상됨으로써 문장 의미를 구성한다.

②는 문장 전체의 의미가 문맥 정보를 참조하여 비유적으로 해석되는 경우를 가리킨다. '영희는 미용실에 갔다. 그리고 머리를 잘랐다.

그 모습이 낯설었다.', 그리고 '망나니는 참수형을 선고받은 죄인 앞에 섰다. 그리고 머리를 잘랐다. 그 장면은 끔찍했다.'라는 언표 텍스트가 있다고 하자. 두 언표 텍스트에서 '그리고 머리를 잘랐다.'라는 문장은 동일하지만 그 의미는 "영희는 머리카락을 깎았다."와 "망나니는 죄인의 머리를 베었다."로 다르게 해석된다.

"영희는 머리카락을 깎았다."라는 의미의 경우 선행 문장의 주어인 영희와 미용실이라는 문맥적 정보를 참조했기 때문이고 "망나니는 죄인의 머리를 베었다."라는 의미의 경우 선행 문장의 주어인 망나니와 참수형을 선고받은 죄인이라는 문맥적 정보를 참조했기 때문이다. '머리를 자르-'의 기본적 의미는 두부(頭部)를 끊어내다이고 비유적 의미는 두발(頭髮)을 끊어내다이다. 여기서 '두부'와 '두발'은 서로 근접해 있다는 특성으로 환유되는 관계에 있다.

한편 ④는 문장 전체의 의미가 언어 외적 정보를 참조하여 비유적으로 해석되는 경우를 가리킨다. 정지용의 시 <유리창>(1930)의 마지막 행은 '아아, 늬는 山ㅅ새처럼 날러 갔구나!'이다. 이것은 어린 자식이 죽은 것을 안타까워하는 아버지의 마음을 비유적으로 표현한 문장이다. 이 문장의 의미는 대명사 '늬(너)'의 지시 대상과 어린 자식이 죽었다는 사실, 그리고 그것을 안타까워하는 아버지의 마음과 같은 화맥을 고려해야 의도된 의미를 해석할 수 있다.

언표적 의미와 비언표적 의미는 각각 말로 나타낸 바의 의미와 그렇지 않은 의미에 해당한다. 언표적 의미는 곧 언어 표현 자체를 하나하나 좇아 그것이 가지는 의미를 파악한 축어적 의미와 동의적이다. 반면 언어 표현으로 드러나지 않아서 화맥을 통한 추론으로 파악되는 비언표적 의미는 화자에 의해 의도된 의미라고도 불린다. 발화 문장이 가지는 제3의 화맥적 의미를 제외하면, 모든 언표 문장과 발화 문

장의 의미는 언표적 의미에 해당하는 것이다.[37]

그리고 어휘적 의미와 통사적 의미는 문장보다 낮은 층위의 언어 단위인 단어가 가지고 있는 의미를 특성에 따라 구분한 것이다. 이것은 전체 문장의 의미를 구성하는 부분적 의미라고 할 수 있다. 어휘적 의미는 어떤 언어 형식이 본래 가지고 있는 것을 가리킨다는 점에서 실질적 의미라고도 불린다. 반면 통사적 의미는 실질적 의미를 갖는 형식들 사이의 관계적 의미를 가리킨다. 즉 어휘적 의미와 통사적 의미는 문맥적 의미의 서로 다른 하위 유형이다.

어휘적 의미와 통사적 의미는 각각 어휘적 단어와 통사적 단어에 의해 실현된다고 할 수 있다.[38] 물론 전적으로 그런 것만은 아니다. 어휘적 단어 가운데는 통사적 의미인 서술 기능을 갖는 것이 있고(예. 동사, 형용사), 한정 기능을 갖는 것도 있다(예. 관형사, 부사). 한편으로 모든 단어가 반드시 어휘적 의미나 통사적 의미를 가지는 것도 아니다. 주체 존대의 '-시-'와 시제 선어말어미는 화맥적 의미인 화자의 존대 의사와 시간 지시 기능을 갖는다.

즉 통사적 의미가 문맥적 의미의 한 하위 유형이고 화맥적 의미는

---

37) 명시적 의미와 암시적 의미라는 용어가 도입되기도 하는데(강계림 2015ㄴ), 언표적 의미와 비언표적 의미의 개념과 동질적인지는 분명하지 않다. 암시적 의미와 비언표적 의미는 동등하게 사용될 수 있을 것 같다. 그러나 명시적 의미와 언표적 의미는 단언하기 어려운데, 언표적 의미는 말로 나타난 것만을 해석하는 것인 반면, 명시적 의미는 분명하게 보인다는 것을 어떻게 해석할지의 문제가 있다. 예컨대, 화시 표현의 지시 대상을 고려하지 않은 문장 '나 너 좋아해.'의 의미가 명시적이라고 할 수 있는지 판단하기 어렵다.

38) 그런데 통사적 의미를 나타내기 위한 통사적 단어가 반드시 존재해야 하는 것은 아니다. 국어에서 명사(구)가 논항으로 쓰일 때의 자격(통사적 의미)는 주로 격조사를 통해 실현되지만 격조사가 쓰이지 않아도 괜찮은 경우도 많고 의무적으로 비실현되어야 하는 경우도 있다. 한편 영어의 경우는 주로 위치에 의해 논항의 자격이 표시된다. 최호철(1996ㄷ: 118-123)에서는 국어, 영어, 동아일랜드어를 대상으로 격 실현 방법을 비교하였다.

문맥적 의미와 대비되는 것임을 고려해야 한다. 그러면 어휘적 의미, 통사적 의미, 화맥적 의미, 그리고 문법적 의미를 모두 구분할 수 있다. 문법적 의미는 통사적 의미와 화맥적 의미를 통칭하는 것이다. 어휘적 의미와 대비되는 것으로서의 문법적 의미는 언어 표현들 사이의 관계적 의미인 통사적 의미와 언어 표현과 언어 외적 상황 사이의 관계적 의미인 화맥적 의미를 합한 것이다.39)

그러므로 주체 존대의 '-시-', 시제 선어말어미, 상대 존대의 어말어미의 화맥적 의미를 통사적 의미로 일컫거나, 이들을 통사적 단어로 일컫는 것은 부적절하다. 이들은 화맥적 의미를 가지는 문법적 단어의 한 종류로서, 문장의 언표적 의미를 구성하는 일부분이다. 즉 문장의 언표적 의미에도 화맥적 정보는 고려되는 것이다. 여기서 문맥적 의미를 가지면서도 화맥에서 다른 지시체나 개념을 가지는 표현과 화맥적 의미만 가지는 단어가 구분될 필요가 있다.

전자의 경우인, 물건을 부당하게 편취한다는 '먹-'의 화맥적 의미나, '나', '지금', '여기' 등의 화시 표현이 발화 상황에서 가리키는 지시체는 화맥을 고려함으로써 확인되는 것이다. 이들은 화맥이 결부되지 않은 기본적 의미도 갖고 있다. 반면 주체 존대의 '-시-'는 그 자체로 화자의 존대 의향을 표시하고, 시제 선어말어미들은 발화시와 관계된 시간 지시를 표시하며, 상대 존대의 어말어미들은 화자와 청자의 상대적 관계에 대한 화자의 인식을 반영한다.

---

39) 그러므로 단어를 어휘적 의미를 가지는 어휘적 단어와 통사적 의미를 가지는 통사적 단어로만 구분하는 것은 적절하지 않다. 화맥적 의미만을 가지는 단어들이 배제되는 것이기 때문이다. 그러므로 '통사적 단어'라는 명명 아래 화맥적 의미만을 가지는 단어를 포함시키는 것은 적절하지 않다. 특성적 의미를 고려하여 단어의 종류를 나눈다면, 어휘적 의미가 기본이 되는 '어휘적 단어'와 관계적 의미가 기본이 되는 '문법적 단어'로 지칭하는 것이 적절하다. 분석의 기본 언어 단위와 유형에 관해서는 2.3.3절 참고.

이상 문맥적 의미와 화맥적 의미의 구분에 대해 논의하면서, 문장 의미를 기술할 때 자주 거론되는 기본적 의미와 비유적 의미, 언표적 의미와 비언표적 의미, 어휘적 의미와 통사적 의미에 대해 살펴보았다. 문장이 구성 요소와 언어 외적 정보가 구조화되어 있는 복합체인 만큼 여러 특성적 의미가 고려된다는 것을 확인하였다. 본 연구에서는 문맥적 의미와 화맥적 의미를 중요하게 구분하며, 다른 것들도 필요할 경우에 부수적으로 활용하기로 한다.

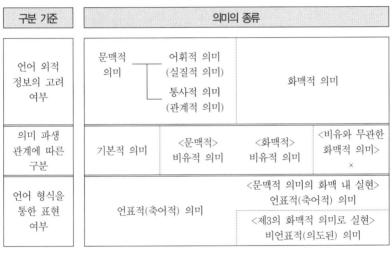

[그림 1] 문장 의미의 기술에 동원되는 특성적 의미의 종류와 그 관계

[그림 1]에는 특성적 의미들의 관계를 정리해 보였다. 언어 외적 정보의 고려 여부에 따라 문맥적 의미와 화맥적 의미가 구분되고, 문맥적 의미에는 어휘적 의미와 통사적 의미가 포함된다. 기본적 의미와 비유적 의미는 의미 파생 관계에 따라 나뉘는 것인데, 비유적 의미에는 문맥적 의미인 것도 있고 화맥적 의미인 것도 있다. 언어 형식을 통한 표현 여부로 나뉘는 의미에는 제3의 화맥적 의미로 실현된 것만

이 비언표적 의미이고 나머지는 언표적 의미이다.

이를 통해 어떤 문장의 문맥적 의미와 기본적 의미와 언표적 의미가 대응될 수 있지만 그렇지 않을 수도 있다는 사실을 알 수 있다. 화맥적 의미와 비유적 의미와 비언표적 의미가 대응될 수 있지만 그렇지 않을 수도 있다는 사실도 알 수 있다. 이 용어들의 개념은 서로 겹쳐 있을 수 있기 때문에 구분하지 않더라도 명백하게 틀리는 경우는 많지 않을 것이다. 그러나 이들이 일대일 대응 관계에 있는 것은 아니므로 개념적으로 구별될 필요가 있다.

예컨대 '철수는 군대에 갔다.'라는 문장이 가질 수 있는 ①"철수는 군대라는 장소로 이동했다."와 ②"철수는 군 복무 중이다."와 ③"철수는 집에 없다."라는 세 가지 의미로 생각해 보자. ①은 문맥적 의미이자 기본적 의미이고 언표적 의미이다. 한편 ②는 화맥적 의미이자 비유적 의미이고 비언표적 의미이다. ③은 화맥적 의미이자 비언표적 의미이지만 비유적 의미에 해당하지는 않는다. 이 의미들은 특성적 의미 간의 대응이 비교적 잘 이루어졌다.

한편, '철수가 겁을 먹었다.'라는 문장이 가질 수 있는 ①"철수가 겁을 먹었다."와 ②"철수가 떨고 있다."라는 의미로 생각해 보자. ①의 경우, '겁을 먹-'은 '먹-'의 비유적 의미가 실현되는 구성이지만 그것이 문장으로 사상되므로 문장 의미로서는 기본적 의미이고 문맥적 의미이며 언표적 의미이다. ②는 화맥적 의미이자 비언표적 의미이지만, 비유적 의미에 해당하지는 않는다. 구성 요소의 비유적 의미가 문장의 기본적 의미를 구성하는 것이 특징적이다.

'영희는 미용실에 갔다. 그리고 머리를 잘랐다.'라는 텍스트에서 두 번째 문장이 ①"영희는 머리카락을 깎았다."와 ②"영희는 기분전환을 했다."의 두 가지 의미를 가진다고 하자. ①은 문맥적 의미이지만 비유적 의미이고 언표적 의미이다. ②는 화맥적 의미이고 비언표적 의미이다. 그리고 비유적 의미에는 해당하지 않는다. 이 예에서는 문맥적 의미와 기본적 의미 사이의 대응이 아니라 문맥적 의미와 문맥적으로 실현된 비유적 의미 사이의 대응이 확인된다.

이렇듯 문장 의미를 기술하는 데 동원되는 다양한 특성적 의미들이 있는 만큼 용어를 구별하여 사용하여야 한다. 특히 문장 의미와 관련해서는 다음 네 가지가 잘 구분되어야 한다. 첫째, 문장 구성 요소의 문맥적 의미, 둘째, 문장 구성 요소의 화맥적 의미, 셋째, (언표 텍스트 내부에서의) 문장의 문맥적 의미, 넷째, (대화 또는 담화 내의) 문장의 화맥적 의미 이상이다. 지금까지 논의한 특성적 의미에 관한 용어를 사용하면서 다음 몇 가지 예문을 살펴본다.

(9) ㄱ. 철수는 손이 크다. (신체 부위로서의 손이 크다.)
　　ㄱ′. 철수는 손이 크다. (씀씀이가 후하고 크다.)
　　ㄴ. 가방에 공책이 있다.
　　ㄴ′. 공책이 가방에 있다.
　　ㄷ. 철수에게 {공책이, 마이크가, 자동차가, 5층짜리 빌딩이} 있다.
　　ㄷ′. {공책이, 마이크가, 자동차가, 5층짜리 빌딩이} 철수에게 있다.
　　ㄹ. 나는 오늘 여기서 짜장면을 먹었다.
　　ㅁ. 너 정말 잘한다.

(9ㄱ,ㄱ′)은 표면적인 형식은 한 가지인데 의미가 두 가지로 해석되는 경우이다. 여기서 구성 요소인 '손이 크-'의 기본적 의미와 화맥적인 비유적 의미가 구별된다. 한편 어순의 차이만을 보이는 (9ㄴ,ㄴ′)은 존재 위치를 표시하는 문장이다. 두 문장의 언표적 의미는 서로 동

일하다. 그러나 화맥적으로는 각각 '가방에 무엇이 있니?'와 '공책이 어디에 있니?'라는 서로 다른 질문에 대한 대답으로서 자연스러운, 정보구조적인 특성에서의 차이를 가지고 있다.

(9ㄷ,ㄷ′)은 양상이 좀 더 복잡하다. 기본적으로 모두 존재 위치를 나타내는 것은 (9ㄴ,ㄴ′)의 경우와 다르지 않다. 그러나 (9ㄷ)에서는 존재 위치의 해석보다 소유의 해석이 더 현저하다. 존재 위치의 의미가 없거나 불가능한 것은 아니다. 서술어 '있-'은 존재를 나타내지만, 어떤 위치에 대상이 존재하는 것과 의지적인 어떤 주체의 소유권 내에 대상이 존재하는 것은 은유 가능한 관계이므로 화맥적으로 비유적인 소유 의미가 확인되는 것이다(Heine 1997).

한편 (9ㄷ)과 어순이 다른 (9ㄷ′)에서는 또 다른 특성이 확인된다. 주어에 따라 존재 위치의 의미에 가까운 것(공책, 마이크)이 있는가 하면, 소유의 의미에 더 가까운 것(자동차, 5층짜리 빌딩)의 차이가 확인된다. 이러한 차이에는 존재물에 대한 우리의 사회문화적 배경지식, 즉 세상지식이 관여되었다고 할 수 있다. 대상물이 가지는 소유할 만한 가치, 소유권의 항구성, 처분권의 귀속 정도 등이 낮을 경우 존재 위치 구성의 비유적 의미가 약화된다.

그리고 (9ㄷ,ㄷ′)은 어순의 차이로 인한 정보구조적 특성도 고려될 수 있다. (9ㄷ)의 경우는 존재 위치인 철수에 대한 서술이므로, 인간이어서 행위성이 높은 철수가 대상물을 소유하고 있다는 비유적 의미로 해석이 잘 된다. 반면 (9ㄷ′)의 경우는 존재 대상에 대한 서술이므로, 특정한 존재 대상물의 위치를 드러내는 기본적 의미로 해석되는 경향이 있다. 그런데 추가적으로 대상에 관한 사회문화적 배경지식이 참조되면 소유의 의미로도 해석될 수 있다.

이상의 (9ㄴ-ㄷ′)에 관한 논의를 정리하면 다음과 같다. 기본적으로 존재의 의미를 가지는 서술어 '있-'이 사용된 구성이 은유를 통해 소유의 의미를 가질 수 있다. 이로써 문장의 기본적 의미와 비유적 의미가 구별된다. 그런데 한편으로, 어순에 의한 정보구조적 특성이나[40) 존재 대상물에 대한 사회문화적 배경지식에 의해 어떤 의미가 더 부각되거나 그렇지 않을 수 있다. 이들은 기본적 의미나 비유적 의미가 곧장 발화 문장의 의미로 드러난 것이다.

(9ㄹ)은 화자를 가리키는 '나', 발화시가 포함하는 날을 가리키는 '오늘', 화자에게 근접한 곳을 가리키는 '여기'가 어떠한 발화 상황에서 사용되는가에 따라서 지시체가 달라진다. 언표적 의미는 '화자가 발화시를 포함하는 날에 그와 가까운 곳에서 짜장면을 먹었다.'일 뿐이며 정확한 의미 파악을 위해서는 화맥을 반드시 참조해야만 하는 특징이 있다. 한편 (9ㅁ)은 언표적 의미로는 긍정적 진술이지만 화자가 반어법을 의도했다면 그 반대가 된다.

이상과 같이, 단순해 보이는 예문이라 할지라도 우리가 안다고 생각하는 의미를 가만히 들여다보면 그 속에는 구분되는 차원과 서로 다른 의미 작용이 존재한다. 그러므로 문장의 의미 기술을 위한 몇 가지 기준에 따른 특성적 의미들을 적절히 구별하여 사용하는 것이 중요하다. 그렇지 않으면 문장 구성 요소의 의미적 특성을 혼동하기 쉽고 또한 문장 의미의 실현 환경이 구분되지 않기 때문이다. 본 연구에서는 이상의 용어들을 모두 구별하여 사용한다.

---

40) 어순 변이가 임의적이거나 한정 없거나 예측불가능한 것이 아니라 다양한 인지적·화용적 요인에 의해 동기화된다는 점을 지적한 논의는 Payne(1992), Downing (1995) 등 참고. 본 연구에서는 어떤 특정한 원리로서 어순이 결정된다는 식의 결정론적 주장을 하기보다는, 소박한 수준에서 어순 변이에는 화용론적인 효과가 수반된다는 점을 지적해 두고자 한다.

2.3.3. 분석의 기본 언어 단위와 유형

문장은 문장 이하의 언어 단위들이 구조화된 것이므로, 결국 이들의 문장 내 역할과 의미를 해명해야 한다. 일반적으로 문법 기술의 대상이 되는 언어 단위로는 문장(sentence), 절(clause), 구(phrase), 단어(word), 형태소(morpheme)의 다섯 가지가 주로 고려된다. 더 높은 등급의 단위는 더 낮은 등급의 단위로 조합된다고 말할 수 있고, 반대로 더 높은 등급의 단위는 더 낮은 등급의 단위로 분석(또는 분해)된다고 말할 수 있다(Lyons 1968: 170-171).[41]

문장을 끝까지 분석하면 문장 내에서 단독적인 의미 또는 기능을 갖는 단위로는 결국 낱낱의 단어 또는 형태소가 파악될 것이다. 구나 절도 단어와 형태소의 결합이기 때문이다. 본 연구에서는 문장 내에서 독자적인 기능을 갖는 단어 또는 형태소를 '어사(語詞)'로 지칭하고자 한다.[42] 단어는 그 자체로 외연이 넓고 정의상 이견이 많아서 엄밀성을 확보하기 어렵고,[43] 형태소는 문장 내의 독자적 기능과 관계

---

41) 김민수(1971: 73)에서 "文法素論(tagmemics)에서는 文法素連鎖(tagmeme sequence)로 된 構成을 構文素(syntagmeme)라 하고, 言語構造는 흔히 文・節・句・單語・語素라 하는 5개의 階層을 인정한다."라고 한 내용 또한 참고된다. 이들 단위에 대한 총괄적이고 상세한 논의는 유현경 외(2015) 참고.

42) '어사(語詞)'라는 용어는 홍기문(1947: 89-94)에서 쓰인 바 있고(최호철 1995ㄷ: 648), 절 제목에서 "同一語詞의品詞辨別", "類似語詞의品詞辨別"을 확인할 수 있다. "同一語詞의品詞辨別"에서는 품사 통용의 사례들을 다루고 있는데, 이를 통해 어사 개념은 품사 판별 이전의 단어 형식을 가리키는 것임을 알 수 있다. 그리고 "이以外에도 이러한 例가 勿論 더 잇겟지만은 列擧치 안 한다. 더욱 後置詞 接續詞 終結詞의 통용은 나중에 自然 알어 질 것임으로 略한다(94면)"를 통해서 어사의 외연에는 후치사와 종결사 등 조사와 어미 형식도 포함된다는 것이 확인된다.

43) 단어의 '최소 자립 형식'이라는 정의(Bloomfield 1933: 178)는 불충분한 점이 많았기 때문에, 단어의 유형을 세분하려는 시도들이 있어 왔다. Di Sciullo and Williams (1987)에서는 등재소(listeme), 형태론적 대상(morphological object), 통사 원자(syntactic atom), 그리고 음운론적 단어(phonological word)의 네 가지를 구별하였다. 또한 박진호(1994)에서는 단어라는 용어가 서로 다른 차원에 걸쳐

없이 최소의 의미 단위를 가리키기 때문이다.

최호철(1995ㄷ: 649)에서는 "국어의 문장 분석에서 자연스럽게 나누어지는 조각은 자립적인 어절(語節)이 되고, 그 어절을 의미적 특성으로 실질적 의미 단위와 형식적 의미 단위로 나눈 것은 어사(語詞)"라는 점을 명시하였다. 이는 문법 기술의 대상인 언어 단위 중 단어의 개념을 쪼갠 것이다. 음운론, 형태론, 통사론 등의 연구 영역에 걸쳐 있어 여러 가지 서로 다른 대상을 가리키는데 사용되어 온 '단어'를 그 특징에 따라 구별하는 것은 유용하다.

이렇듯 '최소의 유의적 단위'인 형태소(Nida 1949)와, '한 단일어와 문법적으로 동등하고 그 자신의 주어와 서술어를 갖지 않은 단어군'인 구(Lyons 1968) 사이의 단위인 단어는 '어사'와 '어절'로 구분될 수 있다. 일찍이 주시경(1910, 1914)에서는 '늣씨', '씨', '듬'의 구분을 보였는데, '늣씨'는 형태소에 대당될 수 있는 개념이다(김민수 1961).44) 본 연구에서는 '씨'와 '듬'에 대당되는 용어로 각각 '어사'와 '어절'을 사용하

있는 존재에 적용되고 있음을 지적하면서 음운론적 단어(phonological word)와 통사 원자(syntactic atom)를 구별하였다. 비슷하게 Dixon and Aikhenvald(2002)는 음운론적 단어(phonological word)와 문법적 단어(grammatical word)를 구별하였다. 그리고 최형용(2003)에서는 단어를 통상 '어절'로 칭해지는 음운론적 단어, 명사나 동사 등을 망라한 어휘적 단어, 조사와 어미를 대상으로 하는 문법적 단어 이상 세 가지를 구별하였다.

44) 그러나 이병근(1979: 49)에서는 "늣씨란 그 나름대로의 씨의 분석단위로 이해되는 것이다. 形態素일 수는 없다."라고 단언하였다. 그러나 씨의 분석단위인 이상, 늣씨는 상당 부분 형태소와 관련이 될 수밖에 없다. 한편 양정호(2006: 342)에서는 "늣씨는 주시경의 언어 연구 속에서 자생적으로 발현된 개념이면서, 전혀 독립적으로 발전된 서양의 형태소와 매우 닮아 있는 것이 사실이다. 하지만 지금까지 우리에게 주어진 자료는 늣씨가 형태소와 같다고 하는 것을 증명하지도 않고, 또 개념적으로 다르다고 하는 것을 증명하지도 않는다. 분석된 결과를 놓고 보자면 늣씨는 형태소와 거의 흡사하고 단지 부분적인 차이를 보일 뿐이다."라고 평가하였다. 즉, '늣씨'가 형태소와 완전히 동일하지는 않으나 매우 유사한 측면이 많다는 점은 인정할 수밖에 없겠다.

기로 한다(최호철 1995ㄷ: 648).

여기서 어사는 개별적인 의미를 갖는 단일어와 복합어, 문법 형태소를 두루 일컫고, 박진호(1994)의 '통사 원자', Dixon and Aikhenvald (2002)의 '문법적 단어'에 해당하는 개념이다. 어절은 현행의 한글 맞춤법상 띄어쓰기 단위에 대응하는 것으로 대체로 음운론적 단어와 상통한다. 일부 예외적인 경우는 있다. '갈 수 없었다'의 '갈 수'는 띄어 쓰지만 하나의 음운론적 단어이고, '반민주주의'는 붙여 쓰지만 두 개의 음운론적 단어이다(신지영 2011: 245).45)

문법론에서의 '어사'는 다양한 기준으로 분류될 수 있다. 품사론에서는 주로 형태적, 통사적, 의미적 특성을 고려하여 5품사에서 13품사 체계에 이르는 많은 분류가 제안되었다(이광정 1987: 2). 한편 전통적인 품사론적 분류가 아닌 기능에 의한 분류가 서정수(1994: 106), 최호철(1995ㄷ: 653), 한정한(2011: 223) 등에서, 분포에 의한 분류가 박진호(2010: 284)에서 제시된 바 있다. 또한 기능과 분포를 함께 고려한 분류는 전후민(2015: 144)에서 제시되었다.

이런 다양한 어사 분류 논의를 관통하는 공통적인 생각이 있는데, 그것은 바로 실사(實詞), 즉 어휘적 어사와 허사(虛詞), 즉 문법적 어사를 구분한다는 것이다.46) 일찍이 김희상(1911: 17)에서는 "詞에는 名詞 代名詞 動詞 形容詞 副詞 感嘆詞及吐의七大種別이有ᄒ니라"라고 하여

---

45) 이렇듯 국어에서는 'word'라는 하나의 용어에 상당하는 두 개념을 구분함으로써 분명한 설명이 가능해진다. 주시경(1910, 1914)의 단위 분석의 타당성에 대한 논의는 최호철(1995ㄷ: 644-648) 참고.

46) 본 연구에서는 어휘적 어사와 통사적 어사를 대비하지 않고 어휘적 어사와 문법적 어사를 대비한다. 그 이유는 특성적 의미로 보았을 때, 어휘적 어사는 어휘적 의미가 기본이 되는 어사이고, 문법적 어사는 통사적 의미 또는 화맥적 의미가 기본이 되는 어사를 포괄하기 때문이다. 통사적 어사는 통사적 의미가 기본이 되는 어사를 가리키므로, 화맥적 의미가 기본이 되는 어사를 배제하는 것이다. 관련 설명은 2.3.2절 참고.

문법적 어사인 토를 어휘적 어사들과 대조되는 것으로 두었다. 또한 주시경(1914: 59)에서는 "임·엇·움.은·몸·씨.오·겻·잇·긋.은·토·씨.라"하여 몸씨와 토씨를 분명히 대별하였다.47)

문법론에서 두루 채택되는 내용어(content word)와 기능어(function word), 어휘 형태소와 형식 형태소 등의 구분은 실사와 허사, 어휘적 어사와 문법적 어사의 구분과 동일하다. 비록 내용어 대 기능어, 실사 대 허사, 어휘적 어사 대 문법적 어사, 이들 대조된 항목 간의 경계가 선명하고 분명한 것은 아니라고 할지라도, 이 구분은 널리 통용되는 일반적인 것이다. 여기서는 이러한 대분류를 먼저 취하고 특성에 따라 분류된 하위 유형을 논의할 것이다.

먼저 어휘적 어사에 대해 살펴보겠다. 품사론에서48) 빠지지 않고 논의되는 어휘적 어사의 유형으로는 명사, 동사, 관형사, 부사, 감탄사를 들 수 있다. 명사와 동사는 유형을 더 세분하여 각각 대명사, 수사와 형용사를 따로 세우기도 하지만 이 경우 체언과 용언이라는 상위 범주가 설정된다. 한편 감탄사는 독립어로 사용될 수 있다는 점이 특징적인데, 궁극적으로는 다른 품사에서 온 것이거나 굳어진 결합 형식이므로 명사 또는 부사로 환원시킬 수 있다.

---

47) 이러한 체재는 김일성종합대학출판사(1977)에서도 유지되고 있다. 단어는 어휘적 단어와 기능적 단어로 간명하게 분류되어야 한다고 제안한 김건희(2014: 290)도 참고된다.

48) '품사'는 '단어들을 공통성에 따라 나눈 갈래'로 정의되는데, 서양의 전통문법에서 나온 개념인 'part of speech'와 구조주의 언어학에서 나온 'word class' 중 어느 쪽으로 보느냐에 따라 개념의 차이가 있고, 또한 사(辭)가 아닌 사(詞)를 분류하는 개념이기 때문에 단어의 개념을 먼저 확립해야만 본격적인 논의가 가능하다는 문제를 안고 있다(최형용 2010). 이러한 제반 문제를 떠나서, 품사가 단어의 분류인 점을 고려하면 문장 의미의 분석에 품사론의 사항들을 직접 이용하는 것은 층위의 혼동을 초래할 수 있으므로 별도의 용어를 사용할 필요가 있다. 선행 연구들에서 다뤄진 품사 분류의 기준에 관한 논의는 구본관(2010: 182-191) 참고.

예컨대 대표적인 감탄사인 '만세, 안녕'은 명사에서, '천만에'는 '체언 + 조사'에서, '옳소, 그래'는 용언의 활용형에서, '허허, 아니, 참'은 부사에서 온 것이다(구본관 외 2015: 191). 그리고 감탄사는 화자가 발화 상황에서 어느 정도 자유롭게 만들어내기도 하므로, 이런 점에서 감탄사는 기본적인 어휘적 어사의 한 종류이기보다는 명사나 부사 등의 다른 어사에 기대어 맥락에 따라 부차적으로 확인되는 단어 부류라 할 수 있다(최호철 1998ㄴ: 528-537).

개별적인 의미 특성은 고려하지 않고 명제 내에서의 의미적 특성에 따라서만 어휘적 어사를 구분하면, 어휘적 의미와 함께 통사적 의미인 서술 기능을 갖는 서술적 어사와 한정 기능을 갖는 한정적 어사가 나뉜다. 한정적 어사는 명항적 어사를 한정하는 규정적 어사와 그 외의 어사를 한정하는 제한적 어사로 구분된다. 통사적 의미가 없는 것은 명항적 어사라 할 수 있다(최호철 1995ㄷ: 651). 품사론의 단어 분류와 초점이 다르므로 용어는 달리 쓰고자 한다.

(10) 어휘적 어사의 분류(최호철 1995ㄷ: 651)
    ㄱ. 명항사 = 어휘적 의미
    ㄴ. 서술사 = 어휘적 의미 + 서술 기능
    ㄷ. 규정사 = 어휘적 의미 + 명항사 한정 기능
    ㄹ. 제한사 = 어휘적 의미 + 서술사 한정 기능

한편 조사와 어미로 대표되는 문법적 어사에 대해, 학교 문법에서는 체언 뒤에 결합하는 조사를 격조사, 보조사, 접속조사로 삼분하고, 용언 뒤에 결합하는 어미를 선어말어미, 연결어미, 전성어미, 종결어미로 사분한다. 그러나 이론 문법적 연구들에서는 조사와 어미를 대별하여 양분할 것인지 아니면 통합된 범주로 묶어 처리할 것인지를 비롯하여,

하위 분류를 위한 여러 가지 기준과 그에 따라 설정된 항목 등에 대한 다양한 견해들이 제안되어 왔다.

문법적 어사의 분류 체계 수립이라는 지난한 논제에 비하면 그간 숱한 논쟁의 대상이 되어 온 조사와 어미의 단어 인정 여부 문제는 다소 지엽적이고 부차적인 것일 수 있다. 김민수(1954)에서는 ①조사와 어미를 단어로 인정한 견해, ②조사만 단어로 인정한 견해, ③조사와 어미를 단어로 인정하지 않는 견해로 입장 차이를 정리한 바 있다. 오히려 더 자세하게 논의되어야 할 부분은 문법적 어사에 관한 기능적 접근과 체계적 분류일 것으로 생각된다.

전통문법적 연구들에서는 분포에 따라 조사와 어미를 구별하기보다는 그 둘을 아울러 기능에 따라 분류한 경우가 많았다. 그리고 최근까지도 조사와 어미의 기능적 동질성을 포착하려는 시도가 이어지고 있다. 문법적 어사에 관한 기능적 분류는 유개념으로 묶일 수 있는 조사와 어미의 동질성을 확보하고, 문장 내 문법적 어사의 역할에 대한 일관된 설명을 가능하도록 한다. 문장 의미의 분석에 있어서는 문법적 어사의 기능이 분포보다 중요하다고 하겠다.

주시경(1910), 김희상(1911), 안확(1923), 이상춘(1925) 등에서는 문법적 어사의 기능적 특성에 중점을 두어 명제의 논항과 관계되는 것('겻, 조토, 위격, 조사'), 논항이나 절을 연결하는 것('잇, 접속토, 접속, 접속사'), 명제에 결합하여 문장을 종결하는 것('끗, 종지토, 종료, 종지사')을 공통적으로 구분한 바 있다. 선어말어미에 대한 인식이 뚜렷이 확인되지는 않는 반면에, 격조사와 종결어미의 유형에 대해서는 세분화를 시도한 것을 특징으로 꼽을 수 있다.

특히 주목되는 연구인 김희상(1911)에서는 학교 문법의 관형격조사와 관형형어미, 부사형어미를 아우르는 전성토를 설정하여, 명항사나 서술사를 관형어로 만드는 공통점을 가진 문법적 어사를 함께 다루었다. 또한 선어말어미도 의사토라 하여 독립된 범주로 다룬 점이 특징적이다. 이들 전통문법적 연구들과 유사한 입장에서 문법적 어사를 기능에 따라 세분한 근래의 연구 성과로는 서정수(1994), 최호철(1995ㄷ, 2014), 한정한(2011)을 꼽을 수 있다.

[표 7] 서정수(1994: 106)의 문장 구성 요소의 새로운 범주 구분

범주 구분		종래의 관련 범주 이름
어휘 범주	(1) 체언	명사, 대명사, 수사 따위
	(2) 용언	동사, 존재사, 형용사, 지정사 따위
	(3) 수식어	관형사, 부사 따위
	(4) 독립어	감탄사, 간투사
문법 범주	(5) 기능 표지	주격 조사, 목적격 조사
	(6) 기능 변환소	관형사형, 부사형, 피동, 사동 선어말 어미 따위
	(7) 의미 한정소	한정사(보조사, 특수조사)
	(8) 접속 기능소	접속 부사(접속사), 접속 조사, 접속 어미 따위
	(9) 서술 보조소	시제/상, 서법 따위 말어미

(※ 여기서 문법 범주에 해당하는 항목들이 문법적 어사에 해당함.)

[표 8] 한정한(2011: 223)의 기능적 단어 분류

기능적 단어		문장 속 기능
①체언		주어, 목적어, 보어로 쓰임(명사, 대명사, 수사, 명사적 용법의 부사)
수식어	②관형어	체언을 수식함
	③부사어	용언, 부사, 절, 드물게 체언을 수식함
④관계어		문법 관계를 표시함(조사)
⑤접속어		접속조사(구접속, 절접속), 인용어미, 연결어미, 전성어미로 쓰임
⑥용언		서술어(동사, 형용사)로 쓰임
⑦운용어		서법, 양태, 부정, 시제, 상, 종결어미, 경어법으로 쓰임(선어말어미, 어말어미)
⑧독립어		감탄사로 쓰임

기능적 단어	문장 속 기능
⑨성구소 (XP 또는 X0)	관용구, 연어 등이 기능적 단어로 쓰임

(※ 여기서 ④관계어, ⑤접속어, ⑦운용어, ⑨성구소가 문법적 어사에 해당함.)

[표 9] 최호철(2014: 326)의 통사적 어사 분류

				호칭토		호격조사
토	문외토					
	문내토	성분토	자격토	대상토	주체토	주격조사, 보격조사
					객체토	목적격조사
				상황토	방편토	부사격 '로'형
					위치토	부사격 '에'형
		전성토	한정토	규정토	대등적	접속조사
					종속적	관형격조사, 관형사형어미
				제한토	대등적	대등적 연결어미
					종속적	부사형어미, 종속적 연결어미
			조성토	명항토		명사형어미
				서술토		서술격조사, 하(다)
		양상토		양태토		선어말어미, 보조사
				서법토		종결어미

　　서정수(1994)의 기능 표지는 자격토에, 기능 변환소는 전성토에, 서술 보조소는 갖가지 문법 범주를 표시하는 문법적 어사에 해당한다. 또한 한정한(2011)의 관계어는 자격토에, 접속어는 접속조사와 연결어미, 전성어미에, 운용어는 문법 범주를 표시하는 문법적 어사에 해당한다. 그리고 단일한 형식이 아닌 관용구나 연어 형식이 기능적 단어로 쓰이는 것을 특별히 '성구소'라 일컫고 기능적 단어의 하나로 처리하여 여타 단어 분류 논의와 차별성을 두었다.

　　최호철(2014)에서는 크게 문내토와 문외토를 구별하고 문내토는 성분토와 양상토를 구별하였다. 성분토에서 자격토는 격조사에, 전성토는 접속조사, 관형격조사와 전성어미에 해당한다. 흔히 격조사로 처리되어 온 호격조사를 문외토라 하여 별도로 분리한 것이 특징적이다. 한편 양상토는 양태토와 서법토로 나뉘는데, 여기서 서법토는 종결어미에 해당한다. 자격토와 전성토가 세부적으로 구별된 데 비해 양태토에 대해서는 자세한 구분이 시도되지 않았다.

지금까지 조사와 어미를 한데 묶어 기능적 특성에 따라 분류한 논의에 대해 간략히 살펴보았다. 선행 요소에 따라 구분되는 조사와 어미는 문법적 어사로 통합하여 다룰 수 있고 그것이 작용하는 대상 및 특성에 따라 명제 내에서 작용하는 것과 명제에 걸쳐 작용하는 것을 대별할 수 있다. 전자는 명항 또는 서술과 결합하여 역할이나 수식, 서술을 실현하는 자격토와 전성토가 있고, 후자는 문법 범주적인 의미 특성에 따라서 다양하게 세분할 수 있다.

시제나 상, 그리고 양태와 같은 문법적 특성은 명제 전체에 걸쳐 작용하는 문법적 의미인데, 전통문법적 연구에서는 이들을 특정하여 가리키는 적극적인 시도는 부족했던 것으로 보인다. 김희상(1911)에서 '의사토(意思吐)'라 하여 '겠, 지, 고싶으' 등이 간단히 거론되기는 하였다. 근래에 이르러서야 서정수(1994)의 서술 보조소, 한정한(2011)의 운용어, 최호철(2014ㄴ)의 양태토와 같은 범주 또는 부류 명칭 아래 가치를 인정받고 제대로 다루어지게 되었다.

한편 한정한(2011: 223)에서는 기능적 단어로서의 '성구소'를 설정하여 관용구나 연어 형식이 하나의 단위로 기능하는 경우를 포착하고자 하였다. 박진호(2010: 286-287)에서도 기능에 입각한 단어 분류 연구의 필요성을 제기하면서, 절 접속 기능에 사용되는 '-ㄹ 때', '-기 전에', '-ㄴ 뒤에', '-기 때문에' 등의 우언적 구성이 연결어미와 함께 하나의 범주로 묶일 수 있음을 설명하였다. 이들은 통사적 의미를 표시하는

다단어 형식을 인정하는 것이다.[49]

이러한 '단일 형식 대신 사용되는 보다 긴 다단어 표현'을 가리키는 우언적 구성을 종합적으로 살핀 논의로는 도재학(2014)가 있다. 여기서는 우언법을 범주적 우언법, 대체적 우언법, 보충적 우언법의 세 종류로 나누고 국어의 우언적 구성들을 격, 시제, 상, 태, 양태, 부정, 절 접속 등 문법적 기능에 따라 나누어 논의하였다. 기능적 특성의 동질성을 중시하는 본 연구에서는 문법적 의미를 표시하는 우언적 구성을 문법적 어사에 준하는 것으로 간주한다.[50]

한정한(2011)에서는 운용어의 문장 속 기능으로 서법, 양태, 부정, 시제, 상, 종결어미, 경어법을 들었다. 본 연구에서도 이 기능들을 다룰 것인데 유형을 두 가지로 나누어 살피고자 한다. 기준은 '적절한 문장의 성립을 위해 반드시 필요한 것인가, 아니면 없어도 문장의 성립에는 문제가 없는 것인가'이다. 결국 필수성이 기준이므로 전자는 필수토(必須吐, necessary modal affix), 후자는 첨가토(添加吐, supplementary modal affix)로 부르기로 한다.

---

49) 시제나 상, 양태 등의 문법적 의미를 표시하는 다단어 형식에 대해서는 이미 여러 방면에서 연구가 이루어져 왔다. 문법적 연어나 상당어 등의 연구에 관한 간략한 정리는 도재학(2014: 262-266) 참고. 한편 홍종선(2009ㄱ)에서는 장형 사동, 장형 피동, 장형 부정, '-음' 또는 '-기' 대신 사용될 수 있는 '-을 것', '-겠' 대신 사용될 수 있는 '-을 것이-', '-어서'와 '-니까' 대신 사용될 수 있는 '-기 때문에' 등의 현상을 다루면서, 이것들은 형태론적 접미 형태로 표시되던 범주가 복합문의 통사 구조로 표시되는 통시적 변화의 방향성을 보여주는 예라고 하였다. 우언적 구성들을 단순문 내의 단일한 통사론적 기능 단위(소위 통사 원자)로 간주할 것인지, 또는 복합문의 통사 구조를 이끌고 특정한 의미를 갖는 구성으로 간주할 것인지에 대해서는 별도의 논의가 필요할 것이다. 본 연구에서는 경우에 따라 단순문과 복합문의 분석이 모두 가능하리라고 본다.
50) 우언적 구성은 특정한 문법적 기능을 수행하는 하나의 단위처럼 행동하고, 강한 인접성을 보여 구성 내부에 다른 요소의 개입이 어렵거나 불가능한 경우가 많으며, 구성 내부 요소의 형태 변화가 자유롭지 못하다는 등의 특성을 가지고 있다(임근석 2005; 임근석 2010ㄴ: 206-217; 서경숙 2004: 24; 문병열 2015: 27-33 등).

김민수(1971: 65-66)에서는 서법(敍法), 시칭(時稱), 겸칭(謙稱) 세 가지를 문장의 서술성을 표시하는 지표, 곧 서술지표라 하였다. 그러면서 "文의 敍述과 話者의 관점과의 관계는 마음가짐인 敍法과 時間 領域인 時稱의 指標로, 聽者에 대한 話者의 관계는 겸사 여부인 謙稱의 指標로 각기 표현된다."라고 하였다. 또한 김민수(1971: 268)에서는 이 세 가지를 종결부에 속하는 양태소라 하여, 존칭, 서상, 법성 등 본체부에 속하는 양태소들과 구별하였다.51)

그러면 문장의 서술성과 직결되는 필수적 요소인 서법, 시칭, 겸칭, 즉 문말 서법, 시제, 상대 존대 범주를 필수토로 묶을 수 있다. 한편 명제의 내용에 관여하며 설령 없더라도 문장이 성립하는 존칭, 서상, 법성, 부정, 즉 주체 존대, 문법상, 양태, 부정 범주를 첨가토로 묶을 수 있다. 예컨대 필수토가 부재한 '철수가 밥을 먹.'은 문장이 아니지만, '김 선생님은 철수를 알{고 있지 않으실 것 같}았다.'에서 괄호 내부의 요소들은 없어도 문장이 성립된다.

그런데 '오늘은 아침부터 저녁까지 비가 내리다.', '대도 조세형이 시민의 신고로 비로소 잡히다.' 등 시제가 실현되지 않은 문장들이 일기문이나 역사책, 신문 기사의 제호 등에 쓰이기도 한다. 임홍빈(1998: 54-55)에서는 '절대문'이라는 문장 부류를 설정하면서 평서법 어미 '-다'나 명령법 어미 '-라'가 연결된 형식의 서술어를 가지는 문장으로 정의하고, 화자와 청자 사이에 오고가는 음성 언어로서의 발화체인 '말'이 아닌 '관념적 진술'이라고 특징지었다.

임홍빈(1998: 17-20)에서는 절대문이 '현장으로부터의 일탈, 현재를

---

51) 김민수(1971: 268)에서는 "本體部는 語幹의 뜻에 속하고, 終結部는 語尾의 뜻에 속한다"라는 간단한 설명을 달아두었다. 생각건대, 본체부는 명제에 관련되고 종결부는 실세계의 화자, 청자, 시간에 관련되는 점을 대비한 것으로 여겨진다.

상태화하는 것, 혹은 역사를 현재화하는 것'이라고 설명하기도 하였고, '표현의 비인간화'라는 효과를 가지는 것이라고도 하였다. 이렇듯 시제를 갖지 않은 문장은 어떤 사태를 특정한 시점에 위치시킴으로써 시간에 관한 서술성을 표시하는 전형적인 문장과는 의미적·기능적으로 차이를 갖는 것이 분명해 보인다. 따라서 본 연구에서는 무시제문 (절대문)을 준-언표 문장의 하나로 간주한다.

임홍빈(1998)에서는 서술어가 형용사나 '명사 + 계사' 구성일 때에도 절대문이 설정될 수 있다고 보았다. 그런데 현재 시제가 영형으로 표시되는 이들 구성에 대해, 시제가 표시되지 않은 해석의 가능성을 따지는 것은 다소 작위적이다. '종일 비가 오다.'가 갖는 절대문으로서의 해석 가능성을 '영희는 예쁘다.', '철수는 학생이다.'에 동등하게 투영할 수는 없을 듯하다. 본 연구에서는 무시제문을 동사에만 나타나는 의미적 특이성을 가지는 문장으로 본다.

이렇듯 문법적 어사는 작용하는 대상에 따라 명제 내에 작용하는 명제토와 명제에 걸쳐 작용하는 양상토, 독립어를 표시하는 매개토가 대별된다. 명제토 가운데 자격토는 논항의 자격을 표시하고, 전성토는 명항어를 수식어나 서술어로, 서술어를 수식어나 명항어로 바꾸어준다. 한편 양상토는 필수성 여부와 문법적 특성에 따라 유형이 나뉜다. 첨가토는 주체 존대, 문법상, 양태, 부정, 보조사가 포함되고, 필수토는 시제, 문말 서법, 상대 존대가 포함된다.

(11) 문법적 어사(토)의 분류
ㄱ. 자격토 = 명항어의 논항으로서의 자격 표시
ㄴ. 전성토 = 명항어를 수식어나 서술어로, 서술어를 수식어나 명항어로 전환
ㄷ. 첨가토 = 없어도 문장의 성립에 문제가 없고 문법적 의

미 부가

ㄹ. 필수토 = 적절한 문장의 성립을 위해 필수적

ㅁ. 매개토 = 명제와 양상을 매개하는 독립어를 표시

　요컨대, 본 연구에서는 문장 의미 분석의 기본 언어 단위를 어사로 규정하고, 어휘적 의미를 가진 어휘적 어사와 통사적 의미 또는 화맥적 의미를 가진 문법적 어사로 종류를 나누었다. 어휘적 어사는 의미적 특성에 따라 명항사, 서술사, 규정사, 제한사를 구분하였다. 문법적 어사는 명제, 양상, 매개와 관계되는 기능적 특성에 따라 명제토, 양상토, 매개토로 구분하였고, 명제토의 하위에는 자격토와 전성토를, 양상토의 하위에는 첨가토와 필수토를 두었다.

[표 10] 본 연구에서의 어휘적 어사와 문법적 어사(토) 분류 체계[52]

분류 체계			종래의 명칭 및 사례
어휘적 어사	명항사		명사, 대명사, 수사, 체언
	서술사		동사, 형용사, 용언
	규정사		관형사, 수관형사
	제한사		부사
문법적 어사 (토)	매개토	독립토	호격조사('-아'형)
	명제토	자격토	주체토	주격조사('-이'형)
		객체토	목적격조사('-을'형)
		방편토	부사격조사('-로'형)
		위치토	부사격조사('-에'형)
	전성토	규정토	접속조사, 관형격조사, 관형사형어미
		제한토	대등적 연결어미, 부사형어미, 종속적 연결어미

52) [표 7]은 최호철(1995ㄷ: 651)의 어휘적 어사 분류와 최호철(2014: 326)의 통사적 어사 분류의 체계와 용어를 수용한 것이다. 단, '통사적 어사'는 '문법적 어사'로 바꾸고, 김민수(1971), 서정수(1994), 한정한(2011)을 참조하여 양상토의 체계를 더 세분하였다.

분류 체계			종래의 명칭 및 사례
양상토 54)		명항토	명사형어미
		서술토	서술격조사, '-하(다)', '-답(다)'53)
	첨가토	주체 존대(존경토)	'-시-'
		문법상(서상토)	상 표시 우언적 구성
		부정(부정토)	장형 부정 '-지 아니하(않)-', '-지 못하-', '-지 말-'
		양태(양태토)	양태 표시 선어말어미, 양태 표시 우언적 구성
		보조사(보조토)	보조사
	필수토	시제(시칭토)	시제 선어말어미
		문말 서법(서법토)	종결어미
		상대 존대(공손토)	종결어미

본 연구에서는 이상과 같이 어사를 분석의 기본 언어 단위로 설정하고 유형을 구분한다. 물론 이것이 문장 의미가 전적으로 어사 단위의 의미로 환원된다는 것을 함의하는 것은 아니다. 문장 내에서 단독적인 기능을 갖는 어사의 개별적 의미까지 최대한 분석이 이루어져야

---

53) 이 목록은 임시적인 것이다. 이들은 어사, 구, 절 단위의 선행 요소와 결합할 수 있으므로, 파생 접미사로만 간주하기는 어려울 것 같다. 명항구에 결합하는 '-답-'에 대해서는 김창섭(1984)에서 적시한 바 있고, 계사 '-이-'는 두말할 것이 없다. '-하-'는 '이제 곧 눈이 내릴 {듯하다, 법하다}.'의 예에서 본용언도 아니고(*'듯을 하다, *법을 하다'), 파생 접미사도 아닌 것이 확인된다. 서술토의 후보는 '-당하-', '-되-', '-롭-', '-스럽-', '-시키-' 등이 더 있다. 더 많은 후보군들에 대한 조사를 통해서 서술토의 목록을 확보하는 과정이 필요할 것으로 생각된다. 일단 본 연구에서는 '-당하-', '-되-', '-롭-', '-스럽-', '-시키-'의 경우, 이들의 선행 단위가 어사 단위로만 한정된다는 점에서 통사론적 기능을 가진 전성토가 아닌 어휘부의 어휘 항목을 만들어내는 파생 접미사로 보고자 한다.

54) 양상토에 제시된 용어는 대체로 문법 범주 명칭을 따온 것이고, 괄호 안에는 'OO토'라는 체계를 고려한 용어를 제시하였다. 성분토의 경우 본 연구에서 새롭게 제시하는 분류 체계를 고려한 용어를 부득이 사용하였으나, 양상토의 경우 문법 범주 명칭이 기존에 통용되어 오던 것을 다루는 것이므로 본문에서는 새로운 용어를 사용하지 않는다.

한다는 점을 보이기 위한 것이다. 어사가 서로 결합할 때 이루어지는 의미 변이, 어사들이 구조화되어 이루는 구나 절 단위의 비유적 의미나 화맥적 의미 등은 별도로 고려되어야 한다.

2.3.4. 통사 층위 단위의 설정과 유형

문장은 여러 언어 단위들과 특성적 의미들이 복합되어 있는 구성체로서, 그 의미 분석에는 다양한 요소들을 구분할 필요가 있다. 이를 위해 필요한 마지막 기본적 논의는 통사 층위 단위인 문법 관계의 지위와 그 유형 설정에 관한 이견들을 검토하는 것이다.55) 이로써 기본적 입장을 정리하고 문장 의미의 구성에 대해 개관할 것이다. 기존의 많은 연구들에서 문장은 문법 관계로 분석되고, 또한 문법 관계들이 문장 의미를 구성하는 것으로 보았다.

일찍이 김민수(1971: 87)에서는 "構文上의 要素들 사이에 나타난 相關關係의 範疇에 따라 類를 설정한 것이 이른바 文成分(elements of sentence) 또는 構文要素(sentence constituent)란 것이다. (중략) 이 要素는 思考內容의 단위인 동시에, 文法形式의 構成要素다. 따라서, 構文要素는 文의 意味를 알리는 構文情報를 지닌 것이며, 構造上 構文分析이나 構

---

55) 문법 관계는 문장 성분(文章 成分, sentence constituent), 문법 기능(文法 機能, grammatical function), 통사 기능(統辭 機能, syntactic function) 등으로 불리기도 한다. 김의수(2006)에서는 통사 기능과 의미 기능의 결합체를 문법 기능으로 규정한 바 있다. 한편 Croft(2001: 132)에서는 "'주어'와 '목적어'라는 용어는 중의적이다. 그것들은 논항 구조 구성 내의 통사적 역할을 묘사하기 위해 사용되기도 하고, 논항과 동사 간의 통사적 관계를 가리키기 위해 사용되기도 한다."라고 용어의 특성에 대해 언급한 바 있다. '문법 기능'과 '통사 기능'이라는 용어는 역할의 측면에 중심을 둔 것이고, '문법 관계'라는 용어는 관계의 측면에 더 중심을 둔 것이라 하겠다.

文構成의 기본되는 成分인 것이다."라고 하여 문법 관계를 문장 의미 분석의 요소로 규정했다.56)

그러나 문법 관계는 문장 의미를 구성하는 일부분 또는 한 측면일 수는 있지만 전체는 아니다. 문법 관계의 층위에서 해석할 수 있는 통사적 의미가 따로 있고, 그 문법 관계를 실현하는 언어 단위의 의미는 별도로 분석되어야 한다. 그리고 문법 관계는 단일한 의미적 특성을 갖는 것이 아니라, 상관적인 요소와의 관계 속에서 해석되는 것이다. '철수가 영희를 때렸다.'와 '철수가 잘생겼다.'에서, 주어의 의미적 특성은 동작주와 대상으로서 전혀 다르다.

문법 관계에 관해서는 많은 논의가 있어 왔다. 아래에서는 먼저 문법 관계가 통사 층위의 존재로서, 여타의 형태, 의미, 화용 층위와 밀접한 관련을 맺고 있지만 그 중 어느 하나로 전적으로 환원시킬 수 없는 독립적인 것임을 지적한다. 그리고 국어의 문법 관계와 연관된 쟁점들, 즉 주제어, 관형어, 독립어의 설정이나 보어의 외연 등을 검토하면서 문법 관계의 종류를 한정할 것이다. 이는 문장 의미를 구성하는 통사적 의미의 한 특성을 밝히는 작업이다.

문법 관계는 통사 층위의 개념으로, 형태 층위의 격(格, case)과 의미 층위의 의미역(意味役, semantic role) 그리고 화용 층위의 주제(主題, topic) 및 초점(焦點, focus) 등과 깊은 관련을 맺는 것이다. Comrie(1989: 57)에서는 동사의 결합가(valency)를 기술할 수 있는 몇 가지 용어론으로 의미 역할, 화용 역할, 문법 관계를 구별하고, 덧붙여 문법 관계와 관련

---

56) 김민수(1981: 133)에서도 "한 構文의 意味는 그 構文을 구성한 單語意味의 총화만으로는 결정되지 않으며, 構文情報인 單語와 單語 사이의 文法關係가 그 개개의 意味를 융합하여야 한다."라고 하여 문장 의미 분석에서 갖는 문법 관계의 중요성을 명시하였다. 그러나 후술하겠듯이 엄밀히 따지면 문법 관계는 문장의 성분이 아닌 명제의 성분이다.

하여 형태론적 격을 다룬다고 하였다. 이러한 층위의 구별은 혼동 방지를 위해 필수적이다.

여기서 층위들 사이의 상관관계에 대해서 상론할 수는 없다. 다만 언급할 점은 본 연구에서는 이 층위들을 서로 관련되지만 독립적인 것으로 보며 일대일의 동형적 사상(isomorphic mapping) 관계를 가질 것으로 가정하지 않는다는 것이다. 예컨대, 의미 층위의 동작주 역할이 형태 층위의 주격조사와 연결되고 통사 층위에서 주어로 표시되며 화용 층위에서는 주제로 연결된다는 식으로 예측하거나 전제하지 않는다. 이것은 단정할 수 없는 일이기 때문이다.

물론 국어의 주어가 주격조사를 취하고 문두에 나타나며 동작주 의미역을 가지고 주제로 분석되는 갖가지 특성이 있는 것은 대체로 사실이다. Comrie(1989: 107)에서는 "주어의 원형은 동작주와 주제의 교집합에 해당하는데, 즉 범언어적으로 가장 분명한 주어의 실례는 동작주이면서 주제이다."라고 한 바 있다. 그러나 언어 사실을 분석하여 얻은 결과와, 특정한 이론적 관점에 의지하여 동형적 사상 관계를 전제하는 예측은 질적으로 다른 것이다.

그러므로 본 연구에서는 문법 관계를 형태론적 표지, 의미론적 역할, 화용론적 기능 등으로 환원시켜 규정하지 않는다. 하지만 의미, 형태, 통사, 화용 층위는 상관적이므로 통사 층위의 주어를 확인하는 데에 다른 층위의 사항들이 부가적으로 고려될 수 있다. 본 연구에서는 문법 관계가 통사 층위의 기본 요소이며, 문장의 구문적 특성, 서술어와 그 외의 요소들이 관계 맺는 방식, 형태적 표지 등을 복합적으로 고려하여 분석될 수 있는 것으로 본다.57)

---

57) 대표적인 문법 관계라 할 수 있는 주어만 하더라도, 국어에서는 주격조사 '-이/가'의 수반, 문두 위치, '-시-'의 일치, 재귀대명사의 호응, 접속문 동일 주어 생략,

물론 문법 관계가 필수적이거나 보편적인 개념은 아니다.[58] Comrie (1989: 65)에서는 "의미 역할과 화용 역할의 기능은 언어가 의미적 관계를 표현하고 정보 흐름과 관련하여 몇몇 방식으로 그것들을 포장하기 위한 필요의 측면에서 즉각적으로 이해될 수 있는 반면에, 왜 인간 언어가 문법 관계를 필요로 하는지 혹은 더 일반적으로 대체 왜 인간 언어가 (언어학자들이 말하는 뜻에서의) 통사론을 필요로 하는지는 훨씬 덜 명백하다."라고 논평한 바 있다.

그리고, Croft(2001: 46)에서는 "'범주(CATEGORIES)'와 '관계(RELATIONS)'가 아닌, '구성(CONSTRUCTIONS)'이 통사적 표상의 기본적이고 원초적인 단위이다. 구성 내에서 발견되는 범주와 관계는 파생물이다."라고 하였다. 이때 범주는 명사, 동사 등의 품사를, 관계는 주어, 목적어 등의 문법 관계를 일컫는다. Croft(2001: 146)에서도 통사 역할의 정렬을 논의한 뒤 "A, S, P, T, G의 조합으로 정의되는 어떤 범주도 보편적이

동작주 의미역, 한정성과 특정성 등의 다양한 형태론적, 통사론적, 의미론적인 주어 확인 또는 검증 수단이 논의되지만(이홍식 2000: 48-63; 연재훈 2011: 69 등), 주지하는 바와 같이 어느 것도 결정적이지는 않다. 이에 극단적으로는 강창석(2011)과 같이 국어의 주어 개념을 부정하는 견해도 있다. 물론 '주어의 식별'이라는 관점에서 보면 우리가 아직 주어나 객어를 식별하는 절차적 알고리듬을 온전히 구성했다고 보기 어렵지만, 상당한 예측력을 가지는 알고리듬이 이미 존재하고 있는 것은 사실이므로(김원경·고창수 2015: 26), 다양한 증거를 활용한 주어 설정은 가능하고 또 유용할 것이다. 특히 박철우(2014ㄱ: 166-170)에서는 국어의 주어 확인 방법은 조사 '-이/가'와 지칭성 두 가지면 충분하다고 보고, 일반적으로 논의되는 주어 검증 수단인 재귀화, '-시-' 등은 검증을 위한 수단이라기보다는 주어가 보이는 통사적 행태의 일환으로 이해하는 견해를 피력하기도 하였다. 국어 주어의 특성에 대해서는 최웅환(2007), 한정한(2013), 박창영(2014), 박철우(2014ㄱ) 등 참고.

58) Bhat(1991)에서는 문법 관계라는 개념의 필수성(necessity)과 보편성(universality)에 반하는 증거들을 제시하였다. 필수성에 반하는 증거로는 의미 관계와 화용 관계를 표시하는 별도의 방책을 가진 칸나다어(Kannada)를 예로 들었고, 보편성에 반하는 증거로는 그 언어의 문법 기술에 타동성(transitivity)보다는 의지성(고의성; volitionality)의 개념을 적용하여 분석하는 것이 더 적절한 것 같다는 마니푸리어(Manipuri)를 예로 들었다.

지 않음을 확인했다."라고 하였다.[59]

　이상을 고려한다면 문법 관계의 지위는 확고한 것이 아닐 수 있다. 그렇지만 본 연구에서는 주어, 목적어 등의 개념을 인정하고자 한다. 그 이유는, 첫째, 문법 관계를 필수적이거나 보편적인 것으로 간주한다는 전제를 두지 않기 때문이고, 둘째, 격 표시 유형론에 대한 연구가 아닌 이상 문법 관계 용어와 S, A, P 등을 병용할 수 있기 때문이며, 셋째, 국어는 유형론적으로 대격 언어이므로(연재훈 2008),[60] 주어, 목적어 등의 사용에 문제가 없기 때문이다.

　또한 Comrie(1989: 66)에서는 "모든 것이 의미론이나 화용론 중의 하나의 측면에서 설명될 수 있다고 주장하려고 함으로써 통사론을 없애 버리려는 시도가 있어왔지만, 성공에 거의 근접했다는 인상을 주는 시도조차 없었기 때문에, 인간 언어가 통사론을 가지고 있고, 그것들 중 다수가 의미적 원초소 혹은 화용적 원초소로 환원될 수 없는 문법 관

---

59) 이렇듯 자동사 구성의 주어(혹은 유일 논항) 'S', 타동사 구성의 주어 'A', 타동사 구성의 목적어 'P' 또는 'O', 이항타동사 구성의 주어 'A', 이항타동사 구성의 대상 목적어 'T', 이항타동사 구성의 목표 목적어 'G'를 기본적인 통사 역할(혹은 문법 관계)로 인정하고, 대격 언어에서의 주어를 'S + A', 능격 언어에서의 절대격어를 'S + P' 등으로 이해하는 것은 언어 유형론 연구에서 일반적인 견해이다. Dixon(2010ㄱ: 76-77)에서도 "범언어적 유형론에서 사람들은 A, S, O를 보편적인 통사적 관계로 인정해야만 한다."라고 하였다. 그리고 '주어(subject)'라는 용어에 대해서, "'주어'는 A, S, O와 더불어서 사용될 수 있는 적절하고 유용한 개념이다. 하지만 A와 S 사이의 구별 없이 '주어'를 항상 언급하는 것은 명확성의 정도와 기술적 명료성과 설명의 범위를 희생하는 것이다."라고 평가하였다. 필요성은 인정하지만, 주어 개념은 'S'와 'A'의 이차적인 조합이라는 것이다.

60) 그런데 능격성의 개념을 국어에 도입하는 논의들도 여럿 있다. 연재훈(2008: 137-141)에서는 이 논의들을 첫째, 의미상 목적어인데도 주격으로 실현되는 논항을 주격이나 절대격 성분으로 보고, 이러한 구문의 주어를 능격 성분으로 바라보는 입장, 둘째, 능격성을 새로운 주어를 도입하는 자리만듦성으로 이해하는 입장, 셋째, 국어의 능격성을 어휘적으로 자동사문의 주어와 타동사문의 목적어가 일정하게 대응하는 관계로 파악하는 입장, 넷째, 능격성을 동사 체계의 하위 분류를 위한 의미 특성으로 파악하려는 입장 등으로 나누어 살피고, 각 입장을 비판하였다.

계를 가진다는 것은 진실(truth)로 남아 있는 것처럼 보인다."라고 하면서 문법 관계의 존재를 인정하였다.

요컨대, 문법 관계는 설정 타당성에 의심의 여지가 있는 것이 사실이다. 하지만 문법 관계는 그 존재를 인정할 수 있고, 유용성을 가진다. Comrie(1989: 66)의 지적처럼 "문법 관계는 의미 역할과 화용 역할과 관계되지 않고는 온전히 이해될 수 없"는 것이므로 그 점에 유의하면서, 본 연구에서는 문법 관계의 독립성을 인정하고자 한다. 단, 국어의 문법 관계를 특정 격조사의 출현, 특정 의미역의 할당, 주제 등으로 전적으로 환원시켜 이해하지는 않는다.61)

그런데 국어에서 역할, 서술, 수식의 의미 단위 분석을 위한 문법 관계의 종류에 관해서는 논의할 것이 많다. 학교 문법에서는 주어, 목적어, 보어, 서술어, 관형어, 부사어, 독립어의 7가지 문장 성분을 인정하고 있으나(이관규 2002ㄱ: 231),62) 이론 문법에서는 특히 보어의 개념과 외연에 대한 이견이 다양하고, 필수적 부사어에 관한 논의도 정리가 필요한 실정이다. 통사 층위의 '주제어'를 설정하여 주어, 목적어 등과 함께 다루는 것에 대한 의견도 분분하다.

복잡하고 다양한 논의들이 있어 왔기 때문에 모든 연구들을 일일이

---

61) 첨언해 둘 것은, 본 연구의 이러한 입장 또한 결정적이거나 최종적일 수는 없다는 점이다. 문법 관계는 통사 구조 분석, 기본 문형 설정, 수동태 및 사동태 등의 태(voice) 변이, 동사의 논항 구조 등 여러 통사론적 논의에서 활용되는 이론적 개념일 뿐이기 때문이다. Marantz(1984: 4)에서는 "문법 관계는 특정한 문법 이론의 외부에서 확인될 수 있는 연구의 대상이 아니고 "주어"와 "목적어" 같은 용어들은 어떤 명백한 전이론적인 지시를 가지고 있지 않다."라고 하였다. 문법 관계를 전이론적으로 엄격하게 특정하는 것은 불가능하며 이견은 다양할 수밖에 없다. 문법 관계가 생성문법적 관점에서 나무그림상의 위치로 규정되고 기능주의적 관점에서 다양한 문법적 특성의 집합으로 규정되는 것에는 각자의 의의가 있다. 한편 기능주의적 관점에서 문법 관계와 관련된 다양한 현상을 종합적으로 검토한 논의는 Givón(1997) 참고.
62) 학교 문법의 문장 성분과 단위에 관한 비판적 검토는 최규수(2007) 참고.

검토하면서 특정 견해를 수용하거나 비판하는 과정을 담을 수는 없다. 또한 각각의 문법 관계를 확인하는 형태론적, 통사론적, 의미론적 기준과 그에 따른 특성에 대해 상론할 수는 없다.[63] 여기서는 기존 연구들에서 이견을 보여 온 문법 관계와 그 개념에 대해 살피면서 언어 층위의 혼동과 용어 사용의 혼란을 최소화하는 방법에 대해 논의한 뒤, 본 연구의 입장을 밝히도록 하겠다.[64]

이미 많은 연구에서 문법 관계에 관하여 독창적이면서도 그 나름의 논리적 정합성을 가진 견해들이 제시되어 왔다. 지금까지 논의되어 온 문법 관계는 그 종류가 다를 뿐만 아니라, 비슷하거나 같은 용어를 사용하더라도 외연의 차이를 보이는 경우가 많다. 그 동안 쟁점이 되어 온 사항을 압축해 보면 네 가지 정도가 정리된다. 첫째는 주제어 설정 문제, 둘째는 관형어의 설정 문제, 셋째는 독립어의 설정 문제, 넷째는 보어의 설정 및 범위 문제, 이상이다.

첫째로 주제어 설정 문제에 대해 살펴보자. 일찍이 박승빈(1931)에서는 '문주(文主)'를 별도로 설정하여 문법 관계의 하나로 다루었고, 최근의 연구들에서도 통사 층위의 주제인 '주제어'를 설정하는 경우가 많다. 그러나 김영희(1978: 39)에서의 지적처럼 "주제와 주어를 동일 언어 층위(linguistic level)에서 기술하려고 한 기술의 부당성"을 피해가기는 어렵다. 주제(topic)는 논평(comment)과 짝을 이루어 화용 층위의

---

63) 개별적인 문법 관계의 특성에 대해서는 김민수(1971: 122-164), 남기심·고영근(1993: 237-281), 이관규(2002ㄱ: 235-253), 고영근·구본관(2008: 276-320) 등 참고. 특히 주어, 목적어, 보어, 서술어의 네 가지 주성분에 대해서는 이홍식(2000)에서 상세히 논의되었다. 각 논의별로 설정한 문법 관계의 종류가 다르기는 하지만, 문법적 특성으로 거론된 현상들이 근본적으로 다른 종류의 것이 아니라 대개 일치한다. 그러므로 본 연구에서도 문법 관계의 종류 설정에 집중하고 해당 특성을 상론하지는 않는다.

64) 문법 관계에 관한 간략한 연구사는 김민수(1971: 22-26), 이홍식(2000: 13-29) 참고.

정보구조 분석에 도입되는 요소이다.

소위 '이중 주어 구문'의 통사 구조 분석과 몇몇 통사 현상의 해명을 위해서 주제어를 도입하면 한편으로는 구문 특정적으로 또 다른 문법 관계를 설정할 여지를 남기게 된다. 김민수(1971)에서 제시된 바 있는 동격어, 연결어, 총괄어, 제시어 등도 '요소 내 요소'라 하여 특정한 구문 내에서 설정되었는데 이들도 설정 타당성을 가지지 못할 이유가 없다. 그러나 구문 특정적인 문법 관계를 따로 세울 수는 없는 일이다. 언어 층위의 혼동 또한 피해야 한다.65)

둘째는 관형어의 설정 문제이다. 유길준(1909)의 '수식어', 주시경(1910)의 '금이' 등에서 관형어는 수식어에 포함된 것이었는데, 최현배(1937/1971)에 와서 하나의 독립적인 문법 관계로 설정되었다. 이후 대부분의 연구들에서 관형어를 인정하고 있다. 그런데 송원용(2006)에서는 서술어를 중심으로 그와 관계된 요소들을 분석한다는 서술어 중심 규약을 들어, 서술어와 직접 관계 맺는 주어, 목적어, 보어, 부사어만 인정하였고 관형어는 폐기하고자 하였다.

그러나 문법 관계의 설정에서 오직 서술어만이 중요한 기준으로 설정되어야 할 것은 아니다. 문장의 성립에 있어서 서술어가 중요하고 핵심적인 역할을 하는 것이 사실이지만, 문법 관계는 그 서술어를 포함한 여러 요소들 사이의 관계를 포착해주기 위해 설정되는 통사 층

---

65) 주제어를 설정하는 입장에서는 소위 '이중 주어 구문'과 관련된 여러 가지 현상을 들어 문장 성분으로서의 주제어를 설정할 근거를 찾는다. 그러나 주제어를 설정하는 입장에서도 견해 차이가 확인되는데, 유동석(1998), 이호승(2007ㄱ) 등에서는 용언의 논항이 아니면서 주제의 의미 특성인 언급대상성을 가지는 문두 성분을 주제어로 보는 반면에, 허철구(2001) 등에서는 용언의 논항인 것들도 언급대상성을 가지는 문두 성분이면 주제어로 간주한다. 정규 논항과 형식이 다르거나, 주어, 목적어 등으로 분석되지 않는 잉여적인 성분들 즉 비정규 논항까지 모두 주제어의 범위에 포함시키는 임홍빈(2007)의 다주제설의 입장도 있다. 이렇듯 주제어의 특성과 지위에 대해서도 이견이 많다.

위의 개념이다. 수식어와 피수식어의 관계로 따지면 부사어와 서술어의 관계와 다르지 않은데, 관형어만 인정하지 않는 것은 수식 구성의 절반은 분석하지 못하는 결과를 초래하는 것이다.

관형어는 문장 내의 관형사, '명항어 + 조사 '-의'', '서술어 + 어미 '-ㄴ, -ㄹ'' 등의 형식으로 실현되는 문법 관계이다. 관형어는 후행하는 명항적 어사를 규정하며, 서술어와는 직접 관련을 맺지 않는 특성을 가진다. 그런데 '영희와 철수가 결혼했다.', '철수가 참고서와 교과서를 샀다.' 등을 보면, '명항어 + 조사 '-와''의 형식도 후행하는 명항사와 한 덩어리를 이루고 서술어와는 직접 관련이 없는 관형어의 속성을 보여준다(최호철 1995ㄴ: 479-482).66)

그동안 '명항어 + 조사 '-와''의 형식은 비일관적인 방식으로 처리되어 왔다. '철수가 영희와 결혼했다.'에서처럼 복수의 논항을 요구하는 서술어일 때는 보어 또는 필수적 부사어로 간주되었고, 반면 '철수가 영희와 집에 갔다.'에서는 부사어로 간주되었다. 이 역시 필수성 여부를 기준으로 처리 방식이 달라졌던 것이다. 그러나 조사가 결합되는 형식적 특성과, 논항의 명항사와 한 덩어리를 이루는 특성을 고려한다면 관형어로 처리하는 것이 합당할 것이다.

그런데 '-의' 결합 요소는 '철수의 가방이 비싸다.'와 '*가방이 철수의 비싸다.'에서처럼 어순의 변경이 불가능한 반면, '-와' 결합 요소는

66) 이러한 특성은 '내 친구 둘이 (서로) 결혼했다.', '라이벌인 두 팀이 이번 포스트 시즌에서 싸우게 되었다.' 등의 문장에서 더 분명히 드러난다. 여기서 서술어는 '명항어 + 조사 '-와''의 형식이 아닌 복수의 주어 논항을 요구하는 것이다. 즉 '명항어 + 조사 '-와''는 다른 명항사와 한 덩어리를 이루는 관형어이다. 이승욱 (1989)에서는 '-와'가 병렬구 내부의 결속에 작용하는 연결사의 기능을 담당한다고 하였고, 김영희(2001)에서도 여동 명사구(본 연구의 '명항어 + 조사 '-와'')가 동사의 보족어가 아니라 주어나 목적어 명사구와 동일 지시적인 공범주와 병렬 접속 관계에 있는 접속 성분이라고 하였다. 이 논의들도 '명항어 + 조사 '-와''가 다른 명항사와 병렬되는 성분임에 주목한 것이다.

'영희와 철수가 집에 갔다.'와 '철수가 영희와 집에 갔다.'에서처럼 어순의 변경이 가능하다. 이러한 차이에 대해서 최호철(1995ㄴ: 481)에서는 두 관형 구조의 서로 다른 특성에서 말미암은 것이라고 하였고, 그 관형 구조는 '[체언1-의 [체언2-이]]'와 '[[체언1-와] [체언2-이]]'와 같이 서로 다르게 분석된다고 하였다.67)

이로써 관형어는 서로 다른 관형 구조의 형성에 기여하는 '-의'형의 종속적 관형어와 '-와'형의 대등적 관형어가 구분된다(최호철 1995ㄴ: 482). 대등적 관형어는 '철수가 영희와 결혼했다.'에서 확인되는 '공동' 또는 '시간은 금과 똑같다.'에서 확인되는 '비교' 등의 의미를 실현한다. 종속적 관형어는 '아버지의 책은 두껍다.'에서 확인되는 '참조'의 의미를 실현한다. 흔히 거론되는 '소유'의 의미는 '참조'에서 파생된 의미 특성 중의 하나로 고려할 수 있다.68)

셋째로 독립어의 설정 문제를 살펴본다. 독립어는 서술어와 유리(遊離)되어 있다는 특성으로 설정되는 것이다. 그런데 송원용(2006)에서는 독립어를 독자적인 발화의 기능을 가진 소형문으로 보고 원천적으로 배제하였다. 그러나 독립된 발화로 쓰일 수 있다는 것은 독립어의 화용 층위의 특성이며, 문법 관계로서의 배제 근거가 되는 것은 아니다.

---

67) '-의'형과 '-와'형의 구조적 차이는 분포 양상 외에도 문법화 및 관용화에서 차이를 발생시킨다. '-의'형은 반드시 명사사에 선행하지만 '-와'형은 주어와 맺어지는 경우에 '-이'형 뒤에 오는 것이 자연스럽고, 목적어와 맺어지는 경우에 '-을'형 앞에 오는 것이 자연스럽다(최호철 1995ㄴ: 481). 그리고 '-와'형의 경우는 상호적 의미를 가지는 어사와 함께 덩어리를 이루어 이른바 조사 상당 구성으로 문법화되거나(예. '-와 관련하여', '-와 더불어', '-와 함께', '-와 같이' 등)(임근석 2009), 관용화되는(예. '[책/컴퓨터/숙제 등]과 씨름하다', '[죽음/부조리/추위 등]과 맞서다') 경향을 보인다.
68) '아버지의 책'이라는 명사구의 가능한 해석은 "아버지가 소유한 책" 외에도 "아버지가 산 책", "아버지가 쓴 책", "아버지가 읽고 있는 책" 등으로 다양하고 이러한 의미들은 의미를 한정하기에 충분한 문맥이 주어지지 않는 한 서로 모호하다. 그러므로 조사 '-의'는 선행 명항어에 대한 '참조'의 의미를 갖는 것으로 규정할 수 있다.

관형어와 마찬가지로 서술어와 직접 관계 맺지는 않지만 문장 전체와 관계되는 것으로 보는 것이 타당할 것이다.

넷째는 보어의[69] 설정 및 범위 문제이다. 보어는 보충(기움)의 성격을 어떻게 규정하는가에 따라 범위가 크게 달라진다. 보어(complement)를 부가어(adjunct)와 대비시켜 통사론적인 기준에서 머리 성분에 필수적인 요소이자 의미론적인 기준에서 머리 성분의 의미를 완전하게 해 주는 요소로 정의하면(박철우 2002: 75) 주어와 객어도 모두 보어의 범위에 포함될 수 있다. 그러나 앞선 연구들에서는 대체로 주어 및 객어와는 구별되는 보어를 설정하였다.

결국 보어의 개념을 규정하는 데에는 '통사론적 필수성'과 '의미론적 보충성'의 기준이 서로 달리 적용되어 갖가지 견해들이 제시되었다고 평가할 수 있다. 이 두 기준을 가장 넓게 해석하면 주어와 객어를 모두 포괄하는 보어 개념이 성립한다. 한편 통사론적 필수성의 기준을 앞세우되 '부사어'에 대한 규정을 다소 막연히 '수의적인 성분이면서 서술어의 내용을 한정하는 것'으로 규정하게 되면 소위 '필수적 부사어'는 보어로 편입시키는 모순이 초래된다.

다른 한편으로 의미론적 보충성의 기준을 앞세우되 주어의 독자적 지위를 인정하면 나머지에 대해서는 김일성종합대학출판사(1977)의 보탬말 개념이 성립된다. 그리고 타동사 구문의 필수 성분인 주어와 객어만 독립시키고 나머지를 한데 묶으면 유길준(1909)의 보족어가 성립된다. 그 외에, '불완전 서술어'의 범위를 설정하는 입장에 따라 박승빈(1931), 정렬모(1946), 김민수(1971), 최현배(1937/1971), 학교 문법에서의 서로 다른 보어 개념이 세워진다.

---

69) 보어는 보족어, 보충어, 보탬말, 기움말 등으로 불리기도 한다.

(12) 서로 다른 보어의 범위

　　ㄱ. '되다', '아니다' 앞의 '-이'형(주어 제외): 학교 문법

　　ㄴ. '이다', '아니다' 앞의 '-이'형(주어 제외): 최현배(1937/
　　　　1971)

　　ㄷ. 불완전 서술어 앞의 '-이, -로, -와, -에'형(주어 제외): 김
　　　　민수(1971)

　　ㄹ. 모든 '-로, -와, -에'형: 허웅(1983)

　　ㅁ. 모든 '-을, -로, -와, -에'형: 김일성종합대학출판사(1977)

　　ㅂ. 모든 통사론적 필수 성분: 박철우(2002)

위에서 보어라는 용어가 (12ㄱ,ㄴ)과 같은 좁은 범위부터 (12ㅂ)과 같은 넓은 범위까지 두루 사용되고 있는 실정임이 확인된다. 주목할 점은 보어가 체언 또는 체언형을 대상으로 한 문법 관계이고, 다만 설정 기준에서 차이를 보인다는 것이다. 학교 문법과 최현배(1937/1971) 및 김민수(1971)에서는 불완전 서술어를 보어 설정의 기준으로 삼았고, 김일성종합대학출판사(1977)과 허웅(1983)에서는 조사를 보어 설정의 기준으로 삼았다(최호철 1995ㄴ: 449).

그런데 '서술어의 완전성'은 그 불완전성의 한계를 특정할 수 없다는 점에서 보어 설정의 기준으로 삼기 어렵다. '이다'의 불완전성과 '되다', '아니다'의 불완전성이 동질적인가? '되다', '아니다'의 불완전성과 '하다'의 불완전성은 동질적인가? '이다'의 불완전성과 '생기다'의 불완전성은 동질적인가? 서술어마다 불완전성의 종류는 다를 수 있는데 이를 기준 삼아 보어를 설정하게 되면 결국 남는 것은 보어 개념의 불명확성과 문법 관계 분석의 임의성이다.

이렇듯 비명시적인 의미적 기준에 의해 초래되는 불명확성을 피하기 위해서는 명시적인 형식적 기준을 설정할 필요가 있다. 이러한 관점의 연구로 김일성종합대학출판사(1977), 허웅(1983), 최호철(1995ㄴ)

등이 있다. 이들은 통사론적 필수성을 요구하는 '불완전 서술어'라는 의미적 기준 대신에 의미론적 보충성과 관계되는 '조사의 특성'이라는 형식적 기준을 바탕으로 보어의 개념을 설정한다.[70] 여기서 보어는 필수적일 수도 있고 수의적일 수도 있다.

최호철(1995ㄴ: 462)에 따르면 조사에 따른 보어 설정은 "보어의 '필수성'보다는 보어의 '보충성'이 더 강조된 개념이 된다. 다시 말하면 서술을 완성시킨다는 관점에서는 서술어의 불완전성을 내세운 견해와 유사하나, 그것은 최소한의 서술을 완성시키는 보어가 아니라 충분한 서술을 완성시키는 보어라는 데 차이가 있다. 그렇게 되면 '필수성'은 보어의 성립 조건이 되지 못하며, 이런 경우에는 보어가 필수적일 수도 있고 수의적일 수도 있게 된다."라고 하였다.

이렇듯 보어의 설정 여부와 범위에 따라 문법 관계의 종류가 달라지게 된다. 보어 설정에 의미적 보충성과 관계되는 '조사의 특성'이라는 형식적 기준을 도입하면 보어의 범위에서 소위 필수적 부사어가 배제될 수 있다. 또한 '-에, -로, -와' 등의 조사가 결합된 형식이 수의적이라고 해서 부사어로 취급하지 않아도 된다. 그러면 조사 결합 형식들은 서술어의 논항으로 다루고, 관형어는 명항사의 수식 성분, 부사어는 그 외의 수식 성분으로 다룰 수 있다.

예를 들어 '철수가 갯벌에 빠졌다.'의 '갯벌에'가 필수적이므로 보어이고, 한편 '철수가 갯벌에서 운다.'의 '갯벌에서'가 수의적이므로 부사어라고 하는 분석의 혼란을 피할 수 있다. 또한 '영희는 착하게 생겼

---

70) 민현식(1999: 229)에서는 "보어 설정 문제는 명시적 형태를 중시하고 그 성분격과 고유 격형태에 따른 절대범주 기준을 우선시할 것인가 아니면 완전성과 불완전성이라는 비명시적인 의미 기준에 따른 상대범주 기준을 우선시할 것인가의 문제"라고 하여 보어 설정에 관계된 형식적 기준과 의미적 기준의 두 측면을 명시한 바 있다.

다.'에서 '착하게'가 필수적이라고 해서 보어라고 하지 않아도 된다. 문장 내의 필수성 여부에 의해 설정되는 것이 아니라, 요소들 사이의 관계적 특성으로 문법 관계가 설정되는 것으로 보면 어떤 문법 관계이든 필수적일 수도 수의적일 수도 있다.

특히 필수적인 성분과 수의적인 성분을 구별할 근거가 박약하다는 주장은 이용주(1990)에서 논의된 바 있다. 그리고 이정택(2006ㄱ)에서는 필수적인 성분과 수의적인 성분을 가르는 근거로 제시된 통사적 기제들 중 어느 것도 이들을 명백히 구분하지 못한다는 것을 보이면서 필수와 수의의 구분은 단지 인식의 문제라는 것을 주장하였다. 문장 의미의 분석을 위한 통사 구조 분석에는 필수와 수의의 구분이 아니라, 적절한 문법적 지위의 지정이 필요하다.

아래 [표 11]에서 2분법(1)은 문장을 주부와 술부로 나누는 것과 상통하고,[71] 2분법(2)는 가장 넓은 의미에서의 보어를 상정하는 견해라 할 수 있다. 한편 김일성종합대학출판사(1977)의 3분법은 주어를 따로 세우고 2분법(1)의 서술어에서 보어만 독립시킨 것이다. 유길준(1909), 최현배(1937/1971), 김민수(1971) 등의 4분법은 3분법의 보어에서 객어만을 따로 분리한 것이다.[72] 그리고 허웅(1983)의 6분법은 조사의 특성에 따라서 보어를 세분한 것이다.

---

71) 박철우(2014ㄱ: 150-151)에서는 "주어와 서술어(predicate)라는 개념의 발생은 아리스토텔레스(기원전 350)로 거슬러 올라간다. 그는 주어와 서술어를 단문을 이루는 대응 부분들로 정의하고, 주어는 단문 안에서 지칭적 명명(referential naming)을 담당하는 부분으로, 서술어는 특성 기술(characterizing)을 담당하는 부분으로 보았다(van Kampen 2006: 242). 이때의 주어와 서술어 개념은 단어에 대한 것이라기보다는 문장을 두 구성성분으로 양분할 때 짝을 이루는 두 부분을 가리키는 개념이었다. 따라서 좀 더 정확히 표현하자면 '주부-술부'와 같은 관계 구조로 이해할 수 있는 것이었다."라고 하였다.

72) 물론 4분법이란 결과는 같지만 각 연구에서 설정된 보어의 외연이 다르다는 점은 전술한 바와 같다. 지금은 보어의 외연 차이는 무시하고, 문법 관계의 종류만 다루기로 한다.

[표 11] 독립어와 수식어를 제외한 다양한 문법 관계 분류73)

2분법(1)	주어	서술어				
3분법	(관형어)주어	(관형어)보어				(부사어)서술어
4분법	(관형어)주어	(관형어)목적어	(관형어)보어			(부사어)서술어
6분법	(관형어)임자말	(관형어)부림말	(관형어)방편말	(관형어)견줌말	(관형어)위치말	(부사어)풀이말
2분법(2)	(관형어)보어					서술어
5분법 (본 연구)	(대등적/종속적 관형어)주어	(대등적/종속적 관형어)객어	(대등적/종속적 관형어)방편어	(대등적/종속적 관형어 위치어		(부사어)서술어

결국 규정이 혼란스럽고 모호한 보어라는 용어는 피하고, 형태적·통사적·의미적 특성을 복합적으로 고려하여 문법 관계를 설정하는 것이 합리적일 것으로 여겨진다. 보어를 '-이' 외의 조사가 붙은 나머지 명사 요소, 또는 '-이'와 '-를' 외의 조사가 붙은 명사 요소 등의 여집합과 같은 개념으로 정의하는 것은 문법 관계를 온당하게 규정하는 것이 아니기 때문이다. 본 연구에서는 형태적·통사적·의미적 특성을 기준으로 문법 관계가 규정된다고 본다.

사실 많은 선행 연구들에서 문법 관계는 필수적인 요소의 수효와 종류를 기준으로 기본 문형을 설정하는 과정에서 논의되었다.74) 이때

---

73) [표 11]은 최호철(1995ㄴ: 469)에 제시된 표를 수정하고 본 연구의 5분법을 추가한 것이다. 최호철(1995ㄴ)에서는 허웅(1983)의 6분법이 5분법으로 오기되어 있었다.

74) 영문법 논의에서 주요 절 유형(major clause types) 또는 문형(sentence patterns)을 구분하면서 필수적인 성분의 종류를 논의한 바가 많았다. Quirk *et al.*(1985: 720)에서는 주어(S), 동사(V), 목적어(O: 직접목적어와 간접목적어), 보어(C: 주어보어와 목적어보어), 필수적 부사어(A: 주어와 관계된 부사어, 목적어와 관계된 부사어)를 구분하였다. 조병태 외(1980: 348-349)에서도 동사, 주어, 직접목적어, 간접목적어, 보어, 부사(구)를 설정하였고, 조성식(1983: 94-95)도 단문의 구성 요소인 주어, 서술동사, 보어, 간접목적어, 직접목적어와 이들 구성 요소들을 수식하는 수식어를 구별하였다. 사정이 이렇다 보니 자연스레 필수적인 요소에 더 많은 주의를 기울일 수밖에 없었고, 수식어를 포함한 문법 관계의 체계적 분류에는 비교적 관심이 덜했던 것으로 생각된다.

의 통사적 필수성이 문법 관계의 설정에도 주요한 기준으로 고려된 듯하다. 그러나 지금까지 논의했듯이 필수성의 개념은 선명한 것이 아니다. 이 때문에 특히 보어 및 부사어와 관련된 혼란이 발생했던 것이다. 개별 서술어의 특성에 따라 달라질 수 있는 통사적 필수성의 기준을 문법 관계 설정에는 적용하기 어렵다.

요컨대, 본 연구에서는 통사 층위의 주제어 개념을 인정하지 않는다. 문법 관계는 명제 내부 관계와 명제 외부 관계를 대별한다. 명제 내부 관계는 서술 기능을 갖는 서술어와, 조사의 특성에 따라 구분되는 역할 관계인 주어, 객어, 방편어, 위치어를 설정한다. 그리고 수식 관계는 부사어와 두 종류의 관형어를 설정한다. 한편 이들 모두와 유리되어 명제 전체와 관계 맺는 독립어를 설정한다. 지금까지의 논의 내용을 정리하여 보이면 [그림 2]와 같다.

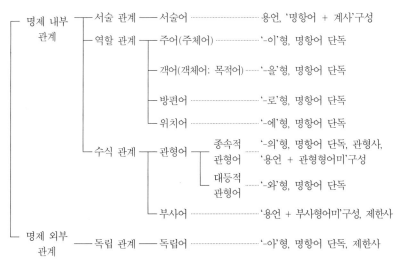

[그림 2] 본 연구에서 설정하는 국어의 문법 관계[75]

75) [그림 2]는 최호철(1995ㄴ: 489)의 국어 문장 성분에 관한 아래 그림을 수정한

여기서는 조사라는 형태적 특성과 함께 통사적, 의미적 특성도 고려하는 만큼, 소위 특이격 주어(quirky subject) 또는 비정규적 주어(non-canonical subject)의 존재도 인정된다. 그런데 특이격 주어가 인정되는 대표적 언어인 아이슬란드어(Icelandic)나 러시아어(Russian)는 경험주 동사나 이동 동사 등 특정 의미 부류의 동사 구문에서 의무적으로 특정 격형태가 실현되는데 비해 국어는 '-에서'나 '-로서는'이 '-이'로 대체될 수 있는 특이성이 있다.

그러므로 견해에 따라서 '나로서는 그를 용서할 수 없다.', '나로서도 어쩔 수 없다.', '보험당국에서 보험료 인상을 막았다.' 등의 예문에

것이다.

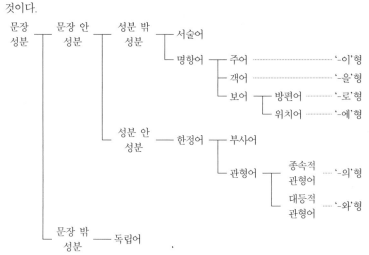

독립어는 엄격히 말해 문장 밖이 아닌 명제 밖의 성분이므로, 명제 내부 관계와 명제 외부 관계를 대별하였다. 그리고 명제는 의미 단위로서의 서술, 역할, 수식으로 구성되므로 그에 따른 각각의 관계를 보였다. 한편 최호철(1995ㄴ)에서 '명항어'는 주어, 객어, 보어(방편어, 위치어)를 포괄하는 문법 관계를 가리키는 용어로 쓰였다. 하지만 본 연구에서의 명항어는 논항의 구성 요소인 명항을 실현하는 언어 단위, 즉 명항사, 명항구, 명항절을 포괄하는 용어로 사용한다. 3.1절 참고. 또한 부사어 중 부정 부사어와 양태 부사어, 그리고 문장 단위를 연결할 때의 접속 부사어는 명제 내부 요소가 아니라 명제 전체를 수식하는 특수성이 있지만 [그림 2]에 별도로 표시하지는 않았다.

서 '나로서는', '나로서도', '보험당국에서'를 높은 주어성(subjecthood)을 가지는 방편어와 위치어로 분석할 수도 있다. 특정한 구문 구성 내에서 고정적인 형태적, 의미적 특성을 가지고 주어와 비슷한 통사적 행태를 보이는 경우에 대해 비정규적 주어라 할지 높은 주어성을 갖는 사격어라 할지는 선택의 문제일 것이다.

생각건대, 언어 유형론적으로 특이격 주어 또는 비정규적 주어 문제가 논의되어 왔고(Aikhenvald, Dixon and Onishi 2001; Bhaskararao and Subbarao 2004; Helasvuo and Huumo 2015), 주어라는 범주도 더 전형적인 사례와 덜 전형적인 사례의 연속체적 특성을 보이는 점을 고려하면 비정규적 주어는 인정될 수 있다.76) 물론 비정규적 주어가 인정되는 구문 구성의 특성에 대한 상세한 기술이 필요할 것이나 여기서는 간략히 언급하고자 한다.

'-로서는'과 '-로서도'가 결합된 형식은 자격이나 신분의 의미로 인해 의무 양태나 동적 양태 표현이 나타나는 문장에서 주어의 특성을 가진다(김민국 2013). 그리고 '-에서'가 결합된 형식은 단체의 의미적 특성을 보일 때 주어의 특성을 가진다. '내일 일을 뉘라서 알리오.'의 '-이라서'

---

76) 소위 비주격 주어에 대한 논의에서는 '-에게', '-에서', '-로서'가 결합된 주어를 설정하고, 그 주어성 검증에 힘을 쏟는다(이윤미 2014). 그런데 비정규적 주어는 모든 경우에 나타나는 것이 아니므로 조사의 형식만으로 주격 또는 주어를 규정할 수는 없다. 본 연구에서는 제한적인 구문 구성에서 '-로서는', '-로서도', '-에서' 등의 결합 형식을 비정규적 주어로 본다. 한편 김민국(2009)에서는 '-이서'를 '함께, 서로'의 의미를 가진 보조사로 보았고 동반 구문이나 대칭 구문과 같은 제한된 환경에서 부사어로 나타난다는 것을 근거로 들었다. 그런데 동반 구문의 예인 '나는 철수와 (둘이서) 함께 밥을 먹었다.'와 대칭 구문의 예인 '나는 철수와 (둘이서) 싸웠다.'에서 '둘이서'가 부사어로 분석될 수 있는지는 불분명하다. 동반 구문과 대칭 구문의 특성상 요구되는 복수 주어 '나는 철수와'의 동격 관계(apposition)로 '둘이서'를 분석하면 '-이서'는 여전히 주어를 표시하는 것으로 볼 수 있다. '-이서'에 대한 논의는 더 많고 복잡하지만 여기서는 다루지 않기로 한다. '둘이서'의 분석 가능성에 대한 다양한 논의를 정리한 것은 김창섭(2010: 5) 참고.

는 이유를 나타내는 종속절을 이끌던 요소가 문법화된 것으로, '누구', '어떤 사람' 같은 비특정적인 명항적 요소와 결합된 반어의문문적 환경에서 주어의 특성을 보인다.

이상과 같은 '-로서는', '-로서도', '-에서', '-이라서' 등이 결합된 요소 외에 문장 내에 다른 '-이' 결합 성분이 없으며, 이것들이 '-이'로 대체될 수 있을 때에 국어에서도 비정규적 주어의 존재가 제한적으로 인정될 수 있을 것이다. 물론 조사가 대체되면 전체 문장의 의미는 달라진다. 특정한 구문 조건 내에서 '-이'가 아닌 조사 형식도 주어를 표시할 수 있음을 제한적으로 인정하는 것일 뿐, 대체 가능성이 의미적 동일성을 전제한다고 보는 것은 아니다.

한편 [그림 2]에서 '-이'형, '-을'형, '-로'형, '-에'형, '-와'형 등은 해당 형태소의 이형태뿐만 아니라 다른 형태소이더라도 의미적 특성에 따라 같은 부류로 묶이는 조사를 대표하는 것으로 쓰였다. '-로'형에는 '-로, -로서, -로써, -에로, -에게로'가, '-에'형에는 '-에, -에게, -에서, -에게서, -한테'가, '-와'형에는 '-하고'가 통합되었다(최호철 1993ㄱ: 55). 이 외에도 '-이'형에는 '-께서, -이서' 등이, '-에'형에는 '-께, -더러' 등이 포함되는 것으로 본다.

이상과 같이 역할 관계는 통사적 필수성이 아닌 형태적·통사적·의미적 특성을 복합적으로 고려하여 설정하고자 하였다. 문법 관계의 필수성 정도는 서술어에 따라서 다를 수 있기 때문이다. 그러므로 '철수가 기습공격에 당했다.'와 '철수가 기습공격에 죽었다.'의 '기습공격에'는 필수성 여부에 관계없이 '위치어'로 분석된다. 마찬가지로 '영희가 예쁘게 생겼다.'와 '영희가 글씨를 예쁘게 쓴다.'에서 '예쁘게'는 필수성 여부에 관계없이 '부사어'로 분석된다.

또한 역할 관계는 조사 없이 실현될 수도 있다. 그러나 그러한 경우에도 서술어와의 관계를 통해서 문법 관계는 대체로 확인 가능하다. 다만 '철수가 병원 갔어.', '나는 철수 똑똑하다고 생각해.'와 같은 문장에서 '병원'은 객어, 방편어, 위치어의 가능성이 모두 있고, '철수'는 주어, 객어의 가능성이 모두 있다. 이렇게 조사 없이 실현된 명항어의 경우 기본적인 의미와 더불어 보다 전형적인 개념적 속성에 따라 문법 관계를 분석한다는 약정을 취하기로 한다.

위의 예에서 '병원'은 기본적인 의미가 의료 기관 또는 의료 행위 장소이므로 객어나 방편어가 아니라 위치어로 분석한다. 그리고 '철수'는 유정성이 상대적으로 높은 인간 고유명사이므로 의지를 갖고 행위할 수 있는 전형적인 동작주 의미역이 실현되는 주어로 분석한다. 이렇듯 조사가 외현적으로 드러나지 않은 경우는77) 부득이 별도의 약정에 의거한 분석을 취하되, 기본적으로는 외현적으로 드러나는 조사를 문법 관계 분석의 우선적 기준으로 삼는다.

이상과 같이 역할 관계는 명항어에 '-이, -을, -로, -에' 등의 자격토가 결합된 것 또는 명항어 단독 형식에 해당하고, 부사어는 제한사 또는 서술어에 전성토가 결합된 것만이 해당한다. 학교 문법에서 부사어로 간주되는 부사격조사 결합형은 본 연구에서 방편어, 위치어, 또는 대등적 관형어가 된다. 물론 명항어에 자격토가 결합된 것 중에서도 '때때로, 새로, 졸지에, 미구에' 등 명항적 특성이 없어진 것은 부사어로 인정될 수 있다(최호철 1995ㄴ: 471).

---

77) 조사의 생략이나 비실현의 문제는 이남순(1988, 1998), 김영희(1991), 최재희(1999) 등 참고. 특히 김지은(1991)은 주어가 조사 없이 나타나는 환경을 논의했고, 하정수(2009)는 주어와 목적어가 조사 없이 나타나는 경우를 다루었다. 그리고 박유현(2006)과 이은경(2015)는 구어 자료를 기반으로 하여 각각 '-가'와 '-을'의 비실현 양상을 다루었다.

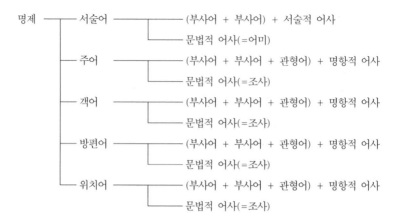

[그림 3] 명제 내의 문법 관계와 그 구성[78]

[그림 3]과 같이, 주어, 객어, 방편어, 위치어, 부사어는 서술어와 직접 관계 맺는다. 그러나 그렇다고 해서 성격, 기능, 지위 등이 동일시될 수는 없다. 역할 관계는 하나의 항, 즉 개체로서 서술어의 내용을 채우는 것이다. 반면 부사어는 서술어나 기타 단위의 동작, 성질, 상태, 정도를 제한하는 것이다(최호철 1995ㄴ: 471).[79] 따라서 문법 관계는 명제의 구성 성분이고, 관형어와 부사어는 명제 내의 역할과 서술의 구성 성분이다(최호철 1995ㄴ: 470).

본 연구에서 설정한 '-로'형으로 표시되는 방편어와 '-에'형으로 표시되는 위치어를 구별하지 않고, 흔히 부사어, 사격어, 비핵심 논항 등

---

78) [그림 3]은 최호철(1995ㄴ: 470)의 문장의 구성 성분과 문장 성분의 구성 성분을 보인 그림을 인용한 것이다. 최호철(1995ㄴ)에서는 주어, 목적어, 보어, 서술어 순이었는데, [그림 3]에는 서술어, 주어, 객어, 방편어, 위치어로 순서를 조정하고, 보어를 방편어와 위치어로 따로 제시하였다. 그리고 '통사적 어사'라는 용어를 '문법적 어사'로 바꾸었다.

79) 물론 이 구분이 실제적으로 용이한 것은 아니며 문제적인 논의의 대상이다. 논항과 부사어의 개념적 구분은 상대적으로 명료하지만 경험적 기반은 그렇지 않고 연속체적인 특성이 확인된다(Farrell 2005: 30-36).

으로 일컬어 통합적으로 다루는 경우가 있다. 이는 의미적인 면보다는 문장 내의 덜 핵심적인 통사적 자격을 강조하고 그 특성을 포괄하여 다루는 것이다. 그러나 본 연구에서는 문장 의미에 관심을 두고 있으므로 형태적·의미적으로 한 부류로 묶일 수 있는 방편어와 위치어를 설정하여 사격어를 둘로 구분하였다.

Farrell(2005: 28)에서는 언어 유형론적으로 볼 때 일반화된 사격 표지를 단 하나 갖는 자라와라어(Jarawara)나 할코멜렘어(Halkomelem)가 있는가 하면, 16개가량의 다양한 사격 표지를 가진 헝가리어가 있다고 하였다. 할코멜렘어의 경우는 의미역 구별을 하지 못하는 비핵심 논항 표지인 부치사(ʔə)가 하나뿐인데 비해, 국어는 의미역을 구별하는 조사가 많이 있으므로 모두 비핵심 논항 표지로 다루기보다는 공통 특성에 따라 부류화할 수 있다고 본다.[80]

한편, 부정 부사어, 양태 부사어, 감탄어, 호칭어, 제시어 등은 각각 부사어와 독립어로 분석하되 명제와 양상의 조화를 매개하고 청자와 직접 관계를 맺는 것으로 본다. 이들은 명제 내용을 구성하지는 않는다. 부정 부사어와 양태 부사어는 명제 전체에 특정한 의미를 부가한다. 감탄어는 화자의 특정한 감정이나 태도를 나타내고, 호칭어는 지정수신인을 지목하면서 양상의 상대 존대 요소와 관련을 맺으며, 제시어는 주제에 대한 청자의 관심을 환기시킨다.

이상으로 문법 관계가 통사 층위의 존재로서, 그 외의 형태 층위, 의미 층위, 화용 층위와 밀접한 관련을 맺고 있지만 그 중 어느 하나로 전적으로 환원시킬 수 없는 독립적인 것이라는 점을 지적하였다. 그리고 국어의 문법 관계와 연관된 쟁점을 차례로 살폈다. 이를 통해

---

80) 입장에 따라 국어의 조사들을 두 종류로 부류화하지 않고 더 세분할 수도 있을 것이다.

문법 관계의 유형은 역할 관계로는 주어, 객어, 방편어, 위치어, 서술 관계로는 서술어, 수식 관계로는 대등적·종속적 관형어와 부사어, 그리고 독립 관계로는 독립어를 설정하였다.

제3장 문장 의미의 구성

앞서 2.3.1절에서는 화맥의 결부 여부에 따라서 주어진 언어 형식의 의미만 고려하는 언표 문장과, 언어 외적인 정보를 더 고려하는 발화 문장을 구분하였다. 그러므로 문장 의미도 '언표 문장의 의미'와 '발화 문장의 의미'를 구분하여 논의하여야 할 것이다. 본 장에서는 언표 문장의 의미와 발화 문장의 의미가 어떠한 요소들로 구성되는지 논의한다. 본격적으로 문장 의미를 분석하기에 앞서, 문장 의미가 무엇으로 구성되어 있는지를 살펴보기 위함이다.

3.1. 언표 문장 의미의 구성

문장이 형식상 어사, 구, 절 등의 하위 언어 단위들로 구성되는 만큼, 문장 의미도 하위 언어 단위들의 의미에 기초하는 것일 수밖에 없다. 그러나 문장 의미가 곧 구성 요소들의 의미의 합인 것으로 단순하게 규정할 수 없음은 분명하고, 의미 분석 과정에서는 통사적 의미와 맥락적 변이 의미에 대한 고려가 반드시 필요하다. 이러한 사항을 고려하여 박영순(2001)에서는 "문장 의미 = ((단어 의미 + 단어 의미) × α)"와 같은 표상을 제안하기도 하였다.

그러나 문장 의미를 전적으로 단어 의미의 합과 맥락을 통칭하는 'α'의 곱으로 환원하는 것에는 재고가 필요하다. 문장이 단어(본 연구의 어사)들로 구성된 것이기는 하지만 그렇다고 단순히 나열되어 있는 것은 아니며, 단어를 포함한 여러 언어 단위들이 통사적으로 구조화된 복합체이기 때문이다. 그리고 문장 의미가 단어 의미의 총합일 때는 'α'(본 연구의 맥락)가 1이고, 제3의 의미일 때는 1이 아니라고 하는 기술이 언어학적 설명 방식은 아니다.

박영순(2001)의 표상 방식은 어사들의 의미를 동등하게 다루기 때문에 명항사와 서술사, 그리고 규정사와 제한사가 가지는 문장 내의 서로 다른 특성이 고려되지 않는다. 규정사가 명항사를 한정하고 제한사가 서술사를 한정하는 의미적 특성이 고려되지 않고, 규정사가 명항사에 종속되고 제한사가 서술사에 종속되는 통사적 특성도 드러나지 않는다. 또한 'α'로 표상되는 맥락도 전혀 다른 내용이 고려되는 문맥과 화맥을 구별하지 않은 점에서 한계가 있다.

한편 최호철(2011: 509)에서는 "언표 문장의 의미 = 언표 단어의 의미 + 통사적 의미"라고 하였다. 여기서 언어 단위상의 '언표 단어의 의미'와 의미 특성상의 '통사적 의미'가 함께 다뤄질 수 있는지는 의문스럽다.[81] 통사적 의미는 어사 등의 언어 단위가 갖는 의미이지 독립된 것이 아니기 때문이다. 또한 언표 문장의 의미를 통사적 의미가 가미된 언표 단어의 의미로 보았는데, 이것만으로는 복합체로서의 문장

---

81) 최호철(1995ㄱ: 291)의 언어 단위상의 명명과 의미 특성상의 명명을 구분한 논의 참고.

의미의 특성이 잘 드러나지 못하는 것 같다.

'철수가 영희를 때렸다.'와 '못된 철수가 착한 영희를 때렸다.'라는 문장에서, '철수'와 '못된 철수'는 주어이고 '영희'와 '착한 영희'는 객어이다. 이들은 비록 언어 단위로서는 어사와 구로 다르지만 서술어에 대해 가지는 자격은 동일하다. 어사 단위로만 분석해서는 이러한 특성이 고려될 수 없다. 그리고 '착한 철수가 못된 영희를 때렸다.'라는 문장은 모든 어사가 두 번째 문장과 같지만 의미는 전혀 다르다. 그러므로 지금과는 다른 방식의 접근이 필요하다.

지금까지의 논의를 통해 확인할 수 있는 것은 두 가지이다. 첫째는 문장 의미를 기본 언어 단위인 어사의 의미로만 단순히 치환할 수는 없다는 것이다. 문장 내의 통사 구조적 차이를 고려할 수 있어야 한다. 둘째는 언어 단위상의 의미와 의미 특성상의 의미를 동등한 층위에 놓고 이들이 문장 의미를 구성한다고 볼 수 없다는 것이다. 구성 요소의 계열도 고려해야 한다. 이러한 사항을 고려하는 방법은 '의미 단위'의 개념을 도입하여 분석하는 것이다.

이미 확인했듯이 문장은 여러 언어 단위들이 복합되어 있는 구성체로서, 어사 단위만 분석해서는 의미가 얻어지지 않는다. 통사 층위에서 어사 외에 구나 절이 단일한 자격을 가질 수 있음도 고려해야 하므로 문장 의미를 하위 언어 단위의 의미로 곧장 환원시킬 수는 없다. 먼저 의미 단위로 쪼개고, 그것을 실현하는 언어 단위가 갖는 어휘적 의미와 통사적 의미 등을 순차적으로 살필 필요가 있다. 통사적 의미도 별개로 고려하는 것이 아니라고 본다.

즉 의미 단위 개념의 도입을 통해 문장의 의미를 어사의 의미로 치환할 때 발생하는 문제점을 해소할 수 있다. 의미 단위는 여러 언어 단위로 실현될 수 있기 때문이다. 또한, 언어 단위상의 의미와 의미 특성상의 의미를 동등한 층위에 두지 않을 수 있다. 어떤 의미 단위가 갖는 특성상의 의미를 분석하고, 그 의미 단위를 실현하는 언어 단위가 갖는 특성상의 의미를 별개로 분석할 수 있기 때문이다. 이렇듯 의미 단위 설정은 문장 의미 분석에 유용하다.

언표 문장의 의미를 파악하기 위해서는 물론 그 구문 구조에 대한 분석이 필요하다. 그러나 다양한 언어 단위와 특성적 의미가 복합되어 있는 문장 의미의 분석은 형식적·구조적 분석만으로는 불충분하다. 본 연구에서는 의미 단위 분석이 선행되어야 한다고 보고, 각각의 의미 단위를 실현하는 언어 단위들을 분석한다. 즉, 언표 문장의 의미는 여러 의미 단위로 구성되고, 의미 단위는 서로 다른 의미적 특성을 가지는 언어 단위로 실현되는 것이다.

문장이 주어와 서술어로 구성된다고 보는 연구는 문장을 통사 단위로 분석하는 것이다. 이와 달리 본 연구에서는 이런 통사 단위가 아닌 의미 단위를 고려한다. 일찍이 Fillmore(1968: 23-24)에서는 문장을 명제(proposition)와 양상(modality)으로 나누었다. 김민수(1981: 101)에서도 "한 構文이 나타내는 意味는 敍述內容과 敍述樣式으로 구분된다. 즉, 전자는 객체적인 事理(dictum)이며, 후자는 주체적인 양상(modus)이다." 라고 하여 둘을 구분하였다.[82]

---

82) 문장 단위에서의 여러 문법 현상을 다룬 황병순(2004: 3-5)에서도 문장이 (대상) 상황과 양태의 결합으로 이루어져 있다고 보았다. 황병순(2004)의 (대상) 상황과 양태의 구분은, Fillmore(1968)의 명제와 양상, 김민수(1981)의 사리와 양상, 본 연구의 명제와 양상의 구분과는 그 개념과 외연이 다소 다르지만 문장이 일차적으로 이러한 방식으로 구분되어야 한다고 본 점에서는 궤를 같이한다. 본 연구에서는 황병순(2004)의 (대상) 상황 요소와 양태 요소의 경계가 분명하지 않은 점, 그리고 (대상) 상황 요소와 양태 요소가 공히 서술어에 결합하는 문법적 형식이라는 점 등을 고려할 때 명제와 양상의 구분이 더 타당하다고 본다. 문장 구조 해석을 위한 효율적인 분석 모델로서의 해석 문법을 제안한 김의수(2008)에서도 문장이 명제와 양태로 구성되어 있다고 보면서, 주어진 문장을 문장 성분 단위로

한편 김민수(1981: 263)에서는 van Dijk(1972)의 논의를 참고하여 "단일한 單位文章(Tn)은 命題(P=proposition)와 樣態(M=modal)로 성립되며, 命題(P)는 다시 文章 내용의 근간으로서 項(Arg=argument)과 述語(Pred=predicate)로 이루어지며, 그 다음 樣態(M)는 斷定(Assertion)이나 疑問(Question) 혹은 敍實(Factual)이나 豫想(Probable) 등으로 전개된다."라고 하였다. 여기서 명제의 하위 의미 단위와 양상의 특성에 관한 시사점을 얻을 수 있다.

염선모(1985: 20)에서도 '명제'에 대해 논의하면서, "Leech(1974, 126)는 (중략) 문장, 구(phrase) 등과 같은 통사론적 단위에 대응되는 의미 단위로서 서술(predication)과 의미군(cluster)을 설정하고, (중략) '서술'은 논항(argument)과 서술어(predicate)의 두 '의미군'으로 이루어진다고 하였다. 여기서 '서술'은 '명제'와 같은 뜻으로서 '문장의 의미'를 나타낸다."라고 하였다. 명제의 하위 의미 단위로 설정된 논항과 서술어가 주요하게 참고된다.

이렇듯 언어 단위로서의 문장이 가진 의미를 하위 언어 단위인 어사가 가진 의미로 치환하거나 통사 단위인 주어, 서술어를 동원하여 분석하지 않고, 의미 단위를 설정한 일련의 연구들이 있었다. 이들에 따르면 명제는 문장으로 서술되는 내용에 해당하는 것으로서 논항과 서술로 구성되는 것이고,[83] 양상은 명제에 작용하는 단언이나 의문 등의 의미적 특성을 가리키는 것으로 볼 수 있다. 여기서 서술은 명제의 핵심이면서 곧 양상과의 경계를 이룬다.

요컨대, 문장 의미를 이루는 양대 의미 단위는 명제와 양상이다. 명

나누고 나누어진 단위별로 통사적 특성을 문자와 숫자 정보로 표시하였다.
83) 초기 변형생성문법에서 "Sentence → NP + VP"(Chomsky 1957: 26)로 제시한 구성 요소 분석의 결과는 그 표상으로서는 사실상 명제를 분석한 것이다.

제는 역할과 서술로 구성된다.[84] 그리고 역할은 그 자격을 여러 가지 토로 표시하는 한국어의 특성을 고려하면 명항과 지표를 구분할 수 있다.[85] 한편 수식이 나타날 수 있는데, 역할과 서술에 자격토가 아닌 지표가 결합한 것이다. 수식은 명항과 서술에 포함된다. 양상은 명제 전체 또는 일부에 걸쳐 작용한다. 그리고 명제와 양상 사이에 이들의 상호 긴밀성에 관여하는 매개가 나타날 수 있다.

   (13) 문장을 구성하는 의미 단위
      ㄱ. 문장 → 명제 + 양상 (+ 매개)
      ㄴ. 명제 → 역할 + {(수식 +) 서술}
      ㄷ. 역할 → {(수식 +) 명항} + 지표

   한편 문장의 의미 단위와 이들을 실현하는 언어 형식의 명칭은 서로 구분될 필요가 있다. 아래 (14)에는 본 연구에서 구분한 의미 단위인 서술, 역할, 명항, 수식, 지표, 그리고 양상에 대한 언어 형식들을 대비하였다. 이해를 돕기 위해 영어 용어를 병기하였다. 유의할 점은 '역할'이 의미역이 아니라 언어 형식인 '논항'에 상대되는 의미 단위를 가리키기 위해 사용되었다는 것과 명항의 영어 용어 'named item'은

---

84) 본 연구에서는 명제를 구성하는 의미 단위로 '논항'과 '서술'이 아닌 '역할'과 '서술'을 설정한다. 이는 김의수 선생님께서 참여대학원생 학술 논문 발표대회(2016년 8월 17일, 고려대)에서 토론을 통해 제안해 주신 내용을 수용한 것이다. 이 외에도 많은 공부거리를 남겨 주신 점에 대해 이 자리를 빌려 감사드린다.
85) 명항은 명제를 구성하는 명명된 항목이란 점에서 이름한 것이고 지표는 명제 내의 명항이나 서술의 역할을 가리켜 표시한다는 점에서 이름한 것이다. '명항'은 최호철(1995ㄱ,ㄷ), '지표'는 김민수(1971)의 논의를 원용한 것이다. 최호철(1995ㄱ,ㄷ)의 명항사는 명제 내의 논항이 되는 어사를 가리키기 위해 사용되었고, 김민수(1971)의 지표는 명제 전체에 걸치는 서술지표를 포괄하는 것이다. 그런데 본 연구의 '명항'은 어사와는 관계없이 명제 내의 역할을 가리키고, '지표'는 명제 전체에 걸치는 것을 제외하고 명제 내에 작용하는 것만을 가리키기 위해 사용한 차이가 있다.

본 연구에서 임의로 만들어 쓴 것이란 점이다.

    (14) 의미 단위와 언어 형식의 구분
        ㄱ. 서술(predication) : 서술사, 서술구, 서술절 (통칭하여 서
           술어(predicate))
        ㄴ. 역할(role) : 논항(argument)
        ㄷ. 명항(named item) : 명항사, 명항구, 명항절 (통칭하여 명
           항어(nominal))
        ㄹ. 수식(modification) : 수식사, 수식구, 수식절 (통칭하여
           수식어(modifier))
        ㅁ. 지표(index)[86] : 자격토(case affix), 전성토(convertive
           affix)
        ㅂ. 양상(modality) : 첨가토(supplementary affix), 필수토(necessary
           affix)

(14)는 의미 단위와 그것을 실현하는 언어 형식의 명칭을 구분하려는 취지를 보이기 위한 것이다. 이 용어가 어떤 특정한 이론적 배경에 의거해 있거나 다른 용어의 사용을 배격하겠다는 함의를 가지고 사용된 것은 아님을 밝힌다. 서술, 명항, 수식과 이들 각각에 대당되는 언어 형식의 명칭은 쉽게 그 관계를 추론할 수 있게 한다. 그러나 역할, 지표, 양상과 이들 각각에 대당되는 언어 형식의 명칭은 잘 대응되지 않는 면이 있어 재고의 여지는 있다.

예컨대, 언표 문장 '(배고픈) 철수가 (영희의) 감자를 (맛있게) 먹었다.'는 의미 단위를 활용하여 [그림 4]와 같이 분석된다. 먼저 서술어 '먹-'을 기준으로 하여 명제와 양상이 구분된다. 그리고 명제 내에서는 역할과 서술이 구분되고 역할은 다시 명항과 지표로 구분된다. 여

---

86) 지표는 2.3.3절에서 구분한 어사의 유형 중 명제토에 해당한다.

기서 '배고픈', '영희의'는 명항을, '맛있게'는 서술을 수식할 수 있다. 수식은 '명항 + 지표'나 '서술 + 지표'이다. '철수'와 '배고픈 철수', '감자', '영희의 감자' 모두 명항에 해당한다.

(배고픈) 철수	가	(영희의) 감자	를	(맛있게) 먹	었	다
명제					양상	
역할		역할		(수식) 서술		
(수식) 명항	지표	(수식) 명항	지표	(서술+지표)		
(서술+지표)		(명항+지표)				

[그림 4] 언표 문장 의미의 구성

3.1.1. 의미 단위: 명제, 양상, 매개

여러 언어 단위가 구조적·복합적으로 구성되어 하나의 총체를 이루는 언표 문장의 의미는 통사 층위의 문법 관계나 기본 언어 단위인 어사의 의미로 곧장 환원될 수 없다. 물론 문법 관계로 표시되는 통사적 의미 및 어사의 의미가 간과될 수는 없고, 이들이 체계적·종합적으로 고려되어야 한다. 우리가 언표 단어를 의미 단위인 형태소로 분석하듯이, 언표 문장도 일차적으로 의미 단위로 분석하고 이차적으로 의미 단위의 현현 방식을 고려해야 한다.

언표 문장의 의미 분석은 서술어를 중심으로 명제와 양상을 구분하는 것으로부터 시작된다. 그리고 경우에 따라 명제와 양상 모두에 포함되지 않지만, 둘 사이의 상호 긴밀성을 높이면서 전체 문장의 의미에 기여하는 매개가 나타날 수 있다. 즉 언표 문장은 일차적으로 명제, 양상, 매개로 구분된다. 명제는 궁극적으로 하나의 절을 이루는 것이고, 양상은 문법적 어사들의 결합으로 구성된다. 매개는 독립어 또는 특정한 종류의 부사어로 나타날 수 있다.

그런데 명제와 양상의 개념에 대해 이견이 있을 수 있다. 먼저 명제와 관련해서는 '명제(命題, proposition)'의 성격에 대해 본 연구와는 다소 다른 관점을 취하여, 명제가 곧 문장에 대당하는 것이라고 이해하는 경우가 있다. 그러나 여기에는 문제점이 있다. 명제는 논리학에서 참과 거짓의 판별 가능성이 전제되는 것으로 정의되고 삼단논법과 같은 추론 과정의 수단으로 사용되는 것인데, 이 개념을 직접 수용하는 것에 대한 타당성이 검토되어야 한다.

(15) 『철학사전』의 '명제' 항목 (철학사전편찬위원회 2009: 287)
사태를 논리적·추상적으로 반영하고 있는 지식의 기본 형태. 명제는 일정한 대상에 일정한 성질이 속하고 있는 것과 일정한 여러 대상 간에 일정한 관계가 존재하는 것을 말하는 것이다. 그것은 진리 혹은 오류라는 성질을 가진 인식의 형태이다. 명제는 문법적인 글로 표현되지만 명제와 글은 그대로 동일하지는 않다. 명제가 가리키는 것은 참과 거짓에 관한 글뿐이다. 또 명제는 판단과도 구별되는데, 판단이란 한 가지 명제의 긍정 혹은 부정을 포함하고 있는 것이다. 명제가 여러 개로 결합된 관계는 명제 논리학에서 연구된다. ⇨ 명제 논리학   (※ 밑줄은 필자)

(15)는 명제에 대한 철학사전에서의 정의를 인용해 온 것이다. 여기서, 일정한 대상에 일정한 성질이 속하는 것은 무표적 동사와 서술적 형용사가 서술어로 사용된 문장을 가리키고, 일정한 여러 대상 간에 일정한 관계가 존재하는 것은 '명사 + 계사' 구성이 서술어로 사용된 문장을 가리킨다고 볼 수 있다. 이는 명제가 갖는 '서술 작용'을 가리키므로 문장과 별반 다르지 않다. 하지만 중요한 차이점은 명제가 참

과 거짓에 관한 글만을 가리킨다는 것이다.

즉 논리학에서의 명제는 문장의 꼴을 하고 있되 참과 거짓을 구별할 수 있는 것만을 가리킨다. "명제는 문법적인 글로 표현되지만 명제와 글은 그대로 동일하지는 않다."라는 (15)의 설명은 명제를 문장으로 곧바로 치환해 볼 수 없음을 밝힌 것이다. 명제는 특정한 경우에만 문장과 외연이 겹칠 수 있다. 그러므로 실제세계 또는 가능세계에 비추어 참과 거짓 여부를 판정할 수 있는 '모든 사람은 죽는다.'와 같은 일부 평서문만이 명제로 간주될 수 있다.

평서문이라고 하더라도 '철수가 밥을 먹을 것이다.'라는 미래 시제 문장은 참과 거짓을 결정할 수 없다. 화자가 청자에게 질문을 하여 그 해답을 요구하는 의문문은 미지(未知)와 미결정(未決定)이 본질적 속성인 만큼 당연히 명제일 수 없다. 청유문과 명령문은 비실재하는 사태를 가리키는 점에서 서상법에 속하며 가능세계에 말을 맞추는 것인데 (임동훈 2011ㄱ: 332), 역시 참과 거짓을 따질 수 없다. 화자의 느낌을 표현하는 감탄문은 더 말할 나위가 없다.

이상의 내용을 통해서 논리학에서의 명제 개념을 고스란히 문장으로 수용할 수는 없다는 것이 분명해진다. 임동훈(2003: 128-129)에서는 '의식의 지향성 때문에 정신적 행위가 어떤 대상을 향하게 되는 것'을 가리키는 철학적 심리학의 명제 개념과 '문장이 명명하는 의미'로 정의되는 논리학의 명제 개념을 검토하면서, 이들이 곧바로 언어학에 적용되기는 어렵다고 하였다. 본 연구에서도 이를 수용하며 명제는 문장의 한 부문에 해당하는 것으로 본다.

임동훈(2003: 130)에서는 명제의 개념을 도입하되 아주 제약적으로 사용한다고 하였다. "동사(형용사를 포함함)와 동사가 거느리는 논항들(arguments)의 구성체만을 명제"로 보면서, 여기에는 "동사와 논항들이 수식 관계에 의해 확장되는 부분이나 동사와 논항 사이의 관계를 표시하는 문법 요소(격조사나 '-시-' 따위)도 포함된다"라고 하였다. 그리고 임동훈(2003: 150)에서는 "문장 층위에서 작용하는 문법 범주가 제거된 구성체를 명제"로 규정하였다.

최호철(2014ㄴ: 312)에서도 "명제라 하는 것은 단일문의 기본 구조와 같으나 연결 어미나 종결 어미가 붙지 않아 그 기능이 미정인 구절 원형의 개념으로 사용한다."라는 명제의 정의를 제시한 바 있다. 이상을 통해 철학이나 논리학의 명제 개념을 문장 의미 분석에 그대로 수용할 수는 없다는 점이 확인된다.[87] 본 연구에서 규정하는 명제의 개념이 임동훈(2003), 최호철(2014ㄴ)과 완전히 일치하지는 않지만 문장을 구성하는 일부로 규정한 점은 동일하다.

일찍이 Fillmore(1968: 23-24)에서는 문장의 기저 구조 내에 동사와 명사(그리고 만일 있다면, 내포된 문장)를 포함하는 시제 없는 관계들의 집합인 '명제(proposition)'와, 부정, 시제, 서법, 상과 같은 전체로서의 문장에 작용하는 '양상 요소(modality constituent)'가 서로 구분되어 있다고 보았다. '문장의 기저 구조'라는 개념은 주어진 형식에 대한 분석에만 주력하는 본 연구에서 상정하지 않지만 명제와 양상 요소의 구분은 전적으로 수용한다.

다음으로 양상과 관련해서는 '양상(樣相)'이라는 용어의 외연에 대해서 이견이 있을 수 있다. '양상', '양태', 'modality' 등의 용어는 논의에 따라 동의적으로 사용되기도 하고 약간은 다른 외연을 가지고 사용되기도 하기 때문에 주의를 요한다. 본 연구에서는 '양상'과 '양태'라는 두 용어를 구분하여 사용한다. 번역어는 명제에 상대되는 의미 단위

---

87) 학자들마다 명제를 다르게 규정하는 것에 대해서는 Lyons(1977: 141-142) 참고.

로서의 양상은 'modal component', 양상의 한 종류인 문법 범주로서의 양태는 'modality'를 쓰기로 한다.

'modality'에 대해 다룬 국내 논의만 보더라도, 이 용어의 외연을 본 연구의 '양상'만큼 넓게 규정한 연구로는 김민수(1971: 269), 조일영(1995: 47-48), 이선웅(2001: 330) 등이 있다. 반면 '서법'과 '문장 유형'만을 포함하는 것으로 다룬 연구로는 서정수(1994: 250), 윤석민(2000: 43) 등을 들 수 있다. 외연을 더 좁혀 서법과 구별하는 연구는 장경희(1985), 고영근(1986), 임동훈(2003) 등이 있다. 본 연구의 양태는 세 번째 입장처럼 서법과 구분된다.

그러나 각 입장들 내에서도 연구별로 용어, 범위, 하위 분류 등의 차이가 있는데 여기서 이 사안을 다룰 수는 없고,[88] 다만 다음과 같이 양상과 양태를 구별한다. 먼저 '양상'은 명제에 작용하는 여러 문법적 의미를 포괄하는 개념으로 사용한다. 한편 '양태'는 양상의 일부로서 인식 양태(확실성, 개연성, 가능성), 당위 양태(의무, 허락/허용), 동적 양태(능력, 의도, 바람), 감정 양태(놀라움, 아쉬움 등) 등을 가리키는 것으로 본다(박진호 2011ㄱ: 310-311).

요컨대, 문장은 명제와 양상의 두 부문으로 구분된다. 이때 명제라는 용어는 참과 거짓을 구별할 수 있는 문장이라는 논리학에서의 정의로 사용된 것이 아니라, 역할과 서술 그리고 때에 따라 매개와 수식을 갖춘 것을 가리키기 위해 사용된 것이다. 명제에서는 역할과 서술로 드러난 문법 관계와 의미적 특성을 해명하고, 양상에서는 명제에 작용하는 주체 존대, 문법상, 양태, 부정, 시제, 상대 존대, 문말 서법

---

88) '양태', '양태법', '법', '법성' 등과, 이와 관계되는 '서법', '문장종결법' 등 여러 용어의 개념과 외연에 대해서는 장경희(1998: 262-266), 이선웅(2001: 318-327), 박재연(2006: 25-32), 임동훈(2008: 213-221) 등 참고.

등의 다양한 문법적 의미들을 해명하게 된다.

본 연구에서는 주체 존대와 동작상을 양상에서 다룬다. 임동훈(2003)에서는 '-시-'를 명제에 포함된다고 보았다. 그런데 '-시-'가 '선생님은 집에 가지 않으셨다.'에서처럼 부정의 범위에 항상 드는 것은 아닌 점과, '사장님이 회사에 출근했다.'와 '사장님이 회사에 출근하셨다.'에서 확인할 수 있듯이 객관적인 사태의 내용과 관계되기보다는 주관적인 화자의 존대 의사를 표시한다는 점이 확인된다. 따라서 본 연구에서는 '-시-'를 양상의 요소로 보기로 한다.

그리고 Bybee(1985: 21)에서는 문법상을 직접적이고 배타적으로 동사에만 관여하는 범주라고 하였는데, 이에 따라 문법상을 명제와 무관한 것이라 생각할 수 있다. 그러나 문법상이 동사에만 관여하더라도 결국은 전체 명제와 관련될 수밖에 없다. Smith(1997: 61)에서 '관점상'(본 연구의 문법상)은 카메라의 렌즈처럼 문장에서 이야기되는 어떤 상황을 볼 수 있도록 하는 데 필수적이라는 언급을 고려하면, 문법상은 명제 전체와 관계 맺는다고 볼 수 있다.

물론 명제와 양상의 구별이 재단하듯 선명한 것은 아니다. 일부 보조사는 명제와 양상 모두에 나타날 수 있고 독립어와 특정한 종류의 부사어는 명제와 양상 어디에도 포함되지 않는다. 의미적으로는 양상에 더 가깝게 여겨진다. 이러한 점진적·중간적 특성은 "명제나 명제가 기술하는 상황에 대해서 화자가 자신의 의견이나 태도를 표현하는 범주(Lyons 1977: 452)"로 정의되는 양상의 속성과 함께 명제와 양상의 상호 긴밀성을 보여주는 것 같다.

특히 부정 부사어와 양태 부사어, 그리고 문장 단위를 연결할 때의 접속 부사어는 문장 의미를 명제와 양상으로 대별하는 본 연구에서 문제적인 대상일 수 있다. 첫째 어휘적 어사이므로 양상의 요소로는 볼 수 없고, 둘째 명제 전체와 관계를 맺으므로 명제에 속하지 않으며, 셋째 양상의 요소와 호응을 이루는 경우가 있기 때문이다. 양태 부사 연구에서는 개별 의미 특성과 함께 다른 성분과의 호응 관계를 고려한 경우가 많았다(박은정 2015: 9-13).

그리고 감정 감탄사, 의지 감탄사, 입버릇 및 더듬거림으로 유형이 나뉘는 감탄사는(남기심·고영근 1993: 180) 독립어로 사용되어 화자의 특정한 감정이나 태도를 나타낸다. 호칭어 독립어는 이어지는 발화의 지정수신인(addressee)을 지목하면서 양상의 상대 존대 요소와 관련을 맺는다. 또한 제시어 독립어는 청자의 관심을 환기시킨다. 이들은 서술어 또는 논항과 특정한 관계를 이루는 것이 아니므로 명제와는 독립적이며 양상적인 특성을 갖는다.

본 연구에서는 이들 부정 부사어, 양태 부사어, 문장 단위의 접속 부사어와 감탄어 독립어, 호칭어 독립어, 제시어 독립어를 잠정적으로 명제와 양상의 경계에 있는 '매개'로 본다. 두 부문의 어느 하나로 귀속되지는 않지만 전체 문장 의미에는 일정한 기여를 하기 때문이다. 특히 접속 부사어는 독립어로 처리되는 경우도 있는데(김일성종합대학출판사 1977 등), 서술 내용과 무관한 것이 아니라 논리적 연결 기능을 가지므로 문법 관계로서는 부사어로 본다.

명제를 구성하는 필수적인 의미 단위는 역할과 서술이고, 수의적인 의미 단위는 수식이다. 이들 역할, 서술, 수식은 명제 내에서 갖는 특성을 기준으로 분석되는 문법 관계로 나타난다. 주어, 객어, 방편어, 위치어는 역할을, 서술어는 서술을, 관형어와 부사어는 수식을 실현한다. 이러한 명제 내의 서로 다른 문법적 지위를 가리키는 문법 관계는 통사 구조 분석에 기본이 되는 것이고, 또한 문장 의미의 분석에는 이들의 의미적 기여가 고려되어야 한다.

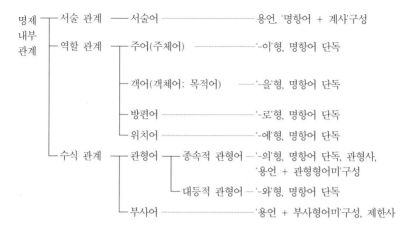

[그림 5] 역할, 서술, 수식을 실현하는 문법 관계의 종류와 외현적 형식([그림 2]의 일부)

한편 역할은 명항과 지표로 구성된다. 명항과 지표를 실현하는 언어 형식은 명항어(명항사, 명항구, 명항절)와 명제토(자격토, 전성토)이다. 역할은 대체로 '명항어 + 자격토' 구성으로 실현되고, 서술어도 전성토와의 결합을 통해 명항어로 쓰일 수 있다. 명항어가 여러 언어 단위로 나타날 수 있으므로 그에 따라 역할의 언어 단위도 어사뿐만 아니라 구나 절일 수 있다. 역할의 구성 유형은 (16)과 같고, 지표인 자격토와 전성토는 (17)과 같이 정리된다.

(16) 역할의 구성 유형

　　ㄱ. 명항어(명항사, 명항구, 명항절)

　　ㄴ. 명항어(명항사, 명항구, 명항절) + 자격토

　　ㄷ. 서술어(서술사, 서술구, 서술절) + 전성토

　　ㄹ. 서술어(서술사, 서술구, 서술절) + 전성토 + 자격토

(17) 역할의 지표(자격토와 전성토)

　　ㄱ. 자격토 - 주체토: 주어 표시

ㄴ. 자격토 - 객체토: 객어 표시

ㄷ. 자격토 - 방편토: 방편어 표시. '-로서는', '-로서도' 구성
  으로 주어 표시 가능

ㄹ. 자격토 - 위치토: 위치어 표시. '-에서'가 단체를 표시할
  때 주어 표시 가능

ㅁ. 전성토 - 명항토: 서술어를 명항어로 전성

3.1.2. 의미 단위를 실현하는 언어 단위

명제는 궁극적으로 하나의 역할(실현 단위로는 주어)과 그에 대한 서
술(실현 단위로는 서술어)로 구성되는 하나의 절이다. 절의 구성 단위를
주부와 술부라는 명칭으로 일컬을 수도 있지만, 문법 관계 용어를 일
관되게 쓸 수도 있다. 기술적으로 명제를 가장 높은 층위에서 하나의
절이라고 규정하는 것과, 그보다 낮은 층위에서 명제를 주어와 서술어
로 분석하는 것과, 더 낮은 층위에서 주어, 객어, 서술어로 분석하는
것이 모두 양립가능하다.

[표 12] 문법 관계 분석의 상대성

	'철수는 형이 합격하기를 진심으로 바랐다.'의 명제 분석	
1	[철수는 형이 합격하기를 진심으로 바라]**절**	높은 층위
2	[철수는]**주어** [형이 합격하기를 진심으로 바라]**서술어**	↕
3	[철수는]**주어** [형이 합격하기를]**객어** [진심으로 바라]**서술어**	
4	[철수는]**주어** [형이 합격하기를]**객어** [진심으로]**부사어** [바라]**서술어**	
5	[철수는]**주어** [[[[형이]**주어** [합격하]**서술어**]기]를]**객어** [진심으로]**부사어** [바라]**서술어**	낮은 층위

위의 [표 12]에 보인 바와 같이 명제 내부의 역할, 서술, 수식을 실
현하는 문법 관계는 상대적으로 분석될 수 있다. 어떠한 층위의 분석

을 취하든지 일관성만 유지될 수 있으면 될 것으로 생각된다. 물론 많은 연구들에서 가장 낮은 층위의 분석을 고려하여 문법 관계를 분석해 왔다. 또한 본 연구에서도 문장 의미의 분석을 위해서는 가장 낮은 층위까지 문법 관계가 분석되어야 한다고 본다. 그러나 이것이 절대적으로 고수되어야 할 입장은 아닐 것이다.

한편 양상은 단일한 문법적 어사와 그에 준하는 우언적 구성으로 실현된다. 이들을 양상토로 부를 수 있고, 양상토의 유형에는 첨가토(주체 존대, 문법상, 양태, 부정, 보조사)와 필수토(시제, 문말 서법, 상대 존대)가 있다. 문법상, 양태, 부정은 우언적 구성이 주를 이루고, 나머지는 단일 형식이 주를 이룬다. 우언적 구성은 단일 형식에 대당하는 다단어 표현으로 정의되는데, 형식적으로는 복합 형식이지만 기능적 특성을 고려하여 하나의 단위로 간주한다.

명제를 구성하는 역할, 서술, 수식은 문법 관계라는 통사 층위의 단위로 실현된다. 그런데 문법 관계를 실현하는 언어 단위와 그 내부 구조 분석의 문제를 점검해 볼 필요가 있다. 기존의 많은 연구들에서는 암묵적으로 혹은 명시적으로 문법 관계를 어절(語節) 단위로 분석되는 것으로 다루어 왔다. 그리고 만약 문법 관계가 구나 절 단위로 실현되는 경우에는 분석을 수행하지 않거나 못하였다. 이 문제는 일찍이 정렬모(1946: 172)에서도 지적된 바 있다.

종래의 성분설은, 성분의 상대적 성질에 생각이 밎지 못하고 들뜨기로 성분을 들어 주어, 서술어, 객어, 보어, 수식어와 같이 말하였다. 이러한 분별법은 상대적 성분의 상대적 인 바에 생각이 밎지 못한 불합리한 분별법 이므로 덧감말의 해부가 아니될 경우가 많다. 이를테면

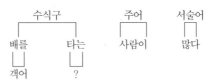

와 같이 한즉 "타는"에 명칭이 없다. 그래서 "배를 타는"은 홑감말이
아니라 하여서 수식구 라 하고 이것을 "배를"과 "타는"과의 둘로 해
부하는 것은 말어 버린다. 이와 같이 더 분해할 수 있는 것을 중도에
서 말어 버리지 아니하면 아니된다. 탓은 성분의 명칭이 상대적이 아
닌 까닭이다. 성분의 명칭이 상대적 일 것 같으면

와 같이 해부가 용이하다.

- 정렬모(1946: 172)

정렬모(1946)에서는 종래의 성분설로는 '배를 타는'의 경우 '타는'에
적절한 명칭을 부여할 수 없는 문제를 극복하기 위해서 상대적으로
규정되는 10가지의 문법 관계를 설정하였다. 그런데 문장의 구조를
잘 분석해야 하고 또한 각 요소에 대해서 적절히 명명해야 한다고 주
장한 정렬모(1946)에서조차도 실상은 어절 단위 분석을 토대로 하고
있었음이 확인된다. 그러나 국어에서 어절은 띄어쓰기 단위에 해당할
뿐이며 문법 관계 분석의 단위일 수는 없다.

국어의 조사나 어미는 그 작용 영역이 어절 단위에서의 선행 요소
로만 국한되지 않는다. 즉 '예쁜 영희가 착한 철수를 좋아했다.'라는
문장에서, 주어임을 표시하는 '-가'는 그 직접 선행 요소인 '영희'가 아
니라 구 단위인 '예쁜 영희'에 작용하는 것이다. '요즘 같은 물수능에

서는 수험생이 시험에서 만점을 받기가 쉽다.'라는 문장에서도 '-가'는 '받기'가 아닌 '수험생이 시험에서 만점을 받기'에 작용하는 것이다. 즉 문법 관계는 어절 단위로 설정될 수 없다.

이러한 분석은 일찍이 주시경(1910)에서 '임이듬'에서 '임이'와 '임이빗'을 구별하고, '임이붙이'에서 '임이금, 임이, 임이빗'을 구별한 것에서 시초를 찾을 수 있다. 즉, 어떤 문법 관계이든지 문법적 어사인 '빗'을 먼저 구분해 내는 것이다.[89) 명제의 분석 과정에서 어떤 문법 관계의 문법적 어사를 먼저 분석해 낸 단위가 하나의 어휘적 어사인 경우는 그 결합 단위가 물론 어절이겠으나, 만약 구나 절 단위일 경우는 어절이 아니므로 주의가 필요하다.

(18) ㄱ. 철수 밥 싫어해.
ㄴ. 여기 예쁜 인형 있어요.
ㄷ. 철수는 밥 먹기 싫어해.
ㄹ. 철수는 영희가 집에 가기 바랐어.

(19) ㄱ. 철수가 밥을 먹었다.
ㄴ. 배고픈 철수가 맛있는 밥을 조금씩 먹었다.
ㄷ. 점심을 굶은 철수가 콩을 넣은 밥을 조금씩 맛있게 먹었다.
ㄹ. 할 일이 많은 철수가 엄마가 지은 밥을 아주 새 젓가락으로 너무 급하게 먹었다.
ㅁ. 정말로 착한 철수가 오늘도 엄마가 맛있는 반찬을 해 주기를 기대하고 있다.

---

89) 김민수(1971: 119)에서는 토의 작용을 다음과 같이 세 가지로 정리하여 문법 관계에 있어서의 토의 핵심적 역할을 명시하였다. "첫째, 토는 그 構文要素의 形態素인 동시에 그 文法機能을 규정짓는다. (중략) 둘째, 복합된 토는 맨끝의 토로 귀일되며, 句節은 그 끝의 토에 귀일된다. (중략) 셋째, 句節이 한 構文要素일 때, 언제나 그 맨 끝의 토가 句節의 機能을 규정한다."

(18), (19)에는 (16)의 역할의 구성 유형을 보이기 위한 사례들을
제시하였다. (18)은 역할에 자격토가 사용되지 않은 예이다. (18ㄱ)에
는 '철수'와 '밥'이라는 명항사가 모두 자격토 없이 실현되었다. (18ㄴ,
ㄷ) 또한 명항사 '여기'와 명항구 '예쁜 인형'이 자격토 없이 나타났다.
(18ㄷ)의 명항구 '밥 먹기'는 자격토 없이 쓰였는데, 명항구 내의 서술
구 '밥 먹-'에서도 '밥'이 자격토 없이 나타났다. (18ㄹ)에는 명항절
'영희가 집에 가기'가 자격토 없이 쓰였다.

여기서 자격토의 생략 또는 비실현 현상, 그러한 현상이 발생하는
환경 및 조건, 그리고 자격토가 실현된 경우와 그렇지 않은 경우의 의
미 차이 등에 대해 논의하지는 않는다.90) 물론 이것은 흥미롭고 가치
있는 연구 주제이다.91) 그러나 주어진 형식을 분석하고 그것에 의해
표시되는 의미를 파악하는 본 관점에서는 명항어에 자격토가 결합하
지 않은 경우를 있는 그대로 분석하고자 하며 '실현되었어야 할 또는
실현될 법한 자격토의 부재'로 보지는 않는다.

한편 (19)는 역할에 모두 자격토가 사용되었다. (19ㄱ-ㄷ)은 명항사
와 명항구에 주체토와 객체토가 각각 쓰였다. (19ㄹ)은 '할 일이 많은
철수'와 '엄마가 지은 밥'이라는 각각의 명항절에 주체토와 객체토가
쓰였다. (19ㅁ)에는 '엄마가 맛있는 반찬을 해주기'라는 명항절에 객
체토가 실현되었다. '엄마가 맛있는 반찬을 해주-'라는 서술절이 전성
토 '-기'에 의해 명항절로 전성되었고, 여기에 객체토 '-를'이 결합하여

---

90) 앞서 2.3.4절에서는 조사 없이 실현된 명항어의 경우 그 기본적인 의미와 보다
   전형적인 개념적 속성에 따라 문법 관계를 분석한다는 약정을 취한 바 있다.
91) 격표지 비실현 현상에 대한 인식의 싹은 주시경(1910)의 '속뜻'에서 찾는 경우가
   많다. 그리고 안병희(1966)를 통해 격표지 없이 격이 실현되는 부정격의 정립을
   주장하면서 이 현상을 단순한 조사 생략으로 이해할 것이 아니라, 어떻게 해석할
   것인가로 주의가 돌려졌다고 한다(유동석 1990: 236).

전체 형식이 객어로 분석되는 사례이다.

위의 (19ㄱ)처럼 모든 문법 관계가 어절 단위로 실현되었을 때, 주어 '철수가'의 명항사 '철수', 객어 '밥을'의 명항사 '밥', 그리고 서술어인 '먹-'을 쉽게 분석해 낼 수 있다. 그러나 (19ㄴ-ㅁ)처럼 문법 관계가 어절 단위로 분석되지 않는 경우는 곧바로 어사 단위의 분석을 수행할 수 없다. (19ㄴ)의 주어 '배고픈 철수가'의 '배고픈 철수', 객어 '맛있는 밥을'의 '맛있는 밥' 등을 명항사라 할 수 없다. 이렇듯 문법 관계는 어사 단위에 국한되지 않는 것이다.

그러므로 용어를 적절하게 사용하여야 한다. 문법 관계는 언어 단위에 따라 구별해 명명하고, 문법 관계의 구성 단위도 그러한 특성을 반영하여 명명할 수 있다. 예컨대, (19ㄱ)의 '철수가'는 어사 단위의 주어이고, 여기서 '철수'는 명항사이다. (19ㄴ)의 '배고픈 철수가'는 구 단위의 주어구이고, 여기서 '배고픈 철수'는 명항구이다. (19ㅁ)의 '엄마가 맛있는 반찬을 해 주기를'은 절 단위의 객어절이고, 여기서 '엄마가 맛있는 반찬을 해 주기'는 명항절이다.

한편 (19ㄴ)의 '배고픈 철수'의 '배고픈'은 관형어이며, 이것은 서술사 '배고프-'와 관형어를 만드는 전성토인 '-ㄴ'으로 분석된다. (19ㄷ)의 '점심을 굶은 철수'의 '점심을 굶은'은 관형어구이며, 이것은 서술어구 '점심을 굶-'과 전성토 '-은'으로 분석된다. 서술어구는 객어 '점심을'과 서술사 '굶-'으로, 객어는 명항사 '점심'과 자격토 '-을'로 분석된다. 이렇듯 토를 분석해 낸 단위를 확인하고, 만약 그 내부에 서술어가 있으면 다시 문법 관계로 분석한다.

문법 관계의 차원에서는 어사, 구, 절 단위의 항목이 독립어절을 제외하고 모두 설정된다. 명항어에 토가 결합하면 서술어(구, 절), 주어(구, 절), 객어(구, 절), 방편어(구, 절), 위치어(구, 절), 관형어(구, 절), 독립어

(구)가 될 수 있다. 서술어구나 서술어절에 전성토가 결합하면 명항구와 명항절, 관형어구와 관형어절, 부사어구와 부사어절이 될 수 있다. 한편 서술어와 유리되는 특성을 갖는 독립어는 내부에 서술어를 갖는 독립어절이 성립되지 않는다.

[표 13] 언어 단위에 따른 문법 관계

언어 단위	문법 관계							
어사	서술어	주어	객어	방편어	위치어	관형어	부사어	독립어
구	서술어구 (서술구)	주어구	객어구	방편어구	위치어구	관형어구 (관형구)	부사어구 (부사구)	독립어구 (독립구)
절	서술어절 (서술절)	주어절	객어절	방편어절	위치어절	관형어절 (관형절)	부사어절 (부사절)	X

문법 관계는 [표 13]에 보인 바와 같이 언어 단위에 따라 명명할 수 있다.92) 이에 따라 기본적으로 (19ㄱ)의 '철수가'는 주어, '밥을'은 객어, '먹-'은 서술어로 부른다. 반면에 (19ㄴ)의 '배고픈 철수가'는 주어가 아니라, 언어 단위를 고려하여 주어구로 부른다. (19ㅁ)의 '엄마가 맛있는 반찬을 해 주기를'은 객어가 아닌 객어절이다. (19ㄹ)의 '아주 새 젓가락으로'는 방편어구이며, '너무 급하게 먹-'은 서술어구이다. (19ㅁ)의 '정말로 착한'은 관형어구이다.

[표 13]에 제시된 항목 가운데 두 가지가 국어 문법론 논의에서 문제시되어 왔다. 하나가 서술어절(서술절)이고, 또 다른 하나가 부사어절(부사절)이다. 본 연구에서는 이들 둘 모두를 인정하는 입장에 있

---

92) 어사 단위의 문법 관계만을 가리키는 서술어¹, 주어¹, 객어¹ 등과, 어사, 구, 절 단위의 문법 관계를 통칭하는 서술어², 주어², 객어² 등이 구별되지만 표기를 따로 하지는 않았다. 맥락적으로 혼동의 여지없이 구분되기 때문이다.

다. 국어학계에서 오랫동안 문제적인 연구 주제로 다뤄져 왔고 특히 서술절은 지금까지도 그 인정 여부와 관련하여 논쟁이 벌어지고 있는 실정이다. 논쟁사는 관련 선행 연구에 의지하기로 하고 부사절과 서술절을 인정하는 이유에 대해서만 설명한다.

부사절 문제는 복합문의 유형과 관련하여 이른바 접속(接續)과 내포(內包)라는 용어 사용의 오류에 기인한 것임이 이익섭(2003)에서 상세하게 논파되었다. 일찍이 영문법을 비롯한 인구어 문법에서는 "두 節이 결합하여 중문과 복문을 이루는 방식을 각각 並列(coordination)과 從屬(subordination)이라 하고, 이와 관련하여 對等節(coordinate clause)와 從屬節(subordinate clause)를 구분한다는 것"이 일반화되어 있는 사실이었다(이익섭 2003: 33).

이때의 "'從屬接續(subordination)'과 '內包(embedding)'는 서로 바꾸어 부를 수 있는 한 개념의 두 다른 이름"이며, "'從屬節(subordinate clause)'과 '內包節(embedded clause)'의 관계도 꼭 마찬가지"여서, 종속절이라고 하든 내포절이라고 하든 모두 명사절, 관형사절, 부사절을 포괄하는 것(이익섭 2003: 85)임이 간과되어 왔다. 이런 상황 속에서 부사절의 인정 여부, 종속 접속절과 내포 부사절의 동등성 여부와 같은 논쟁이 벌어져 온 것이다.

부사절은 종속절의 한 유형으로 성립하는 것이며 문장 내에서 부사어와 동등한 기능을 가진다. 다만 그 언어 단위가 어사가 아닌 절일 따름이다. 한편 종속절(내포절)의 한 유형으로 설정되기도 하는 인용절은 문법 관계적 특성을 드러내는 것이 아니라 분명히 의미론적인 명칭이고(이관규 2002ㄴ: 129), 문장 내의 기능은 후행 서술어를 수식하는 것이므로, 의미상 명칭인 인용절은 통사상 명칭인 부사절에 포함시키는 것이 타당하다(이관규 2002ㄱ: 257).

서술절은 소위 이중 주어 구문의 분석과 관련하여 인정 가능 여부에 대한 논쟁이 이어져 왔다. 서술절 설정에 반대하는 대표적이고 고전적인 근거는 임홍빈(1974), 남기심(1986ㄱ)에서 찾아볼 수 있다. 그 내용은 첫째 절 표지가 없다는 것, 둘째 품사에 따른 명칭이 아닌 기능에 따른 명칭이라는 것, 셋째 상위절 성분이 서술절 내포문으로 이동이 가능하다는 것, 넷째 하위절의 선어말어미 '-시-'가 상위절의 요소를 존대한다고 보게 되는 것 등이다.

이에 더하여 목정수(2014)에서는 대용언이 '주어 + 서술어' 전체를 대용할 수 없음에도 서술절은 대용언 대치가 가능하다는 '대용언 대치' 진단법과, 동일 주어 제약을 가진 구성에서도 서술절이 사용되므로 소위 서술절의 주어는 진짜 주어가 아니라는 '동일 주어 제약' 진단법을 제시하였다. 그리고 결합가 이론적으로도 절은 결합가 실현의 결과이고 다른 논항을 요구할 수 있는 자격은 없는 단위이므로 서술절이라는 개념은 성립이 불가능하다고 보았다.

서술절 설정에 반대하는 근거 가운데, 임홍빈(1974)와 남기심(1986ㄱ)에서 거론된 것에 대해서는 임동훈(1997: 57-60), 이정택(2006ㄴ: 248-251)에서 반박되었다. 절 표지와 관련하여, 서술절은 문법적 직능상 서술어로 쓰이므로 절 표지가 없다는 것만으로는 서술절 존재를 부정할수는 없다. 명칭과 관련해서는, 문법 관계의 종류에 맞추어 서술절이라 하든 품사의 종류에 맞추어 동사절, 형용사절이라 하든 절 단위의 서술 형식의 존재가 부정되지는 않는다.

또한 상위절 성분이 서술절로 이동 가능하다는 것에 대해서는, 이동의 결과가 어색하거나 불가능한 것은 서술절도 마찬가지이고(임동훈 1997: 58-59), 문장의 화제가 다르므로 이들의 동의성을 전제로 이동을 논의하는 것은 시작부터 잘못이라는(이정택 2006ㄴ: 251) 논의가 있다.

그리고 선어말어미 '-시-'의 결합 단위와 존대 대상과 관련하여, '-시-' 는 상위절의 서술어인 서술절에 결합하여 주어를 존대한다고 보면 이 론적인 모순은 성립되지 않는다.

목정수(2014)에서 제기된 서술절 설정의 부당성에 대해서도 반론 가 능하다. 대용어 대치 진단법의 경우를 먼저 살펴보자. 목정수(2014)에 서는 대용어가 '주어 + 서술어' 구성을 대용할 수 없다고 하였지만, '철수가 아들이 공부를 잘한다. 영수도 그렇다.', '학교에서 철수가 공 부했다. 학원에서도 그랬다.' 등의 예문에서 확인할 수 있듯이 후행 문장의 대용어 '그렇-'과 '그러-'는 '아들이 공부를 잘한', '철수가 공 부하-'라는 절 단위 요소를 대용할 수 있다.93)

동일 주어 제약 진단법에서는 연결어미 '-고도'를 갖는 문장, '소주 한 병을 마시고도 잠이 안 왔어요.'를 예로 들어 '잠이'가 후행절의 주 어일 수 없다고 하였다. 그러나 '잠이'는 서술어 '오-'의 주어이고, 서 술절 '잠이 오-'의 주어는 생략된 것으로 보아야 옳다. 오히려 동일 주 어 제약의 예는 '소주 한 병을 마시-'와 '잠이 오-'라는 구성이 동등하 게 서술어로 기능하는 것을 보여주는 지지 증거가 된다. 다만 언어 단 위가 서술구, 서술절로 다를 뿐이다.94)

---

93) 대용어 '그렇-'과 '그러-'는 선행 용언에 의해서만 결정되는 것이 아니다. 대용되 는 것이 동작 동사 서술어 구문이라고 해도 상태성이 강하면 '그렇-'으로 대용한 다. '그렇-'과 '그러-'의 대용은 서술 동사의 유형에 의해 기계적으로 대치되는 것 이 아니라, 서술 내용의 의미에 따라서 의미해석적으로 선택된다(홍종선 1996: 110-111). 동작 동사 서술어 구문의 동작성 정도에 따라서 대용어가 다르게 선택 되는 예는 홍종선(1996: 110) 참고.

94) 서술어로 기능한다는 것을 인정하지만 서술절의 개념을 부인하기에 목정수 (2014)에서는 '잠이 오-'와 같은 구성을 '서술구'라고 하였고, 이전 논의인 목정수 (2005)에서는 '구 구성 또는 단어 결합'이라고 하였다. 안명철(2001)의 '구-동사' 도 같은 맥락의 명명이다. 그러나 외형상 '주어 + 서술어'를 갖추고 더 큰 문장 에 포함되는 그리고 그 자체로는 문장이 아닌 것을 일컫는 '절'의 정의를 고려하 면(Lyons 1968: 171), 서술절이라는 용어도 문제는 없을 것으로 생각된다.

그리고 목정수(2014: 122)에서는 결합가 이론적으로 "절(=문장)은 다른 논항을 요구할 수 있는 자격이 없는 단위"라고 하였는데, 절이 곧 문장은 아닌 점에 유의해야 한다. 또한 논항을 요구할 수 있는 자격은 언어 단위로서의 단어나 구라는 점에서 주어지는 것이 아니라 문법 관계로서의 서술어로 기능한다는 점에서 주어지는 것이다. 그러므로 서술어로 기능하는 단위가 '절'이라도 필요에 따라 논항을 요구할 수 있다고 보아도 모순은 생기지 않는다.

명항절은 역할 관계인 주어절, 객어절, 방편어절, 위치어절을 이루거나, 계사 결합을 통해 서술어절이 되거나, 수식 관계인 관형어절이 될 수 있는 특성을 가지고 있다. 한편 관형절은 명항어(명항사, 명항구, 명항절)를 한정하고, 부사절은 서술어, 부사어, 관형어 등을 한정하는 것이다. 그리고 서술절은 논항과의 서술 관계를 이루는 것이다. 언어 단위가 절일 뿐이며 문장 내에서 각각의 문법 관계로 기능하는 방식은 단어나 구인 경우와 별반 다르지 않다.

문법 관계로서의 특징이 각기 다른 것으로 본다면 서술절의 특이성이 서술절 설정의 반대 근거로 성립될 수는 없다. 서술절의 특이성이 아닌 서술절 성립 불가능의 근거를 찾아야 할 것이다. 현재로서는 임동훈(1997: 60-62)에서 찾은 서술절 설정의 근거, 즉 서술절이 '조금' 같은 성분 부사의 수식을 받는 점 그리고 통사 분석에서 주제이면서 주어인 것을 설정하지 않아도 되는 논리적 간결성 등을 고려할 때 서술절 설정의 필요성이 더 큰 것 같다.

마지막으로 살펴볼 것은 병렬절(대등절)이다. 위에서 논의했던 명항절(주어절, 객어절, 방편어절, 위치어절), 관형절, 부사절, 그리고 서술절은 모두 문장 내의 종속절(내포절)에 해당한다. 반면 종속 관계와 대립되는 개념인 병렬 관계를 이루는 절인 병렬절은 교호성과 대칭성, 공통

의미 차원 등을 가지고(이관규 1992), 언표수반력과 절대시제, 초점화, 역행 대용, 선행절의 위치, 공백화 현상 등 여러 기준에서 종속절과 변별되는(임동훈 2009) 특성이 있다.

병렬절을 둘 이상 가지고 있는 병렬문은 양상을 제외한 명제가 '병렬절 + 병렬소 + 병렬절(+ 병렬소 + 병렬절 + …)'과 같은 방식으로 분석된다. 이를 고려할 때 병렬절 자체는 서술절이고, '병렬절 + 병렬소'는 부사절로 간주될 수 있다. 앞서 본 명항절, 관형절, 부사절이 전성토가 결합된 전체를 가리키며, 전성토를 제외하면 서술절이라는 것이 참고된다. '병렬절 + 병렬소'의 대용 형식인 '그리고, 그러나' 등이 접속 부사로 간주되는 점도 중요하다.

그리고 종속과 병렬의 구별을 비판하는 논의에서는 의미적 대등 구성이 존재할 수 있지만 통사적 대등 구성은 존재할 수 없다고 주장하는데(고광주 1999 등), 이때 병렬절은 부사절로 간주된다. 그러나 병렬은 언어 보편적인 절 연결 방식이고 병렬절이 갖는 의미적·통사적 특성 또한 선명하다. 그러므로 병렬절과 병렬문이 한국어에 없다고 말할 수는 없다. 병렬절은 특성상의 명명이므로 '병렬절 + 병렬소'는 문법 관계로서의 부사절로 처리될 수 있다.

다만 종속절로서의 부사절과 '병렬절 + 병렬소' 결합형인 부사절의 역할이 동등하지 않은 점은 중요한 차이이다. 종속절로서의 부사절은 주절 서술어의 의미를 제한하는데 비해, '병렬절 + 병렬소' 부사절은 주절 및 여타 '병렬절 + 병렬소' 구성과 함께 순접(conjunction), 역접(adversative coordination), 이접(disjunction)의 방식으로 명제를 동등하게 구성하는 점이 차이이다. 이러한 두 종류의 부사절을 구별 짓는 다양한 통사적·화용적 특성이 있다.[95]

요컨대, 문법 관계는 어사 단위의 서술어, 주어, 객어, 방편어, 위치어, 관형어, 부사어, 독립어가 설정되고, 구 단위의 서술어구, 주어구, 객어구, 방편어구, 위치어구, 관형어구, 부사어구, 독립어구가 설정되며, 절 단위의 서술어절, 주어절, 객어절, 방편어절, 위치어절, 관형어절, 부사어절이 설정된다. 이렇듯 명제를 구성하는 역할, 서술, 수식의 의미 단위와, 이들이 실현되는 언어 단위를 구별함으로써 서술절 설정을 둘러싼 문제도 해소될 수 있다.

지금까지 살펴본 대로 국어의 문법 관계는 최소한 어휘적 어사 단독 또는 어휘적 어사와 문법적 어사의 결합으로 실현된다. 많은 경우 이것은 우리가 발화를 할 때에 끊어서 발음할 수 있는 어절(語節) 단위에 해당하며, 표기법적으로는 띄어쓰기 단위가 되고, 흔히 문장 구성의 기본 단위로 간주되기도 한다. 그러나 어절을 기본 단위로 삼아 문장을 분석할 수 없다는 것은, 어사가 아닌 구나 절 단위로도 문법 관계가 실현되는 점에서 분명히 드러난다.[96]

문법 관계는 어사, 어절, 구, 절 가운데 한 특정한 언어 단위에 국한시켜 규정될 수 있는 것이 아니다. 문법 관계는 다양한 언어 단위로 나타나며, 분석을 위해서는 명제 내의 역할, 서술, 수식이 어떤 특성을 갖는지 살펴야 한다. 문법적 어사인 자격토와 전성토가 특히 중요한 역할을 담당한다. 자격토는 명항어와 결합하여 서술어에 대해 명항어가 갖는 자격을 표시하고, 전성토는 명항어나 서술어와 결합하여 이들이 여러 문법 관계로 쓰일 수 있도록 한다.

요컨대, 명제는 궁극적으로 하나의 절을 이루는 것이며, 양상은 문

---

95) 병렬문의 문법적 특성에 관해서는 임동훈(2009) 참고.
96) 본 연구에서는 어절이 띄어쓰기의 단위로서 편의적 문법 기술에만 유용할 뿐이라고 본다. 남기심(1985)에서는 어절이란 개념이 불필요한 모순을 야기할 뿐이므로 폐기되어야 한다고 주장한 바 있다. 한편 어절 단위의 효용성을 적극적으로 피력하고 있는 논의는 강계림(2015ㄱ) 참고.

법적 어사와 그에 준하는 우언적 구성으로 실현된다. 명제를 구성하는 역할, 서술, 수식의 의미 단위는 문법 관계로 실현되고, 문법 관계는 어사, 구, 절의 다양한 언어 단위일 수 있다. 한편 그간 문제시되어 온 부사절과 서술절은 절 단위 문법 관계로 인정된다. 문법 관계의 실현에는 명항어 또는 서술어의 언어 단위가 고려되며, 지표인 자격토와 전성토가 주요하게 작용한다.

3.1.3. 개별 어사 및 구성의 의미

언표 문장의 의미는 여러 의미 단위로 구성되고, 의미 단위는 어사, 구, 절 등의 언어 단위로 실현된다. 따라서 언표 문장의 의미는 의미 단위를 실현하는 문법 관계의 통사적 의미와 더불어 개별 어사 및 구성이 가지는 의미를 고려하여야 한다. 언표 차원에서 개별 어사와 구성은 대부분 문맥에서 파악되는 기본적 의미와 비유적 의미를 가지며, 한편 일부 어사들, 즉 주체 존대의 '-시-'나 시제 선어말어미, 상대 존대 어말어미들은 화맥적 의미를 가진다.

화맥적 의미를 가지는 '-시-', 시제 선어말어미, 상대 존대 어말어미 등을 흔히 '통사적 어사'로 분류하는 것은 사실 관례적인 것이다. 의미의 실질성 여부로 실질적 의미와 관계적 의미를 구분하고 모든 어사를 둘 중 하나로 귀속시키려고 할 때에 화맥적 의미를 가지는 어사들이 후자에 더 가까운 것으로 여겨지기 때문이다. 그러나 이 어사들은 언어 형식과 언어 외적 요소 사이의 관계적 의미를 나타내는 점에서 말 그대로 '통사적(統辭的)'인 것은 아니다.

언표적 의미와 문맥적 의미는 다른 것이므로, 특정 어사의 화맥적 의미는 언표 문장의 의미를 구성하는 일부분이다. 예컨대 주체 존대의 '-시-'가 화자의 존대 의향이라는 화맥적 의미를 가지고, 과거 시제 선어말어미 '-었-'이 발화시에 앞서는 시점을 가리키는 화맥적 의미를 가지는 것은 언표 문장의 의미에 포함된다. 즉, 언표 문장의 의미에 화맥적 의미가 없는 것이 아니다. 화맥을 배제하는 것일 뿐, 구성 요소의 화맥적 의미를 배제하는 것이 아니다.

개별 어사들과 그 어사들이 결합해 이루는 구성의 모든 문맥적(어휘적, 통사적) 의미, 일부 어사의 화맥적 의미는 언표 문장의 의미를 구성한다. 어휘적 어사와 문법적 어사는 문맥적 의미와 화맥적 의미를 두루 가진다. 이들이 결합할 때 나타날 수 있는 문맥적인 비유적 의미도 언표 문장의 의미에 기여한다. 문장 의미를 곧장 단어의 의미로 치환하여 이해할 때, 고려하지 못하거나 고려할 수 없는 부분 중 대표적인 것이 맥락에 따라 변이되는 의미이다.

3.2. 발화 문장 의미의 구성

이상 논의한 언표 문장 의미의 구성 요소들, 즉 명제, 양상, 매개, 그리고 역할, 서술, 수식, 명항과 지표 등은 언표 문장의 의미를 구성하는 것이고, 그 외의 화맥적 요소들은 발화 문장의 의미를 실현하는 데 기여한다. 발화 문장은 구체적인 의사소통 상황 속에 실재하는 것으로서, 언어 외의 정보들을 참조하여 해석되는 것이다. 발화 문장의 의미는 기본적으로 언표 문장의 의미에 기대어서만 해석될 수 있고, 화맥적 변인에 의해 의미가 변이될 수 있다.

(20) 발화 문장의 의미(최호철 2011: 507-511)[97]

    ㄱ. 발화 문장의 의미 = 언표 문장의 의미 + 화맥적 의미

                = 언표 단어의 의미 + 통사적 의미

                + 화행적 의미

    ㄴ. 화맥적 의미의 요소 = 사람 + 상황

    ㄷ. 사람 = 화자와 청자의 태도 + 화자와 청자의 관계

       상황 = 발화의 장면 + 발화의 화시

    ㄹ. 태도 = 화자와 청자의 배경, 의도

       관계 = 화자와 청자의 지위, 나이, 친소

       장면 = 발화의 시간, 공간, 사태

       화시 = 언어 외적 사항

최호철(2011)에서는 (20)과 같이 발화 문장 의미의 구성 요소를 상세히 보인 바 있다. 발화 문장의 의미는 언표 문장의 의미와 화맥적 의미로 구성되는데, 다시 나누면 언표 문장의 의미는 언표 단어의 의미와 통사적 의미로 구성되고, 화맥적 의미는 태도, 관계, 장면, 화시 등의 요소들로 구성된다는 것을 보였다. 언표 단어의 의미, 통사적 의미, 화맥적 의미 등을 설정하고, 특히 화맥적 의미의 요소를 체계적으로 구별하였다는 데에 의의를 찾을 수 있다.

그러나 3.1절에서도 논의하였듯이 언어 단위상의 '언표 단어의 의미', '언표 문장의 의미'와 의미 특성상의 '통사적 의미', '화맥적 의미'는 대등하지 않은 것으로 여겨진다. 통사적 의미에는 어휘적 어사 및 통사적 어사가 가지는 통사적 의미, 논항이 서술어에 대해 갖는 의미적 자격과 같은 통사적 의미 등이 있는데 이들이 구별되지 않았다. 화맥적 의미도 언어 형식으로 표시되는 화맥적 의미와 그렇지 않은 화

---

97) 최호철(2011)에서는 '발화 문장'이 아닌 '문장 발화', '화맥적 의미'가 아닌 '화행적 의미'라는 용어를 사용하였는데, 본 연구의 용어에 맞추어 두 가지만 수정하여 제시하였다.

맥적 의미가 있는데 이들도 구별되지 않았다.

최호철(2011)의 견해는 문장의 의미가 언표 단어의 의미와 더불어 문장 내의 통사적 의미, 그리고 화맥적 의미의 다양한 구성 요소들로 구성된다는 사실을 잘 보여주었다. 그러나 이들 낱낱의 항목들이 문장 의미의 구성 요소로서 동등한 층위에서 다루어질 만한 것은 아니다. 언어 단위상의 의미와 의미 특성상의 의미는 질적으로 다른 것이기 때문이다. 그리고 화맥적 의미의 구성 요소도 사람과 상황보다는 의미의 층위를 고려하여 나누어 볼 필요가 있다.

발화 문장의 의미는 유형을 셋으로 나눌 수 있다. 첫째는 언표 문장의 의미가 그대로 화맥적으로 드러나는 경우이고, 둘째는 언표 문장의 구성 요소의 화맥적인 비유적 의미가 발화 문장의 의미로 사상되는 경우이고, 셋째는 비언표적인 발화 문장의 의미가 사용되는 경우이다. 첫째는 별도의 변인이 고려될 필요가 없으므로 무표적인 것이고, 나머지는 구성 요소의 화맥적인 비유적 의미와 제3의 비언표적 의미를 발생시키는 요인을 고려하는 것이 필요하다.

이상 세 가지 의미 유형에서 발화 문장 의미의 구성 요소들을 확인할 수 있다. 가장 기본이 되는 것이 언표 문장의 의미이다. 그리고 두 번째가 언표 문장의 구성 요소의 화맥적인 비유적 의미 특성이다. 그리고 세 번째가 언표 문장의 의미와 다른 비언표적인 발화 문장의 의미를 발생시키는 화맥적 변인이다. 두 번째 것은 언표 문장의 의미와 관련 있는 발화 문장의 의미를 만들어내지만, 세 번째 것은 관련성의 추론을 필요로 하는 의미를 만들어낸다.

의사소통 상황을 구성하는 요소들은 정말로 다양하므로 낱낱이 열거하기에 어려움이 있다. 또한 그렇게 하는 것이 발화 문장의 의미에 체계적으로 접근하는 방편이 되지 못하고 가치 있는 기술이 되기도 어렵다.98) 그러므로 비언표적 의미를 만들어내는, 언표 문장의 의미에 특정한 의미 작용을 일으키는 화맥적 변인을 분류할 필요가 있다. 발화와 관계되는 모든 정보들을 고려하는 것이 아니라, 변인으로 간주될 수 있는 중요 정보만을 간추려 내는 것이다.

그러면 화맥적 변인을 체계적으로 구분하는 것이 필요해진다. 후보 목록은 화맥의 구성 요소 또는 화맥의 유형에 대해 논의한 선행 연구들에서 얻을 수 있다. 그리고 이에 대한 검토를 통해 최종 목록을 선정할 수 있다. van Dijk(1977: 195)에서는 맥락의 구성 요소를 상세하게 보인 바 있다. 대표적으로 고려될 수 있는 것으로 시간(T)과 장소(L), 화자(S)와 청자(H), 실제 관련된 지식, 믿음 등(K), 발화 공동체의 의사소통적 관습(CON) 등을 열거하였다.

그리고 김태자(1993: 95-104)에서는 맥락의 유형을 상황적 맥락과 사회관계적 맥락으로 나누면서, 전자에 상황, 의도, 배경, 후자에 위치 관계와 나이 관계를 두었다. 최호철(2011: 509)에서는 화행적 의미의 요소를 사람과 상황으로 나누고, 전자에 화·청자의 태도와 관계, 후자에 발화의 장면과 화시를 두었다. 김혜령(2015: 56-71)에서는 화맥적 의미의 실현 조건으로서 참여자 정보인 관계와 태도, 상황 정보로서 장면과 사회문화적 배경을 구분하였다.

이상과 같이 화맥의 구성 요소 또는 화맥적 의미의 실현 조건을 다룬 논의를 살펴보았다. 대체로 화자, 청자, 시간, 장소와 같은 화시적인 요소들, 의도 또는 태도, 배경적 지식, 상황 또는 장면, 화자와 청자 간의 관계 등의 공통적인 항목이 확인된다. 그리고 이 항목들은 어느 정도 분류가 되어 있다. 항목들이 나열되어 있는 van Dijk(1977)에서도

---

98) 예컨대 야경이 멋진 바닷가에서 한 남자가 연인에게 '난 널 사랑해.'라고 고백한다고 할 때, 바닷물 안에 있는 물고기의 상태는 이 발화 문장의 의미와 전혀 관련이 없다.

시간, 공간, 사람, 발화라는 화맥의 기본 구성 요소를 먼저 제시하고 지식, 의도, 관습 등을 제시하였다.

김태자(1993)은, 참여자 개인이 상황을 지각하고 어떤 의도를 가지고 배경지식을 알고 있는 것을 상황적 맥락으로, 다른 참여자와의 관계적 특성을 사회관계적 맥락으로 규정하였다. 즉, '개인'과 '관계'를 대별한 것이다. 한편 최호철(2011)과 김혜령(2015)에서는 사람(참여자)과 상황(환경)을 대별하였다. 둘 모두 분류 기준으로서는 손색이 없다. 그러나 이러한 인간(개인, 사람) 중심 분류가 가능하지만, 실현 층위와 특성에 따른 점층적 분류도 가능하다.

발화 문장의 의미를 구성하는 화맥적 변인들은 언표 문장의 의미에 얼마나 가깝게 관여하는가를 따져서 분류해 볼 수 있다. 이 점을 고려하면 주어진 언어 표현과 직접적으로 관계되는 화맥적 변인을 먼저 살필 수 있고, 다음으로 그 외의 것들을 논의해야 할 것이다. 언어 표현에 드러나지 않는 것은 다시 의사소통 참여자의 내적인 정보가 관계되는 것과 외적인 정보가 관계되는 것을 구분할 수 있다. 이상의 내용은 아래 [그림 6]과 같이 정리된다.

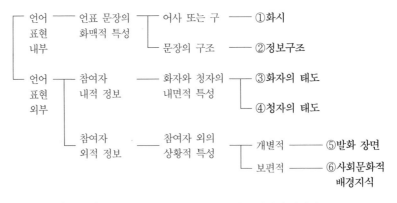

[그림 6] 비언표적 문장 의미를 실현시키는 화맥적 변인의 종류

[그림 6]에서 정보구조는 기존 연구에서 제시되지 않은 것이다. 정보구조는 주제와 초점 같은 화용적 관계가 구조화되어 나타나는 것을 가리키는데, 화자와 청자 간에 공유된 지식이나 청자의 믿음이나 관심 상태 등에 대한 화자의 판단 등을 반영하고, 어순이나 보조사 등으로 실현되는 점에서 변인의 하나로 고려될 만하다. 한편 지위, 나이, 친소 등의 관계 특성은 그 자체가 의미 변이를 일으키는 것은 아니고 화자와 청자의 태도에 포함되는 요소이다.[99]

이상과 같이, 발화 문장의 의미는 언표 문장의 의미, 구성 요소의 화맥적인 비유적 의미 특성, 그리고 여러 가지 화맥적 변인들로 구성된다고 본다. 화맥적 변인으로는 언표 문장의 화맥적 특성, 화자와 청자의 내면적 특성, 참여자 외의 상황적 특성을 구분하였다. 언표 문장의 화맥적 특성에는 화시와 정보구조, 화자와 청자의 내면적 특성에는 화자 및 청자의 태도, 참여자 외의 상황적 특성에는 발화 장면과 사회 문화적 배경지식이 포함되는 것으로 보았다.

3.2.1. 언표 문장의 의미 및 구성 요소의 화맥적 변이 의미

발화 문장의 의미는 언표 문장에 화맥을 결부시켜 해석한 의미이다. 기본적으로 언표 문장의 의미와 관련해서 해석될 수 있는 것이다. 언표 문장의 의미가 그대로 발화 문장의 의미로 실현될 수 있다. 그리고 언표 문장의 구성 요소가 가지는 화맥적인 변이 의미가 발화 문장의 의미에 사상될 수도 있다. 개별 어사가 기본적으로 갖는 화맥적 의미는 언표 문장의 의미를 구성하지만, 구성 요소가 갖는 화맥적인 변

---

99) 화자와 청자의 태도에 포함되는 관계적 특성에 대해서는 3.2.3절 참고.

이 의미는 발화 문장의 의미를 구성한다.

구성 요소의 화맥적 변이 의미는 문맥적 정보만 고려해서는 해석되지 않는 것이다. '철수는 손이 크다.', '철수가 학교에서 발이 묶였다.', '철수는 호랑이 굴에 들어갔다.'와 같은 예문에서, 특정한 화맥을 고려하지 않으면 언표적 의미인 철수가 손이 크거나 타의적으로 발이 붙들려 매어졌거나 호랑이 굴에 들어간 것으로 해석된다. 화맥을 고려함으로써 은유적으로 해석하여 씀씀이가 크거나 활동할 수 없게 되거나 위험에 처한 것으로 해석될 수 있다.

'철수는 옷을 벗었다.', '철수는 숟가락을 들었다.', '철수는 사인을 했다.'와 같은 예문에서, 특정한 화맥을 고려하지 않으면 언표적인 의미인 옷을 벗거나 숟가락을 들거나 사인을 한 것으로만 해석될 수 있다. 화맥을 고려함으로써 환유적으로 해석하여 어떤 위치에서 물러나게 되거나 식사를 시작하거나 계약을 한 것으로 해석될 수 있다. 이렇듯 화맥 정보의 고려를 필요로 하는, 은유적이거나 환유적인 그리고 관습화된 의미들은 발화 문장의 의미를 구성한다.

3.2.2. 언표 문장의 화맥적 특성

언표 문장의 화맥적 특성에서는, 언표 문장 자체가 가지는 어떤 특정한 의미를 화맥을 참조하여 해석하는 경우가 다루어진다. 여기에는 화시와 정보구조가 포함된다. 예컨대 '나는 밥 먹었어.'라는 문장은 언표적으로는 화자가 밥을 먹었다는 것만 해석되고, 화맥을 통해 화자와 누구인지 확인해야 의미가 분명히 해석될 수 있다. 또한 '운동은 철수가 잘해.'와 '철수는 운동을 잘해.'는 명제적 의미는 동일하지만 함의가 다른데, 이는 정보구조의 차이 때문이다.

화시(話示, deixis)는 어떤 발화의 특정한 언어 표현이 화맥적 정보에 대한 고려 없이는 완전히 그 의미를 이해할 수 없는 현상, 바꿔 말하면 화맥적 정보를 필수적으로 고려해야만 그 언어 표현의 의미를 이해할 수 있는 현상을 가리킨다. 화시는 언어 표현의 지시값이 그 표현을 누가 언제 어디서 발화했느냐에 따라 달라지는 현상이다. '나, 여기, 지금'과 같은 이른바 화시 표현들은 언어 외적인 맥락을 참조해야만 그것이 가리키는 바를 알 수 있다.

화시는 화맥이 언어 표현의 의미 해석에 직접적으로 영향을 끼치는 대표적인 현상이다(임동훈 2011ㄴ: 40). 그런데 화시는 언어 단위의 분석을 통해서 시차적으로 확인할 수 있는 형태·통사적 단위의 기능이 아니고 맥락과 무관한 실체나 명제의 객관적 지시(reference)나 뜻으로 분석될 수 있는 성격의 현상이 아니어서, 이론적 연구에 편입되기가 쉽지 않았으며 현대의 본격적 연구는 Fillmore(1971/1997)로부터 시작된 것으로 평가된다(박철우 2011ㄱ: 2-6).

Fillmore(1971/1997)의 논의 이래, 화시는 인칭 화시, 시간 화시, 공간 화시, 담화 화시, 사회 화시로 구분하는 것이 일반적이다. 여기서 인칭 화시, 시간 화시, 공간 화시는 전통적으로 다뤄져 온 화시 범주이다. 반면 담화 화시와 사회 화시는 화시의 확장된 하위 범주이다.[100] 그런데 담화 화시는 담화의 한 부분을 가리키고 사회 화시는 발화 참여자와 다른 지시 대상 간의 사회적 관계를 부호화하는 것이므로, 화맥적 의미의 변인으로는 고려하지 않는다.

한편 박철우(2011ㄴ: 155-156)에서는 구체적 대상이 아닌 특정 행동이나 방식, 정도, 모양, 형편 등의 유형을 지칭하기 위한 '양태 화시'의

---

100) Fillmore(1971/1997)에서는 전자를 'deixis Ⅰ', 후자를 'deixis Ⅱ'로 구별하여 논의하였다. 담화 화시와 사회 화시에 대한 논의는 임동훈(2011ㄴ) 참고.

설정 가능성에 대해 논의하였다. 전통적 화시의 차원과 구별되는 추상적 차원의 양태 화시 표현에는 주로 '이렇게, 그렇게, 저리' 등 '이, 그, 저'에서 파생된 어사들이 사용된다고 하였다. 화시, 나아가 지시의 개념과 외연에 대한 관점에 따라 판단이 달라질 텐데, 본 연구에서는 추상성을 감안하여 다루지 않기로 한다.

화시가 어사나 구 단위의 지시체를 화맥에서 찾는 것임에 비해, 정보구조는 문장의 구조로서 드러나는 화맥적 특성이다. 문장의 화용 층위 분석은 주제, 초점 등의 화용적 관계로 이루어진다. 정보구조는 순수한 통사론적·의미론적 요구를 만족시키는 데 필요한 것 이외에, 이미 주어진 정보에 새로운 정보를 덧붙이겠다는 화자의 의도를 신호하고자 하는 필요에 의해 유발된 문법적 작용들이 문장 내에 구조화된 것으로 정의할 수 있다(박철우 2015ㄱ: 5).

정보구조 분석에 동원되는 화용적 관계 및 분석틀은 다양한데, 먼저 '주제-평언', '테마-레마'와 같이 주제를 중심으로 분석하는 방법, '전제-초점', '바탕/배경-초점'과 같이 초점을 중심으로 분석하는 방법이 있다. 한편 '배경-초점'을 '주제-평언'의 하위 구조로 분석하거나, '바탕-초점'을 먼저 나누고 주제 역할을 하는 연결부와 그 나머지인 꼬리를 분석하는 방법이 있다. '주제-초점' 구조로 분석하는 방법도 제안되었다(임동훈 2012: 김민국 2016ㄱ).[101]

화용적 관계 분석에 관한 이렇듯 상이한 제 입장들은 정보구조 분석에 관한 논의가 본격화된 지 얼마 되지 않았음을 방증하는 것으로

---

101) 정보구조에 관한 주요 선행 연구의 정리는 박철우(2003: 2-3장) 참고. 한편 주제 -초점 구조는 널리 수용되는 주제-평언 구조와 전제-초점 구조에서 주제와 전제가 주어진(given) 정보이고 평언과 초점이 새로운(new) 정보라는 점에서 이들을 동일하게 이해하여 두 구조를 단일화한 것이다(Sgall, Hajičová and Panevová 1986).

생각된다. 여기서 이들 다양한 분석 방식들을 비교할 수는 없다. 현단계에서는 어떤 입장이 더 우월한 분석력을 가지고 있다고 단언하기 어렵고, 본 연구가 정보구조 논의의 개관이나 새로운 분석 방식의 제안에 목적을 두고 있지 않은 만큼, 4장에서는 대표적인 화용적 관계인 주제와 초점에 대해서만 논의할 것이다.

3.2.3. 화자와 청자의 내면적 특성

문장의 화맥적 의미에 변이를 일으키는 요인으로는 화자와 청자의 내면적 특성도 중요하게 고려된다. 화자가 어떤 태도를 가지고 발화를 했으며 청자는 어떤 태도를 가지고 발화를 수용하였는지에 따라 문장 의미가 다르게 해석될 수 있기 때문이다. 화시와 정보구조는 드러난 언어 형식을 통해서 확인 가능한 것임에 비해, 화자와 청자의 내면적 특성은 표정이나 제스처 등을 통해 간접적으로 확인될 수 있거나 마음을 숨기는 경우에는 잘 알기 어렵다.

화행(발화 행위) 이론에서는 발화 행위를 언표적 행위(locutionary act), 언표내적 행위(illocutionary act), 언향적 행위(perlocutionary act)로 구분하거나, 직접 화행(또는 직접 발화)과 간접 화행(또는 간접 발화)로 구분한다. 이것들은 드러난 언어 형식의 축어적 의미와 실제로 수반되는 효력(언표내적 힘; illocutionary force) 사이의 불일치에 주목한 것이다. 이는 본질적으로 다른 대상에 대한 명명은 아니고 관찰의 출발점이 다른 데서 비롯된 것이다.

직접 화행과 간접 화행의 구분은 화행 유형과 문장 유형 사이의 직접적인 관련성 여부에 따른다.102) 예컨대 국어의 어미 '-르라'는 경계문을 표시하는데, '감기 들라.'와 같은 문장이 감기에 들까봐 염려된다는 뜻에서의 경계 화행으로 쓰이면 직접 발화, 경계 화행이 아니라 옷을 따뜻하게 껴입고 다니라는 뜻에서의 명령 화행으로 쓰이면 간접 발화라고 하는 것이다. 즉 특정한 화행과 이와 긴밀히 연관되는 문법적 형식과의 대응 여부가 기준이 된다.[103]

한편 언표적 행위, 언표내적 행위, 언향적 행위는 발화로서 수행되는 언표내적 힘의 유무 여부와 청자 행동의 유발 여부에 따라서 나눈 것으로, 담화 내의 기능을 중시한 분류라고 할 수 있다. 예컨대, 위의 '감기 들라.'라는 문장이 염려의 뜻만 전달하면 그것은 언표적 행위이다. 명령 등의 다른 수반력을 가지면 언표내적 행위이다. 한편, 발화를 통하여 청자에게 영향을 미쳐 특정한 행동을 유발하게 되면 그것을 일어나게 한 행위가 언향적 행위이다.

이러한 화행 분류는 화자 입장에서 이루어진 것으로, 청자의 입장까지 고려한 것은 아니다. 언향적 행위가 청자의 행동을 고려하는 것이기는 하지만, 핵심이 청자의 어떤 행동을 이끌어낸 '화자의' 행위라는 점에 있는 만큼 결국은 화자 중심의 개념이라 하겠다. 그런데 문장의 화맥적 의미는 화자의 태도에 의해서만 좌우되지는 않는다. 화자가 의도하지 않고 예상하지 못한 의미로 청자가 해석하는 경우도 있으므로 이것도 변인의 하나로 고려될 수 있다.

그러면 화자와 청자의 내면적 특성은 다시 화자의 태도와 청자의

---

102) 화행 유형, 문장 유형, 문말 서법은 서로 관계가 있으면서도 구별되는 것으로 본다(Lyons 1977: 16장). 3.3.2절 참고.

103) 국어의 문장 유형을 진술문, 질문문, 명령문, 청유문 네 가지로 상정하고, 화행 유형을 진술 화행, 질문 화행, 명령 화행, 청유 화행으로 단순화하여 국어의 간접 화행의 양상을 다음과 같이 정리할 수 있다. 진술문은 질문, 명령, 청유 화행을, 질문문은 진술, 명령, 청유 화행을, 명령문은 진술, 청유 화행을, 청유문은 진술, 명령 화행을 간접 화행으로 나타낼 수 있다(이준희 2000: 84-100). 이렇듯 모든 문장 유형이 간접적으로 모든 화행 유형을 나타낼 수 있는 것은 아니다.

태도로 대별하는 것이 적절하다. 그리고 그 하위에서 태도의 유형을 구분하는 것이 필요할 것이다. 이 구분은 기준에 따라서 달라질 수 있다. 예컨대 가치평가적 성격에 따라 긍정적, 중립적, 부정적 태도를 나눌 수 있다. 태도가 형성된 시간과 지속 정도에 따라 장기적, 중기적, 단기적 태도를 나눌 수도 있다. 목적에 따라 친교적, 비친교적 또는 공식적, 비공식적 태도 등을 나눌 수도 있다.

여기서는 태도를 대상에 따라 자기 자신에 대한 태도(감정, 판단), 상대방에 대한 태도(감정, 판단), 외부 사태에 대한 태도(감정, 판단)를 구분하고자 한다. 이로써 화자의 태도로는 화자 자신, 청자, 그리고 사태에 대한 태도를, 청자의 태도로는 청자 자신, 화자, 그리고 사태에 대한 태도를 구분한다. 우리가 가지는 태도는 반드시 어떤 대상의 존재와 그 성격에 대한 감정이나 판단에 의해 유발되므로, 화맥적 변인으로서는 이 점이 고려되어야 한다고 본다.

수년 전 한 커피 광고에서 여자가 '저 이번에 내려요.'라고 말하고 버스에서 내리자, 남자가 따라 내려가 '전 두 정거장이나 지났어요.'라고 말한다. 여자는 "저 당신에게 관심이 있어요.", 남자는 "저도 정거장을 지나칠 만큼 당신에게 관심이 있어요." 정도의 뜻을 서로 밝힌 것이다. 상대방에 대한 호감이 있었기에 발화 문장의 비언표적 의미가 이해 가능한 것이고, 그렇지 않았다면 여자의 발화에 남자는 자신에게 왜 그 말을 했는지 의아해 할 것이다.

또한 '너 정말 잘하고 있다.'는 문장을 화자가 발화할 때, 반어적인 "너 정말 잘 못하고 있다."라는 뜻은 청자의 행동에 대해 화자가 아주 못마땅한 감정을 느낄 때 해석될 수 있는 것이다. 날씨가 궂은 날에 화자가 독백으로 '날씨 진짜 좋다.'라고 발화할 때 반어적인 "날씨 엉망진창이구나." 정도의 뜻이 담길 수 있는 것 또한 날씨가 좋지 못한 사태에 대한 부정적 인식이 있기 때문이다. 이렇듯 화자와 청자의 태도는 대상에 따라 분류하는 것이 좋을 것 같다.

3.2.4. 참여자 외의 상황적 특성

마지막은 참여자 외의 상황적 특성이다. 이것은 발화를 산출하고 수용하는 참여자가 속해 있는 일시적인 발화 장면과, 언어 공동체 내에서 생활하면서 체득해 온 사회문화적 배경지식을 포괄한다. 발화 장면이 낱낱의 의사소통 상황에 해당하는 것이라면, 사회문화적 배경지식은 다양한 의사소통 상황에 보편적으로 적용되는 지식 혹은 어떤 상황에서는 어떻게 해야 한다고 하는 종합적인 세부적인 행동 양식 또는 지침 등을 포괄하는 것이라고 할 수 있다.

발화 장면은 의사소통 상황에 이미 주어져 있는 것이어서 화맥적 의미의 변인으로 여겨지지 않을 수도 있다. 발화 장면이라는 것을 어떤 사태가 이루어지는 시공간적 배경이라고 이해할 때, 세상의 모든 발화의 장면은 다를 것이기 때문이다. 애초에 모두가 다를 수밖에 없는 발화 장면을 변인으로 고려한다면 실상 모든 개별 발화의 의미는 발화 장면에 의존해서 다르다고만 해도 충분할 수 있다. 그러나 본 절에서는 이런 강력한 입장을 취하지는 않는다.

본 연구에서 주목하고자 하는 부분은 발화 장면에 의존해서 문장의 화맥적 의미가 더 명시적으로 확인되는 경우가 있다는 것이다. 사실 발화 장면과 앞선 절에서 논의한 참여자의 태도는 따로 떼어 생각하기 어렵다. 발화 장면 때문에 혹은 발화 장면 속에서 참여자의 특정한 태도가 발현되는 것이기 때문이다. 궁극적으로는 함께 작용하는 것이지만, 화맥적 의미의 변인으로서는 참여자 내부의 것인지 외부의 것인지로 나누어지므로 따로 논의하고자 한다.

발화 장면이 어떤 사태가 이루어지는 시공간적 배경을 가리키는 것인 반면, 사회문화적 배경지식은 언어 공동체의 구성원들에 의해서 공유되는 보편적인 정보 등을 가리킨다. 물론 언어 공동체의 경계는 생각만큼 분명하지 않고, 어느 정도의 구성원들이 공유하고 이해하는 정보여야 보편적이라고 할 수 있는지 규정하기도 어렵다. 비록 추상적이고 관념적이지만 사회문화적 배경지식이 존재하는 것은 사실이므로 화맥적 변인의 하나로 고려될 수 있다.

발화 장면과 사회문화적 배경지식은 구성 요소를 세분하기가 쉽지 않다. 발화 장면에서는 가시적인 장면과 비가시적인 장면을 구분할 수도 있고, 참여자의 의식상에 현저한 장면과 그렇지 않은 장면을 구분할 수도 있고, 시간적 장면과 공간적 장면을 구분할 수도 있다. 기준에 따라서 다양한 구분이 가능할 수 있을 것이다. 본 연구에서는 시간적 장면과 공간적 장면의 구분을 따른다. 시간과 공간이 발화 문장의 의미에 영향을 미칠 수 있기 때문이다.

예컨대 '나 지금 너무 졸려.'라는 발화 문장이 있을 때, 이것이 아침 이른 시간에 사무실에서 발화된 것이라면 "어제 저녁에 잠을 못 잤어." 정도의 의미로 해석될 수 있지만, "이제 씻고 잠자러 가야겠어." 정도의 의미로 해석되지는 않는다. 또한 밤늦은 시간에 거실에서 발화된 것이라면 "낮에 일을 너무 많이 했어." 또는 "이제 씻고 잠자러 가야겠어." 정도의 의미로 해석될 수 있지만, "어제 저녁에 잠을 못 잤어." 정도의 의미로 해석되기는 어렵다.

한편 사회문화적 배경지식은 인사, 결혼, 출산, 장례 등 생활양식 일반에 관계되는 모든 정보가 해당될 수 있을 것으로 생각된다. 특히 이러저러해야 한다고 권장되거나 금기로 여겨지는 것에 대한 정보들이 사회문화적 배경지식의 많은 부분을 차지할 것이다. 이런 정보들은 이분법적으로 또는 삼분법적으로 구분하여 다루기가 어렵다. 사회문화적 배경지식의 경우는 더 세분하지 않고 잠정적으로 '언어 공동체의 상황별 사회문화적 관습'으로 다루고자 한다.

제4장 문장 의미의 분석

3장에서는 언표 문장의 의미가 명제, 양상, 매개와 같은 여러 의미 단위들로 구성되고, 발화 문장의 의미가 언표 문장의 의미와 여기에 작용하는 화맥적 변인인 언표 문장의 화맥적 특성, 화자와 청자의 내면적 특성, 참여자 외의 상황적 특성으로 구성된다는 점을 논의하였다. 이를 바탕으로, 본 장에서는 언표 문장의 의미와 발화 문장의 의미를 조직적으로 구성하고 있는 의미 단위들과 화맥적 변인들을 체계적으로 분석하는 절차와 내용에 관해 살펴본다.

4.1. 언표 문장 의미의 분석

언표 문장의 의미 분석은 명제와 양상이라는 양대 부문을 구분하는 것으로부터 시작된다. 이것은 명제와 양상을 경계 짓는 서술어의 분석을 통해 이루어지는 것이다. 서술어는 명제의 다른 요소들을 규합하는 중추적인 것으로서, 형식적·의미적 특성이 모두 분석된다. 다음으로는 논항과 수식어들을 분석한다. 이렇게 명제 분석이 완료되면 명제의 일부 또는 전체에 작용하는 양상을 분석한다. 그리고 마지막으로 명제와 양상에 걸쳐 있는 매개를 분석한다.

서술어는 형식적인 면에서, 서술사가 그 자체로 서술어로 쓰였는지, 혹은 명항어에 서술토(전성토)가 결합하여 서술어로 쓰였는지 확인하고, 의미적인 면에서 동작·행동, 성질·상태, 정체·부류의 특성을 확인한다. 한편 논항은 주어, 객어, 방편어, 위치어를 분석한다. 형식적인 면에서 논항을 구성하는 명항어와 자격토(명제토)를 확인하고, 의미적인 면에서 서술어와 명항어의 관계를 통해 해석되는 의미역을 확인하고 명항어와 자격토의 의미를 분석한다.

수식어는 형식적인 면에서 규정사나 제한사가 그 자체로 관형어나 부사어로 쓰였는지, 혹은 명항어나 서술어에 전성토(명제토)가 결합하여 관형어나 부사어로 쓰였는지를 확인하고, 의미적인 면에서 명항어와 서술어의 어떤 특징이나 성질, 상태 등을 한정하는지 분석한다. 양상에서는 첨가토인 주체 존대, 문법상, 양태, 부정, 보조사, 필수토인 시제, 상대 존대, 문말 서법을 각각 분석한다. 이때는 첨가토와 필수토에 대당하는 우언적 구성이 함께 고려된다.

[표 14] 언표 문장 의미의 분석 절차와 내용[104]

단 계		대 상	분 석 내 용
명제 분석	서술어 분석	문장 전체	명제와 양상의 구분
		서술어 (서술사, 서술구, 서술절)	서술어의 형식적·의미적 특성
			서술사의 의미
			명항어의 의미, 서술토(전성토)의 의미
	논항 분석	주어, 객어,	논항의 의미역

---

104) [표 14]에 제시된 내용은 3.1절에서 논의되었다.

단 계	대 상	분 석 내 용
수식어 분석	방편어, 위치어	명항어(명항사, 명항구, 명항절)의 의미
		자격토(명제토)의 의미
	관형어, 부사어	규정사, 제한사의 의미
		명항어나 서술어의 의미, 전성토(명제토)의 의미
양상 분석	양상토	첨가토의 의미
		필수토의 의미
매개 분석	특정 부사어, 독립어	부정 부사어, 양태 부사어, 접속 부사어의 의미
		감탄어, 호칭어, 제시어 독립어의 의미
구성 요소의 문맥적 변이 의미 분석	구성 요소	문법 관계의 결합 관계에서 해석되는 비유적 의미
		어사의 결합 관계에서 해석되는 비유적 의미

4.1.1. 명제 분석

서술어는 명제와 양상의 구분 기준이 되는 한편 명제 내용의 중추를 이루는 것이므로, 언표 문장의 의미 분석에서 가장 먼저 고려된다. 그런데 서술어를 파악해 내는 것이 간단하지만은 않다. 서술어가 소위 동사 연결 구성인 경우 정도성이 있어서, 복합 동사 구성과 보조 동사 구성과 동사 접속 구성(통사적 구성)을 명확히 경계 짓기 어렵기 때문이다(강현화 1998). 각 구성의 구분 기준을 엄격히 할 수는 있지만 현상의 정도성이 달라지는 것은 아니다.

서술어의 판별 기준에 대해서는 방대한 논의가 있고 정도성을 보이는 다양한 사례들이 있기 때문에 여기서 서술어 판별을 위한 결정적인 기준을 제안하기는 어렵다. 다만 지금으로서는 단일 서술사가 사용된 경우가 아닌 이상, 소위 동사 연결 구성의 경우는 구성 항목들의 형태적 고정성, 대용언 대치, 분리, 삭제 등의 통사적 특성, 의미적 단위성 등 기존 논의된 형태적·통사적·의미적 특성을 종합적으로 고려하여 서술어를 파악할 수 있다고 상정한다.

(21) ㄱ. 철수는 비행기를 타고 미국에 날아갔다.(이호승 2007ㄴ: 67)
ㄱ′. 철수는 비행기를 타고 날아서 미국에 갔다.(이호승 2007
ㄴ: 67)
ㄴ. 어제는 지각할까 봐 어찌나 마음이 급하던지 회사까지
거의 날아갔다니까.(「표준국어대사전」 '날아가다' 예문)
ㄷ. 이 일로 모든 희망은 날아갔다.(이호승 2007ㄴ: 67)
ㄹ. 빨래가 다 말라 간다.(남기심·고영근 1993: 313)
ㅁ. 날이 어두워 간다.(김성화 1990: 125)
ㅂ. 철수는 학교에 밥을 먹고 간다.(만든 예문)

「표준국어대사전」에서는 '날아가다'가 하나의 복합 동사로 처리되
어 있지만, (21ㄱ-ㄷ)의 예문에서 확인할 수 있듯이 특성이 균질적이
지는 않다. (21ㄱ,ㄱ′)의 경우 '-서'의 개재 가능성, '날-'과 '가'의 의
미가 변별적으로 확인되는 점 등으로 볼 때 동사 접속 구성(통사적 구
성)으로 볼 만하다. 한편 (21ㄴ)은 '-서'가 개재 가능하지만 '날-'과 '가
-'의 의미를 따로 떼어 생각하기는 어렵다. (21ㄷ)은 '-서' 개재도 불
가능하고 의미도 단일한 것으로 여겨진다.

그런데 (21ㄹ,ㅁ)의 경우는 '-서'의 개재가 불가능하고 '가'의 의미
가 어휘적인 것으로는 생각되지 않는다. 이 때문에 문법상을 다룬 논
의들에서는 복합 형식인 '-어 가'를 진행상 표지로 다루기도 하였다
(김성화 1990: 박덕유 1998). (21ㅂ)은 '-서'의 개재가 가능하고 '먹-'과
'가'의 개별 사태가 계기적으로 발생하는 것으로 해석된다. (21ㄱ)의
'날-'이 '가'에 대한 수단 또는 방법으로 해석되는데 비해 (21ㅂ)은
'먹-'이 선행 사태로 해석되는 차이가 있다.

이상을 고려할 때 (21)의 각 문장에서 서술어는 특성에 따라 다르

게 분석된다. (21ㄱ)에서 서술어는 '가'이며 '날아'는 부사어이다. (21
ㄴ,ㄷ)은 공히 '날아가'가 서술어이다. (21ㄹ,ㅁ)은 '마르-'와 '어둡-'이
서술어이다. (21ㅂ)은 '가'가 서술어이며 '밥을 먹고'가 부사구로 분
석된다. 이렇듯 형태적·통사적·의미적 특성을 고려하여 경우에 따라
서로 다르게 서술어가 분석되므로, 사전 표제어 등재 여부만을 기준으
로 서술어를 일괄적으로 파악할 수는 없다.

특히 (21ㄱ-ㄷ)에서 서술어를 달리 분석한다고 해서, '날아 가' 또
는 '날아가' 사이의 의미적 유연성을 무시하는 것은 아니다. 사전 표
제어 등재와 띄어쓰기에 관한 사항은, 해당 복합 표현이 형태적·통사
적으로 더 긴밀하게 되고 의미적으로 기본적 의미 외의 비유적·관용
적 의미를 가지는가에 대한 판단에 따라 그 단위성의 인정 여부를 결
정하는 관습의 문제이다. 따라서 각 문장의 서술어를 달리 분석하는
것이 어휘화의 과정에 대한 부인은 되지 않는다.

2.1절에서 확인하였듯이 국어는 Croft(2001)에 제시된 서술 구성에
서의 언어 유형론적 표현 방책을 잘 반영하고 있다. 행위, 속성, 대상
의 특성을 가지는 의미 부류는 각각 무표적 동사, 서술적 형용사, '명
항어 + 계사'의 형식으로 서술어로 사용된다. 이는 전통 문법에서 '무
엇이 어찌하다', '무엇이 어떠하다', '무엇이 무엇이다'로 구분한 문장
유형의 서술어 형식과 잘 대응한다. 이들은 '동작·행동', '성질·상태',
'정체·부류'의 의미 특성을 표시한다.

다만 이런 의미적 특성의 구별이 명징한 것은 아니며 판단이 어려
운 경우가 적지 않다. 예컨대 '오늘따라 팔이 몹시 저린다.'에서, '저리
-'는 정도 부사어인 '몹시'의 수식을 받는 점에서 상태성을 지니는 형
용사의 특성을 지니고, 현재 시제 '-ㄴ-'과 결합한 점에서 동사의 특성
도 지닌다(남경완 2005ㄱ: 137-138). '굳-', '결리-', '맞-', '재미나-' 등과 같

이 동사와 형용사의 특성을 공유하는 일군의 단어들이 있다(유현경 1998; 한송화 2000; 도원영 2008).

이처럼 서술어는 사전 표제어 등재 형식으로 파악되는 것이 아니라, 문장 내에서 확인되는 형태적·통사적·의미적 특성을 고려하여 경우에 따라 다르게 분석된다. 그리고 서술어의 의미 범주는 '동작·행동', '성질·상태', '정체·부류'의 구분에 잘 들어맞지 않는 경계적인 경우가 있을 수 있다. 본 연구에서는 서술어라면 반드시 이러저러한 의미 범주에 속해야만 한다고 강제하는 것이 아니며 중간적 특성을 갖는 경우가 있다는 점을 지적해 둔 것이다.

한편, 서술어를 확인하고 형식적·의미적 특성을 파악하는 단계에서는 서술어의 기본적 의미를 고려할 수는 있지만, 문장 내에서 사용된 의미를 확정할 수는 없다. 어휘적 어사 중에서도 명항사와 서술사는 다의적인 경우가 많고, 그 이의들은 다양한 맥락에서 배타적으로 실현되기 때문이다(최호철 1993ㄱ, 1995ㄹ, 1996ㄴ). 이의는 문맥적 이의와 화맥적 이의로 나뉘는데(최호철 1995ㄹ: 96), 문맥적 이의는 논항에 대한 분석이 다 끝나야 확정될 수 있다.[105]

> (22) ㄱ. 꽃이 예쁘다.
> ㄴ. 꽃이 아주 예쁘다.
> ㄷ. 장미가 꽃이 예쁘다.

그리고 서술어, 서술어구, 서술어절 등 서술어의 언어 단위는 순차적으로 분석되는 것이다. 예컨대 (22ㄱ)의 명제는 서술어 '예쁘-'와 주어 '꽃이'를 구분하는 것으로 분석이 완료된다. '꽃이 예쁘-' 전체는 절

---

[105] 관련 논의는 4.1.4절의 문맥적 변이 의미 분석 참고.

이자 곧 문장의 명제이다. (22ㄴ)의 명제는 서술어 '예쁘-'를 한정하는 부사어 '아주'가 결합된 서술어구 '아주 예쁘-'가 주어 '꽃이'를 서술하는 것으로 분석이 완료된다. 여기서 '꽃이 아주 예쁘-' 전체 또한 절이면서 동시에 문장의 명제인 것이다.

그런데 (22ㄷ)의 명제는 서술어 '예쁘-'와 주어 '꽃이'가 절을 이루었는데도 '장미가'라는 구성 요소가 남아 있다. 여기서 '장미가'는 형태적으로 자격토 '-가'를 포함하고 '꽃이 예쁘-'라는 절 단위의 서술을 받는 주체이다. 따라서 이때 '꽃이 예쁘-'는 명제에 포함된 서술절로 분석된다. 이렇듯 명제의 마지막에 위치한 서술사나 '명항어 + 서술토'를 기준으로 절이 구성될 때까지 순차적으로 분석하고, 남은 요소가 있다면 그에 대한 문법 관계를 규정한다.

요컨대, 서술어 분석은 명제의 마지막에 위치한 어사 단위의 서술사 또는 '명항어 + 서술토'로부터 시작되며, 주어에 대한 충분한 서술을 이루는 절이 구성될 때까지 구성 요소들의 문법 관계를 체계적으로 분석함으로써 종결된다. '주어에 대한 충분한 서술을 이루는 절'이라는 설명은 객어, 방편어, 위치어, 부사어가 여러 번 나타나는 경우의 분석을 위한 것이다. (22ㄷ)과 달리 절을 구성하고 남은 요소가 주어가 아닌 경우도 있기 때문이다.

(23) ㄱ. 철수가 영희를 팔을 흔들었다.
     ㄴ. 영희를 철수가 팔을 흔들었다.

(23ㄱ)은 서술구 '팔을 흔들-'이 객어 '영희를'과 함께 서술구 '영희를 팔을 흔들-'이 되고 이것이 주어 '철수가'를 서술하는 것으로 분석된다. 이로써 '철수가 영희를 팔을 흔들-'이라는 명제가 성립된다. (23

ㄴ)은 '철수가 팔을 흔들-'이 절이다. 그러면 남은 '영희를'은 이 절의 객어이거나 서술구 '팔을 흔들-'의 객어일 것이다.106) 그런데 절의 객어는 동시에 그 절의 주어를 전제한다. 절의 주어가 없는 이 경우에 '영희를'은 서술구의 객어로 분석된다.107)

(23)의 경우 절인 '철수가 팔을 흔들-'만으로는 철수가 자신의 팔을 흔든다는 의미이기 때문에 주어 '철수가'에 대한 충분한 서술이라고 할 수 없다. 그러므로 '영희를'을 서술구 '팔을 흔들-'의 객어로 해석하여, 주어인 철수가 객어인 영희를 그 중에서도 팔을 흔드는 것으로 분석한다. '철수가 영희를 팔을 세 번을 흔들었다.'의 예문에서 더 잘 드러난다. '철수가 세 번을 흔들-'과 같은 절만으로는 주어에 대한 충분한 서술이 되지 못하는 것이다.

(24) ㄱ. 철수가 빠른 걸음으로 지름길로 갔다.
　　　ㄱ'. 빠른 걸음으로 철수가 지름길로 갔다.
　　　ㄱ''. 지름길로 철수가 빠른 걸음으로 갔다.
　　　ㄴ. 철수가 세 시에 정각에 떠났다.
　　　ㄴ'. 세 시에 철수가 정각에 떠났다.
　　　ㄷ. 영희는 철수를 아주 정말 싫어한다.

(24ㄱ-ㄱ''), (24ㄴ-ㄴ')의 예문들 또한 같은 방식으로 분석이 될 것이다. 어순 차이가 있기는 하지만, (24ㄱ)의 서술어 '가'와 (24ㄴ)의 서술어 '떠나'를 중심으로 구성되는 서술구들이 주어인 '철수가'를 서

---

106) '영희를'이 단독으로 '흔들-'의 객어로는 분석되지 않는다. '*철수가 팔을 영희를 흔들었다.'가 비문법적인 데에서 근거를 찾을 수 있다. 명향사 '영희'와 '팔'의 의미 관계가 부분-전체 관계인 점도 참고된다.
107) 그러므로 (23)의 두 문장은 어순에 있어서는 차이가 있지만 문맥적, 언표적 의미는 같다. 다만 발화 문장의 차원에서 어떤 선행 맥락이 주어지느냐에 따라 정보구조적인 차이가 드러날 수 있다. 이것은 두 문장의 화맥적 의미의 차이이다.

술하는 것으로 명제가 구성되어 있다. (24ㄷ)은 부사어 '아주'가 서술구 '정말 싫어하-'를 한정하여 '아주 정말 싫어하-'가 된다고 볼 가능성과, '아주'가 '정말'을 한정하여 부사구를 이루고 '싫어하-'와 함께 서술구를 이룬다고 할 가능성이 다 있다.

(25) 서술어 분석의 내용
　ㄱ. 형식: 서술사, '명항어 + 서술토'
　ㄴ. 의미: 동작·행동, 성질·상태, 정체·부류 등의 특성과 문맥적 의미
　ㄷ. 언어 단위: 서술어, 서술구, 서술절

　다음으로 논항 분석에서는 문법 관계인 주어, 객어, 방편어, 위치어를 분석한다. 논항은 서술어로 표시되는 어떤 사태에 참여하는 개체(entity)라는 점에서 수식어와는 구별된다. 형식적으로는 명항어 단독 혹은 명항어와 자격토의 결합으로 실현된다. 논항은 서술어와의 관계 속에서 의미역을 가진다.108) 의미역의 개념은 문법 관계만으로는 문장의 의미를 기술하는 데 한계가 있음을 지적하면서 격문법 이론을 주창한 Fillmore(1968)에서 본격화된 것이다.

　그런데 의미역과 관련해서는, 목록을 몇 가지로 한정할지,109) 의미

---

108) 의미역 대신에 의미격이라는 용어가 사용되기도 한다. 이것은 어떤 의미적 역할이 특정한 자격토나 통사적 위치에 의해 표시될 때 '외현적으로 드러난 의미적 자격'이라는 뜻을 가진다. 앞선 연구들의 의미격 또는 내면격과 같은 용어에서 '격(case)'은 서술어에 의해 선택되고 언어 형식에 의해 표시되는, 서술어에 대한 명항어의 의미적 관계라는 점에서 사용된 것으로 이해된다. 근래에는 의미적 역할이라는 점에 초점을 두어 '의미역(semantic role; theta role; thematic relation)'이라는 용어가 주로 사용되고 있다.

109) Farrell(2005: 38)에서는 의미역 설정도 입장마다 큰 차이가 있음을 보였다. 한 극단에는 원형-동작주와 원형-피동작주 두 가지 의미역만 설정하는 Dowty(1991)이 있는가 하면, 다른 한 극단에는 개별 동사마다 개별 의미역을 설정하는 핵어

역 간의 경계는 얼마나 뚜렷한지, 하나의 논항에 대해 이견의 여지없이 의미역을 할당할 수 있는지 등이 난제로 남아 있다. 이 문제는 어떤 의미역의 체계를 세우더라도 해소되기 어렵지만, 그렇다고 논항이 의미역을 가진다는 점이 부인되지는 않는다. 주요하게 다뤄지는 의미역으로는 동작주, 피동작주, 경험주, 사동주, 피사동주, 대상, 도구, 방향, 원인, 원천, 목표, 시간, 공간 등이 있다.

여기서는 논항의 종류별로 그 특성과 실현 형식을 논의하기로 한다. 먼저 주어는 전형적으로 자격토 '-이'에 의해 표시되며, 많은 경우 자격토 없이 명항어 단독으로 나타난다. 자격토가 없는 경우, 명항어가 높은 유정성과 한정성, 그리고 지칭성 등의 기본적·관계적 의미를 가진다면 주어로 분석될 가능성이 높다. 주어가 서술어에 대해 가질 수 있는 의미역은 동작주 외에도 피동작주, 방향, 도구, 재료, 원천, 시간, 공간 등이 다양하게 나타날 수 있다.

주체토에는 대표형인 '-이'와 '-가' 외에, 존대할 만한 대상을 높이는 의미를 가진 '-께서'(예. '선생님께서 넘어지셨다.'), 수사 혹은 수사의 한정을 받는 단위성 의존 명사 등과 결합하는 '-이서'(예. '(둘이서, 두 명이서) 함께 간다.') 등이 포함된다. 또한 사동문의 내포절 주어 동작주, 즉 피사동주(causee)를 표시하는 경우에 한해 우언적 구성인 '-로 하여금'도 주체토로 간주될 수 있다(예. '국어 선생님께서는 학생들(이, 로 하여금) 공부를 하게 하셨다.').

한편 특정한 구문 구성에서 주체토에 준하는 형식들이 있다. '-로서는'과 '-로서도'는 자격이나 신분의 의미로 인해 의무 양태나 동적 양

구구조문법의 입장이 있다. 국어를 대상으로 한 논의에서도 차이는 큰데, 성광수(1977: 32-34)에서는 10가지, 김민수(1981: 171)에서는 9가지를 설정한 반면, 최호철 외(1998)에서는 39가지의 의미역을 설정하기도 하였다.

태 표현이 나타나는 문장에서 주어를 표시한다(김민국 2013). '-에서'는 선행 명항어가 단체의 의미적 특성을 보일 때 주어를 표시한다. 그리고 '-이라서'는 이유를 나타내는 종속절을 이끌던 요소가 문법화된 것으로, '누구', '어떤 사람' 같은 비특정적인 명항적 요소와 결합된 반어 의문문적 환경에서 주어를 표시한다.

그런데 문병열(2015: 62-63)에서는 '-로 하여금'을 두 가지 이유에서 주격조사 상당 구성으로 인정할 수 없다고 보았다. 첫째는 이것이 주체토 '-이'뿐만 아니라 객체토 '-을'과도 대체 가능하므로 이것의 기능을 단정할 수 없다는 것이고, 둘째는 '아이들로 하여금 그 {애들이, 애들을, 애들에게} 방청소를 하게 하려면 어떻게 해야 하는가?'에서처럼 주어와 같은 또 다른 성분이 상정될 수 있다는 것이다. 즉, 기능의 전형성을 인정하기가 어렵다는 견해이다.

그런데 기능의 비전형성을 근거로 들어 배제할 것인지, 드러난 현상을 보고 인정할 것인지는 선택의 문제인 것 같다. 둘 이상의 자격토를 대신하여 쓰일 수 있는 현상은 사동문의 내포절 주어 동작주라는 특정한 환경에서 주체토로 간주될 수 있다는 시각과 양립불가능한 것이 아니다. 사동문의 주절 객어 피동작주의 환경에서는 객체토로 간주될 수 있다고 하면 되기 때문이다. 주체토와 객체토에 대당하는 것은 '-로 하여금'의 특성으로 이해할 수 있다.[110]

그리고 둘째로 제기된 문제는, '아이들로 하여금' 전체를 '아이들을 시키어'의 의미를 가지는 부사구로 보면 문제되지 않을 경우로 생각된다. 우언적 구성들은 단일한 문법적 기능을 표시하는 단어로서의 성격과 통사적 복합 구성으로서의 성격을 동시에 가진다. 그러므로 어떤 경우에는 자격토에 대당하고 어떤 경우에는 그렇지 않은 통사적

---

110) 본 연구에서는 '-로 하여금'이 피사동주를 표시하는 기능을 가졌다고 본다.

구성인 것이 이상한 일은 아니다. 문법화의 진전이 이루어지고 있는 단계에서는 이러한 양면적 분석 가능성이 열려 있다.

다음으로 객어는, 문장을 주부와 술부로 양분했을 때 술부가 서술어와 서술어가 표상하는 행위가 가해지는 대상으로 다시 구분되는 경우 그 대상을 가리키는 것이므로, 전적으로 주어의 존재를 전제하는 개념이다(박철우 2014ㄱ: 151). 그러므로 객어만 성립하는 문장은 있을 수 없다. 객어는 전형적으로 자격토 '-을'로 표시되며, 자격토 없이 명항어만 나타날 수 있다. 주체에 상대되는 피동작주, 방향, 재료, 목표, 시간, 공간 등 의미적 역할의 범위가 넓다.

한편, 객체토 '-을'과 '-를'에 대당되어 쓰일 수 있는 여러 가지 우언적 구성들이 있다. 문병열(2015: 63-65)에서는 방언형을 제외하고, 조사상당 구성의 기능적 식별 기준과 형식적 식별 기준을111) 만족하는 객체토에 상당 구성으로 '-에 대해'와 '-에 관해' 두 가지를 논의하였다. 본 연구에서는 '-을 놓고', '-을 두고', '-을 둘러싸고'도 포함될 수 있다고 본다(예. '유엔에서는 IS격퇴 문제(를, 에 대해, 에 관해, 을 놓고, 을 두고, 을 둘러싸고) 논의했다.').

그리고 '-을 가리켜'와 '-로 하여금'도 객체토에 대당될 수 있다(예. '영희는 철수(를, 를 가리켜) 바보라고 놀렸다.', '국어 선생님께서는 학생들(을, 로 하여금) 공부를 하게 했다'). 앞서 지적했듯이 '-로 하여금'이 주체토와 객체토 대신 쓰일 수 있는 점이 특징적이다. 주체토로 쓰인 경우 '학생들(이, 로 하여금) 공부를 하게'가 부사절로 분석되지만, 객체토로 쓰인 경우 단문 구조로 '학생들(을, 로 하여금)'은 객어이고 '공부를 하게'는 부사구로 분석된다.112)

---

111) 조사 상당 구성의 기능적 식별 기준은 문병열(2015: 44-45)에, 형식적 식별 기준은 문병열(2015: 50-51)에 제시되었다.

덧붙이자면, '영희는 항상 철수를 마음을 졸이게 만든다.', '영희는 항상 철수를 애가 타게 만든다.'와 같은 예문도 다음과 같은 구조로 분석된다. 두 문장에서 '만들-'은 서술어이며, '영희는'은 주어, '항상'은 부사어, '철수를'은 객어, '마음을 졸이게'는 부사구, '애가 타게'는 부사절로 분석된다. 여기서 객어 '철수를'과 서술구 '마음을 졸이게', 서술절 '애가 타게' 사이에 주어와 서술어의 관계가 '해석'될 수 있지만 통사 구조가 그렇게 분석될 수는 없다.113)

방편어는 자격토 '-로, -로서, -로써, -에로, -에게로' 등으로 표시되고, 명항어 단독으로 나타날 수도 있다. 방편어는 방향(예. '북쪽으로 가다'), 자격(예. '교생으로 가다'), 도구(예. '막대기로 열다'), 수단(예. '큰 소리로 울다'), 재료(예. '진흙으로 빚다'), 이유(예. '가난으로 곯다') 등의 의미역을 가진다(최호철 1993ㄱ: 56). 물론 '-로서'는 자격, '-로써'는 도구에 특화되어 있고, '-에로'와 '-에게로'는 방향이되 유정성에 따라 나뉘는 개별적 특징이 있다.

그리고 여러 가지 우언적 구성들이 방편어에 사용될 수 있다. 방편어가 방향을 나타내는 경우 '-을 보고', '-을 향해'가 쓰일 수 있다(예. '북쪽

---

112) 요컨대, '학생들(이, 을, 로 하여금) 공부를 하게'의 통사 구조 분석 가능성은 세 가지이다. 첫째 주체토의 경우 '학생들(이, 로 하여금) 공부를 하게'는 부사절로 종속되는 것이고, 둘째 객체토의 경우 '학생들(을, 로 하여금)'은 객어, '공부를 하게'는 부사구로 분석된다. 셋째 '-로 하여금'을 부사구를 이끄는 요소로 보면, 서술구 '공부를 하'가 부사구 '학생들로 하여금'의 한정을 받아 확장된 서술구가 되고, 여기에 전성토 '-게'가 결합된 부사구로 분석할 수 있다. 어느 분석이든 가능하며 유의적이다. 다만 본문에서는 높은 긴밀성을 갖고 고정적으로 사용되는 '-로 하여금'이 자격토에 대당될 수 있다는 점을 지적하고자 하는 것이다.

113) 물론 '영희는 항상 철수가 마음을 졸이게 만든다.'라는 문장이라면, "영희를 항상 철수가 마음을 졸이게 만든다."가 아닌 "영희가 항상 철수가 마음을 졸이게 만든다."의 뜻에서, '철수가 마음을 졸이게'는 명백한 종속 부사절이다. 그리고 부사절 내의 주어와 서술어 관계를 분석하고 그 의미 또한 해석할 수 있다. '영희는 항상 철수가 애가 타게 만든다.'의 경우도 마찬가지이다. 특히 이 경우는 종속 부사절 내에 다시 서술절이 종속되어 있는 구조로 분석된다.

(으로, 을 보고, 을 향해) 출발했다.'). 자격을 나타내는 경우는 '-로 하여'가 쓰일 수 있다(예. '실제 사건을 토대(로, 로 하여) 시나리오가 쓰여졌다.'). 그리고 도구나 재료를 나타내는 경우 '-을 가지고', '-을 써서'가 쓰일 수 있다(예. '막대기(로, 를 가지고, 를 써서) 열다.', '진흙(으로, 을 가지고, 을 써서) 빚다.').

방편어가 수단을 나타내는 경우 '-을 통해'가 쓰일 수 있다(예. '소탈한 이미지(로, 를 통해) 인기를 얻었다.'). 그리고 이유를 나타내는 경우는 '-로 말미암아', '-에 따라'가 쓰일 수 있다(예. '급격한 기후변화(로, 로 말미암아, 에 따라) 생태계가 파괴되고 있다.'). 이렇듯 다양한 우언적 구성들의 존재는 방편어의 넓고 세분화된 의미적 포괄 영역뿐만 아니라 그에 따른 '중의성 해소' 및 '새로운 의미의 표현'이라는 형성 동기를 방증한다(문병열 2015: 172).

위치어는 자격토 '-에, -에게, -에서, -에게서, -한테, -께, -더러' 등의 조사로 표시된다. 자격토 없이 명항어만 나타날 수도 있다. 위치어는 원인(예. '비바람에 쓰러지다.'), 원천(예. '감옥에서 탈출하다.'), 목표(예. '감옥에 들어가다.'), 시간(예. '세 시에 오다.'), 공간(예. '학교에 있다.') 등의 의미역을 가진다(최호철 1993ㄱ: 56). '-에서'와 '-에게서'는 원천, '-한테'와 '-더러'는 유정물 목표, '-께'는 존대 대상인 유정물 목표에 특화된 개별적 특성이 있다.

그리고 다양한 우언적 구성들이 방편어에 사용된다. 원인을 나타낼 때 '-로 인하여'와 '-에 의하여'가 쓰일 수 있다(예. '거센 바람(에, 으로 인하여, 에 의하여) 지붕이 날아갔다.'). 원천을 나타낼 때는 '-에서 비롯해'가 쓰일 수 있다(예. '물은 수원지(에서, 에서 비롯해) 바다로 흘러간다.'). 시간을 나타낼 때는 '-을 기해', '-을 맞아', '-을 전후해', '-에 즈음하여'가 쓰일 수 있다(예. '나는 새해(에, 를 기해, 를 맞아, 를 전후해, 에 즈음하여) 술과 담배를 끊기로 결심했다.').

방편어가 공간을 나타낼 때는 '-에 걸쳐'가 쓰일 수 있다(예. '오늘은 전국{에, 에 걸쳐} 눈이 올 것이다.'). 목표를 나타낼 때는 '-에 대고, -에 있어, -을 위해'가 쓰일 수 있다(예. '그는 거침없이 사람 면전{에, 에 대고} 쌍욕을 한다.', '인간{에게, 에게 있어} 가장 중요한 것은 사랑이다.', '철수는 영희{에게, 를 위해} 꽃을 보냈다.'). 뿐만 아니라 객체토에서 거론된 '-에 대해'와 '-에 관해'도 쓰일 수 있다(예. '세계는 환경오염 문제{에, 에 대해, 에 관해} 경각심을 가져야 한다.').

이상과 같이 논항의 종류별로 특성과 실현 형식을 살펴보았고, 자격토 대신 사용 가능한 우언적 구성도 제시하였다.[114] 우언적 구성과 관련하여 첨언해 둘 것은, 이것들이 언제나 해당 자격토 대신 쓰일 수 있는 것은 아니라는 점이다. 단적인 예로 '-에 대해'와 '-에 관해'는 자격토 '-을' 대신 쓰일 수 있지만(예. '민감한 사안{을, 에 대해, 에 관해} 보도할 때는 신중해야 한다.'), 그렇지 않은 경우도 많다(예. '철수가 밥{을, *에 대해, *에 관해} 먹었다.').

이러한 우언적 구성은 '단일 형식에 대당하는 다단어 표현'이라는 다소 느슨한 개념 아래 성립되는 범주로서, '대당성'과 '결합적 긴밀성' 외의 우언적 구성이기 위한 엄격한 의미적, 형태적, 통사적 식별 기준을 별도로 갖지는 않는다. 그러므로 우언적 구성을 문법론에 포함시켜 논의하는 입장에서 해명해야 할 과제는 다양한 우언적 구성들의 문법화 정도의 차이와 그 기능 분화 양상이 된다. 이는 개별 구성에 대한 세부적인 논의를 필요로 하는 것이다.

우언적 구성은 문법화의 진행 과정에 있는 것이므로 수효가 많고 문법화의 진전 정도가 각기 다르다. 비교적 더 견고하고 꽉 짜인 문법

---

114) 자격토에 대당되는 우언적 구성들에 관해서는 '조사적 연어'로 논의한 임근석(2009), '조사 상당어'로 논의한 서경숙(2004), '조사 상당 구성'으로 논의한 문병열(2015) 참고.

범주에 비하면 구성들 간의 체계성이나 대립성이 낮은 편이어서, 목록을 확정하는 것도 간단한 일은 아니다. 그러나 이것이 국어 문법 체계 수립과 기술에 문제를 일으키지는 않는다. 오히려 생동하는 문법의 일면을 그대로 관찰할 수 있게 한다. 문법화의 어휘적 원천과 경로에 관한 일반화는 또 다른 연구 과제가 된다.

(26) 논항 분석의 내용
　　ㄱ. 문법 관계: 주어, 객어, 방편어, 위치어
　　ㄴ. 언어 단위: 어사, 구, 절(주어, 주어구, 주어절 등)
　　ㄷ. 서술어에 대한 의미적 역할: 동작주, 피동작주, 자격, 도
　　　　구, 원인, 목표 등
　　ㄹ. 명항어(명항사, 명항구, 명항절)의 의미
　　ㅁ. 문법적 어사 또는 그에 대당하는 우언적 구성의 의미

서술어와 논항의 분석 이후에는, 수식어를 분석한다. '수식(修飾)'은 대상의 외양을 꾸민다는 것이다. 관형어나 부사어가 형식적으로 명항어나 서술어에 인접하여 외양을 꾸미는 것도 사실이지만 기능적으로 명항어나 서술어의 외연을 한정하는 것이므로, '한정(限定)'이라는 용어도 적절성을 가질 수 있다. 관형어와 부사어는 어떤 대상의 동작·성질·상태·정도 등을 한정한다는 점에서 서술어로 표시되는 어떤 사태의 참여항으로서의 논항과 구별된다.

관형어는 명항어의 성질·상태·정도 등을 한정하는 기능을 가진다. 형식적으로는 세 유형의 관형어가 구분되는데, 첫째 규정사가 단독으로 쓰인 경우, 둘째 명항어가 규정토 '-의', '-와'와 결합하여 쓰인 경우, 셋째 서술어가 규정토 '-(으)ㄴ', '-(으)ㄹ'과 결합하여 쓰인 경우이다. 첫째는 오직 어사 층위의 관형어만이 실현되는데 비해, 나머지 두 경우는 규정토가 어사, 구, 절 단위에 결합하여 관형어, 관형어구, 관형어

절 등이 다양하게 실현될 수 있다.

규정토 '-의'에 대당되는 우언적 구성은 다양한데, '-에 걸친', '-에 관한', '-에 대한', '-에 따른', '-에 의한', '-에 말미암은', '-로 인한', '-을 위한', '-을 전후한', '-을 통한', '-을 향한' 등이다(문병열 2015: 70). '-의'는 흔히 의미하는 바가 명료하지 않아 무엇을 말하는지 분명하게 알 수 없는 모호성(vagueness)을 일으키는데(윤평현 2008: 263-266), 다양한 의미적 관계를 나타낼 수 있는 것인 만큼 우언적 구성도 여러 가지인 것으로 이해할 수 있다.

한편 규정토 '-와'에 대당되는 우언적 구성은 '-와 같이', '-와 더불어', '-와 함께', '-을 비롯해'를 들 수 있다(예. '철수는 영희{와, 와 같이, 와 더불어, 와 함께} 공부했다.', '임대주택의 입지 선정{과, 을 비롯해} 수요 예측, 수익성 분석 등 철저한 전략을 수립해 투자해야 한다.'). 특히 '-을 비롯해'는 문병열(2015: 68)에서 지적하듯이 여러 대등 접속항 중 그 첫 번째 항에 결합하여 전체 접속항들을 대표하는 기능을 가지는 점에서 특징적이라 할 수 있다.

'-와'는 '철수는 키가 영희와 같다.'에서처럼 '같-'이나 '다르-'와 같은 서술어와 함께 쓰일 때 선행어를 비교 기준으로 표시한다. 그런데 같고 다름이 아닌 어떤 성질을 나타내는 서술어인 경우에 동등 혹은 차등 비교는 '-보다, -만큼, -처럼' 등의 보조사에 의해 표시되고, 그 구성은 대등적 관형어의 특성을 보인다. 여기서 차등 비교의 '-보다'에는 우언적 구성 '-에 비해, -에 비하면'이 대당된다(예. '철수는 영희{보다, 에 비해, 에 비하면} 키가 작다.').

부사어는 서술어의 동작·성질·상태·정도 등을 한정하거나, 명제에 대한 화자의 심리적 태도를 나타내거나, 명제 내용을 부정하거나, 서로 다른 문장을 연결하는 등의 기능을 갖는다. 형식적으로는 두 유형이 구분된다. 하나는 제한사가 단독으로 쓰인 경우이고 다른 하나는 서술어, 서술어구, 서술어절에 제한토가 결합하여 쓰인 경우이다. 전자는 오직 어사 층위의 부사어만이 실현되는데 비해, 후자는 부사어, 부사어구, 부사어절 등이 다양하게 실현된다.

부사어는 한정 대상이 다양한 것이 특징이다. 서술어뿐만 아니라 다른 부사어나 관형어도 한정할 수 있고(예. '더 빨리 걸읍시다.', '아주 새 옷을 더럽혔구나.'), 부정 부사어나 양태 부사어는 명제 내용 전체를 한정한다(예. '철수가 밥을 안 먹었다.', '확실히 그는 포용력 있는 사람이다.')(남기심·고영근 1993: 274-275). 본 연구에서는 명제의 구성에 기여하지 않는 부정 부사어와 양태 부사어, 그리고 문장을 연결하는 접속 부사어는 매개의 구성 요소로 본다.

한편 부사어는 특수한 경우에 명항사를 한정하는 경우가 있는 것으로 논의되기도 한다. '오늘 모임에 겨우 두 사람이 왔더군요.', '바로 이웃이 철수네 집이다.', '그가 꼭 너만 좋다고 하는구나.', '옛날에 아주 부자가 있었는데 무척 구두쇠였대.' 등에서 '겨우', '바로', '꼭', '아주' 등의 부사어는 이들 부사어의 한정을 받을 만한 의미적 특성을 가진 명항사에 선행하여 그 수량이나 정도 또는 위치 등을 한정하는 것으로 간주된다(남기심·고영근 1993: 275).

이러한 현상은 생략 현상, 어순 바꾸기, 어근 분리 현상에 의해서 발생되었다는 견해와(이규호 2008), 정도성과 지정성을 가진 명항사와 선행 부사어 사이의 결합 정도의 강화에 의해 발생되었다는 견해(이금희 2014) 등이 있다. 그런데 부사어의 의미와 그리 멀지 않고 기원이 부사어의 용법에 있다고는 하더라도, 명항사를 한정하는 것을 부사어의 특성이라고는 하기 어렵다. 이 경우는 제한사의 특수한 용법으로, 관형어로 보는 것이 적절하다고 생각된다.

(27) 수식어 분석의 내용

    ㄱ. 문법 관계: 관형어, 부사어

    ㄴ. 언어 단위: 어사, 구, 절(관형어, 관형어구, 관형어절 등)

    ㄷ. 형식: 규정사, 제한사, '명항어 + 규정토', '서술어 + 규
       정토', '서술어 + 제한토'

    ㄹ. 규정사 및 제한사, 명항어 및 서술어의 의미

    ㅁ. 문법적 어사 또는 그에 대당하는 우언적 구성의 의미

4.1.2. 양상 분석

양상 분석은 문법적 어사와 우언적 구성을 대상으로 한다. 첨가토
인 보조사 중의 다수는 명제 내부에 나타나는 것이 특징이다. 그 외의
첨가토와 필수토는 서술어에 결합한다. 이들은 명제에 관여하는 특성
에 따라서 명제 내의 특정 요소에 관여적인 것(예. 주체 존대), 명제로
표시되는 전체 사태에 관여적인 것(예. 문법상, 부정), 명제 내용에 부가
되는 시간 지시나 화·청자의 태도 등에 관련된 것(예. 양태, 시제, 상대
존대, 문말 서법)을 나눌 수 있다.

서술어에 결합하는 여러 문법 범주 요소들은 자의적으로 나타나는
것이 아니라 서술어의 의미에 더 관여적일수록 더 가깝게 결합하는데
(Bybee 1985), 최동주(1995: 322)에서도 같은 관점에서 어간 가까이 위치
하는 요소는 명제의 구성 요소와 관련되며 멀리 위치하는 요소일수록
청자와 관련되는 것이라고 하였다.[115) 최동주(1995: 320-322)에서는 문

---

115) 언어 형식이 개념 또는 사물의 구조를 반영하는 특성을 도상성(iconicity)라고 한
다. 국어 선어말어미의 결합 양상은 임지룡(2004: 188-189)에서 거리적 도상성
의 하나인 '근접성의 원리'로 논의한 바 있다. 문법 현상에 나타나는 도상성의
유형을 동형성(isomorphism)과 유연성(motivation)으로 나누어 살핀 논의는
Haiman(1980) 참고.

장이 발화 상황과 관련되는 구조를 아래 (28)과 같이 보이고 해당 요
소들이 결합하는 예시를 보였다.

> (28) 문장이 발화 상황과 관련되는 구조와 언어 요소들의 결합(최
>   동주 1995: 320-322)
>   ㄱ. (((((동사) 동사구) 명제) 화자) 발화 상황 <청자>)
>   ㄴ. 잡 - 시 - 었 - 겠 - 습 - 더 - 이 - 까
>   ㄷ. 어간 - 주어 - 명제전체 - 명제·화자 - 화자·청자
>   - 화자·청자 - 청자 - 청자

(28ㄱ)은 문장이 발화 상황과 관련되는 구조를 위계적으로 보인 것
이고, (28ㄴ)은 서술어에 다양한 어미들이 결합된 실례를 보인 것이며,
(28ㄷ)은 해당 문법적 어사가 관계하는 대상을 보인 것이다. 도상적
원리를 염두에 둔 설명은 아니지만 김민수(1971: 269: 271)에서도 양상
내의 문법적 어사들의 결합을 '의존어, 존칭, 시칭, 겸칭, 서법 및 겸칭'
의 순서로 상세하게 기술해 보인 바 있다. 특히 의존부 요소들에 대한
분류는 여러 시사점을 제공한다.

> (29) 양상 요소들에 대한 분류(김민수 1971: 271의 '광의의 의존부')
>
> 의존부 ┬ 본체의존부 ┬ 우회형 ┬ 파생소: 동태
>   │   │   └ 양태소: 서상, 법성, 부정, 양태부사, 부정부사
>   │   └ 어미형 ┬ 파생소: 동태, 강세접미사 및 술격
>   │   └ 양태소: 존칭
>   └ 종결의존부 ── 어미형 ── 양태소: 시칭, 겸칭, 서법

김민수(1971)의 의존부 체계를 통해 다음 몇 가지 사항을 확인할 수
있다. 첫째 양상의 요소들이 명제 내용과 관계되는 본체부와 시간, 화

자, 청자 등 실세계와 관계되는 종결부로 양분된다는 점, 둘째 본체부와 종결부의 구분이 적절한 문장의 성립에 부가적인 것과 필수적인 것의 구분에 대응된다는 점, 셋째 우회형(迂廻形), 즉 우언적 구성들을 의존부의 요소로 포함시킨 점, 넷째 동태(動態), 즉 태(voice)는 통사적이기보다는 파생적이라는 것 등이다.

이러한 내용을 고려하여 본 연구에서는 명제 내용과 관계되는 주체 존대(존칭), 문법상(시상), 양태(법성), 부정을 적절한 문장의 성립에 부가적인 '첨가토'로 묶는다. 그리고 시간, 화자, 청자 등 실세계와 관계되는 시제(시칭), 상대 존대(겸칭), 문말 서법(서법)을 적절한 문장의 성립에 필수적인 '필수토'로 묶는다. 또한 다양한 우언적 구성들을 양상의 구성 요소로 다룬다. 한편 태는 파생적 또는 구성적인 것으로서 개별 어휘 항목과 관계된 것으로 본다.[116)]

(30) ㄱ. 선생님은 식사를 하시고 있었어.
　　 ㄱ'. 선생님은 식사를 하고 있으셨어.
　　 ㄴ. 선생님은 식사를 하시지 않았어.
　　 ㄴ'. 선생님은 식사를 하지 않으셨어.

---

116) 태는 다소 특수한데, '-이-' 계열 접사 및 '되-', '당하-', '받-' 등을 통한 형태적 피동이나 '-어 지-'를 통한 통사적 피동, 그리고 '-이-' 또는 '-우-' 계열 접사 및 '시키-'를 통한 형태적 사동의 경우는 피·사동의 의미를 가진 개별 어사의 생성이라는 형태론의 문제로 본다. 한편 '-게 하', '-게 만들-', '-게 시키-' 등을 통한 통사적 사동의 경우는 주절의 서술어 '하-', '만들-', '시키-'가 부사구나 부사절을 내포하는 구조로 분석된다. 즉 형태적 피동, 통사적 피동, 형태적 사동은 개별 서술사의 파생과 관련되고, 통사적 사동은 사동적 의미를 가진 서술어에 부사구나 부사절이 내포되는 구성적 특성을 통해 사동의 의미가 나타나는 것으로 본다. 따라서 태와 관계된 요소는 문장의 통사 구조 분석에서 토로 간주되지 않는다. 이렇듯 국어의 태는 형태적이거나 구성적인 것으로 본다. 한편 태가 형태론적 현상이라는 통념에 반대하고, 타동사의 필수 논항의 증감과 관련된 통사론적 현상이라고 주장한 논의는 박철우(2007) 참고. 한편, '-어 지-'가 항상 피동적 서술사의 파생과 관계되는 것은 아니며 상적 특성을 갖는 경우도 있다.

ㄷ. ^{?/*}선생님은 식사를 하셔 {놓았, 두었}어.
ㄷ′. 선생님은 식사를 해 {놓으셨, 두셨}어.

　흥미로운 점은 주체 존대와 문법상(30ㄱ,ㄱ′) 및 부정(30ㄴ,ㄴ′)은 순서
가 바뀌어도 의미가 거의 동일하게 느껴진다는 것이다. 문법상과 부
정은 명제 내용에 관여적이어서 '식사를 하-'의 주체와 '식사를 하고
있-' 그리고 '식사를 하지 않-'의 주체가 다르지 않기 때문인 것으로
이해할 수 있다. 반면에 '-어 놓-', '-어 두-'처럼 '-시-'에 대체로 선행
하는 것도 있다(30ㄷ,ㄷ′). 문법상을 표시하는 우언적 구성들의 결합적
특성이 모두 동일하지는 않은 것이다.

(31) ㄱ. 선생님은 식사를 하실 것 같아.
　　　ㄱ′. ^{?/*}선생님은 식사를 할 것 같으셔.
　　　ㄴ. 선생님은 (이 시간에) 식사를 하실 리 없어.
　　　ㄴ′. ^{?/*}선생님은 (이 시간에) 식사를 할 리 없으셔.
　　　ㄷ. 선생님은 식사를 하셔도 돼.
　　　ㄷ′. ^{?/*}선생님은 식사를 해도 되셔.
　　　ㄹ. 철수는 밥을 먹고 있지 않았어.
　　　ㄹ′. 철수는 밥을 먹지 않고 있었어.

　한편, 양태는 주체 존대와 순서가 바뀌면 어색하다(31ㄱ-ㄷ′). 화자와
관계된 요소 뒤에 다시 명제 내부의 주체와 관계된 요소가 결합하는
것은 서술어의 의미에 관여적일수록 가깝게 결합하는 도상적 원리에
맞지 않는 것으로 이해할 수 있다. 문법상과 부정의 경우는 그 순서가
교차될 수는 있는데, 교차될 경우 의미가 동질적이지 않다(31ㄹ,ㄹ′).
(31ㄹ)이 동작 행위가 연속되는 것의 부정을 가리킨다면, (31ㄹ′)은 동
작 행위의 부정이 연속됨을 가리킨다.

(32) 양상 분석의 내용

    ㄱ. 첨가토: 보조사, 주체 존대, 문법상, 양태, 부정

    ㄴ. 필수토: 시제, 상대 존대, 문말 서법

    ㄷ. 각 범주에 포함되는 문법적 어사 또는 우언적 구성의 개별적 의미

아래에서는 첨가토인 보조사, 주체 존대, 문법상, 양태, 부정, 그리고 필수토인 시제, 상대 존대, 문말 서법의 순으로 양상을 실현하는 요소들을 논의하기로 한다. 먼저 보조사는 거의 대부분 명제 내부의 요소들에 결합하는 특성을 보인다. 하지만 '-그려'나 경상 방언의 '-아이가'처럼 문장의 맨 끝에만 위치하는 것도 있고 '-요'나 '-들'과 같이 명제 내부의 요소나 문장의 맨 끝에 두루 위치할 수 있는 것도 있다. 이렇듯 보조사는 그 특성이 동질적이지 않다.

일찍부터 보조사는 격조사 대신 두루 쓰인다고 하여 '통용조사'(이상춘 1925), 정격에 대비된다고 하여 '조격(助格)', '첨격(添格)'(홍기문 1947) 등으로 칭해진 바 있는 흥미로운 어사 부류이다.117) 많은 연구들에서는 '명항어와 부사어 따위에 붙어 특별한 의미를 더해주며 선행 요소의 문법 관계와는 무관하다'는 식의 설명을 해 왔는데, 이것만으로는 조사로 한데 묶이면서도 격조사와 달리 부사어에 붙는 분포적 특수성에 대한 이해를 도모하기는 어려웠다.

보조사는 명제의 내부에서 화자의 양상적 관념을 표현한다는 점에

---

117) 보조사도 격표지로서의 기능을 갖고 있다는, 즉 자격토로서 기능한다는 견해가 있지만(민현식 1977 등), 널리 받아들여지는 견해는 아닌 듯하다. 격조사가 의존어가 핵어에 대해 지니는 문법적·의미적 관계를 의존어에 표시하는 가로 관계 표지라면, 보조사는 실현된 성분과 맥락상 이와 대조되는 요소들이 맺는 의미 관계를 실현된 성분에 표시하는 세로 관계 표지로서(임동훈 2015) 의미 특성상의 차이가 뚜렷하므로, 본 연구에서도 이 둘을 구별하는 입장을 취한다.

서 특수성을 가진다. 언표적 의미로서는 '-는'이 대조화, '-도'가 포함화, '-만'이 배제화 등의 의미를 가진다고 할 수 있는데(최호철 1999: 356), 보조사가 가진 의미의 성격은 전형적인 어휘적 의미라기보다는 관계적 의미에 가깝다. 그리고 그것은 문장 안에 실현된 보조사의 선행 성분과 문장 밖의 일정한 내용과의 화용적 관계를 나타내 주는 역할(이관규 1999: 293)이라고 할 수 있다.

이렇듯 의미가 운용되는 차원이 화용적인 보조사의 의미적·기능적 특성은118) 정보구조적 측면에서 좀 더 체계적으로 규명될 수 있다. 일찍이 '-는'의 의미에 대해 채완(1975)에서 '주제(topic) 표시'라고 한 것부터, 최호철(1999)에서 화맥적 맥락에서 부각된 '주제화'의 의미를 설정한 것 등에서 보조사의 정보구조적 특성들이 지적되어 왔다. 그러나 '-그려', '-들', '-요' 등에서 확인되듯 모든 보조사의 성격이 정보구조적인 것은 아님에도 유의해야 한다.

최근 정보구조에 대한 논의가 활발해지면서 보조사의 기능과 특성에 대한 분석이 심층적으로 이루어지기 시작했다. '-는'은 대조, '-도'는 역동, '-만'은 단독 등과 같은 개별적 의미 속성을 부과하는 것을 넘어서, 정보구조의 형식에 따라 '-는'은 담화의 영역을 한정하고, '-도'는 결합된 실체나 명제 외의 또 다른 참인 명제를 전제하며, '-만'은 또 다른 명제를 전제함 없이 다른 명제의 성립을 배제하는 기능을 갖는다고 분석하는 것이다(박철우 2015ㄴ).

임동훈(2015: 338)에서는 "격조사는 통사적 구성 속에 실현된 핵어와 의존어 사이의 문법적, 의미적 관계를 표시한다는 점에서 가로 관계를 나타내는 표지라고 할 수 있다. (중략) 반면에 보조사는 구성 속에 실

---

118) 주체 존대의 '-시-' 또한 화자의 존대 의향을 드러내는 점에서 운용되는 차원은 화용적이다. 즉, 화맥적 의미를 갖는 것이다.

현된 성분과 실현되지 않은 성분 사이의 의미적 관계를 나타낸다는 점에서 세로 관계 표지라고 할 수 있다. 이러한 세로 관계는 거의 모든 성분 위치에서 상정될 수 있으므로 보조사의 출현 위치는 고정되어 있지 않다."라고 하여 차이를 명시하였다.

보조사를 선행 성분과 유형이 동일하고 맥락상 제한된 대조 요소들로 구성된, 첨가·배제·비교·범위와 같은 의미적 연산이 작동하는 양화 영역인 대안집합을 생성하는 세로 초점 표지라고 봄으로써(임동훈 2015), 격조사가 아니면서 의미적·분포적 특수성을 가지는 조사로 규정한 관습에서 벗어날 수 있다. 보조사는 단순히 의미나 분포가 특수한 것이 아니라 대안집합을 생성하고 선행 성분과 대안집합 요소들과의 특정한 의미 관계를 표시하는 것이다.

현재로서는 이상과 같은 보조사의 정보구조적 특성에 대한 이해가 필요함을 지적해 두고, 임동훈(2015: 348)의 의미 관계에 따른 보조사의 하위 분류를 (33)에 제시하면서 보조사에 관한 설명을 갈음하고자 한다. 한 가지 더 언급할 것은, 비교의 보조사는 대등적 관형어를 만드는 규정토 '-와'와 기능이 동일하다는 점이다. '철수는 키가 영희와 같다.'와 '철수는 키가 영희{만큼, 보다, 처럼} 크다.'에서 비교 기준인 대등적 관형어로서의 특성이 확인된다.

(33) 의미 관계에 따른 보조사의 하위 분류(임동훈 2015: 348)
　ㄱ. 첨가의 보조사: '-도', '-까지', '-조차', '-마저'
　ㄴ. 배제의 보조사
　　· 배제함[소극적 배제]의 보조사: '-은/는', '-(이)야/야'
　　· 배제함[적극적 배제]의 보조사: '-만', '-뿐', '-밖에'
　　· 배제됨[배제의 결과]의 보조사: '-(이)나', '-(이)나마', '-(이)라도'

ㄷ. 비교의 보조사
  · 차등 비교: '-보다'
  · 동등 비교: '-만큼', '-처럼', '-같이', '-대로'
ㄹ. 범위의 보조사: '-부터', '-까지'

이상과 같은 '첨가', '배제', '비교', '범위' 등의 보조사 개별적인 관계적 의미가 언표 문장의 양상 분석에서 고려된다.119) 기존 연구에서는 주로 '-만'은 단독, '-는'은 대조, '-도'는 역동, '-마다'는 망라, '-조차'는 추가, '-라도'는 역동, '-부터'는 시작, '-까지'는 한계적 도달 등의 의미를 갖는다고 규정하였는데(이관규 1999: 303-304), 여기에는 개별적인 의미가 적절히 규정되었는지와 보조사의 의미가 이렇게 규정될 수 있는지의 문제가 재고되어야 한다.

문제는 '단독, 대조, 역동, 망라' 등이 관계적 특성을 나타내지 못한다는 것에서 비롯된다. 최호철(1999: 344)에서는 조사의 의미를 규정할 때, 첫째 서술어 이외의 것들과 조사가 붙은 요소를 관련지어서는 안 되고, 둘째 조사가 붙은 요소와 서술어의 의미적 특성을 고려해서는 안 되며, 셋째 조사 자체의 의미를 기술해야지 조사가 붙은 요소의 의미를 기술해서는 안 된다고 하였고, 이에 유의하여 '-이'의 의미를 '주체화', '-는'의 의미를 '대조화'라고 하였다.

성분토와 보조사는 그 기능이 확연히 다른 것이기는 하지만 모두 관계적 의미를 갖는다는 점에서 공통적이다. '-이'의 경우, '-이' 자체는 '주체를 만들어주는(또는 표시하는)' 기능을 하기 때문에 그 의미를 '주체'가 아니라 '주체화'라고 하는 것이 더 적절하다. 이러한 맥락에서 최호철(1999)에서는 '-는'에 대해서는 '대조화'의 의미를 갖는다고

---

119) 보조사에 의해 발생되는 함의는 발화 문장의 분석에서 고려된다.

하였다. 즉 'OO화'로 제시된 이 의미에서 'OO' 부분은 고유한 특성을, '화'는 관계적 특성을 나타낸다고 할 수 있다.

그렇지만 이관규(1999)뿐만 아니라 최호철(1999)에서 보조사의 의미로 제안된 것들도, 여전히 검토되어야 할 부분이 있다. '-는'을 '대조화', '-도'를 '포함화', '-만'을 배제화라고 할 때, 같은 특성을 공유하는 다른 보조사들이 여럿 있기 때문이다. 이는 여전히 보조사들을 개별적으로만 특징지어 규정하고자 했던 것에서 비롯된 한계점이라 할 수 있다. 보조사의 전체 체계와 대범주의 의미적 속성을 고려하여 개별적 의미 특성을 규정할 필요가 있을 것이다.

다음으로 주체 존대에 관해 논의하기로 한다. 주체 존대의 '-시-'는 기본적으로 서술어의 주체가 화자가 존대해야 하거나 또는 존대할 만한 대상일 때 사용될 수 있다. 이때 화자의 존대 의향은 '-시-'의 사용 여부에 가장 중요한 요소이다(허웅 1961). 따라서 '-시-'가 사용된 경우 서술어의 주체에 대해 화자가 존대 의향을 가지고 있다고 해석할 수 있다. 물론 존대 의향이란 것은 존대 표현들에 두루 적용되는 것이고, '-시-'에만 적용되는 것은 아니다.

이 존대 의향은 "화자와 어떤 인물 사이에 존재하는 사회적 거리에서 연유하는 파생적인 개념"으로 규정된다(임동훈 2000: 51). 그런데 '-시-'는 이러한 존대 의향이 서술어의 주체와 관련될 때 사용되는 요소라는 점에서 그 특징을 갖는 것이다. 그러므로 '-시-'가 사용되지 않았다고 존대 의향이 없다고 말할 수는 없다. 여느 첨가토가 그러하듯이 '-시-'가 아니어도 존대 의향을 표시할 수 있는 다양한 방책들이 존재하고 적절한 문장 성립이 가능하다.

한편 '-시-'는 서술어의 주체가 청자와 일치하는 환경에서 차츰 청자 존대의 기능을 갖게 되었고, 현재는 면전의 청자를 대우하기 위해 서술어의 주체가 존대의 대상이 되지 않는 사물이나 가격 등인 경우에도 두루 사용된다(임동훈 2000; 임동훈 2011ㄴ: 58-59). 특히 서술어의 주체와는 무관하게 '-시-'가 청자 존대의 용법을 획득했다고 볼 만한 사례들이 현재의 국어 현실에 편재해 있으므로,[120] 본 연구에서는 다음 세 가지 층위를 구별하고자 한다.

> (34) '-시-' 용법의 세 층위
> ㄱ. 서술어의 주체에 대한 존대
> ① 어머니, 선생님께서 오십니다. (남기심·고영근 1993: 326)
> ② 아버지, 할아버지께서는 아직 안 오셨어요.
> ③ 우리 스승님은 모든 제자를 사랑하셨다.
> ④ 할아버지는 수염이 많으시다. (남기심·고영근 1993: 329)
> ⑤ 그 분은 살림이 넉넉하시다. (남기심·고영근 1993: 329)
> ㄴ. 청자 겸 서술어의 주체에 대한 존대
> ① 선생님은 언제 귀국하시나요?
> ② 보살님, 안으로 들어와 보시지요.
> ③ 김 선생, 인사 좀 하시지. (임동훈 2011ㄴ: 58)
> ㄷ. 청자에 대한 존대
> ① 과장님은 직장이 가까우셔서 편하시겠어요. (남기심·고영근 1993: 329)[121]
> ② 아기신발은 130이 가장 작은 싸이즈이세요. (이정복 2010: 218)
> ③ 버버리상품은 교환 환불 안 되세요. (이정복 2010:

---

120) 청자 존대의 '-시-'에 주목한 연구는 박석준(2004), 이정복(2010), 이래호(2012) 참고.
121) 물론, 이 예는 '과장님'이 청자인 경우와 아닌 경우 모두 해석이 가능하다. 여기서는 '과장님'이 청자인 경우만을 상정하기로 한다. 아래 설명 참고.

218)

④ 돈이 맞으시네요. (이래호 2012: 149)

⑤ 원래 다른 것이 훨씬 비싸셨습니까? (이래호 2012: 149)

(34ㄱ-①,②)의 예를 통해서, 청자가 어머니와 아버지이고 서술어의 주체가 선생님과 할아버지일 때 '-시-'가 서술어의 주체를 존대하는 것이 확인된다. 이것이 '-시-'의 가장 기본적이고 명징한 주체 존대로서의 용법이다. (34ㄱ-③)은 청자가 특정되지 않은 주체 존대로서의 용법이다. (34ㄱ-④,⑤)는 소위 '간접 존대'라고 불리는 것인데, 본 연구에서는 '-시-'가 '수염이 많-'과 '살림이 넉넉하-'라는 서술절에 결합하여 서술절의 주체를 존대한 것으로 본다.

(34ㄴ)의 세 가지 예는 청자가 곧 서술어의 주체가 되는 의문문과 명령문의 경우이다. 청자 겸 서술어의 주체가 상위자이거나 비하위자인 맥락은 여전히 '-시-'가 주체 존대 용법을 유지하면서도 청자 존대 용법으로 해석될 수 있는 양면성을 가지고 있다. 이러한 용법에서 더 나아가면 결국에는 서술어의 주체를 존대한다고는 볼 수 없고 청자에 대한 존대만을 표시하는 (34ㄷ)의 용법이 된다. 이는 오용 사례라기보다는 자연스러운 언어 변화의 한 국면이다.

특히 (34ㄷ-①)의 경우 남기심·고영근(1993: 329)에서는 "말하는 이가 '직장이 가깝다'는 사실을 높임의 대상인 '과장님'의 생활에 관계가 깊은, '과장님'과 관계되는 특수한 사실로 파악했기 때문"에 가능한 간접 존대로 보았다. 그러나 '과장님'은 사회적 화시 표현이고(임동훈 2011ㄴ: 54) 여기서는 청자를 지칭한다. 따라서 부사절 '직장이 가까우셔서'의 '-시-'는 청자 존대이고, 주절 서술어 '편하-'의 '-시-'는 청자 겸 서술어의 주체에 대한 존대이다.

이렇듯 '-시-'는 서술어의 주체에 대한 존대와 청자에 대한 존대를 표시하는 요소로 분석할 수 있다. 특히 후자는 전자에서 확대된 용법이라 할 수 있다. 그런데 목정수(2013)에서는 '-시-'는 청자 존대 용법을 획득한 것이 아니라 주어 존대의 기능을 여전히 유지하고 있다고 주장하였다. (34ㄷ-②,③)의 예의 경우라면, 청자 주어인 '손님은' 정도가 생략이 되어 있고 '-시-'는 상위의 청자 주어를 존대하는 것으로 설명하는 것이다(목정수 2013: 96-97).

즉 목정수(2013)은 비명시된(covert) 청자 주어를 복원함으로써 청자 존대의 예들을 청자 겸 서술어의 주체에 대한 존대로 환원시켜 보는 입장이다. 그러나 주어진 언어 형식만을 분석하는 본 연구에서는 '버버리상품은 교환 환불 안 되세요.'와 '손님은 버버리상품은 교환 환불 안 되세요.' 두 문장이 다르게 분석된다. 전자는 청자 존대로서의 (34ㄷ)과 같은 경우로, 후자는 청자 겸 서술어의 주체에 대한 존대로서의 (34ㄴ)과 같은 경우로 분석될 것이다.

'-시-'의 기능에 대해 그간 제안되어 온 존대설(주체 존대설, 주어 존대설, 경험주 존대설), 호응설(신분성 표지설, 무정화 표지설, 일치소설), 그리고 사회적 지시설 등의 견해들은 모두가 일정 정도의 진실을 담고 있는 것이었다.[122] 그러나 그 근저에는 '-시-'에 대한 단일한 의미 또는 기능을 규정하려는 입장이 암묵적으로 있었던 것 같다. 그러나 대부분의 언어 요소들이 그러하듯이 '-시-' 또한 맥락에 따라 다의성을 갖는다는 점을 인정할 수 있다.[123]

---

[122] '-시-'에 관한 제설에 대한 종합적 검토는 임동훈(2000: 3장) 참고.
[123] 한편 '-시-'는 형태론적으로는 주체 높임을 위한 특수한 어휘들의 발생에 참여하기도 한다. 구본관 외(2015: 298)에서는 '계시다, 주무시다, 돌아가시다, 잡수다/잡숫다/잡수시다, 편찮으시다' 등의 예를 보인 바 있다. '-시-'를 포함한 여러 대우법 어미들의 어휘형태화에 관한 논의는 김현주(2010) 참고.

다음으로 문법상을 살펴본다. 문법상은 어휘상(Aktionsart)에 대별되는 것으로서 문법적 형식에 의해 표시되는 상적 특성을 가리킨다. 국어에서는 다양한 우언적 구성들이 문법상을 표시한다. 한편 과거 시제의 '-었-'에 의해 결과상의 의미가, 현재 시제의 '-느-'에 의해 진행상이나 반복상의 의미가 함축되기도 한다. 이는 국어의 문법상 요소들의 문법화 정도가 낮기 때문에 그런 것이며(박진호 2011ㄱ: 303), 문법상이란 범주를 부정할 근거가 되지는 않는다.

물론 엄밀한 뜻에서 항목 간의 상보적 대립성, 실현의 필수성, 의미 해석의 필수성 등을 문법 범주의 필요조건으로 삼는다면 국어에는 상이 문법 범주로서의 체계를 이루고 있다고 하기 어려울 것이다. 그러나 문법화에 관한 일반적 논의(Heine *et al.* 1991; Hopper and Traugott 1993; Bybee *et al.* 1994 등)와 특히 조동사 구성의 문법화에 관한 논의(Heine 1993; Kuteva 2001; Krug 2011 등)을 감안한다면 판단은 달라질 수 있다(도재학 2015: 52).

국어의 상적 의미는 꽤 문법화된 그리고 어느 정도 고정적인 우언적 구성들을 통해서 실현된다고는 말할 수 있기 때문이다. 국어의 상적 의미가 실현되는 다양한 방책과 개별적 특성에 관한 연구들이 축적되어 있는데 대체로 이러한 생각을 근저에 두고 있다. 그에 따르면 결과상은 '-고 있-^{1}', '-어 있-', 진행상(또는 연속상)은 '-고 있-^{2}', 습관상은 '-곤 하-', 반복상은 '-어 대-', '-어 쌓-'을 통해 표시된다(김성화 1990; 박덕유 1998; 고영근 2006 등).

개별적인 상적 의미가 어떤 우언적 구성들에 의해 실현되는지에 대해서는 비교적 이견이 적은 데 비해 전체적인 상 체계를 어떻게 볼 것인가에 대해서는 다양한 이견이 제안되었다. 완망상(perfective)와 비완망상(imperfective)의 대립을 전제하고 그 하위에 습관상, 진행상 등을 설정하는 논의가 있는가 하면(서정수 1994; 박덕유 1998; 고영근 2007), 다소 독특하게 지속상(durative)와 종결상(terminative)의 양분 체계를 세운 견해도 있다(김성화 1990).

한편 아직은 문법화의 진전 단계가 높지 않아 완망상과 비완망상의 대립 체계와 같은 꽉 짜인 체계는 구성되어 있지 않다고 보는 견해도 있다(박진호 2011ㄱ). 여기서는 박진호(2011ㄱ)의 견해를 따른다. 첫째 문법상이 필수적이지 않은 것, 둘째 상적 의미를 표시하는 다른 방책이 존재하는 것, 셋째 여러 우언적 구성들이 공존하는 것 등의 이유에서이다. 국어의 문법상 논의에 거론될 만한 상적 의미와 그것을 표시하는 우언적 구성의 목록은 다음과 같다.

(35) 문법상의 유형과 우언적 구성(박진호 2003; 도재학 2014: 286-289)

ㄱ. 결과상(resultative): 행위가 종결되고 난 이후의 상태에 초점
'-고 있-[1]', '-고 계시-[1]', '-어 있-[1]'

ㄴ. 종결상(completive): 어떤 것을 완전히 종결시킴, 사건 자체의 종결에 초점
'-고 나-', '-고 말-', '-어 내-', '-어 놓-', '-어 두-', '-어 버리-', '-어 치우-'

ㄷ. 진행상(progressive): 행위가 발생하고 있음. 동작 동사와 결합
'-고 앉았-', '-고 자빠졌-', '-는 중이-'

ㄹ. 연속상(continuous): 진행상과 비슷하나, 상태 동사와 결합 가능
'-고 있-[2]', '-고 계시-[2]'

ㅁ. 반복상(iterative): 행위가 어느 때에 반복됨. 행위 동사, 순간 동사와 결합

'-고 있-³', '-어 대-', '-어 쌓-'

ㅂ. 습관상(habitual): 어떤 기간을 넘은 다른 때에 관례적으로 혹은 흔히 상황이 발생
'-곤 하-'

ㅅ. 예정상(prospective): 주어진 참조시에 어떤 사건이 추후 발생할 것 같은 모양새가 성립되고 있음을 나타냄
'-게 생겼-', '-ㄹ 참이-', '-려고 하-'

ㅇ. 기동상(inceptive/inchoative¹): 행위, 사건, 상태 등이 시작되는 국면 지시124)
'-기 시작하-'

ㅈ. 상성상(변화상: inchoative²): 사태의 변화에 초점을 두는 것으로서의 inchoative
'-어 가-', '-어 오-', '-어 지-'125)

ㅊ. 정태상(stative): 과거 사건의 발생 여부에 대한 함축 없이 현재 상태만 표시
'-고 있-⁴', '-어 있-²'

(35)에 제시된 총 10가지의 상적 의미가 전부는 아닐 것이다. 그리고 상적 의미별로 나열된 우언적 구성의 목록도 망라된 것이라고 하기 어렵다. 또한 여러 가지 우언적 구성들이 층위화(layering)를126) 이

---

124) 'inceptive'는 행위 또는 사건의 시작, 'inchoative'는 상태의 시작으로 둘을 구별하는 입장이 있는가 하면(Bybee *et al.* 1994: 318), 어떤 행위의 시작을 가리키는 것으로 두 용어를 구별하지 않는 입장도 있다(Crystal 2008: 239). 한편 'inchoative'는 기동상인 'inceptive'와 유사한 뜻 외에도, 변화상 또는 상성상(狀成相)이라고 부를 만한 '사태의 변화 국면'에 초점을 두는 뜻을 가지고 있다. 그래서 inchoative¹과 inchoative²를 구별하여 쓴 것이다(도재학 2014: 287-288)

125) '-어 지-'는 이정택(2004: 137)에서 밝혔듯이 ①'넓히-'처럼 사동 접미사에 의해 파생된 사동사인 경우, ②'보내-'처럼 사동의 의미를 갖고, 대응하는 주동사가 있는 경우, ③'꾸미-'처럼 인위적이고 작위적인 양상이 강한 동사인 경우, 이들과 결합하면 피동적 서술사가 파생되는 것으로 볼 법하다(도재학 2014: 290). 그러나 '길이 좁아진다.', '날이 밝아졌다.' 등에서의 '-어 지-'는 상성상(변화상)의 특성을 갖는다고 볼 수 있다. 한편 '-어 지-'를 능력과 무의도의 양태 의미와 관련되는 것으로 본 논의도 있다(박재연 2007).

루고 있는 경우는 각 구성들마다의 세부적인 의미 차이, 사용 맥락의 차이, 사용역의 차이, 형성 과정의 차이 등(문병열 2015: 211)을 구체적으로 논의할 필요가 있다. 지금까지는 제한된 몇 가지 목록에 대해서만 집중적인 연구가 이루어졌기 때문이다.

앞으로는 문법상 체계의 설정과 더 다양한 목록의 확보, 세부적인 분석이 이루어질 필요가 있다. 물론 이 사항들은 일거에 해소되기 어려운 문제이다. 연구가 지속되어 온 결과상이나 진행상 등의 일부 분야는 해명된 면도 많지만, 개별 우언적 구성 각각에 대한 세부적인 논의는 여기서 다루기 어렵다. 현재로서는 (35)에 제시된 우언적 구성들이 문장 의미의 분석에 고려될 수 있는 문법상 표시 형식이라는 점을 명시하는 것으로 논의를 갈음하고자 한다.

다음으로 양태에 관해 논의한다. 본 연구에서는 서술어에 결합하는 갖가지 문법 범주를 아우르는 '양상'과 명제에 대한 화자의 태도를 특정하게 표시하는 '양태'를 구별하고 있다. 여기서 다뤄지는 양태 요소들은 두 가지 기준을 따른다. 첫째, 형식적으로는 단일한 문법적 어사나 그에 준하는 우언적 구성으로 한정된다. 둘째, 기능적으로는 그 기본적 의미가 시제나 문말 서법(예. '-겠-', '-구나') 등과 같은 다른 문법 범주의 요소가 아닌 것으로 한정된다.

물론 '-겠-', '-구나' 등은 양태적 의미를 가지고 있다. '-겠-'은 다른 시제 요소 뒤에서 추측법으로의 기능 변이를 보이는데(홍종선 2008), 이때는 개연성 판단의 인식 양태이자(박재연 2006: 106) 유사한 기능의 '-

---

126) 층위화(layering)는 문법화한 요소들이 공시적으로 같은 영역에 공존하는 것을 가리킨다(Hopper and Traugott 1993: 124-126). 이성하(1998: 176-177)에서는 진행상의 '-고 있-'과 '-는 중이-'의 사례를 층위화로 다룬 바 있다. 한편 문병열(2015)에서는 중층화라는 번역어를 사용하였고, 의미 지도 방법론을 사용하여 중층화를 보이는 다양한 조사 상당 구성들의 차이점을 세밀하게 논의하였다.

ㄹ 것이-'에 비하면 내면화되지 않은 정보에 기반을 둔 추측이다(임동 훈 2008: 237). '-구나'는 평서법의 종결어미로서 '처음앎'(장경희 1985: 93), '지각·추론과 새로앎'(박재연 2006: 229), '깨달음'(임동훈 2008: 242) 등의 의미를 더 갖는다.[127]

즉, 시제나 문말 서법의 요소들이 맥락적으로 또는 본유적으로 양태 적 의미를 가질 수 있다. 하지만 그것은 다른 문법 범주의 특정 요소 가 가지는 이의 또는 개별적 특성으로 보고 양태 요소로는 다루지 않 는다. 형식과 기능을 기준으로 외연을 제한하지 않으면 양태의 외연 에는 화자의 주관성이 이입되는 모든 어휘적·문법적 요소가 포함될 수 있다. 그러나 '화자의 태도'를 넓게 이해하는 것은 언어학적 논의 에 유익하다고 보기 어렵다(임동훈 2003: 131).

그리고 임동훈(2008: 214)에서는 "굴절형으로 실현되면서, 화행과 관 련되거나 필수성을 동반하는 경우만 서법으로 보고 비굴절형으로 실 현되거나 굴절형으로 실현되더라도 화행과 무관하고 필수성을 동반하 지 않은 경우는 문법적 양태로 보고자 한다."라고 하였다. 본 연구에 서는 임동훈(2008)의 서법과 문법적 양태 개념을 수용한다. 서법은 서 실법·서상법 체계에 대응되는 관형어의 '-ㄴ'과 '-ㄹ', 명항어의 '-ㅁ' 과 '-기',[128] 문말 서법의 대립만 인정한다.

그러므로 고영근(2007)에서 설정하는 서법으로서의 '-니-'(원칙법), '-

---

127) 박진호(2011ㄴ: 10)에서는 '-구나'가 의외성을 핵심 의미 성분으로 가진다고 보 았다.

128) 홍종선(1983)에서는 명사화소 '-음'의 국시성, 순간성, 당시성, 현장성의 의미와 '-기'의 동작이나 상태 그 자체에 대한 단순한 명사화를 대별하면서, '-음'은 현 재성, 과거적 성격을 가지고 '-기'는 미래적 요소라고 하였다. 이는 일반적으로 상정되는 서실법과 서상법의 분류 체계에 대응한다. 또한 김일환(2005)에서는 현대 국어 코퍼스를 자료로 한 계량적 연구를 통해 '-음'에 대해 존재성, '-기'에 대해 비존재성의 의미를 설정하였다. 이 또한 서실법과 서상법에 수렴하는 개 념으로 이해할 수 있다.

더-'(회상법), '-리-'(추측법) 등은 필수성을 보이지 않고 또한 내적인 대립을 이루지도 않는다는 점에서 서법으로 인정되지 않는다. 이러한 사항을 고려하면 양태에서 논의될 만한 형식들은 '-니-'와 같은 단일한 문법적 어사와 '-ㄴ/ㄹ 것 같-', '-ㄹ지 모르-', '-어야 하-', '-ㄹ 수 있-' 등 우언적 구성으로 압축된다. 그리고 이 항목들은 다양한 양태적 의미 특성에 따라 분류될 수 있다.

임동훈(2003: 145)에서는 "국어의 양태는 대체로 '-겠-, -더-, -리-, -것-, -니-' 등의 선어말어미와 '-구나, -네' 등의 종결어미로 실현된다. 그러나 보조용언이나 의존명사가 들어간 일부 우언적 형식도 양태를 표현한다."라고 하였다. 그런데 위에서 설명했듯이 본 연구에서는 기본적 기능을 시제나 문말 서법 등으로 갖는 것은 제외한다. '-것-'은 현대 국어에서는 분석되지 않는다고 본다.129) 이로써 유일하게 양태로 다루는 단일 어사는 '-니-'이다.130)

'-니-'는 중세 국어에서는 과거 시제를 표시하였지만 현대 국어에 와서는 시제 표시 기능을 상실한 것으로 보인다(홍종선 2008). 원칙법 등으로 불리기도 하는 '-니-'는 '식사 때는 밥을 조용히 먹(느, 어야 하느)니라.', '다섯 사람은 너무 많으니라.', '그러한 것을 하늘의 뜻이라고 하느니라.' 등을 고려해 보면 '-니-'는 당위 양태의 의무보다는 인식 양태의 확실성을 표시하는 듯하며, 화자의 내성적 사유나 추론의 증거성적 특성도 가지는 것으로 생각된다.131)

---

129) 박재연(2006: 195)에서는 "선어말어미 '-것-'은 현대 한국어에서는 잘 사용되지 않는 형식이다. 사용된다 하더라도, 화자들의 인식에서는 선어말어미 '-겠-'의 방언형 혹은 자유변이 형태인 '-것-'과 구별되지 않는 것으로 판단된다."라고 하였다. 본 연구도 이 견해에 동의하며 별도로 다루지 않기로 한다.
130) '-더-'와 '-리-'는 양태가 아닌 시제에서 다루기로 한다.
131) 박재연(2006: 193)에서도 '-니-'를 인식 양태로 다루면서, 그 양태 의미는 '이미 앎과 미지가정'으로 설정한 바 있다.

박진호(2011ㄱ: 310-311)에서는 양태 범주의 하위 유형으로 다섯 가지, 인식 양태, 당위 양태, 동적 양태, 감정 양태, 증거 양태를 정리해 보인 바 있다.[132] 그러나 국어에는 증거 양태 혹은 증거성의 의미 성분을 핵심적이고 유일하게 지니는 문법 요소는 거의 없고 또한 증거성의 의미 성분을 지니는 요소들이 흩어져 있으므로(박진호 2011ㄴ), 증거 양태의 범주를 하나로 독립시키지 않아도 될 것으로 본다. 따라서 증거 양태는 여기서 다루지 않는다.[133]

(36) 양태의 유형과 여러 형식들(박진호 2011ㄱ: 310-311; 도재학 2014: 292-294)
　　ㄱ. 인식 양태: 명제의 확실성에 대한 판단, 믿음의 정도를 나타냄
　　　• 확실성: '-니-', '-ㄴ 것이-', '-ㄴ 법이-', '-는 바이-', '-ㄹ 리 없-', '-ㄹ 수 없-', '-ㄹ 터이-', '-ㄹ 턱이 없-', '-임에 틀림없-'
　　　• 개연성: '-게 마련이-', '-기 십상이-', '-지 싶-', '-ㄴ/ㄹ

---

132) 다양한 양태 분류에 관한 정리는 임동훈(2003), 박재연(2006), 임동훈(2008) 등 참고.
133) 양태와 증거성, 그리고 인식 양태와 증거성 사이의 관계에 대해서는 박진호 (2011ㄱ: 3.2절)과 송재목(2009: 4.3절) 참고. 실제로 국어를 대상으로 증거 양태 또는 증거성으로 논의한 연구들에서 다룬 형식들은 분포가 산발적이며 증거성의 의미가 핵심적이지 않은 것으로 여겨지는 것이 많다. 송재목(2007)의 직접 지식의 '-더-'와 '-네', 간접 지식의 '-겠-', 보고의 '-대'에서는 선어말어미와 어말어미에 걸친 형식들이 확인된다. 정인아(2010)의 감각적 증거의 '-더-', '-네', '-군/구나', '-길래', 추론의 '-겠-', '-군/구나', '-(은)ㄴ가/았나/나 보-', '-(으)ㄴ/는/(으)ㄹ 모양이-', 보고의 '-고 (말)하-'에서는 선어말어미와 어말어미 외에도 연결어미, 우언적 구성, 그리고 어휘적 요소에 걸친 형식들이 논의되었다. 김진웅(2012)의 직접의 '-더-', '-네', 추론의 '-지', 보고의 '-대(래, 재, 내)' 또한 마찬가지이다. 논의된 형식들이 증거성의 의미를 가지는 것을 부인할 수는 없지만 일차적으로 오롯이 증거성만을 위해 사용되는지에 대해서는 의문이 있다. 한편 추론 증거성만을 주제로 '-겠-', '-을 것이-', '-은가/나 보-', '-은/는/을 모양이-'에 대해 상세히 논의한 연구는 정경미(2016) 참고.

것 같-', '-ㄴ/ㄹ 듯하-', '-ㄴ/ㄹ 듯 싶-', '-ㄴ/ㄹ 모양이
-', '-ㄹ 성 싶-'
- 가능성: '-ㄹ 뻔했-', '-ㄹ 수도 있-', '-ㄹ지 모르-'
ㄴ. 당위 양태: 사태의 바람직함에 대한 판단을 나타냄. 또는
사태의 발생 책임이나 권리가 사태 태의 특정 참여자에
게 있음을 나타냄
- 의무: '-어야 하-', '-어야 되-'
- 허락/허용: '-ㄹ 수 있-', '-어도 되-', '-어도 좋-'
ㄷ. 동적 양태: 사태의 발생 가능성을 좌우하는 원인이 사태
내부의 참여자에게 있음을 나타냄
- 능력: '-ㄹ 만하-', '-ㄹ 수 있-', '-ㄹ 줄 알-'
- 의도: '-고자 하-', '-ㄹ까 보-', '-ㄹ 셈이-', '-ㄹ 참이-',
'-려 들-', '-려 하-'
- 바람: '-고 싶-', '-기 바라-', '-면 좋겠-', '-었으면 싶-',
'-었으면 좋겠-', '-었으면 하-'
ㄹ. 감정 양태: 놀라움, 아쉬움, 후회, 두려움 등 명제에 대한
감정적 태도를 나타냄.
- 부정적: '-기 짝이 없-', '-ㄴ/ㄹ 노릇이-', '-ㄹ 지경이-'

(36)에는 국어의 양태 논의에서 거론될 만한 요소들을 유형에 따라
제시하였다. 이것을 제시한 목적은 양태 범주의 요소들을 총체적·결
정적으로 보이는 데 있는 것이 아니다. 문법상의 경우와 마찬가지로,
문장 의미를 분석할 때에 양태적 의미를 표시하는 여러 우언적 구성
들을 고려해야 한다는 점을 말하기 위한 것이다. 다양한 우언적 구성
들의 존재는 낮은 문법화의 정도를 방증할 뿐 문법론에서의 논의 대
상으로서의 낮은 가치를 증명하는 것은 아니다.

이러한 우언적 구성들이 사용된 경우 복문 구조로 분석해야 한다고
생각할 수 있다. 특히 그동안 보조용언의 통사적 지위와 관련된 논의
에서 이들을 상위문의 서술어로 볼 것인지의 여부에 대한 논의가 많

았는데 양태를 나타내는 정도가 강할수록 상위문의 서술어로 보기 어렵다. 이들은 문장의 구조를 바꾸지 않으므로 독자적인 절을 형성하지 않는다고 보는 것이 합리적이다(임동훈 2003: 147). 따라서 일률적으로 상위문의 서술어로 처리하기는 어렵다.

첨가토의 마지막은 부정이다. 부정은 명제에서 부정 부사 '안' 또는 '못'을 서술어에 선행시키거나, 양상에서 '-지 않-', '-지 못', '-지 말-' 등의 우언적 구성을 사용하는 방법이 있다. 여기서는 후자가 논의 대상이다. 일반적으로는 평서문(감탄문 포함)과[134] 의문문에서 의지 부정으로 '-지 아니하(않)-'이 쓰이고, 능력 부정으로 '-지 못하'가 쓰인다. 청유문과 명령문에서는 의지 부정과 능력 부정의 구분 없이 '-지 말-'이 사용된다(이관규 2002ㄱ: 301).

그러나 이것은 일반적인 관찰이며, '-지 말-' 뒤에는 '집에 가지 말까?'에서의 '-ㄹ까'나 '집에 가지 말걸.'에서의 '-ㄹ걸'과 같은 의문형 어미나 평서형 어미도 결합할 수 있다(김선영 2005: 334-335). '말-'이 포함된 구성은 주어진 동작(또는 상태 변동)과 관련된 의지의 양상이나 제어가능성의 가정이 개재되는데(이정민 1977: 107), 이 점이 화자의 청자에 대한 요구인 청유문과 명령문에 부합해 사용되는 것이며 다른 맥락에서의 쓰임이 없는 것은 아니다.

또한 '그녀의 얼굴은 수척하다 못해 창백했다.', '막내가 참다 못하고 팩 쏘아붙였다.', '왜곡보도를 견디다 못한 나는 여러 차례 항의했다.' 등에서 볼 수 있듯이 종속절 구성에서만 사용되는 '-다 못하-'의 사례도 있다(진가리 2014). 이렇듯 서술어에 결합하여 부정을 표시하는 형식들에 대한 종합적인 검토도 필요하다. 한편, 부정은 기본적으로

---

134) 감탄문을 독립시키지 않고 평서문에 포함하는 이유는 임동훈(2011ㄱ: 3.2절) 참고.

명제 단위의 문제이므로(박철우 2013ㄱ: 149), 부정문의 중의성 문제는 정보구조상의 초점으로 논의되어야 한다.

(37) 부정 표시 형식(이관규 2002ㄱ: 301; 진가리 2014)
ㄱ. 평서문, 의문문의 의지 부정: '-지 아니하(않)-'
ㄴ. 평서문, 의문문의 능력 부정: '-지 못하-'
ㄷ. 청유문, 명령문의 부정: '-지 말-'
ㄹ. 기타 부정 표시 형식: '-다 못하-'

다음으로는 필수토에 대해 논의한다. 필수토는 적절한 문장이 성립되기 위해서 해당 범주의 어느 한 요소가 반드시 나타나야 하는 것으로, 시제, 상대 존대, 문말 서법이 해당된다. 상대 존대와 문말 서법은, 문장이 서술형식의 완결성을 갖는 데 중요한 역할을 하는 종결어미에 혼합되어(amalgamated) 나타나는 특징이 있다. 시제가 표시되지 않은 소위 '절대문'이 있지만, 의미적 정합성을 갖지 못하므로 시제가 필수적이라는 기술에 문제가 되지는 않는다.

국어의 시제 체계를 이분 체계로 볼 것인지 삼분 체계로 볼 것인지는 미래 시제의 설정 여부에 달려 있다. '-겠-'과 '-을 것이-'가 발화시 이후의 사태를 나타내지 않는 경우가 많고 추측이나 의도 등 양태적 의미를 가진다는 점을 들어 미래 시제를 부인하는 경우가 있다. 그러나 문법 요소의 다의성을 인정한다면 '-겠-'과 '-을 것이-'가 미래 시제 형식이면서 다의성을 가진다고 설명하는 것이 합리적이다(홍종선 1989; 홍종선 2008; 박진호 2011ㄱ).[135]

---

135) 홍종선(1987)에서는 고대 국어에서부터 현대 국어에 이르는 자료를 검토하여 국어는 과거·현재·미래의 시제가 분별되어 있음을 논의하였다. 다만 실현 형식이 체언화어미 '-n·-m·-ㄹ'에서 문장의 서술화에 따른 변화를 겪었고, 지금에 이른 것이라고 하였다.

한편 선어말어미인 '-더-'와 '-리-'의 경우는 양태나 서법 관련 논의에서 주로 다뤄졌는데, 본 연구에서는 시제 범주로 다룬다. 중세 국어 시기에 비하면 역할이 많이 축소되었고 또 양태나 증거성 등의 부가적인 의미를 가지고 있지만 '-더-'와 '-리-'는 여전히 과거와 미래를 표시한다고 보는 것이 낫다(홍종선 2008: 112-114). 기본적으로 '-더-'는 발화시 이전(박진호 2011ㄴ: 15),136) '-리-'는 발화시 이후의 사태를 일관되게 표시하기 때문이다.

홍종선(2008)에서 다뤄진 예인 '어제는 비가 많이 오더라.', '나도 이제 책을 읽으리라.'와 같은 예문을 시제가 없는 문장이라고 보면 설명이 어려워진다. 이들은 시간에 관한 서술성이 표시되지 관념적 진술, 소위 절대문과 같은 유형의 의미로는 해석되지 않는다. 또한 '-었더-', '-겠더-', '-었으리-', '-을 것이리-' 등의 복합 형식이 가능한 것을 볼 때, '-더-'와 '-리-'는 다른 시제 요소 뒤에서 양태나 증거성과 같은 의미를 갖는다고 설명이 가능하다.137)

이러한 특성은 시제 요소인 '-었-'이나 '-겠-', '-을 것이-'도 마찬가지이다. 이들은 과거와 미래를 표시하면서도 다른 시제 요소 뒤에서 '결과상', '개연성', '확실성'을 표시한다고 처리하면 되는 것이다. 즉

---

136) 박진호(2011ㄴ: 15 각주 1번)에서는 '(일정표를 보니) 내일은 영이가 발표를 하더라.'에서 '-더-'가 발화시 이후의 사태도 나타낼 수 있는 것처럼 보이지만, 이 때 '-더-'의 작용역(scope)에 들어오는 것은 '내일 영이가 발표를 할 예정'이라는 과거 사태라고 하였다.

137) '-더-'의 의미에 대해, 장경희(1985), 박재연(2006)에서는 '과거 지각'을, 고영근(2007), 홍종선(2008)에서는 '회상법'을, 송재목(2007), 김진웅(2012)에서는 '직접(지식)'을, 박진호(2011ㄴ)에서는 '의외성과 직접 증거 및 직접 지식의 증거성'을 거론하였다. 한편 '-리-'의 의미에 대해, 고영근(2007)에서는 '추측법'이라고 하였고, 박재연(2006)에서는 '개연성 판단'의 인식 양태와 '의도'의 행위 양태적 의미를 갖는다고 하였다. 이렇듯 '-더-'와 '-리-'가 다양한 의미를 갖지만 기본적으로는 과거와 미래를 표시하는 것으로 본다.

시제 범주에 속하는 요소들은 기본적으로 각자의 시제를 표시하는 기능을 가지지만 부차적으로 양태나 증거성 또는 문법상 등을 표시할 수 있고, 다른 시제 요소 뒤에 나타날 때에는 시제 표시 기능은 제한되고 부차적인 의미들이 부각된다고 본다.

> (38) 시제 표시 형식(홍종선 2008; 홍종선 2009ㄷ; 박진호 2011ㄱ)
> ㄱ. 과거: '-더-', '-었-'
> ㄴ. 현재: '-느-', '-∅-'
> ㄷ. 미래: '-겠-', '-리-', '-을 것이-'

국어에는 시제가 없다는 주장이 간혹 있어 왔다. 그런데 이러한 주장들은 대체로 주변적인 용법을 바탕으로 하여 기본적인 용법을 부정하려 하는 입장이라 할 수 있다. 어떠한 사태를 표현할 때 필수적으로 사용되는 문법 형식이 무엇인지 관찰하기보다, 어떤 문법 형식이 필수적으로 오직 그 의미로만 사용되는가를 관찰함으로 인해서 주변적인 용법과 그에 따른 의미를 과도하게 해석한 것이다. 현대 국어는 분명한 시제 언어이다(박진호 2011ㄱ: 293).

다음으로 상대 존대에 대해 살펴본다. 상대 존대는 문말 서법과 혼합되어 종결어미에 실현된다. 그래서 복잡한 양상을 보인다. 등급 체계의 변화가 지속적으로 이루어지는 과정에 있고(권재일 1992: 124), 지역별, 연령별, 계층별 변이가 존재하기 때문에(홍종선 2009ㄴ: 9-12) 체계를 공시적으로 파악하기 어렵다. 쟁점은 체계를 일원적으로 세울지 이원적으로 세울지, 등급을 몇 단계로 나눌지, 국어 현실을 잘 반영하고 있는지 등으로 압축해 볼 수 있다.

현재 학교 문법에서 채택하고 있는 체계는 격식체의 아주높임(합쇼체), 예사높임(하오체), 예사낮춤(하게체), 아주낮춤(해라체)과 비격식체의 두루높임(해요체), 두루낮춤(해체/반말체)을 설정하는 이원적 체계이다.[138] 그러나 이에 대한 비판과 대안적 체계 수립을 제안한 연구가 매우 많다.[139] 여기서는 새로운 체계를 제안하지는 않고 상대 존대의 등급에 청자 자질과 함께 화자 자질을 고려하여 일원적 체계를 제시한 임동훈(2006)의 견해를 수용하고자 한다.

기존의 체계로 논의하는 이유는 두 가지이다. 첫째는 현실적으로 많이 쓰이지 않으며 문어 환경에 제한된다는 비판을 받는 하오체와 하게체의 위상에 대한 이견이 다양하고, 필자도 모어 화자로서 판단해 보건대 등급 체계에서 폐기되어도 좋을 정도로 지위를 상실했는지 확신하기 어렵기 때문이다. 둘째는 여러 연구들에서 체계로 편입시키고자 하는 하세요체에서 청자 존대 용법의 '-시-'를 종결어미에 융합된 것으로 볼 수 있을지 회의적이기 때문이다.

임동훈(2006: 308)에서는 대부분의 상대 존대 논의에서는 [청자상위], [청자하위]의 개념으로서 청자를 얼마나 높이 대우할 것이냐에만 초점을 두었지만, 상대 존대에서는 화자의 지위가 간접적으로 드러날 수밖에 없으므로 [화자상위], [화자하위]와 같은 화자의 측면도 고려해야 한다고 하였다. 명명에서 드러나듯이 '상대 존대' 범주는 화자와 청자 간의 상대적인 지위를 고려하는 것이 문법적 형태로 표시되는 것이므로 이러한 견해는 타당한 것이라 하겠다.

---

138) 이는 성기철(1970), 서정수(1984: 39)에서 제안한 것과 동일하다(이관규 2002 ㄱ: 275).

139) 일례로 홍종선(2014: 26-68)에서는 이 체계가 오늘날의 언어 현실과 많은 거리가 있고 격식체와 비격식체를 나누는 체계가 별 의미가 없다고 하면서 '하십시오, 하세요, 해요, 해, 해라' 다섯 등급의 일원적 체계를 제안하였다. 그리고 문어체의 '하시오'는 구어체의 '하세요'에 포함시키고, 부가적으로 '하오'와 '하게'를 다룰 수 있을 것으로 보았다. 한편 지금까지 다양하게 제안된 상대 존대 체계에 대한 논의는 남기심·고영근(1993: 12.3.2절), 이정복(1998), 김태엽(2007: 162-171) 등 참고.

아래 (39)에서, 합쇼체는 [+청자상위], 해요체와 하오체는 [-청자하위], 하게체와 반말체는 [-청자상위], 해라체는 [+청자하위]이다. 청자 자질만으로는 합쇼체와 해라체가 분명히 구분되고 해요체와 하오체, 하게체와 반말체는 한데 묶인다. 여기에 화자 자질을 추가로 고려하면 모든 등급이 구별된다. 격식 자질은 격식성과 관계되는 부차적인 자질로 간주한다(임동훈 2006: 311-314). 물론 격식이라는 개념이 그리 뚜렷한 것은 아니다(홍종선 2009ㄴ: 21-23).

(39) 상대 존대의 등급 체계와 자질(임동훈 2006: 311)
ㄱ. 합쇼체: [+청자상위], [-화자상위], [+격식]
ㄴ. 해요체: [-청자하위], [-화자상위], [-격식]
ㄷ. 하오체: [-청자하위], [-화자하위], [+격식]
ㄹ. 하게체: [-청자상위], [-화자하위], [+격식]
ㅁ. 반말체: [-청자상위], [+화자상위], [-격식]
ㅂ. 해라체: [+청자하위], [+화자상위], [+격식]

등급 체계를 어떻게 설정할 것인지에 대한 논란은 여전히 진행 중이다. 하지만 현 맥락에서 중요한 것은 설정된 등급의 종류와 체계가 아니라, 명령문과 의문문에서 확연히 드러나는 화자의 청자에 대한 상대적 존대 의사가 언표 문장의 의미 분석에 고려되어야 한다는 점이다. 상대 존대의 체계가 어떠한 방식으로 변화해 가든, 상대 존대를 표시하는 형식이 어떠한 특성을 보이든, 그것이 담고 있는 화자와 청자 간의 관계적 특성을 밝힐 수 있으면 된다.

마지막으로 논의할 것은 문말 서법이다. 위에서는 양태와 서법을 구별하면서, 굴절형으로 실현되면서 화행과 관련되거나 필수성을 동반하는 경우만을 서법으로 인정한다고 하였다(임동훈 2008: 214). 종결어미에 의해 실현되는 문말 서법은 특정한 화행 유형 및 문장 유형과 관련된다. 많은 선행 연구들에서는 논의하는 입장에 따라 다양한 용어를 사용해 왔는데[140] '청자에 대한 화자의 문장 진술 태도'라는 정의 자체는 크게 다르지 않은 것으로 보인다.

화행 유형과 문장 유형, 문말 서법은 구별될 필요가 있다. 박진호 (2011ㄱ: 317-318)에서는 양태와 서법의 관계처럼 화행 유형과 문장 유형이 의미 범주와 문법 범주로서 짝을 이룬다고 하면서, 양태/서법과 문장 유형은 별개의 범주로 구별하는 것이 보통이라고 하였다. 또한 문장 유형을 서법에 포함시키는 견해도 있으나 이에 대해서는 비판적인 견해가 우세하다고 하였다. 본 연구에서도 소위 평서문, 감탄문, 경계문, 약속문 등과 평서법을 구별한다.

Lyons(1977: 16.2절)에서는 진술(statement), 명령(command)는 화행의 한 종류이고, 평서문(declarative), 명령문(jussive)은 문장의 한 종류이며, 직설법(indicative), 명령법(imperative)은 서법의 한 종류라고 구별하였다(임동훈 2008: 213). 부연하면, 국어의 진술 화행은 전형적으로 평서문과 관련되고 문말 서법으로는 평서법이며 '-다'로 표시된다. 또 약속 화행은 약속문과 관련되지만 문말 서법으로는 평서법이며 '-마', '-ㄹ게', '-ㅁ세'로 표시된다.

국어의 문말 서법을 분류하는 기준으로는 두 가지가 고려된다. 임동훈(2011ㄱ: 327)에서는 "첫째, 직접인용절뿐만 아니라 간접인용절에도 나타날 수 있어야 한다(남기심 1971). 간접인용절은 상대경어법이 중화된 무표적 표지가 나타나므로 순수한 문형 표지라면 이 자리에도 나타날 것으로 기대된다. 둘째, 상대경어법이 나타나는 자리에서는 높

---

140) 문체법, 서법, 의향법, 문장종결법 등이 사용된 바 있다(임동훈 2011ㄱ: 328- 329).

임, 중간, 안높임의 세 화계에 두루 나타나는 것을 우선적으로 고려한다(남기심 2001: 386,387)."라고 하였다.

임동훈(2011ㄱ: 327)의 이 진술은 사실 문장 유형을 분류하는 기준으로 꼽은 것이다. 그런데 문장 유형과 문말 서법을 구별하는 본 연구의 관점에서 보면 위의 두 가지는 문말 서법을 구분하는 기준이다. 이를 고려하여 (40)과 같이 높임 등급(합쇼체)와 중간 등급(하오체, 하게체), 안높임 등급(해라체)에 체계적 대립이 두루 확인되고, 간접 인용 구성에서도 대립이 유지되는 점을 고려하여, 꽉 짜인 체계를 가진 범주로서의 문말 서법을 설정할 수 있다.

> (40) 문말 서법의 유형과 등급별 실현 형식(임동훈 2011ㄱ: 327)
> ㄱ. 평서법: 높임 '-습니다', 중간 '-소/으오, -네', 안높임 '-다',
> 　　간접 인용 '-다고'
> ㄴ. 의문법: 높임 '-습니까', 중간 '-소/으오, -나, -은가', 안높
> 　　임 '-냐', 간접 인용 '-냐고'
> ㄷ. 명령법: 높임 '-십시오', 중간 '-소/으오, -게', 안높임 '-라',
> 　　간접 인용 '-라고'
> ㄹ. 청유법: 높임 '-십시다', 중간 '-읍시다, -세', 안높임 '-자',
> 　　간접 인용 '-자고'

이상과 같이 문말 서법은 평서법, 의문법, 명령법, 청유법 네 가지를 설정하며, 이들은 다양한 문장 유형 및 화행 유형과 관계를 맺는 것으로 본다. 문말 서법과 문장 유형과의 관계만 따져보자면, 평서법은 평서문, 감탄문, 경계문, 약속문 등과 관련되며(임동훈 2011ㄱ: 333- 340), 의문법은 의문문과, 명령법은 명령문, 기원문('-소서'), 청유법은 청유문과 관련된다. 이들은 또한 단언, 지시, 언약, 정표, 선언 등의 여러 화행 유형(Searle 1969)과 관련된다.[141]

4.1.3. 매개 분석

명제와 양상에 비하면 매개는 하나의 의미 단위로 설정하는 것에 대해 이견이 있을 수 있고 고려할 사항도 상대적으로 적다. 그런데 문장의 어떤 구성 요소는 한편으로는 명제와 양상에 포함되지 않으면서 다른 한편으로는 때에 따라 양상의 요소들과 관련을 맺는 특징을 보이기도 한다. 따라서 문장의 의미 단위 사이의 상호 긴밀성을 높이면서 전체 문장의 의미에 기여하는 매개를 둘 중 하나로 귀속시키지 않고 독립적으로 설정할 필요가 있다고 본다.

매개에는 부정 부사어와 양태 부사어, 문장을 연결할 때의 접속 부사어 등 세 종류의 부사어와 감탄어 독립어, 호칭어 독립어, 제시어 독립어 등 세 종류의 독립어가 포함된다. 한정 대상이 다양한 부사어 중에는, 명제 전체를 한정하거나 문장을 연결하는 데 쓰여 그 자신은 명제에 포함되지 않는 것이 매개에 해당한다. 그리고 독립어는 그 자체가 서술어와 무관하다는 점에서 설정된 문법 관계로서, 서술어가 중심을 이루는 명제 내용에 기여하지 않는다.

'철수는 밥을 먹지 않았다.', '철수는 밥을 안 먹었다.'에서 확인되듯이 부정 부사어는 양상의 부정과 기능이 동일하다. 다만 서술어에 결합하는 것이 아니라는 통사적 특성으로 말미암아 매개로 분류되었다. 그리고 '철수는 밥을 먹을 것 같다.', '아마도 철수는 밥을 먹을 것 같다.', "아마도 철수는 밥을 먹는다.', "아마도 철수는 밥을 먹다.'에서 확인되듯이 양태 부사어는 양상의 양태와 관련되고 경우에 따라 호응을 보이지만 대체 가능한 관계는 아니다.

---

141) 그런데 Searle(1969)의 화행 유형 분류에 대해서도 반론이 많고, 또한 각각의 화행의 하위에 설정되는 화행 유형이 너무나 다양하여 여기서는 다루지 않는다.

'철수는 밥을 먹었다. {그리고, 그러나, 그런데도, ...} 영희는 떡을 먹었다.'에서 두 문장을 연결하는 접속 부사어 '그리고, 그러나, 그런데도' 등은 두 문장의 명제 내용을 구성하지 않으며 양상과도 관련이 없다. 한편 감탄어 독립어는 화자의 특정한 감정이나 태도를 나타낸다. 호칭어 독립어는 지정수신인을 지목하여 부르는 것이다. 그리고 제시어 독립어는 청자의 주의와 관심을 환기시킨다. 이들은 모두 화자 또는 청자와 관련되는 화맥적 특성을 가진다.

이렇듯, 매개에 해당하는 요소들은 기본적으로 명제 내용을 구성하지 않는다는 공통점을 가지고 있다. 이들은 문장의 필수적인 의미 단위가 아니고 명제에 포함되지는 않지만, 나타날 경우 저마다의 특수한 역할을 수행한다. 부정 부사어와 양태 부사어는 명제 내용을 특수하게 한정하며, 접속 부사어는 문장 사이를 논리적으로 연결하는 기능을 가진다. 그리고 다양한 독립어들은 화자나 청자와 관계된 의미를 나타내며 양상 요소들과 호응을 보이기도 한다.

(41) 매개 분석의 내용
　　ㄱ. 부정 부사어, 양태 부사어, 문장 접속 부사어의 의미
　　ㄴ. 감탄어 독립어, 호칭어 독립어, 제시어 독립어의 의미

4.1.4. 구성 요소의 문맥적 변이 의미 분석

지금까지 언표 문장 의미를 구성하는 명제, 양상, 매개의 분석에 관해 논의하였다. 명제 분석은 서술어를 중심으로 하여 논항과 수식어의 모든 의미적 특성을 규명하는 것이고, 양상 분석은 문법적 어사의 의미를 규명하는 것이라고 보았다. 이러한 내용은 어사의 기본적 의미를 고려한 것이었는데, 언표 문장의 의미 분석에서 문법 관계와 어

사의 기본적 의미만큼 중요한 것은 어사들이 결합할 때 발생하는 문맥적 변이 의미, 즉 문맥적 이의(異義)일 것이다.

그러므로 문법 관계 및 어사들이 결합하는 문맥적 환경에 따라 변이되는 의미 또한 고려해야 한다. 사실 모든 의미는 전체 속의 부분으로서, 맥락 의존적으로 파악되는 '이의'이다.142) 기본적 의미는143) 이의를 의미적 유연성과 배타적 분포를 기준으로 구별한 후 그 중에서 기본적인 것으로 선별된 것일 뿐이다. 기본 의미와 변이 의미, 그리고 의소에 대한 다른 입장들이 있지만 여기서 다루지는 않기로 하고, 이의가 잘 분석되어 있는 예들로 논의한다.144)

언표 문장의 문맥적 의미는 구성 요소들의 개별적 의미와 그들이 결합하면서 실현되는 구성적 의미 또는 관계적 의미들의 총합으로 구성된다. 그러므로 문장 분석은 하향식으로, 의미 구성은 상향식으로 이루어진다. 물론 분석된 단위들이 서로 맺어지는 경우의 수는 무한하므로 모든 경우를 상정할 수는 없다. 하지만 문맥적 의미 변이의 환경을 문법 관계 층위와 어사 층위로 나누어 볼 수 있고, 그 하위에 서로 다른 두 가지씩의 유형을 더 구분할 수 있다.

---

142) 단어의 의미가 맥락의 영향 속에 있다는 것을 강조한 최근 논의는 강범모(2014) 참고.

143) 기본 의미라는 용어 대신, 이론적 배경이나 특정하게 설정된 전제에 따라서 중심 의미, 원형 의미, 최초 의미 등의 용어들이 사용되기도 한다. 기본 의미는 파생 의미에 대비되고, 중심 의미는 주변 의미에, 원형 의미는 확장 의미에 대비된다. 한편 최초 의미는 여러 이의들 가운데 가장 처음으로 사용된 의미를 가리킨다. 최초 의미와 이미지소(imageme)라는 개념으로 다의 확장을 설명한 논의는 이정식(2003) 참고.

144) 기본 의미와 의소 설정에 관한 용법설, 기본의미설(추상의미설), 다의성설에 관한 논의는 김민수(1981: 27-29), 최호철(1993ㄱ: 37-43, 1995ㄹ) 참고. 또한 의미 분석 과정을 체계적으로 절차화한 논의는 최호철(1993ㄱ: 77)과 남경완(2008: 73) 참고.

(42) 문맥적 의미 변이의 환경

　ㄱ. 문법 관계 층위

　　① 수식어 - 피수식어

　　② 논항 - 서술어

　ㄴ. 어사 층위

　　① 어휘적 어사 - 문법적 어사

　　② 문법적 어사 - 문법적 어사

문법 관계 차원에서는 수식어와 피수식어의 결합, 그리고 논항과 서술어의 결합에 따른 의미 변이를 구분할 수 있다. 어사 차원에서는 어휘적 어사와 문법적 어사의 결합, 그리고 문법적 어사와 문법적 어사의 결합에 따른 의미 변이의 사례를 구분할 수 있다. 적게는 하나(단의어)에서 많게는 30-40개(다의어)가 넘는 복잡한 어휘 의미의 양상을 모두 보일 수 없고 그것이 목적은 아니므로 문맥적 결합 환경에서 나타나는 의미 변이의 사례들을 살펴본다.145)

(43) 수식어와 피수식어의 결합

　ㄱ. 긴 연필 : '물체의 두 끝이 서로 멀다'의 뜻

　　긴 세월 : '시간상의 한 때에서 다른 때까지의 동안이 오래다'의 뜻

　ㄴ. 갈라진 틈 : '벌어져 사이가 난 자리'의 뜻

　　공부할 틈 : '시간적인 여유'의 뜻

　ㄷ. 아주 쉽다 : '보통 정도보다 훨씬 더 넘어선 상태로'의 뜻

　　아주 없어졌다 : '어떤 행동이나 작용 또는 상태가 이미

---

145) 어사가 보여주는 다의성이 맥락적으로 확인되는 것임을 강조하고, 맥락의 조정 현상을 '일시적 조정'과 '의의 확립'으로 나누어 다의성의 유형을 설정한 논의는 최경봉(1999) 참고. 또한 어사의 다의적 쓰임에 단어의 의미 구성 정보 및 어휘 체계가 관여한다는 점을 고찰한 논의는 최경봉(2000ㄱ) 참고. 한편, 아래 예들에서 제시된 뜻은 「표준국어대사전」의 뜻풀이를 가져온 것이다.

완전히 이루어져 더 이상 어찌할 수 없는 상태로'의 뜻
ㄹ. 죽다가 살았다 : '생명을 지니고 있다'의 뜻
행복하게 살았다 : '생활을 영위하다'의 뜻

(44) 논항과 서술어의 결합
ㄱ. 밥을 먹다 : '음식 따위를 입을 통하여 배 속에 들여보내
다'의 뜻
가스를 먹다 : '연기나 가스 따위를 들이마시다'의 뜻
ㄴ. 사람이 살다 : '생각을 하고 언어를 사용하며 도구를 만
들어 쓰고 사회를 이루어 사는 동물'의 뜻
사람이 좋다 : '인격에서 드러나는 됨됨이나 성질'의 뜻

(45) 어휘적 어사와 문법적 어사의 결합
ㄱ. 걷고 있다 : 행위(activity) 동사 + 연속상 → 진행
재채기하고 있다 : 순간(semelfactives) 동사 + 연속상
→ 반복
알고 있다 : 상태(states) 동사 + 연속상 → 상태
ㄴ. 알아 가다 : 상태(states) 동사 + 상성상(변화상) → 상
태변화
죽어 가다 : 성취(achievement) 동사 + 상성상(변화상)
→ 진행

(46) 문법적 어사와 문법적 어사의 결합(홍종선 2008: 114-115)
ㄱ. 비가 많이 왔었다 : 과거 시제 뒤의 '-었-'은 완망상
ㄴ. 비가 많이 왔었겠다 : 과거 시제와 완료 뒤의 '-겠-'은 인
식 양태
ㄷ. 비가 자주 오더라 : '-더-'는 과거 시제
ㄹ. 비가 많이 오겠더라 : 미래 시제 뒤의 '-더-'는 인식 양태
ㅁ. 비가 많이 왔었겠더라 : 과거 시제 뒤의 완망상, 인식 양
태, 인식 양태

(43)에서는 관형어와 명항사, 부사어와 서술어의 결합 관계를 통해 '길-', '틈', '아주', '살-'의 의미 변이의 예를 보였고, (44)에서는 객어와 서술어, 주어와 서술어의 결합 관계를 통해 '먹-'과 '사람'의 의미 변이의 예를 보였다. (45)에서는 서술사의 어휘상적 특성에 따라 진행이나 상태변화의 의미 외에 반복이나 상태, 진행의 의미가 나타남을 보였다. (46)에서는 기본적으로 시제를 표시하는 '-었-', '-겠-', '-더-'가 상이나 양태 의미로 변이됨을 보였다.

관형어와 부사어의 의미는 후행하는 명항사와 서술어에 따라 변이되고, 명항사의 의미는 선행하는 관형어와 부사어의 의미에 따라 변이된다. 경우에 따라 더 넓은 문맥을 고려해야 할 필요가 있을 수 있지만 기본적으로 수식어와 피수식어, 논항과 서술어는 상호적으로 영향을 주고받는다. 또한 문법적 어사는 다른 어휘적 어사와 문법적 어사의 의미 특성에 따라 기능을 달리할 수 있고, 본래의 문법 범주가 아닌 다른 문법 범주의 의미를 나타낼 수도 있다.

이러한 의미 변이는 어휘적 어사와 문법적 어사가 공히 다의적일 수 있음을 보여준다. 한 어사의 다양한 이의는 모두 동등한 가치를 가진다. 그러나 그 가운데에서도 다른 이의의 출현을 설명하기 용이하고 빈도가 높아서 출현 제약이나 의미 환경의 영향을 적게 받는 것을 기준으로 기본 의미를 설정한다(최호철 1995ㄹ: 88-92). 그것이 의미 기술에 있어서의 편의성과 이해를 도모하는 데 유리하고 의미 확장이라는 경험적 사실에 부합하기 때문이다.

일찍이 Ullmann(1962: 159-167)에서는 다의어의 생성 요인으로 적용의 전이, 사회 환경의 특수화, 비유적 언어, 동음어의 재해석, 외국어의 영향 등 다섯 가지를 지적한 바 있다. 물론 더 다양한 요인을 찾을 수도 있지만, 근본적으로 다의어를 발생시키고 이의 사이의 유연성을 보장하는 인지적 기제는 유사성에 의한 은유와 인접성에 의한 환유이다 (김민수 1981: 50; 최호철 1993ㄱ: 28). 즉 의미 변이는 비유적 언어 사용을 통해 이루어지는 것이다.146)

비유의 종류로는 은유, 환유, 제유 등 여러 가지가 거론되는데 Jakobson and Halle(1956)에서는 은유와 환유를 대별하였다. 이후의 많은 논의들에서 은유와 환유를 대비시켜 다룬다.147) 화자가 본래 나타내고자 하는 개념을 원관념(tenor)이라 하고 화자가 원관념을 나타내기 위해 사용하는 개념을 보조관념(vehicle)이라 할 때, 은유와 환유는 이 둘 사이의 유사성과 인접성으로 구별된다. 이러한 유사성과 인접성은 의미적 유연성(motivation)의 근간이다.

이상으로써 구성 요소의 문맥적 변이 의미의 유형을 은유적 의미와 환유적 의미로 나누고, 각각이 언표 문장 의미에 사상되는 경우를 구별할 수 있다. 문맥적 변이 의미가 사상된 언표 문장의 의미는 어사들이 갖는 기본적 의미의 결합만으로는 적절한 의미를 해석할 수 없다. 즉, '철수가 나이를 먹었다.'라는 문장에서 '나이를 먹-'이라는 구성 내에서의 '먹-'의 은유적 의미가 아닌 음식을 섭취한다는 기본적 의미만 고려해서는 적절한 의미를 해석할 수 없다.

---

146) 비유적 언어 사용은 제한된 수의 어사를 활용하여 무한한 개념을 표현하기 위한 한 방책으로 이해할 수 있다. 문장에서도 비유적 의미가 확인된다. 오랜 기간 비유는 새롭고 기발한 언어 표현을 만들어내는 문학적 수사의 한 유형으로만 간주되어 왔다. 하지만 현대의 인지언어학에서는 비유를 일상적 언어뿐만 아니라 인간의 사고(개념 체계)에 편재해 있는 원리로서 규정한다(Lakoff and Johnson 1980; Johnson 1981 등).

147) 국내 논의로서 은유에 대한 개관은 박영순(2000), 김종도(2003), 환유에 대한 개관은 김종도(2005) 참고. 비유의 인지적 특성에 관한 종합적인 논의는 이종열(2003) 참고.

(47) 문장 구성 요소의 문맥적 의미 변이 유형

　　ㄱ. 구성 요소의 은유적 의미

　　ㄴ. 구성 요소의 환유적 의미

　먼저 언표 문장의 의미에 구성 요소의 은유적 의미가 사상되는 경우 (47ㄱ)를 논의한다. 즉 구성 요소의 은유적 의미가 문장 내의 맥락적 정보에 의해 발생하고 그것이 문장에 투영되어 의미가 해석되는 경우이다. 모든 다의적 어사의 이의는 문맥적 이의이거나 화맥적 이의인데, 화맥적 이의는 비유 외에도 화자의 의도나 사회문화적인 배경 지식 등이 작용하는 것이므로 여기서는 문맥적 이의가 고려 대상이 된다. '길'을 예로 들어 은유적 의미를 살펴보자.

(48) '길'의 기본적 의미와 은유적 의미(「표준국어대사전」)

　　· 기본적 의미: 사람이나 동물 또는 자동차 따위가 지나갈 수 있게 땅 위에 낸 일정한 너비의 공간 (예. 길을 따라 걷다.)

　　ㄱ. 물 위나 공중에서 일정하게 다니는 곳 (예. 이곳은 배가 다니는 길이다.)

　　ㄴ. 걷거나 탈 것을 타고 어느 곳으로 가는 노정(路程) (예. 시청으로 가는 길을 묻다.)

　　ㄷ. 시간의 흐름에 따라 개인의 삶이나 사회적·역사적 발전 따위가 전개되는 과정 (예. 내가 살아온 길은 영광스러운 것이었다.)

　　ㄹ. 사람이 삶을 살아가거나 사회가 발전해 가는 데에 지향하는 방향, 지침, 목적이나 전문 분야 (예. 근대화의 길에 들어서다)

　　ㅁ. 어떤 자격이나 신분으로서 주어진 도리나 임무 (예. 남편과 자녀를 위하는 것이 아니의 길이다.)

　　ㅂ. (주로 '-는/을 길' 구성으로 쓰여) 방법이나 수단 (예. 먹고 살 길이 막막하다.)

ㅅ. (주로 '-는 길로' 구성으로 쓰여) 어떤 행동이 끝나자마자 즉시 (예. 경찰에서 풀려나는 길로 나는 그 애를 따라 서울로 갔어.)

ㅇ. ('-는 길에', '-는 길이다' 구성으로 쓰여) 어떠한 일을 하는 도중이나 기회 (예. 그는 출장 가는 길에 고향에 들렀다.)

(48)에는 「표준국어대사전」에 기재된 의미 중, 일부 명사 뒤에 붙어 '과정', '도중', '중간'을 나타내는 접사로서의 의미를 제외한 나머지 9개를 보였다. '길'의 기본적 의미는 '육상의 행로'이다. 그리고 문맥적 요인들이 길의 특정한 속성과 상호적으로 은유를 일으켜 변이 의미가 발생한다. '길'이 은유되는 주요 특성은 길을 지나다니는 주체가 '지나온 길'과 '나아갈 길'이 연속된 '경로'를 통행한다는 것이다. (48)의 뜻과 연관시켜 정리하면 다음과 같다.

(49) '길'의 은유적 의미의 문맥 정보와 은유된 속성
ㄱ. (48ㄱ)의 '수상 또는 공중의 행로'의 뜻
    문맥 정보: 길을 지나다니는 주체. 예컨대 '배' 또는 '비행기'
    은유 속성: 경로를 '통행'한다는 속성
ㄴ. (48ㄴ)의 '목적지까지의 경로 또는 노정'의 뜻
    문맥 정보: 특정 목적지. 예컨대 '시청'
    은유 속성: 어떠한 곳에 이르는 '경로'로서의 속성
ㄷ. (48ㄷ)의 '지나온 과정'의 뜻
    문맥 정보: 과거 완망상의 규정토(관형형어미) '-ㄴ'
    은유 속성: 지금까지 이어져 온 '지나온 길'로서의 속성
ㄹ. (48ㄹ)의 '방향 또는 목적'의 뜻
    문맥 정보: 추상적 가치 또는 직업을 뜻하는 명항사 + 규정토(관형격조사) '-의', 또는 지향성을 갖는 표현. 예컨대 '강대국으로 가는,' '정상을 향한'
    은유 속성: 앞으로 '나아갈 길'로서의 속성

ㅁ. (48ㅁ)의 '도리 또는 임무'의 뜻

　문맥 정보: 자격 또는 신분을 뜻하는 명항사 + 규정토
　(관형격조사) '-의'

　은유 속성: 정해져 있는, 마땅히 '나아갈 길'로서의 속성

ㅂ. (48ㅂ)의 '방법 또는 수단'의 뜻

　문맥 정보: 현재, 미래의 규정토(관형형어미) '-는', '-ㄹ'

　은유 속성: 앞으로 '나아갈 길'로서의 속성

ㅅ. (48ㅅ)의 '바로 또는 즉시'의 뜻

　문맥 정보: 현재의 규정토(관형형어미) '-는' 또는 규정사
　(지시관형사) '그', 그리고 후행하는 계기적 사태의 서술

　은유 속성: 연속된 경로를 지나 지정된 방향의 '나아갈 길'로
　이어지는 속성(공간 개념의 시간 개념으로의 범주적 은유)

ㅇ. (48ㅇ)의 '도중'의 뜻

　문맥 정보: 현재의 규정토(관형형어미) '-는', 그리고 후
　행하는 위치토 '-에'

　은유 속성: 어떠한 곳에 이르는 '경로'로서의 특성

　이상과 같이 '길'이 갖는 이의들은 서로 다른 문맥에서 실현되고, 모두 기본적 의미의 특정 속성이 은유된 것이다. 이렇듯 해당 어사와 관계되는 특정한 문맥 정보를 참조하여 은유적 의미가 해석되고, 그것이 언표 문장의 문맥적 의미를 해석할 때에도 고려된다. 그러므로 맥락과 동떨어져 실현되는 은유적 의미라는 개념은 성립되지 않는다. '여행길'처럼 뚜렷한 맥락 없이 '과정'을 뜻하는 것 같은 경우에서도 선행 명항사라는 최소한의 맥락이 고려된다.[148]

　(50) 구성 요소의 문맥적인 은유적 의미 분석

　　ㄱ. 구성 요소의 실현 환경(문맥 정보) 분석

　　ㄴ. 문맥 정보를 통해 은유된 구성 요소의 속성 분석

---

148) 은유 표현에 사용된 어사의 역할과 해석 원리는 최경봉(1997), 최경봉(2000ㄴ) 참고.

다음은 언표 문장의 의미가 구성 요소의 환유적 의미가 사상되는 경우 (47ㄴ)이다. 환유의 유형은 다양하다. 대표적으로 부분-전체 환유, 생산자-생산품 환유, 대상물-사용자 환유, 통제자-피통제자 환유, 기관-책임자 환유, 장소-기관 환유 등이 거론된다(Lakoff and Johnson 1980: 35-40).[149] 환유는 국어에 비해 영어에서 더 활발하다고 한다(박진호 2016: 83). 몇 가지 사례에 대하여 구성 요소의 문맥 정보와 환유 속성, 배경 지식을 정리해 보였다.

(51) 환유의 유형별 사례와 각각의 문맥 정보, 환유 속성, 배경 지식
  ㄱ. 전체-부분: 머리→머리카락 (예. 긴 머리, 머리를 {깎다, 자르다})
    문맥 정보: 모발의 형상을 한정하는 관형어, 또는 모발에 영향을 미치는 서술어
    환유 속성: 신체 부분들 간의 물리적(공간적) 인접성
    배경 지식: 머리카락은 머리에 나고 다양한 형상을 보일 수 있으며 깎거나 파마하거나 영양을 주는 등 관리의 대상이 된다는 지식
  ㄴ. 생산자-생산품: 포드→포드에서 만든 자동차 (예. 나 포드 샀어.)
    문맥 정보: 생산품에 대해 적용될 수 있는 사고, 팔고, 빌리는 등의 다양한 서술어
    환유 속성: 생산자가 생산품을 만든다는 관계적 인접성
    배경 지식: 포드라는 회사에서 자동차를 전문적으로 생산한다는 지식
  ㄷ. 대상물-사용자: 버스→버스 운전기사 (예. 버스가 파업 중이다.)
    문맥 정보: 대상물을 운용하는 인간과 관련된 행위 서술어. 여기서는 '파업 중이-'

---

149) 환유의 분류에 관한 더 많은 논의는 김종도(2005: 2장) 참고.

환유 속성: 사용자가 대상물을 사용한다는 관계적 인접성

배경 지식: 버스 기사가 버스를 운전한다는 지식

ㄹ. 통제자-피통제자: 나폴레옹→나폴레옹의 군대 (예. 나폴레옹은 워털루에서 졌다.)

문맥 정보: 프랑스군과 영국·프로이센 연합군 간의 전투가 벌어졌던 '워털루'와 같은 지명

환유 속성: 통제자가 피통제자를 제어한다는 관계적 인접성

배경 지식: 워털루 지역에서 군대 간의 전투가 벌어졌다는 역사적 지식. (만약 이러한 지식이 충분치 못할 경우 환유적 의미로서가 아니라 언표적 의미로서 나폴레옹 개인이 워털루에서 패했다고 해석될 여지가 충분함.)

ㅁ. 기관-책임자: 정부→대통령 (예. 정부에서 고민 끝에 결정한 사안입니다.)

문맥 정보: 인간이 하는 여러 행위를 나타내는 서술어. 여기서는 '결정하-'

환유 속성: 책임자가 기관을 담당한다는 관계적 인접성

배경 지식: 정부의 책임자는 대통령이라는 지식

(51)에 제시된 내용들을 고려해 보면, 환유도 아무렇게나 유발되고 사용되는 것이 아님을 알 수 있다. 문맥에 의해 보조관념이 원관념을 지시할 수 있도록 하는 충분한 정보가 있고 그 표현을 이해할 수 있을 만할 때 가능한 것이다. 보조관념에 의해 부각되는 원관념의 속성을 제대로 파악하기 어려울 때에는 의미 해석에 어려움이 발생하거나 비유적 의미로서가 아니라 기본적 의미로서 해석될 가능성이 더 많이 있다. (51ㄹ)이 그러한 경우에 해당한다.

(52) 구성 요소의 문맥적인 환유적 의미 분석

    ㄱ. 구성 요소의 실현 환경(문맥 정보) 분석

    ㄴ. 문맥 정보로 환기되는 배경 지식 분석

    ㄷ. 환유를 통해 부각된 구성 요소의 속성 분석

4.2. 발화 문장 의미의 분석

발화 문장의 의미는 언표 문장의 의미, 구성 요소의 화맥적인 비유적 의미, 비언표적 의미를 발생시키는 화맥적 변인 등으로 구성된다고 하였다. 그리고 화맥적 변인은 다시 언표 문장의 화맥적 특성, 화자와 청자의 내면적 특성, 참여자 외의 상황적 특성으로 나눌 수 있다고 보았다. 이렇듯 발화 문장의 의미는 언표 문장의 의미에 가까운 것과 더 먼 것이 다양하게 실현될 수 있다. 분석 과정에서는 언표 문장의 의미에 가까운 것부터 차례로 고려한다.

그런데, 비언표적 의미를 드러내는 언표 문장의 화맥적 특성인 화시와 정보구조를 언표 차원의 것으로 보는 견해가 있다. 화시 표현의 지시체를 확인한 발화 문장의 의미를 언표적 의미나 그에 준하는 의미로 보는 것이다. 예컨대 발화 문장 '나는 너를 좋아해.'의 화시 표현의 지시체를 확인하고 해석한 의미를 소위 '외축(explicature)'으로 정의하는 견해가 있다. 이 외축은 화용론적 추론에 의한 명시적(explicit) 의미로 간주된다(강계림 2015ㄴ: 7).[150]

---

150) 명시적 의미와 암시적 의미라는 용어를 도입하는 강계림(2015ㄴ: 5-7)에서는 화용론적 추론을 배제한 '기본 의미'와, 화용론적 추론에 의한 명시적 의미인 '외축 의미'와, 화용론적 추론에 의한 암시적 의미인 '함축 의미'를 구분하면서,

이때 '분명하게 보여진다'라는 '명시적' 의미는 소위 제3의 의미가 아니라는 점을 고려한 것으로 보인다. 그러나 '기본 의미'와 '외축 의미'가 명시적인 것으로 묶일 수 있는지는 확실치 않다. '나는 너를 좋아해.'라는 문장의 "화자는 청자를 좋아한다."라는 언표 문장의 의미와 예컨대 "나(철수)는 너(영희)를 좋아해."라는 발화 문장의 의미는 통사 구조적 동질성은 있을지언정 의미적으로는 관련이 없다. 언표 문장의 의미에서는 명시된 것이 없기 때문이다.

한편 최호철(2011: 507-508)에서는 언표 담문의 의미를 분석하면서 언표 문장 간의 결속적 의미를 이루는 의미적 응집성의 구성 요소로 '신구 정보'와 '화제' 등을 들었다. 이는 언표 차원의 분석에서 정보구조적 특성이 고려되어야 한다는 것을 감안한 것으로 생각된다. 하지만 의사소통 상황에서 도입되는 어떤 개체의 정보적 지위를 고려하는 것은 참여자들에게 공유되고 있는 바를 다루는 것이므로, 언표 차원이 아닌 발화 차원의 문제일 것으로 여겨진다.

이렇듯, 실질적으로는 화맥과 결부된 문제이기는 하지만, 앞선 연구들에서 화시와 정보구조는 언표 문장과 관련을 맺는 것으로 논의된 점을 고려할 수 있다. 그러므로 화맥적 변인 중에서는 주어진 언표 문장에 의해 드러나는 화맥적 특성을 먼저 분석한다. 그리고 해당 발화 문장을 산출하고 이해하는 화자와 청자의 내면적 특성에 관한 것들을 분석하고, 다음으로 이들을 둘러싸고 있는 외부적 특성인 발화 장면과 사회문화적 배경지식을 고려하기로 한다.

구체적으로 논의될 사항으로, 화시는 인칭 화시, 시간 화시, 공간 화시를 살펴보고, 정보구조는 대표적인 화용적 관계인 주제와 초점에 대

'기본 의미'와 '외축 의미'를 명시적 의미라 하였다.

해 살펴본다. 그리고 화자와 청자의 내면적 특성으로는 자신에 대한 것과 상대방에 대한 것과 주어진 어떤 사태에 대한 것으로 나누어 보기로 한다. 그리고 참여자 외부의 특성인 발화 장면으로는 시간적 장면과 공간적 장면, 사회문화적 배경지식으로는 언어 공동체에서 공유되고 있는 사회문화적 관습을 다루어 볼 것이다.

[표 15] 발화 문장 의미의 분석 절차와 내용[151]

단 계	대 상	분 석 내 용
언표 문장의 의미 분석	언표 문장	[표 11] 참조
구성 요소의 화맥적 변이 의미 분석	구성 요소	구성 요소의 화맥적인 비유적 의미
언표 문장의 화맥적 특성 분석	화시적 표현	인칭 화시
		시간 화시
		공간 화시
	정보구조적 특성	주제
		초점
화자와 청자의 내면적 특성 분석	화자의 태도	화자 자신에 대한 감정, 판단
		청자에 대한 감정, 판단(지위, 나이, 친소 등)
		사태에 대한 감정, 판단
	청자의 태도	청자 자신에 대한 감정, 판단
		화자에 대한 감정, 판단(지위, 나이, 친소 등)
		사태에 대한 감정, 판단
참여자 외의 상황적 특성 분석	발화 장면	시간적 장면
		공간적 장면
	사회문화적 배경지식	언어 공동체의 상황별 사회문화적 관습

중요한 것은 언표 문장의 의미에 화맥적 변인이 결부되어 나타나는

---

151) [표 15]에 제시된 내용은 3.2절에서 논의되었다.

발화 문장의 의미 해석이 우리 인간의 추론에 의한다는 점이다. 실시간적 의사소통에서 참여자들은 인지 능력과 누적적으로 체화된 경험을 바탕으로 추론하여 발화의 의미를 해석한다. 이때 비언표적 의미, 즉 의도/함축된 것의 해석에 있어 Grice(1975)는 사회문화적으로 형성되어 온 관습이 고려되는지, 일시적인 대화 장면이 고려되는지에 따라 관습적 함축과 대화적 함축을 구분하였다.

의사소통에서는 추론을 통한 해석이 필연적으로 요구되는 함축에 대한 이해도 중요하다. 이에 화용론 분야의 연구에서는 자연스러운 의사소통의 대전제로서, 또한 함축의 이해 방식으로서 대화의 원리를 제안해 왔다. 대표적으로 Grice(1975)에서는 양, 질, 관계, 방식이라는 네 가지 격률을, Horn(1984)에서는 청자 기반의 양(Q)의 원리와 화자 기반의 관계(R)의 원리를, Sperber and Wilson(1986/1995)에서는 관련성(relevance)의 원리를 제안했다.

실상 이러한 의미 해석 원리들은 발화 문장의 의미를 해석할 때 주어진 언표 문장의 의미와 특정한 화맥적 변인을 연결 짓는 요인을 명시한 것이다. 의미 해석을 위한 '추론의 촉발 요인'을 나름대로 규정한 것이다. 즉 격률이나 원리는 독립적인 화맥적 변인이라기보다는 의미 해석의 수단이다. 어떠한 특성에 기반하여 발화 의미가 나타나는 것인지를 파악하는 과정과 관계가 있다. 그러므로 추론 자체는 발화 문장 의미 분석의 전 과정에 개입되는 것이다.

4.2.1. 구성 요소의 화맥적 변이 의미 분석

발화 문장의 의미 분석 과정에서 언표 문장의 의미 다음으로 고려해야 할 사항은 구성 요소가 갖는 화맥적 변이 의미이다. 이것이 발화 문장의 의미에 사상되어 언표 문장의 의미와는 다른 화맥적 의미가 해석될 수 있다. 구성 요소가 갖는 화맥적 변이 의미의 유형도 은유적 의미와 환유적 의미로 나눌 수 있다. 화맥적 변이 의미는 구성 요소의 기본적 의미나 문맥적 변이 의미만으로는 해석할 수 없고 관련된 사회문화적 배경지식 등을 알아야 한다.

(53) 문장 구성 요소의 화맥적 의미 변이 유형
   ㄱ. 구성 요소의 은유적 의미
   ㄴ. 구성 요소의 환유적 의미

어떤 발화 문장이 기본적 의미와 화맥적인 비유적 의미를 다 가진다고 할 때, 어떤 의미가 더 빈도가 높고 현저하게 인식되는지는 경우에 따라 다르며 정도적인 차이를 보인다. 예를 들어 '철수에게 보고서가 있다.', '철수에게 차가 있다.'(이상 기본적 존재 위치와 비유적 소유의 의미), '철수가 호랑이 굴에 들어갔다.'(기본적 이동 사건과 비유적 위험 상태의 의미), '철수가 손이 크다.'(기본적 물리적 크기와 비유적 씀씀이의 의미)의 의미들을 고려해 보자.

존재 위치와 소유의 의미를 갖는 위 문장에서 보고서와 차라는 대상물에 따라 전자는 존재 위치의 의미가 후자는 소유의 의미가 더 현저하게 해석된다. 한편 이동 사건과 위험 상태의 의미를 갖는 문장은 현대에 들어 일반인이 호랑이를 대면할 일이 거의 없으므로 비유적 의미가 더 현저하다. 물론 사육사나 호랑이 사냥꾼이라면 기본적 의미가 더 현저하다고 여길 수 있다. 반면 '손이 크다'의 경우는 두 의미가 모두 현저하여 우위를 따지기가 어렵다.152)

---

152) 화맥적인 비유적 의미는 대화 참여자의 언어적 경험 정도에 따라, 실시간적 의사

먼저 발화 문장의 의미가 구성 요소의 화맥적인 은유적 의미가 사상되어 드러나는 경우를 살펴본다(53ㄱ). 어사들이 결합된 구성의 의미가 다른 범주의 의미로 은유되고 그것이 발화 문장의 의미에 반영되는 경우이다. 다양한 화맥적 정보가 고려되므로 구성의 기본적 의미와 은유적 의미 간의 유연성에 대한 판단은 사람마다 차이가 있을 수 있다.153) 화맥적인 은유적 의미를 갖는 구성은 다양한데 여기서는 '존재 위치 > 소유' 은유의 경우를 다루기로 한다.

소유란, 소유주가 소유물을 지배하고 관리하며 처리할 수 있다는 것, 결국 소유주가 소유물에 대해 권능을 지닌다는 것을 의미한다(「현상학사전」의 '소유' 항목). 즉 소유는 소유물에 대한 소유주의 주체적 인식과 배타적 권한을 전제하는 개념이다. 그런데 어떤 위치에 대상이 존재하는 것과 의지적인 어떤 주체의 소유권 내에 대상(소유물)이 존재하는 것은 두 개체 사이에 성립되는 유사한 관계이며 이는 은유가 성립될 수 있는 조건이 된다(Heine 1997).

(54) 존재 위치와 소유를 나타내는 문장
　　ㄱ. 들판에 허수아비가 있다. 건물에 사람이 있다. 군부대에
　　　　병사가 있다.
　　ㄱ′. 철수의 손에 쓰레기가 있다. 철수의 손에 1등 당첨된 복

---

153) 소통 상황에서의 의미 해석을 위한 정보의 충분성 정도에 따라, 실세계와 관련된 배경 지식의 유무 여부 등에 따라서 의미 해석 가능성에 차이가 있을 수 있다. 예컨대 인터넷에서 종종 접할 수 있는 '콩 까지 마.'라는 표현은 "홍진호(前 e-스포츠 선수)를 비난하지 말라." 또는 "2등을 비난하지 말라." 정도의 의미로 사용된다. '콩'은 홍진호의 성인 '홍'을 은유한 것이고, 홍진호의 이름과 사람을 환유한다. '까'는 남의 결함을 들추어 비난한다는 속된 뜻을 가지고 있다. 이로써 '콩 까지 마.'라는 표현은 언표적인 "콩의 껍질을 벗기지 말라."가 아닌 "2등과 관련하여 많은 기록을 가진 홍진호 선수 또는 2등인 사람을 비난하지 말라."는 뜻으로 화맥적인 은유적 의미로 사용된다. 홍진호 선수와 그에 관한 지식을 알지 못하면 이러한 은유적 의미는 거의 파악하기 어렵다.

권이 있다.

ㄴ. 철수에게 보고서가 있다. 철수에게 쓰레기가 있다.

ㄴ′. 철수에게 자동차가 있다. 철수에게 5층짜리 빌딩이 있다.

ㄴ″. 철수에게 계획이 있다. 철수에게 영희를 향한 마음이 있다.

ㄷ. 인공지능 알파고에게 마음이 있다.

(54)에는 '무엇에(게) 무엇이 있다'라는 구성이 사용된 여러 문장을 제시하였다.154) (54ㄱ)은 명백하게 존재 위치 의미로 해석되는데, 조사 '-에'까지 완전히 동일한 구성의 (54ㄱ′)에서는 '철수의 손에'라는 위치어구 때문에 약간의 소유의 의미가 가능한 듯이 여겨진다. 그리고 (54ㄴ-ㄴ″)은 후자일수록 소유의 의미가 더 강하게 해석된다. 한편 무정적인 '인공지능 알파고'를 의인화하여 '-에게'로써 유정적으로 표현한 (54ㄷ)은 소유의 의미인 듯 느껴진다.

그러나 이러한 방식으로 어떤 문장이 존재 위치의 의미에 더 가깝게 해석되거나 소유의 의미로 더 잘 해석된다고 하는 기술 방식은 서로 다른 층위의 의미를 등위에 놓는 주관적인 인상 평가라는 점에서 문제가 있다. 본 연구에서 주장해 왔듯이 기본적 의미와 비유적 의미는 구분되어야 한다. 의미 해석의 경향성은 존재물의 소유 가치, 소유권의 항구성, 처분권의 귀속 정도 등의 세상지식에 의한 것일 뿐, 은유의 조건만 갖춰지면 소유의 의미는 나타난다.

소유 관계에 있어, 원형적인 소유주는 유정성을 가지는데 더 특정적으로는 인간이고 훨씬 더 특정적으로는 자아(ego)를 가지거나 화자와

---

154) '-에게'와 '-에'는 각각 유정 체언과 무정 체언에 연결되고 이들이 표시하는 관계적 의미에 별 차이가 없다고 보므로(박양규 1975: 99), 여기서 '-에게'와 '-에'에 대해서는 다루지 않는다. 물론 여기에는 반론이 있다. 유현경(2007)에서는 '-에게'는 '-에'의 이형태가 아닌 별개의 형태소라고 하였다.

가깝다. 보통은 주제(topic)이고 구성의 첫머리에 온다. 한편 소유물은 유정성을 갖거나 아닐 수 있고 원형적으로 소유주와 관련이 있으며 보통은 언급(comment)이다(Seiler 1983: 4). 즉 유정물 소유주와 그와 관련된 소유물의 관계가 성립되면 은유가 가능하므로 (54ㄱ'-ㄷ)은 모두 소유의 의미로 해석될 수 있다.

(54ㄱ')의 예문의 위치어구는 '철수의 손에'로, '철수의 손'이라는 속성수식적 소유 구성의 소유주 '철수'가 전체 서술적 소유의 소유주로 환유될 수 있고 전체 문장의 소유 의미가 해석가능하다.155) (54ㄴ-ㄴ″)은 위치어 '철수에게'가 원형적인 소유주의 조건을 모두 갖추고 있고, (54ㄷ)의 경우는 의인화된 무정물 '인공지능 알파고'가 일시적·잠정적으로 소유주의 조건을 갖추었다고 할 수 있다. 이로써 존재 위치 의미의 소유 의미로의 은유가 가능해진다.

(55) 존재 위치의 은유적 소유 의미와 유의적인 문장
　　ㄱ. 철수가 자동차가 있다. 철수가 5층짜리 빌딩이 있다.
　　ㄱ'. 철수는 자동차가 있다. 철수는 5층짜리 빌딩이 있다.
　　ㄴ. 철수가 차가 두 대이다.
　　ㄴ'. 철수는 차가 두 대이다.

(55)의 예문들은 (54ㄴ')와 유의적이다. 물론 통사 구조 분석으로는 (54ㄴ')의 '철수에게'는 위치어이고 (55)의 '철수가' 또는 '철수는'은 주어로 분석되고 주체토 및 보조사의 사용으로 인한 의미가 다르다.

---

155) '속성수식적(attributive) 소유'와 유사한 뜻으로 '명사적(nominal) 소유', '소유적 명사구(possessive noun phrase)', '명사구 내의 소유(possession in noun phrase)' 등의 용어가 쓰이고, '서술적(predicative) 소유'와 유사한 뜻으로 '절 내의 소유(possession within a clause)', '절로 표현된 소유(possession expressed by a clause)' 등의 용어가 쓰이기도 한다.

(55)는 주어인 '철수가'와 '철수는'에 대한 문장인 반면 (54ㄴ')는 '자동차가'와 '5층짜리 빌딩이'에 대한 서술이기 때문이다. 그렇지만 문장이 나타내는 사태의 참여항들이 동일하고 그들이 맺는 개념적 차원의 관계가 이들 문장 간의 유의성을 발생시킨다.

(55)와 같은 문장들에 대해 김천학(2012: 136)에서는 Heine(1997)를 인용하여 '소유주의 주제화'가 이루어진 것이라고 보았다. 문두의 위치는 주제의 위치인 동시에 주어의 위치이기도 하므로 '소유주의 주제화'가 이루어지며, 그 결과 주격 중출문이 형성된다고 본 것이다. 그러나 본 연구의 관점에서는 변형 기제가 작동된 것이 아니라, 서술절 '무엇이 있다'와 '무엇이 (특정한) 수량이다'가 가지는 존재 서술의 의미 (박진호 2012: 503)가 은유된 것이다.

본 연구에서는 문장으로서의 형식과 내용을 갖춘 것을 체계적으로 분석하는 데 주안을 두므로 어느 하나가 다른 것으로부터 변형되어 만들어진다는 가정을 두지 않는다. 그러므로 '소유주의 주제화'라고 하는 일종의 문법 관계의 변이 기제를 인정하지 않는다. 서로 다른 형식의 문장에서 나타나는 다른 의미가 특정한 조건에 따라 유의적일 수 있다고 본다.156) 요컨대, 문장의 비유적 소유 의미는 존재 위치 및 존재 서술로부터의 은유를 통해서 확인된다.157)

---

156) 일찍부터 여러 연구들에서는 '서로 다른 형식은 서로 다른 의미를 이끈다'는 공리(axiom) 또는 전제를 둔 바 있다(Bloomfield 1933: 145; Bolinger 1968: 127 등). 형식이 다르면 유의적일지언정 동의적일 수는 없다고 보는 것이다. 주어진 형식과 구조를 분석하는 본 연구에서도, 예컨대 '토끼가 발이 짧다.'와 '토끼의 발이 짧다.'라는 두 유의문에 대해 어느 하나가 다른 것으로부터 변형된 것이라는 등의 가정을 두지 않는다.

157) 소유의 의미가 존재 위치와 존재 서술의 은유를 통해서만 비유적으로 실현되는 것은 물론 아니다. 소유의 동작을 나타내는 대표적인 동사인 '가지-'는 연속상의 '-고 있-'과 결합하여 소유를 나타내기도 하고(예. 철수는 차를 가지고 있다.), 소유물의 소속을 계사를 활용하여 지정함으로써 소유를 나타내기도 한다

(56) 구성 요소의 화맥적인 은유적 의미 분석
  ㄱ. 구성 요소의 언표적 의미 분석
  ㄴ. 화맥적으로 은유된 의미와 언표적 의미 사이의 관계 분석

다음은 발화 문장의 의미가 구성 요소의 환유적 의미가 사상되어 드러나는 경우이다(53ㄴ). 구성 요소의 의미가 특정한 지시 대상이나 사태와 인접된 것으로 해석되어 화맥적인 환유적 의미가 실현되는 경우이다. 은유와 마찬가지로 구성 요소의 기본적 의미와 환유적 의미 간의 유연성은 관용화의 정도에 따라 다를 수 있다. 여기에서 다루는 예는 유형으로서는 부분으로 전체를 나타내는 부분-전체 환유이고, 특성으로서는 서술적(predicative) 환유이다.

환유는 주로 지시적 속성을 갖는다고 설명되지만, 전적으로 그런 것은 아니다. 환유는 특성에 따라서 지시적(referential) 환유와 서술적 환유를 구분할 수 있다. 지시적 환유는 보조관념과 원관념 사이의 관계가 공간적 인접성에 따라 맺어지는 환유의 유형이고 대체로 명사 환유로 나타난다. 반면 서술적 환유는 지시적 환유와는 달리 시간적 인접성에 따라 맺어진 경우가 많으며 대부분 동사 환유나 형용사 환유의 경우들로 나타난다(이종열 2002: 79-81).

환유는 구체적인 대상물을 언급하는 경우에는 지시적 기능이 강조되지만 사건이나 행동과 관련된 추상적인 개념을 서술하는 환유의 경우에는 이해의 기능이 강조된다. 그러므로 서술적 환유는 은유가 충족시키는 것과 동일한 기능의 일부를 담당하고 있다. 이러한 구분은 정도상의 문제이며 그 기능이 전적으로 강조된다는 것은 물론 아니다 (이종열 2002: 81-82). 이와 같이 서술적 환유는 은유와 비슷하게 이해를

(예. 이 차는 철수의 것이다.).

돕기 위한 장치로서의 기능을 갖기도 한다.

    (57) 부분-전체 서술적 환유의 사례들

        ㄱ. 숟가락을 들다 → 식사를 시작하다 (예. 할아버지가 먼저
           숟가락을 들었다.)

        ㄴ. 입에 대다 → 섭취하다 (예. 철수는 초등학교 때부터 술
           과 담배를 입에 댔다.)

        ㄷ. 숟가락을 놓다 → 식사를 마치다 (예. 할아버지가 먼저
           숟가락을 놓았다.)

        ㄹ. 사인을 하다 → 계약하다 (예. 총장이 양해 각서에 사인
           을 했다.)

        ㅁ. 머리를 흔들다 → 거부하다 (예. 소녀가 머리를 흔들었다.)

        ㅂ. 손을 흔들다 → 인사하다 (예. 철수는 반갑게 손을 흔들었다.)

    (57)에서 '숟가락을 들다'와 '입에 대다'는 식사를 시작하고 어떤 음식물(어떤 음식물이든 가능하나, 대체로는 술이나 담배 등 해로운 것들)을 섭취하는 사태의 첫 과정을 표시한다. 한편 '숟가락을 놓다'와 '사인을 하다'는 식사를 하고 계약을 하는 사태의 마지막 과정을 표시한다. '머리를 흔들다'와 '손을 흔들다'는 거부하거나 인사하는 사태의 한 부분을 표시한다. 이 경우 사태의 처음이나 마지막 과정으로서 전체 사태를 나타내는 앞의 두 사례와는 다르다.

    (58) 구성 요소의 화맥적인 환유적 의미 분석

        ㄱ. 구성 요소의 언표적 의미 분석

        ㄴ. 화맥적으로 환유된 의미와 언표적 의미 사이의 관계 분석

4.2.2. 언표 문장의 화맥적 특성 분석

언표 문장 형식의 화맥적 특성으로는 어사 또는 구로 실현되는 화시와 문장 구조와 운율적 특성으로 실현되는 정보구조를 논의한다. 화시 표현을 포함하는 언표 문장의 의미는 화맥을 고려하지 않는 한 사실상 불특정한(unspecified) 정보를 포함하는 것이고, 화맥을 고려한 이후에야 정확한 의미 해석이 이루어질 수 있다. 정보구조는 담화에서 논의 중인 문제(QUD: a question under discussion), 새롭게 추가된 정보 등이 문장 구조에 드러나는 것이다.

화시 가운데 인칭 화시는 발화 상황과 관련 있는 사람 및 사물을 가리킨다. 주로 인칭대명사나 일반 명사의 대명사적 용법으로 나타난다. '나'로 대표되는 1인칭은 화자 자신에 대한 지시를 부호화한 것이고, '너'로 대표되는 2인칭은 청자에 대한 화자의 지시를 부호화한 것이며, 3인칭은 화자나 청자가 아닌 제삼자를 지시 대상으로 부호화한 것이다. 발화 상황 내의 어떤 특정한 참여자 역할을 가리키지 않는 점에서 3인칭은 특수하다(Lyons 1977: 638).

그리고 3인칭 화시와 관련하여 더 생각해 볼 것은, '이것, 그것, 저것'과 같은 발화 상황 내의 어떤 사물을 가리키는 표현들이다. 사물 화시를 설정하기도 곤란하고, 언뜻 화시의 어느 유형에 소속시킬지 결정하기가 어렵게 느껴진다. 그러나 '인칭(person)'을 문장의 행동이나 상태의 주체가 화자와 맺고 있는 문법적 관계라고 정의할 때 인칭을 사람으로만 규정할 일은 아니므로, 사물을 나타내는 이들 표현도 인칭 화시로 포함될 수 있다(윤평현 2008: 349).

(59) ㄱ. 나는 배가 고프다.
ㄴ. 너는 지금 뭐하니?

ㄷ. 저는 이 사람을 평생 사랑하겠습니다.

ㄹ. 저 사람 좀 이상해.

ㅁ. 난 이게 좋아.

(59)의 예들에서 '나, 너, 저, 이 사람, 저 사람, 나, 이거'는 발화 문장을 통해 표현되는 어떤 사태의 참여자를 가리킨다. 하지만 언표적으로는 화자('나'), 청자('너'), 화자 자신의 겸칭('저'), 화자로부터 가까운 사람('이 사람'), 화자와 청자로부터 멀리 있는 사람('저 사람'), 화자로부터 가까운 사물('이거')을 가리킬 뿐으로, 구체적 지시 대상을 갖지 않는다. 그러므로 화맥을 참조하지 않고서는 해당 표현의 지시 대상이 누구이며 무엇인지 특정할 수 없다.

(60) 다양한 인칭 화시 표현

ㄱ. 1인칭: 나, 저, 본인, 과인, 짐, 소인, 소신, 소생, 소자, 소녀 등

ㄴ. 2인칭: 너, 당신, 자네, 그대, 귀하, 자기, 거기, 군, 네놈, 네년 등

ㄷ. 1·2인칭: (화자 포함으로서의) 우리

ㄹ. 3인칭: 그, 그녀, (남을 가리키는) 이 사람, 저 사람, 그 사람, 이것, 저것, 그것 등

(61) 인칭 화시 분석

ㄱ. 화시 표현의 확인: 1인칭, 2인칭, 1·2인칭, 3인칭

ㄴ. 화시의 중심 확인

ㄷ. 지시체 확인

다음으로 시간 화시는 발화되는 사태와 관련되는 시간 개념을 부호화하는 것이다. 시간은 일정 구간 단위로 가리켜지는 것이 일반적이

지만('7월', '지난주'), 필요에 따라 순간적인 시점을 가리킬 수 있다('두 시 정각')(박철우 2011ㄱ: 24). 시간 화시 표현은 화시의 중심을 기준으로 이전과 이후를 구분하거나 달력 단위에 의존한다. 본래 시간을 표시하는 어사 외에도 시간 의미로 은유된 공간 표현('전', '후')과 순서를 가리키는 표현도 쓰인다('이 다음').

  가장 대표적인 시간 화시 표현은 단일 어사들이다. 그리고 화시적 특성을 가진 어사들의 조합을 통해 구 단위의 화시 표현을 많이 만들어낼 수 있다. 또한 문법화된 수단으로서 시제 선어말어미도 시간 화시 기능을 갖는다. 시제는 발화 상황의 시점을 참조시(화시 중심)로 하여 문장이 나타내는 사태의 시점이 참조시에 앞서는지 뒤서는지를 표시하기 때문이다. 시제 논의의 발화시, 사건시, 참조시 구별은 화시의 투사(화시 중심의 이동) 현상과 관련된다.

  (62) ㄱ. 어제가 영이 생일이었다.
      ㄴ. 철수가 어제 버스 안에서 넘어졌다.
      ㄷ. 철수가 고향에 내려갔다.
      ㄹ. 지금 이 순간이 가장 중요하다.
      ㅁ. 조금 전, 삼 년 전의 각오가 다시 생각났다.
      ㅂ. 한 시간 후에 돌아오겠습니다.
      ㅅ. 어제 술 마신 걸 형이 알게 되면 나는 죽었다.

  (62ㄱ,ㄴ)은 화시 중심 이전을 나타내는 '어제'와 '-었-'이 사용되었는데, (62ㄱ)은 오늘 하루 전날로서의 전체 기간 동안의 것이고, (62ㄴ)은 오늘 하루 전날의 어느 특정한 시점의 것이다(윤평현 2008: 352). (62ㄷ)은 과거 선어말어미 '-었-'만으로 화시 중심 이전이 표시된 예이다. (62ㄹ)처럼 동일한 작동 층위의 유의적 화시 표현의 복합은 강

조의 효과를 수반한다. 한편 (62ㅁ)과 같이 서로 다른 층위에서 서로 다른 시간 화시 표현이 사용될 수 있다.

(62ㅂ)은 화자가 언어 기호를 내보내는 시간(Coding Time)과 청자가 메시지를 수신하는 시간(Receiving Time)이 동일한 경우와 그렇지 않은 경우의 해석이 달라질 수 있는 경우이다. 실시간 대화라면 발화시로 부터 한 시간 후이지만, 메모를 보거나 녹음된 말을 듣는 경우라면 발화시를 알지 못하는 상대방의 입장에서는 한 시간 후가 언제인지 해석할 수 없게 된다. 발화시와 수신시의 차이가 있는 경우 그 사이에 의미 있는 시간적 구별이 필요하다.[158]

(62ㅅ)은 화시의 투사 현상을 보여주는 예이다. '어제 술 마신 거'에서 '어제'와 과거 비완망상의 전성토 '-ㄴ'은 발화시 이전의 사태임을 가리킨다. 한편 부사어절을 만드는 전성토 '-면'으로 '어제 술 마신 걸 알게 되는' 사실을 가정하여 조건으로 삼는데 이를 통해 발화시와는 구별되는 미래의 어느 시점으로 화시 중심을 이동시켰다. 이동된 화시 중심(참조시)에서 봤을 때, '나는 죽-'이라는 절의 사태는 화시 중심 이전의 '-었-'으로 표시될 수 있다.

(63) 다양한 시간 화시 표현
    ㄱ. 화시 중심 이전: 막, 어제, 그저께...: 조금 전, 어제 아침,
       삼 년 전...: -었-, -더-
    ㄴ. 화시 중심 포함: 지금, 이제, 오늘, 이달...: 이 순간, 이
       밤...: -느-, ∅
    ㄷ. 화시 중심 이후: 곧, 내일, 이따...: 내일 새벽, 십 년
       후...: -겠-, -을 것이-, -리-

---

158) 발화시와 수신시와 관련된 더 많은 예와 설명은 Levinson(1983: 73-76) 참고.

(64) 시간 화시 분석

　ㄱ. 화시 표현의 확인: 화시 중심 이전, 화시 중심 포함, 화시
　　　중심 이후를 가리키는 다양한 표현들

　ㄴ. 화시의 중심 확인: 발화시 또는 별도의 참조시

　ㄷ. 지시된 시간 확인

다음으로 공간 화시는 발화와 관련된 사람이나 사물의 공간적 위치를 부호화하는 것이다. 공간 화시의 중심은 말을 하는 장소가 기본이 되지만, 그 공간 내부를 세밀하게 가리킬 때는 다시 화자와 청자가 각각 화시의 중심이 될 수 있다. 즉 화자와 청자를 구별하지 않으면 '여기'와 '저기'가 이원적으로 구분되지만, 화자와 청자를 구별하면 화자 쪽의 '여기'와 청자 쪽의 '거기', 화자와 청자로부터 먼 곳인 '저기'가 삼원적으로 구분된다(박철우 2011ㄱ: 20).

장소 화시 표현은 지시대명사, 지시부사와 이동 동사 등에 의해서 풍부하게 표현된다. 화시적 용법의 규정사(지시관형사) '이, 그, 저'는 추가적인 기술적 속성을 가진 어휘적 요소와 결합하여 다각적인 화시의 차원으로 확장될 뿐만 아니라 조응적으로 사용되는 경우도 많다(박철우 2011ㄱ: 21). 또한 방향을 나타내는 오른쪽, 왼쪽, 앞, 뒤, 전, 후 등의 어사들은 단독으로, 혹은 '철수 오른쪽, 전봇대 뒤'와 같이 구를 형성하여 화시적 표현으로 쓰이기도 한다.

(65) ㄱ. (같은 건물 또는 지역 안에 있는 청자에게 전화로) 너 아
　　　직 여기 있니?

　ㄴ. (같은 방에 있는 청자에게) 니가 여기 침 뱉었니?

　ㄷ. (같은 방에 있는 청자에게) 거기 쓰레기 버리는 데 아니야.

　ㄹ. 저 동네는 거지가 많아.

　ㅁ. 기둥 뒤에 공간 있어요.

(65ㄱ)은 화자와 청자가 함께 있는 공간을 '여기'로 가리킨 것이고, (65ㄴ,ㄷ)은 화자와 청자가 있는 공간을 세분하여 화자 근거리의 공간을 '여기'로, 청자 근거리의 공간을 '거기'로 가리킨 것이다. 화자와 청자 모두로부터 원거리인 공간은 (65ㄹ)의 '저 동네'처럼 규정사 '저'가 결합된 복합 표현으로 지시된다. 대화 참여자로부터의 거리를 부호화한 것 외에, (65ㅁ)의 '기둥 뒤'처럼 화시 중심으로부터의 위치 표현도 공간 화시 표현으로 전용될 수 있다.

(66) 다양한 공간 화시 표현
    ㄱ. 화·청자 공통: 여기, 요기, 이곳, 이 동네 등
    ㄴ. 화자 근거리: 여기, 요기, 이곳, 이쪽, 요쪽, 이 동네 등
    ㄷ. 청자 근거리: 거기, 고기, 그곳, 그쪽, 고쪽, 그 동네 등
    ㄹ. 화·청자 원거리: 저기, 조기, 저곳, 저쪽, 조쪽, 저 동네 등
    ㅁ. 화시 중심으로부터의 위치: 오른쪽, 왼쪽, 앞, 뒤, 전, 후, 위, 아래 등

(67) 공간 화시 분석
    ㄱ. 화시 표현의 확인: 화자 근거리, 청자 근거리, 화·청자 원거리 등 다양한 표현들
    ㄴ. 화시의 중심 확인: 화자의 현재 위치 또는 별도의 기준 위치
    ㄷ. 지시된 공간 확인

다음으로 주제와 초점에 대해 살펴본다. 주제는 알려진 정보로서 논의의 출발점을 이루는 대상을 가리키는 주제와, 텍스트의 간추려진 내용으로서 화자가 전달하고자 의도한 중심 내용을 가리키는 주제가 있다(Reinhart 1981; 신지연 2011: 188).[159] 여기서 화용적 관계로서의 주제는 전자이다. 주제와 관련되는 테마는 프라그 학파에서 정립된 것

인데 알려진 정보로서 주로 문두에 나타나고 통보적 역동성(통보력)이 적은 요소를 말한다(Firbas 1992).

주제는 대하여성(언급대상성: aboutness)과 주어짐성(givenness)을 가지며, 일반적으로 한정적인 것이다. 그러나 비한정적인 경우에 총칭적인 것이면 주제가 될 수 있고 이는 특정한 사실을 일반화한 원칙을 표현한다(채완 1975: 97-99). 또한 한정적이지 않고 총칭적이지 않더라도 특정적(specific)이면 주제가 될 수 있고(Lambrecht 1994: 81), 무언가와 대조적이면 특정적이지 않아도 주제가 될 수 있다(Erteschik-Shir 2007: 21)(임동훈 2012: 227).

> (68) ㄱ. <u>연필은</u> 필기도구의 하나이다.
> ㄴ. 어제 산 <u>연필은</u> 맘에 들어.
> ㄷ. <u>연필은</u> 필요하고 공책은 필요하지 않아.
>
> - 임동훈(2012: 227)

(68)의 세 예문에서 밑줄 친 '연필은'은 모두 주제가 될 수 있다. (68ㄱ)은 유개념을 나타내는 총칭적인 경우이고, (68ㄴ)은 비한정적이지만 특정적인 경우이며, (68ㄷ)은 대조적인 경우이다. (68ㄷ)에서 '연필은'이 주제로 쓰일 수 있는 것은 대조항으로서의 '연필'이 주제에 적합한 의미 특성을 지녀서가 아니라 연필, 공책을 포함하는 대조항들의 집합이 쉽게 특정적이거나 한정적으로 해석될 수 있기 때문인 것으로 볼 수 있다(임동훈 2012: 227-228).[160]

---

159) Reinhart(1981: 54-55)에서는 전자를 문장 주제(sentence topic), 후자를 담화 주제(discourse topic)라고 하였다.

160) 이정민(1992: 398)에서 '한정성에의 육박'이라고 한 것은 이와 동궤의 설명으로 이해된다. 주제가 명시적으로 한정적이지 않은 명사구여도 총칭성, 수식에 의해 발화 상황에 닻내리기, 기타 양상, 조건 및 관계문에 의한 양화적 힘

주제의 실현은 특정한 악센트, 국어의 '-는'이나 일본어의 '-wa' 같은 형태론적 표지, 문두라는 통사적 위치, 특정한 구문 또는 구성 등 다양한 운율적, 형태적, 통사적, 구성적 방식을 통해 이루어진다고 제안되어 왔다. 그런데 국어에서 보조사 '-는' 없이도 주제가 실현되는 경우는 많고(이정민 1992: 399), 대조 주제의 경우나 어떤 성분을 특별히 강조하기 위해 어순을 도치한 경우 문두 위치가 아닌 문장 중간에 주제가 있을 수 있다(임동훈 2012: 228).

(69) ㄱ. 문: 가방에 무엇이 있니?
　　　답: <u>가방에(는)</u> 공책 있어.
　　ㄴ. 문: 공책이 어디에 있니?
　　　답: <u>공책(은)</u> 가방에 있어.
　　ㄷ. 문: 공책(이) 어디에 있니?
　　　답: 가방에 <u>공책</u> 있어.
　　ㄹ. <u>철수 있잖아</u>, 요즘 뭐 하고 지내냐?
　　ㅁ. <u>음주운전{은, 에 대해서는}</u> 엄격한 처벌이 필요하다.

(69ㄱ,ㄴ)에서 가방과 공책은 선행 질문에서 주어진 것으로 후행 답변의 주제가 된다. 둘 모두 보조사 '-는'이 쓰이지 않아도 자연스럽다. 한편 (69ㄷ)과 같이 가방을 강조하기 위해 어순을 도치한 경우 주제인 공책이 문두에 쓰이지 않을 수 있다. 이렇듯 국어의 주제에 있어 보조사 '-는'의 동반과 문두 위치의 사용이 필수적인 것은 아니다. 그리고 (69ㄹ,ㅁ)과 같이 'X 있잖아', 'X에 대해서는', 'X에 대해 말하자

(quantificational force) 등의 수단을 통해서 가정된 친숙성을 얻어서, 즉 한정성에 육박하여 주제가 된다는 것이다. 이 '가정된 친숙성'이라는 개념은 한정성이라는 개념을 포함하고 이보다 더 넓은 의미의 주어짐성을 포괄하는 것이다(박철우 2003: 127).

면'과 같은 구성으로도 주제가 표시된다.

주제는 전개 유형에 따라서 이전 문장의 주제가 유지된 주제, 이전 문장의 레마로부터 파생된 주제, 이전 문장의 상위 주제로부터 파생된 주제로 나눌 수 있다(Erteschik-Shir 2007: 2-3).[161] 한편 담화상의 기능에 따라서 대조 주제, 부분 주제(partial topic), 함의 주제(purely implicational topic)로 나눌 수도 있다(Büring 1997: 56). 임동훈(2012: 232)에서는 이들이 맥락에 따라 해석이 달라지는 것일 뿐, 모두 대조 주제의 일종이라고 보았다.

그리고 언어 단위와 소위 대조 강세라는 운율적 돋들림에 의한 대조성에 따라서 주제를 구분하면, 대조성이 없고 명항사(구)에 국한되는 (보통의) 주제, 대조성을 갖고 명항사(구)에 국한되는 대조 주제, 대조성을 갖고 절 단위에 해당하는 명제 대조 주제를 구분할 수도 있다(박철우 2014ㄴ: 155). 이처럼 주제를 구분할 수 있는 기준은 다양하고 서로 다른 기준에 따른 주제 유형들은 상호배타적인 것이 아니다. 논의의 목적과 방법에 따라 선택될 뿐이다.

(70) 주제를 고려한 발화 문장의 의미
　ㄱ. 선행 발화를 통한 담화 지시체의 정보적 위상 확인
　ㄴ. 보조사 '-는', 문두 위치, 주제 도입 구성 등의 확인
　ㄷ. 평언 또는 초점과 대비되는 것으로서 대하여성과 주어짐
　　성을 갖는 주제의 특성을 고려한 문장의 화맥적 의미 해석

다음은 초점에 대해 살펴본다. 담화는 발화의 연쇄로 구성되는 것

---

161) Erteschik-Shir(2007: 3)에서는 앞의 두 경우를 주제 연쇄(topic chaining), 초점 연쇄(focus chaining)로 지칭한다고 하였다. 그런데 세 번째에 대해서는 앞의 두 경우에 대당되는 용어를 쓰지는 않고 파생된 주제(derived topic)와 관련된다고 하였다.

이고, 낱낱의 발화들은 대체로 이미 주어진 정보에 새로운 정보를 더함으로써 의사소통적 효율성을 높인다. 이때 새로이 더해지는 정보가 초점이다.[162] 모든 발화가 담화에서 정보적으로 새롭게 기여해야만 적절한 의사소통이 된다고 본다면, 초점은 핵심적인 역할을 하는 것이다. 초점은 공유 바탕에 대한 청자의 모형에서 증가되거나 수정되는 부분이라고 할 수도 있다(임동훈 2012: 234).

(71) ㄱ. 문: 누가 청소했니?
　　　답: <u>철수가</u> 청소했어요.
　　ㄴ. 문: 철수 디자인 회사에 취직했대.
　　　답1: 아니야, 철수 <u>미술학원에</u> 취직했어.
　　　답2: 아니야, 철수가 취직한 곳은 <u>미술학원</u>이야.

(71)에 보인 예와 같이 초점은 '질문-대답'에서의 대답이나 선행 발화 내용 중 잘못된 정보를 교정하는 맥락에서 주로 나타난다. 즉 질문자의 공유 바탕 내에 주어지지 않은 정보를 새롭게 제공하거나 잘못 주어진 정보를 수정하는 것이 초점의 기능이다. Lambrecht(1994: 207)에서 초점을 예측 가능하지 않고 화용론적으로 복원할 수 없으며 발화를 단언(assertion)으로 만드는 문장 요소라고 설명한 것은 이러한 초점의 특성을 명시한 것이라 할 수 있다.

문장 중에는 주제가 없는 문장이 있을 수 있지만 초점이 없는 문장은 존재하지 않는다. 이런 점에서 '배경-초점'과 같은 방식으로 초점을 중심으로 정보구조를 분석하는 이론이 널리 제기되었다(임동훈

---

162) Dik(1989: 277)에서는 초점을 "화자가 그 자신의 화용적 정보에 통합하고자 하는, 청자와의 주어진 의사소통적 환경(setting) 내의 문장 주제에 관하여 상대적으로 가장 중요한 정보일 것으로 간주하는 정보의 증가(increment)"로 정의하기도 하였다.

2012: 236). 문장 전체가 초점인 발화가 담화의 시작부에 사용될 수 있고, 경우에 따라서 용언이나 시제, 상 등을 나타내는 굴절 요소에도 초점이 놓일 수 있다. 이렇듯 초점이 놓이는 요소는 다양할 수 있으며, 초점은 주제와 달리 지시적일 필요가 없다.

초점은 주로 운율적 돋들림과 동사 바로 앞의 위치를 통해서 확인할 수 있고, 많은 경우 선행 발화에 의거해야만 확인할 수 있다. 헝가리어(Hungarian)에서 확인 초점은 동사 앞 위치에 나타난다고 하는데(Kiss 1998), 국어는 동사 앞 위치를 전적으로 초점 위치라고 하기는 어렵지만 그러한 경향성은 있다(박철우 2003: 80-103). 초점은 격조사와 같은 형태론적 표지에 의하거나 분열문과 같은 특정한 구문에 의해서 표시될 수 있다(임동훈 2012: 237).

주제에 비해 초점은 그 유형 분류에 대한 이견이 상당하다. 초점의 유형을 정리하는 것이 본 연구의 목적은 아니지만, 다양한 유형 분류와 관련되는 예시들을 다루면서 초점에 대한 이해를 도모하고자 한다. 현대의 연구문헌들에서 널리 상정되는 구분은 신정보(제시(presentational)) 초점과, 대조 초점을 포함하는 완전 목록 초점(총망라적 목록화 초점; exhaustive listing focus)이다(Green and Jaggar 2003: 188). (71ㄱ,ㄴ)이 각각의 대표적인 예이다.

한편 Rochemont(1986: 46-67)에서는 구정보와 신정보의 구분을 원용하고, '담화 중에 있는(under discussion)'을 뜻하는 '해석 가능한(c-construable)'이라는 개념을 도입하였다. 이것은 주어진 정보로서 이해될 수 있는, 즉 담화 맥락 내에 이미 존재한다는 것을 가리킨다. 이를 기준으로 제시(presentational) 초점과 대조(contrastive) 초점을 구분하였다. 전자는 해석 가능한 것이 아닌 정보를 포함하고 후자는 담화 내 해석 가능한 정보를 포함한다.

(72) Rochemont(1986)의 제시 초점과 대조 초점

　ㄱ. 오늘 너한테 <u>어떤 편지</u>가 왔어.
　　(제시 초점)
　ㄴ. 철수가 영희를 때렸고, 그러자 <u>그녀</u>도 그를 때렸다.
　　(대조 초점)
　ㄷ. 문: 누가 영희를 좋아하니?
　　답: <u>철수가</u> 영희를 좋아하지.
　　(제시적이면서 대조적인 초점)

(72)에는 제시 초점과 대조 초점의 예를 보였는데, Rochemont(1986: 54)에서 지적하고 있듯이, 어떤 구성 요소는 제시적이면서도 대조적일 수 있다. Green and Jaggar(2003: 189)에서는 제시 초점과 대조 초점의 구분은 유용하고 또 경험적으로 동기화된 것일 수는 있지만, 이 둘은 함께 나타날 수 있기 때문에 엄밀하게 구별되는 것은 아니라고 평가하였다. 그러나 사실 이 두 가지 초점은 서로 다른 차원에서 작동하는, 분명히 구별되는 것이다.

한편, 다른 잘 알려진 구별은 바로 초점의 작용역에 기반한 넓은 (broad) 초점과 좁은(narrow) 초점의 구별이다. 영어에서는 주요 문장 강세가 문말의 요소에 놓이는지 또는 문중의 요소에 놓이는지에 따라 초점의 범위가 달라진다. 한편 국어의 경우는 운율적 돋들림이 좁은 초점을 표시해 주지 않는 경우 초점은 문맥을 통해 확인될 수밖에 없다(박철우 2003: 87). 이러한 넓고 좁은 초점은 분명히 구분되는 유형이라기보다는 초점의 스펙트럼을 가리킨다.

(73) ㄱ. Jane was talking to a man in a blue <u>hat</u>.
　　(넓은 초점)
　ㄴ. A well-dressed man in a blue <u>hat</u> was talking to Jane.

(덜 넓은 초점)

ㄷ. A <u>well-dressed</u> man in a blue hat was talking to Jane.
(좁은 초점)

- Green and Jaggar(2003: 189)

(74) 넓은 초점과 좁은 초점의 예(박철우 2003: 88)

ㄱ. 문맥: 너 어제 학교에서 누구한테 편지 썼니?
(나 어제 학교에서) [F 철수한테] (편지 썼어).

ㄴ. 문맥: 너 어디서 친구한테 편지 썼니?
(나) [F 학교에서] (친구한테 편지 썼어).

ㄷ. 문맥: 너 어제 학교에서 뭐 했니?
(나 어제 학교에서) [F 철수한테 편지 썼어].

ㄹ. 문맥: 너 어제 뭐했니?
(나 어제) [F 학교에서 친구한테 편지 썼어].

ㅁ. 문맥: 너 무슨 일이 있었니?
(나) [F 어제 학교에서 친구한테 편지 썼어].

ㅂ. 문맥: 뭐 새로운 소식 있니?
[F 내가 어제 학교에서 친구한테 편지 썼어].

한편, 위에서 다룬 것보다 더 상세한 초점의 유형에 관한 논의는 Watters(1979)에서 찾아볼 수 있다. Watters(1979)에서는 각각의 초점 유형이 서로 다른 형태통사적 반사작용(reflex)을 통해 확인한 것이라고 하였다. 초점의 유형으로서 의미 있는 것으로는 단언(assertive) 초점, 반-단언(counter-assertive) 초점, 완전 목록 초점, 극성(polar) 초점, 반-단언 극성 초점의 다섯 가지를 확인하였고, 종류로서는 무표적 초점을 포함한 여섯 가지를 구별하였다.

(75) Watters(1979)의 초점 유형

ㄱ. 철수가 영희에게 꽃을 주었다.

Inah gave fufu to his friends.　　　(무표적 초점)

ㄴ. 철수가 영희에게 꽃을 주었다.

Inah gave <u>fufu</u> to his friends.　　　(단언 초점)

ㄷ. 철수가 영희에게 (반지 아닌) 꽃을 주었다.

Inah gave <u>fufu</u> (not yams) to his friends. (반-단언 초점)

ㄹ. 철수가 영희에게 (다른 어떤 것도 아닌) 꽃만을 주었다.

Inah gave <u>fufu only</u> (and nothing else) to his friends.
(완전 목록 초점)

ㅁ. 철수가 영희에게 꽃을 정말로 주었다.

Inah <u>did</u> give fufu to his friends.　　　(극성 초점)

ㅂ. (아닌 줄 알았겠지만) 철수가 영희한테 꽃 잘만 주더라.

Inah <u>did too</u> give fufu to his friends.[163] (반-단언 극성 초점)

(75)의 예에서, 무표적 초점은 문장 전체가 초점인 경우이다. 단언 초점은 화자가 청자가 모른다고 믿거나 알거나 가정하는 정보에 대응하는 것으로, 신정보 초점의 한 유형으로 볼 수 있다. 반-단언 초점은 선행 발화에서 청자가 단언한 정보를 대체하는 정보와 관련된다. 즉 대조 초점 또는 수정 초점의 한 유형이다. 완전 목록 초점은, 문장의 나머지 부분이 화자가 단언한 정보와 관련해서만 참이고 다른 대체 가능한 정보에 관해서는 거짓임을 뜻한다.

극성 초점은, 초점이 명제와 관련하여 화자가 단언한 참값에 있는 경우이다. 마지막으로 반-단언 극성 초점은 초점이 화자에 의해 단언된 참값에 있는 것인데, 이것이 청자의 선행 발화와 모순되는 경우이다. 극성 초점과 반-단언 극성 초점은 수정적이거나 대조적이라는 뜻에서 완전 목록 초점의 한 유형이라 할 수 있다. Watters(1979)의 분류

---

163) 'do too'는 상대가 부정하는 선행 발화를 반박하여, '그런데' 또는 '실은(indeed)'의 의미로 사용되는 경우가 있다. "I don't go there often(난 거기 잘 안 가)." - "You do too((무슨 소리) 잘만 가면서)." 참조(「프라임 영한사전(두산동아)」 'too' 항목).

는 결국 크게는 신정보 초점과 완전 목록 초점으로 분류될 수 있는 것이다(Green and Jaggar 2003: 190).

(76) Dik *et al.*(1981)의 초점 유형(예시는 박철우 2015ㄱ: 5-6의 것을 가져옴.)

ㄱ. 문: 철수가 무엇을 샀니?
　답: 그는 <u>사과</u>를 샀어.　　　　　(완성 초점)
ㄴ. 문: 철수가 사과를 샀니, 배를 샀니?
　답: 그는 <u>사과</u>를 샀어.　　　　　(선택 초점)
ㄷ. 문: 철수가 배를 샀니?
　답: 그는 <u>배와 사과</u>를 샀어.　　　　(확장 초점)
ㄹ. 문: 철수가 배와 사과와 과자를 샀니?
　답: 그는 <u>사과만</u> 샀어.　　　　　(제한 초점)
ㅁ. 문: 철수가 배를 샀니?
　답1: 그는 <u>배</u>를 사지 않고 <u>사과</u>를 샀어.
　답2: 아니, 그는 <u>사과</u>를 샀어.　　　(대치 초점)
ㅂ. 문: 철수와 영수가 무엇을 샀니?
　답: 철수는 배를, 영수는 <u>사과</u>를 샀어. (병렬 초점)

한편 (76)과 같이, Dik *et al.*(1981)에서는 '질문-대답'에서 선행 질문과 그에 대한 대답의 특성을 기준으로 초점 유형을 구별하였다. 완성 초점, 선택 초점, 확장 초점, 제한 초점, 대치 초점, 병렬 초점 등 총 여섯 가지이다. 이들 유형은 동일한 대답이 선행 질문에 의해서 구분되기도 하고(76ㄱ,ㄴ), 동일한 질문에 대해서 대답이 달라짐으로써 구분되기도 한다(76ㄷ,ㅁ). 나중에는 약간 다른 특성의 질문 초점과 거부 초점이 추가되었다(Dik 1997: 331-334).[164]

---

164) Dik(1997)은 Dik(1989)의 2판이자 개정판이다. Watters(2010: 354-356)에서는 Dik *et al.*(1981) 및 Dik(1989: 281-282)의 여섯 가지 초점 유형을 아래와 같이

게다가 Gundel(1999)에서는 초점을 심리 초점, 의미 초점, 대조 초점의 세 가지로 구분하기도 하였다. 그런데 심리 초점은 담화의 특정 시점에서 현저하게 인식되어 화·청자에게 관심의 초점이 되는 개체를 가리키는 것으로, 인지상의 현저성에 의한 주어짐성을 보인다는 점에서 화용적 관계로서의 초점과는 성격이 다르다(임동훈 2012: 240-241). 의미 초점은 새로운 정보를 나타내는 부분이고, 대조 초점은 다른 선택항들과의 관계에서 대조를 나타낸다.

이 외에도 Kiss(1998)에서는 총망라성의 유무에 따라서 '확인 초점'과 '정보 초점'을 구별하였고, Vallduví and Vilkuna(1998)에서는 정보적인 초점인 '레마'와 양화적인 초점인 '대조'를 구별하였다. 임동훈(2012)에서는 Kiss(1998), Vallduví and Vilkuna(1998), Gundel(1999)의 논

수형도의 형식으로 명시하였다. 한편 초점을 초점의 작용역에 따라 운용자 초점과 성분 초점으로 나누고 의사소통적 특징에 따라 단언 초점과 대조 초점을 나누어, 가능한 초점 범주의 유형론을 표로서 제시하기도 하였다.

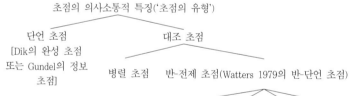

참고로, Drubig and Schaffar(2001: 1086)에서는 '±대조적', '±특정 전제', '±수정적'이라는 자질값에 의거하여 Dik(1989)나 Watters(2010)보다 더 체계적인 분류를 수형도로 보였다.

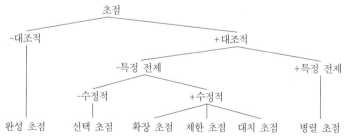

의를 검토하여, 초점-배경 분절에서 화용적 관계로서의 초점인 '가로 초점'과, 문장에 실현된 요소와 대안집합의 선택항들 사이에서의 초점인 '세로 초점'을 구별하였다.165)

지금까지 초점의 유형에 관한 여러 논의를 살펴보았다. 각 연구들에서 설정된 초점의 유형은 서로 비슷한 부분이 있으면서도 한편으로는 너무나 다양하고 달라서, 어떤 일치된 견해로 수렴하는 것은 불가능에 가깝다고 생각된다.166) 다만 현 단계에서 지적해 둘 만한 것은, 초점을 크게 대별한다고 보면 대표적인 유형인 (71)의 신정보 초점(또는 제시 초점)과 완전 목록 초점(또는 대조 초점, 또는 수정 초점)에서 많이 벗어나지 않는 것 같다는 점이다.

> (77) 초점을 고려한 발화 문장의 의미
> ㄱ. 선행 발화를 통한 담화 지시체의 정보적 위상 확인
> ㄴ. 운율적 돋들림, 격조사, 동사 앞 위치, 분열문 구성 등의
>   확인
> ㄷ. 주제 또는 바탕과 대비되는 것으로서 공유 바탕에 정보
>   적으로 새롭게 기여하는 초점의 특성을 고려한 문장의
>   화맥적 의미 해석

---

165) 임동훈(2012)의 가로 초점과 세로 초점의 구별을 적극적으로 수용하면서, 가로 초점을 표시하는 것으로서의 격조사에 주목한 논의로 김민국(2016ㄱ)이 있다. 가로 초점과 세로 초점은 각각 Gundel(1999)의 의미 초점과 대조 초점, Kiss(1998)의 정보 초점과 확인 초점, Vallduví and Vilkuna(1998)의 레마와 대조에 대응된다(김민국 2016ㄱ: 6). 한편 통사적 위치의 이동 여부에 따라서 이동된 초점(ex-situ focus)과 제자리 초점(in-situ focus)의 구별이 사용되기도 한다. 이것은 의미적 특성에 따른 것이 아니어서 다른 분류들과는 질적인 차이가 있다.

166) Green and Jaggar(2003: 191)에서는 초점의 의미적 유형을 확인하는 것은 합의의 문제가 결코 아니라고(identifying semantic types of focus is by no means a matter of consensus) 언급하기도 하였다.

4.2.3. 화자와 청자의 내면적 특성 분석

화자와 청자의 내면적 특성 분석에서는 화자의 태도와 청자의 태도를 구분한다. 그리고 각각에서 자신에 대한 감정, 판단과 상대방에 대한 감정, 판단, 그리고 이야기되고 있는 어떤 사태에 대한 감정, 판단 세 가지를 구분한다. 이들이 상보적으로 논의될 수 있을 것으로 생각되기 때문이다. 김태자(1993), 최호철(2011) 등 기존 논의에서 참여자의 태도와 구분되는 것으로 간주해 온 지위, 나이, 친소 등의 관계 정보는 상대방에 대한 판단에 포함하였다.

예컨대, 자원봉사를 하는 젊은 사람이 오랫동안 만나 온 독거노인인 할머니에게 '할머니는 식사 제때 하셨어?'라는 발화를 했다고 하자. 그리고 그 의도는 "할머니는 식사를 제때 챙겨 드셔야 돼."라고 하자. 이 경우 나이 관계에서 보면 해체(두루낮춤)의 종결어미 '-어'의 사용은 부적절한 것일 수 있다. 그러나 오랫동안 만나 온 친소 관계에 의해 화자는 친근함의 표현으로 해체의 어미를 사용할 수 있는 것이고 또한 이것이 부적절하다고 여겨지지 않는다.

또한 시집을 온 여성이 결혼하지 않은 어린 시동생에게 '도련님 공부하셔야지요.'라는 발화를 "도련님은 이제 그만 노세요."라는 의도로 했다고 하자. 이 경우는 한국 사회의 시집살이라는 문화 내에서 비록 나이가 더 많은 여성이라 하더라도 지위 관계에 의해 나이가 더 어린 시동생에게 존대를 하는 경우이다. 나이 관계를 우선 생각한다면 어색하거나 이상한 것이겠으나 시집이라는 공간에서는 지위 관계가 우선시되므로 적절하고 올바른 표현이 된다.

그런데 여기서, 발화 문장이 산출되고 해석될 때 고려되는 정보와 발화 문장 의미의 변인을 구분할 필요성이 확인된다. 앞서 설명하였듯이, 지위, 나이, 친소 등의 관계 정보는 발화 문장을 산출할 때 화자에 의해 판단·감안·고려된 정보이다. 즉, "할머니는 식사를 제때 챙겨 드셔야 돼."와 "도련님은 이제 그만 노세요."와 같은 의도된 의미를 해석하는 데에 지위, 나이, 친소 관계 등의 정보가 참고되기는 하였으나 직접적인 변인으로 작용한 것은 아니다.

그러므로 화맥적 의미 변인을 주요하게 고려하는 본 연구에서는 지위, 나이, 친소 관계 등은 상대방에 대한 감정이나 판단에 참고가 되는 정보인 것으로 간주한다. 예컨대, 시집을 온 여성이 더 나이가 어린 시동생을 보고서, 자신이 나이가 더 많은데도 지위 때문에 존대를 해야 하는 상황임을 알게 되어 부담스러움을 느꼈거나 기분이 나빠졌다고 하자. 만약 이런 경우 시집을 온 여성이 시동생에 대해 가지는 부정적 태도가 화맥적 변인으로서 고려된다.

앞선 연구들에서 다뤄진 간접 화행 또는 언표내적 행위의 사례들은 모두 화자의 태도라는 변인을 고려해야만 하는 것이다. 그런데 실상 화자의 태도란 것은 언어학적으로 분별될 수 있는 것은 아니고, 태도의 유형을 체계화하기도 어렵다. 여기서는 자신 또는 남에 대한 행복감, 불안감, 불쾌감 등의 정서 상태나, 사태에 대한 긍정적이거나 부정적인 가치평가 등이 복합적으로 작용하여 만들어진 화자의 태도가 하나의 화맥적 변인이라는 점만 지적해 둔다.

> (78) 화자의 태도에 따른 화맥적 의미 변이: '네가 이 일 한번 추진해 봐.'
> ㄱ. 믿고 맡기는 거니까 잘 해 봐.
> ㄴ. 이 일을 내가 하기는 귀찮으니 네가 해라.
> ㄷ. 나만큼 해낼 수 있나 보겠어.
> ㄹ. 너는 잘 할 수 있을 것 같냐? / 너도 못해.
> ㅁ. 과연 잘 할 수 있을지 모르겠는데 맡겨 본다.

(78)에 제시한 몇 가지 의미가 물론 전부는 아니다. 사용될 수 있을 법한 화맥적 의미를 화자의 태도에 따라서 나누어 보인 것이다. 여기서도 지위, 나이, 친소 등 독립적으로는 화맥적 의미 변인으로 고려되지 않는 것들이 화자의 태도에 다 반영되는 것이 확인된다. 직접 화행의 경우에도 발화 문장의 의미에는 화자의 특정한 태도가 얹히고(78ㄱ, ㄴ), 간접 화행의 경우에는 화자의 태도가 발화 장면과 결부되면서 특별한 언표수반력을 가질 수 있다(78ㄷ-ㅁ).

(78ㄱ)은 청자가 주어진 일을 잘 수행해 낼 수 있을 것이라는 화자의 신뢰감이 나타난 의미라고 할 수 있다. 자신이 해야 하거나 할 수 있는 일 또는 각별한 주의가 필요한 일을 타인에게 맡기는 것은 그 일을 맡을 사람에 대한 신뢰가 바탕되어야 하는 것이다. 그 일을 통해서 상대방에게 업무 경험을 쌓게 하거나 또는 능숙하게 일을 처리해 낼 것을 기대하고, 자신과 상대방의 긍정적인 향후 관계 정립을 위해 업무상의 유대를 높이려는 의도가 담겨 있다.

(79) 화자의 태도 분석: (78ㄱ) "믿고 맡기는 거니까 잘 해 봐."
  ㄱ. 자신에 대한 태도: 무표적
  ㄴ. 청자에 대한 태도: 신뢰감, 기대감
  ㄷ. 사태에 대한 태도: 무표적

(78ㄴ)은 자신이 관여되어 있는 어떤 일을 해야 하는 상황에 대한 염증과 권태감이 드러난 의미라고 할 수 있다. 이때 일의 성격은 화자가 자신이 책임지고 도맡아 해야 하는 것일 수도 있고, 청자를 포함한 다른 사람들과 협업을 해야 하는 것일 수도 있다. 일에 대한 전적인 또는 일부의 책임을 자신이 가진 상황에서, 일을 해야 하는 것에 염증과 권태감을 가지고 청자에게 미루는 것이다. 이는 사태에 대한 태도

가 변인으로 작용한 경우로 볼 수 있다.

> (80) 화자의 태도 분석: (78ㄴ) "이 일을 내가 하기는 귀찮으니 네
> 가 해라."
> ㄱ. 자신에 대한 태도: 무표적
> ㄴ. 청자에 대한 태도: 무표적
> ㄷ. 사태에 대한 태도: 염증, 권태감

(78ㄷ)은 화자가 기존에 자신이 똑같거나 유사한 일을 수행하면서 성과를 낸 적이 있다는 것에 대한 자부심을 가지고 있는 상태에서, 이번 기회를 통해 상대방의 역량을 판단해 보고자 하는 태도가 나타난 의미라고 할 수 있다. 상대방에 대한 태도는 시기와 질투 같은 아니꼬운 마음일 수도 있고, 기대를 가지고 어느 정도의 수준에 근접한 성과를 내는지 보겠다는 긍정적인 마음일 수도 있다. 일의 추이를 지켜보겠다는 유보적 태도가 놓여 있는 것이다.

> (81) 화자의 태도 분석: (78ㄷ) "나만큼 해낼 수 있나 보겠어."
> ㄱ. 자신에 대한 태도: 자신감, 자부심
> ㄴ. 청자에 대한 태도: 무표적
> ㄷ. 사태에 대한 태도: 무표적

(78ㄹ)은 화자 자신이 맡은 일이 제대로 이루어지지 못한 현재 상태를 알고 있는 상태에서, 다른 누가 이 일을 맡더라도 성과를 내기 어려울 것이라고 하는 사태에 대한 부정적인 전망을 드러내는 의미라고 할 수 있다. 즉 자신과 관련하여 벌어진 기존 사태에 대한 불만스럽고 못마땅한 태도와, 청자에 대한 불신감과 모멸감을 드러내는 태도가 함께 드러나 있는 것이라고 할 수 있다. 화자 스스로에 대해서는

자신하거나 자위하거나 자책하는 마음일 수 있다.

　　(82) 화자의 태도 분석: (78ㄹ) "너는 잘 할 수 있을 것 같냐? / 너
　　　　도 못해."
　　　　ㄱ. 자신에 대한 태도: 무표적
　　　　ㄴ. 청자에 대한 태도: 불신감, 모멸감
　　　　ㄷ. 사태에 대한 태도: 부정적

　　(78ㅁ)은 청자가 주어진 일을 잘 수행해 낼 수 있을지에 대한 화자
의 확신이 없는, 의심스러운 태도가 나타난 의미라고 할 수 있다. 어
떤 평가를 내릴 수 있을 만한 경험적 기반이 없다는 것 때문에, 불신
까지는 아니지만 어느 정도의 미심쩍음으로 인해 화자의 불안감이 높
아질 수 있다. 상대방의 업무 능력에 대한 신뢰가 없을 때 누군가 일
을 담당해야 하는 상황에서 우선 한번 업무를 부여한 뒤에 추이를 지
켜보겠다는 유보적 태도가 깔려 있는 것이다.

　　(83) 화자의 태도 분석: (78ㅁ) "과연 잘 할 수 있을지 모르겠는데
　　　　맡겨 본다."
　　　　ㄱ. 자신에 대한 태도: 무표적
　　　　ㄴ. 청자에 대한 태도: 의구심, 불안감
　　　　ㄷ. 사태에 대한 태도: 무표적

　　화자와 관련하여 분석한 (78)의 의미들 사이의 관계를 좀 더 간단
하게 정리해 볼 수 있다. 신뢰감, 기대감, 염증, 권태감, 의구심, 불안감
등 다양하게 제시한 것들을 크게 긍정적 태도와 부정적 태도로 둘로
나누고, 이 두 가지 값을 각 변인별로 부여하는 것이다. 긍정적 및 부
정적 자질은 유표적인 자질로 간주하고, 변인별로 자질값은 미명세

(underspecification)될 수 있다고 가정한다. (84)에 보인 것처럼, 각 의미들은 서로 다른 자질값을 갖고 실현된다.

> (84) (78)의 의미들의 자질값에 따른 관계
> ㄱ. (78ㄱ): [무표적], [긍정적], [무표적]
> ㄴ. (78ㄴ): [무표적], [무표적], [부정적]
> ㄷ. (78ㄷ): [긍정적], [무표적], [무표적]
> ㄹ. (78ㄹ): [무표적], [부정적], [부정적]
> ㅁ. (78ㅁ): [무표적], [부정적], [무표적]

(84)를 통해서 (78ㄱ-ㄷ)의 세 의미가 각각 자신과 청자와 사태에 대한 어떤 유표적인 자질값을 가짐으로써 실현되는 것임을 확인할 수 있다. 그리고 (78ㄱ)과 (78ㅁ)은 청자에 대한 태도 자질이 긍정적이거나 부정적인 것에 의해 나뉘는 의미라는 점을 확인할 수 있다. (78ㄴ)과 (78ㄹ)은 사태에 대해서 부정적이라는 점은 같지만 (78ㄹ)이 청자에 대해 부정적인 자질을 유표적으로 더 가지는 점에서 차이가 난다. 이런 방식으로 의미를 비교할 수 있다.

한편 청자의 태도 또한 특정한 정서 상태나 사태에 대한 가치 평가 따위를 포함하는 변인임은 동일하다. 다만 이것이 화자의 의도나 예측으로부터 벗어난 의미를 만들어낼 수 있다는 것에 특수성이 있다. 보통의 의사소통에서는 화자와 청자 간의 상호 협력이 수반되기 때문에 청자의 태도면이 고려되지 않는 것이 별 고려사항이 아닐 수 있다. 그러나 그렇지 않은 경우도 허다하고, 청자의 태도를 고려하지 않고서는 화맥적 의미를 설명할 수 없는 경우도 많다.

(85) 청자의 태도에 따른 화맥적 의미 변이: '너 손이 되게 예쁘다.'

ㄱ. 나 너한테 관심 있어.

ㄴ. 손 말고 다른 데는 안 예뻐.

ㄷ. 너 손 왜 이렇게 이상하게 생겼니?

ㄷ. 넌 손만 따로 관리 받냐?

(85)에 보인 예들 또한 실제로 가능할 법한 몇 가지 화맥적 의미를 청자의 태도에 따라서 나누어 보인 것이다. 이것들은 화자가 의도했거나 예상한 것이 아니라, 오롯이 청자의 어떤 마음가짐 때문에 발생한 의미라고 할 수 있다. 화자는 손이 예쁘다는 사실을 그대로 전달했을지 모르지만, 청자는 그날그날의 심리 상태, 화자에 대한 태도 등이 작용하여 전혀 예상치 못한 의미로 해석할 수 있다. 의사소통의 실패와 그로 인한 오해는 드문 일이 아니다.

(85ㄱ)은 외모나 신체 부위에 관한 이성으로부터의 칭찬이 이성을 꾀어 보려는 호감의 표시이자 구애의 행동이라는 것을 청자가 알고 있고, 화자가 자신에게 외모를 칭찬하는 방식으로 관심을 표했다고 청자가 판단했을 때 해석될 수 있는 의미이다. 청자가 화자에 대해 호감을 가지고 있을 경우 더 분명하게 드러나지만, 그렇지 않더라도 사태에 대한 청자의 판단만으로 해석될 수 있는 의미이다. 청자가 자신의 손에 대해 어떻게 생각하는지는 관계가 없다.

(86) 청자의 태도 분석: (85ㄱ) "나 너한테 관심 있어."

ㄱ. 자신에 대한 태도: 무표적

ㄴ. 화자에 대한 태도: 무표적

ㄷ. 사태에 대한 태도: 긍정적

(85ㄴ)은 청자가 손을 포함한 자신의 다른 신체 부분들이 예쁘다고

믿고 있거나 다른 부분도 예쁘다는 말을 듣고 싶다는 기대를 가지고 있을 때, 화자로부터 손이라는 특정 부분만 예쁘다는 말을 들은 상황에 실망하고 자신의 기대가 충족되지 못해서 해석될 수 있는 의미이다. 군이 손을 특정해서 예쁘다고 하는 화자에게 다른 신체 부위와 관련한 어떤 평가적 의도가 있는 것이 아닌지 파고들어 생각한 것이다. 화자에 대해서는 무표적인 것으로 여겨진다.

> (87) 청자의 태도 분석: (85ㄴ) "손 말고 다른 데는 안 예뻐."
>   ㄱ. 자신에 대한 태도: 자신감, 기대감
>   ㄴ. 화자에 대한 태도: 무표적
>   ㄷ. 사태에 대한 태도: 부정적

(85ㄷ)은 외모에 대해 자존감이 매우 낮은 청자가, 자신에 대해 좋은 말을 할 리 없다고 믿는 화자로부터 자신의 신체 부위에 대해 칭찬하는 말을 듣고 해석하게 될 수 있는 의미이다. 청자 스스로 외모에 대해 불만을 가지고 있고 화자에 대해서도 불신하는 가운데, 신체 부위에 대한 칭찬을 반어적으로 해석한 것이다. 남에게 어떠한 방식으로든 자신의 외모가 거론되거나 평가되는 것을 원하지 않는 청자를 자극하는 언행으로 받아들여진 경우라 하겠다.

> (88) 청자의 태도 분석: (85ㄷ) "너 손 왜 이렇게 이상하게 생겼니?"
>   ㄱ. 자신에 대한 태도: 불만감
>   ㄴ. 화자에 대한 태도: 불신감
>   ㄷ. 사태에 대한 태도: 부정적

(85ㄹ)은 화자에 대한 청자의 불신과 분노가 드러나는 의미이다. 화자는 자신에게 어떠한 방식으로든 외모에 대한 칭찬을 할 일이 없

다고 믿고 또한 화자에게 화가 나 있는 청자의 태도가 반영된 것이다. 이런 청자에게 특정 신체 부위에 대한 화자의 칭찬은, 만약 청자가 손을 관리해 왔다면 그간의 청자의 노력을 비꼬는 것이고, 만약 손이 원래부터 예뻤다면 다른 데는 봐주지 못할 지경인데 손만 관리를 받은 것처럼 보인다는 뜻으로 해석될 수 있다.

(89) 청자의 태도 분석: (85ㄹ) "넌 손만 따로 관리 받냐?"
ㄱ. 자신에 대한 태도: 무표적
ㄴ. 화자에 대한 태도: 불신감, 분노
ㄷ. 사태에 대한 태도: 부정적

청자와 관련하여 분석한 (85)의 의미들 사이의 관계 또한 (84)와 같은 방식으로 정리해 볼 수 있다. 아래 (90)에 보인 것처럼, 각 의미들은 서로 다른 자질값을 갖고 실현된다. (85ㄱ)과 (85ㄴ-ㄹ)의 의미가 사태에 대한 태도로 구분되는 것을 확인할 수 있다. (85ㄷ)과 (85ㄹ)은 화자나 사태에 대한 부정적인 태도는 동일하고 청자 자신에 대한 자질의 명세 여부로 구분된다. 이렇듯 다양한 의미들이 서로 다른 대상에 대한 태도의 차이로 드러날 수 있다.

(90) (85)의 의미들의 자질값에 따른 관계
ㄱ. (85ㄱ): [무표적], [무표적], [긍정적]
ㄴ. (85ㄴ): [긍정적], [무표적], [부정적]
ㄷ. (85ㄷ): [부정적], [부정적], [부정적]
ㄹ. (85ㄹ): [무표적], [부정적], [부정적]

(91) 화자와 청자의 내면적 특성 분석
ㄱ. 자기 자신에 대한 태도(감정, 판단)

ㄴ. 상대방에 대한 태도(감정, 판단)

ㄷ. 사태에 대한 태도(감정, 판단)

4.2.4. 참여자 외의 상황적 특성 분석

참여자 외의 상황적 특성은 발화 장면과 사회문화적 배경지식에 대해 분석한다. 모든 발화는 발화 장면, 더 나아가 사회문화적 배경지식 속에서 해석된다. 그러므로 이것은 의미의 변인이라기보다는 발화 성립의 조건이자 의미 실현의 배경 정도로 여길 수도 있다. 그러나 본 연구에서는 발화 장면이나 사회문화적 배경지식이 화맥적 의미 변인으로 작용하여 발화 문장의 의미가 언표 문장의 의미와는 다르게 해석되는 경우가 있다는 사실에 주목하고자 한다.

(92) ㄱ. 발화 장면: 장례식장, 철수가 고인인 경우

노인1: 철수도 갔구먼. (= 철수도 죽었구먼.)

노인2: 그려, 나도 가야지. (= 나도 죽어야지(죽을 때가 되었지).)

ㄴ. 발화 장면: 장례식장, 철수가 고인이 아닌 경우

노인1: 철수도 갔구먼. (= 철수도 장례식장을 나갔구먼.)

노인2: 그려, 나도 가야지. (= 나도 나가야지.)

ㄷ. 발화 장면: 어느 공원 벤치, 철수가 고인인 경우

노인1: (자네 소식 들었나?) 철수도 갔다네. (= 철수도 죽었다네.)

노인2: 그려, 나도 가야지. (= 나도 죽어야지(죽을 때가 되었지).)

ㄹ. 발화 장면: 어느 공원 벤치, 해외여행 가는 것이 화두

노인1: (자네 소식 들었나?) 철수도 갔다네. (= 철수도 해외여행 갔다네.)

노인2: 그려, 나도 가야지. (= 나도 해외여행 가야지.)

(93) ㄱ. 발화 장면: 이른 아침, 회사
　　　동료1: 너 많이 피곤하냐? (= 간밤에 잠 많이 못 잤냐?)
　　　동료2: 응, 요즘 잠을 깊게 못 자나봐.
　　ㄴ. 발화 장면: 늦은 오후, 회사
　　　동료1: 너 많이 피곤하냐? (= 일이 많았냐?)
　　　동료2: 응, 쉴 틈이 없었네.

　(92)와 (93)의 예에서 발화의 공간적 장면과 시간적 장면에 의한 문장의 변이 의미를 관찰할 수 있다. (92ㄱ,ㄷ)에서처럼 만약 철수가 고인이라면 노인1의 발화는 철수가 죽었다는 의미를 나타낸다. 이런 의미는 발화가 이루어진 공간이 장례식장이면 명백하지만, 장례식장이 아니어도 가능하다. 한편 (92ㄴ,ㄹ)처럼 철수가 고인이 아니라면, 노인1의 발화는 조문을 함께 온 철수가 먼저 떠났거나, 화두였던 해외여행을 철수도 갔다는 의미로 해석될 것이다.

　한편 (93)은 이른 아침과 늦은 오후라는 시간적 장면에 차이가 있는 대화를 상정한 것이다. 물론 언표적으로 '너 많이 피곤하냐?'라는 문장은 몸이나 마음이 지쳤느냐를 질문하는 것이다. 그러나 시간적 장면에 따라서 화자의 의도에 따른 화맥적 변이 의미가 이른 아침에는 '잠 많이 못 잤냐?'로, 늦은 오후에는 '일이 많았냐?'로 사용될 수 있다. 늦은 오후인 상황에서, 간밤에 잠을 많이 못 잤느냐는 화자의 의도를 담아 질문을 할 가능성은 사실상 거의 없다.

(94) 발화 장면 분석
　　ㄱ. 발화의 공간적 장면 파악
　　ㄴ. 발화의 시간적 장면 파악

발화 장면이 어떤 사태가 이루어지는 시공간적 배경을 가리키는 것인 반면, 사회문화적 배경지식은 언어 공동체의 구성원들에 의해서 공유되는 보편적인 정보 등을 가리킨다. 사회문화적 배경지식은 물론 그 경계를 한정하기 어렵고 유형을 구분하기도 어렵다. 우리 인간의 언어 사용 자체가 사회문화적으로 성립되는 활동이면서 세상 모든 일에 걸쳐 있기 때문이다. 광범한 영역의 사항들이 고려되는 부분이지만, 하위 유형을 별도로 나누지는 못하였다.

(95) 문: 철수 어디 갔니?
　　답1: 응, 철수 군대 갔어. (= 친구 면회한다고 군부대 갔어.)
　　답2: 응, 철수 군대 갔어. (= 철수 지금 군복무 중이야.)

(96) 문: 엄마 어디가?
　　답1: 응, 쌀 팔러 가. (집에 쌀만 많아서)
　　답2: 응, 쌀 팔러 가. (집에 쌀이 없어서)

(95), (96)은 한국의 특정한 사회문화적 배경지식이 동원되어야만 의미가 해석될 수 있는 경우이다. 한국에서 성인 남성은 군복무를 해야 한다는 사회문화적 배경이 있기 때문에 '군대에 가다'라는 표현이 언표적 의미의 "군부대(장소)에 가다."라는 뜻과 비언표적 의미의 "군복무를 하다."라는 뜻을 중의적으로 가진다. 또한 이유를 특정할 수는 없지만 일반적으로 과거의 관습적 행위 때문에 '쌀을 팔다'라는 표현은 "쌀을 구입하다."라는 뜻을 나타낼 수 있다.[167]

---

167) 도재학(2011: 84-86)에서는 '팔다'가 대상을 곡류로 취하게 되는 경우에 '구입하다'의 의미로 실현되는 것에 대한 세 가지 설(說)을 정리하였다. 첫째는 곡식이 물물교환의 기준이 되던 시대의 용법이라는 설이다. 농경사회이던 옛날에는 곡물이 물물교환의 기준이 되었는데, 곡물을 사고 팔 때는 소유주의 입장에서 반대로 말한다고 보는 입장이다. 둘째는 가난에 대한 표현의 금기라는 설이다.

이러한 사회문화적 배경지식이 없다면 대답은 '답1'과 같은 의미로만 해석이 된다. 사회문화적 배경지식에 따른 의미는 관련 지식을 얼마나 많은 사람들이 공유하고 있느냐에 따라 (95)처럼 두루 통용되는 것으로 받아들여지거나 (96)처럼 지금은 보기 어려운 용법인 것으로 받아들여질 수도 있다. 분명한 것은 낱낱의 발화 장면에 따른 화맥적 의미가 개인의 경험에 누적되고 이것이 널리 공유되면 사회문화적 배경지식에 의한 화맥적 의미가 된다는 점이다.

위와 같이 비교적 널리 통용되는 경우 외에도 여성어, 은어, 직업어, 학술용어 등 여러 층위와 종류의 사회 방언에서 제한적으로 사용되는 어사의 비유적 용법도 문장에 실현되어 사회문화적 배경지식에 의한 화맥적 의미를 만들어 낸다. 반어법, 은유, 과장법, 관용구 등의 다양한 비유적 언어 사용 내에는 사회문화적 요인들, 이를테면 성(gender), 문화적 차이, 경제적 지위 등이 편재되어 있다(Colston and Katz 2005; Dobrovol'skij and Piiraninen 2005).

Senft(2014: 1-2)에서는 파푸아뉴기니아의 트로브리안드 제도 사람들의 인사 방식을 언급하면서, 그곳 사람들은 인사를 나눌 때 '어디 가세요?'라고 묻는데, 그에 대해 가능한 한 정확하게 대답을 해야 한다고 하였다. 그 지역은 길이 위험해서 다치거나 죽을 수 있고, 또 'kosi'라고 하는 유령에게 위협을 받을 수 있다는 믿음이 있기 때문에, 만나서 인사를 나누는 사람의 목적지를 파악하는 행위는 곧 공동체가 그

쌀이 모자라 쌀을 사러 간다고 하기보다는 쌀이 넉넉해서 쌀을 팔러 간다고 반대로 표현했다고 하는 입장이다. 셋째는 동사 '팔다' 의미의 역사적 변화 때문이라는 설이다. 본래 '팔다'는 '흥정하다'의 의미도 가졌고 이에 따라 '쌀을 흥정해 가져오다'를 의미하기 위한 '쌀을 팔아 오다'라는 표현이 숙어로 굳어져 지금에 이른다는 입장이다. 셋 중 어떤 설이 맞다고 단정할 수는 없지만, 모두 사회문화적 배경지식에 기인한 것이라는 점은 공통된다.

사람을 보호하고 있다는 신호라고 하였다.

그에 비해 국어의 경우 판정의문으로서의 '어디 가세요?'라는 질문은 의례적인(phatic) 것으로서, 꼭 어디에 가는지 정확하게 대답을 할 필요는 없고 '네, 어디 가요.', '네, 어디 가세요?', '네, 안녕하세요?' 정도로 대답하면 된다(Senft 2014: 109-110). 이렇듯, '어디 가세요?'라는 동일한 질문에 함축되어 있는 '대답으로서 요구되는 정보의 양과 성격'의 차이, 즉 함축된 정보량의 차이는 트로브리안드 제도와 한국의 사회문화적인 배경 차이를 반영한다.

    (97) 사회문화적 배경지식 분석
        ㄱ. 공유되고 있는 상황별 사회문화적 배경 정보 파악
        ㄴ. 관습적인 화맥적 의미와 그 함의에 담긴 배경지식 분석

제5장 결론

본 연구에서는 서술적 완비성을 가지는 언어 단위인 문장의 의미에 대해 분석적으로 논의하였다. 먼저 문장을 화맥의 결부 여부에 따라서 언표 문장과 발화 문장을 구분하였다. 그리고 언표 문장의 의미는 명제, 양상, 지표 등과 같은 의미 단위로 구성된다고 보았으며, 발화 문장의 의미는 언표 문장의 의미와 구성 요소의 화맥적인 비유적 의미, 화맥적 변인들로 구성된다고 보았다. 그리고 언표 문장과 발화 문장의 의미 분석 절차와 내용을 논의하였다.

5.1. 요약

본 연구에서는 완전한 내용을 완결된 형식으로 나타내는 언어 단위인 문장의 의미를 분석적으로 논의하여 문장 의미 연구의 기초를 마련하고자 하였다. 언어의 의미는 형식에 의존하여 나타나는 것이므로, 주어진 문장의 의미를 구성하는 요소들을 체계적으로 분석하는 데 주력하였다. 먼저 화맥의 결부 여부에 따라 언표 문장과 발화 문장을 구분하였다. 그리고 언표 문장의 의미와 발화 문장의 의미를 구분하고 그 구성 요소와 분석 방식을 논의하였다.

본격적인 논의에 앞서, 문장의미론 분야의 논의 주제 중 하나인 중의성과 유의 관계에 대해 살펴보면서 문장의 의미에 대한 체계적 접근의 필요성을 제기하였다. 문장 의미의 분석에는 문장을 구성하는 다양한 층위의 요소들과 변인들이 고려되므로 기본적으로 이들을 적절히 구별해야 한다고 보았다. 이에 언표 문장과 발화 문장, 문장 의미와 관계된 여러 특성적 의미, 문장 분석의 기본 언어 단위인 어사, 통사 층위의 문법 관계 등을 차례로 논의하였다.

이를 통해 언표 문장과 발화 문장을 구분하였고, 문장 의미와 관계된 특성적 의미는 문맥적 의미와 화맥적 의미, 기본적 의미와 비유적 의미, 언표적 의미와 비언표적 의미를 구분하였다. 그리고 어사의 유형으로는 어휘적 어사인 명항사, 서술사, 규정사, 제한사를 구별하였고, 문법적 어사인 매개토, 명제토(자격토와 전성토), 그리고 양상토(첨가토와 필수토)를 구별하였다. 문법 관계로는 주어, 객어, 방편어, 위치어, 서술어, 관형어, 부사어를 설정하였다.

이상의 기본적 개념에 대한 논의를 바탕으로 하여 문장 의미의 구성과 분석에 관해 살폈다. 문장 의미는 언표 문장의 의미와 발화 문장의 의미를 구분하였다. 언표 문장의 의미는 의미 단위인 명제, 양상, 매개로 구성된다고 보았고, 발화 문장의 의미는 언표 문장의 의미, 구성 요소의 화맥적인 비유적 의미, 화맥적 변인들로 구성된다고 보았다. 언어 단위, 의미 단위, 통사 단위, 화맥적 변인을 구분함으로써 문장의 의미 구성을 체계적으로 보일 수 있었다.

이로써 언표 문장의 의미는 의미 단위를 분석하고, 발화 문장의 의미는 화맥적 의미와 화맥적 변인을 분석하는 것으로 보았다. 언표 문장의 의미는 서술어와 논항, 수식어를 포함하는 명제를 분석하고, 차례로 양상, 매개를 분석하며, 다음으로 구성 요소의 문맥적 변이 의미를 분석하였다. 발화 문장의 의미는 구성 요소의 화맥적 변이 의미를 분석하고, 차례로 언표 문장의 화맥적 특성, 화자와 청자의 내면적 특성, 참여자 외의 상황적 특성을 분석하였다.

5.2. 남은 문제

본 연구에서는 완전한 내용을 완결된 형식으로 나타내는 언어 단위로서 문장을 규정하고 논의를 전개하였다. 즉 '서술성(predicativeness)'을 문장의 핵심 속성으로 삼고 하위에는 서술형식의 완결성과 서술내용의 완전성을 설정한 것이다. 그런데 선행 연구들에서는 문장이기 위해 필요한 조건 또는 속성들에 대한 다른 견해를 제시하기도 하였다. 아래에 그 내용과 설명을 정리하였는데, 본 연구에서는 이들이 서술성으로 귀납될 수 있다고 보고 있다.

(98) Lindley Murray, 1795-1850, *English Grammar: adapted to the Different Classes of Learners.* (최호철 1989: 37에서 재인용. 번역 및 띄어쓰기 일부 수정)
문장이란 적절한 형태로 표현되고, 적절한 순서로 배열되는 것으로서, 동시에 완전한 의미를 이루는 단어들의 집합체이다. …… 단순문은 그 안에 하나의 주어와 하나의 정형동사를 가지고 있다. "The ox knoweth his owner, and the ass his

master's crib; but Israel do not know, my people do not consider." 이 문장은 두 개의 복합문으로 구성되어 있고, 각각은 두 개의 단순문으로 다시 나뉘는데, 이를 절이라 부른다. …… 구는 둘 또는 그 이상의 단어가 모아진 것인데, 때로는 문장의 부분을, 때로는 전체 문장을 이룬다. 단순문의 주요 부분은 주어, 서술어, 목적어이다.

(99) Jespersen(1924: 307)
문장은 (비교적) 완전하고 독립된 인간의 발화이며, 그 완전성과 독립성은 그것이 단독으로 자립하고 있는 것, 또는 단독으로 자립할 수 있는 것, 즉 그 자체만으로 발화될 수 있는 것에 의해 나타내어진다.

(100) 최현배(1937/1971: 734)
월이 갖춰야 할 조건은 (1) 적어도 한 낱의 통일(하나됨)과 (2) 따로섬(獨立)과의 두 가지이다.

(101) 김민수(1971: 61-64)
話者를 主體로 보면, 표현 대상인 事物은 客體이며, 客體界의 표현은 반드시 話者인 主體界의 표현-斷定이나 喚情을 동반해야 한다. 주로 토가 맡고 있는 主體界의 敍述性과 統一性과 終結性은 文의 三大本質이며, 동시에 文成立의 三大要件이 된다. 따라서, 이 세 본질에서 어느 하나가 갖추어지지 않아도 문은 이루어지지 않는다는 뜻이다.
ㄱ. 서술성: 문장의 의미면에서 본 단정성(斷定性)이나 환정성(喚情性)의 작용
ㄴ. 통일성: 문장의 구조면에서 본 통합작용
ㄷ. 종결성: 문장의 기능면에서 본 종결형식

(102) 임홍빈·장소원(1995: 196)
ㄱ. 구성 요소 조건: 문장은 원칙적으로 단어들의 결합으로

이루어지는 통사적 구성이다. 어미(語尾)와 조사가 이루
는 구성을 고려하여 이 조건은 '문장은 통사적 요소의
결합으로 이루어진다'와 같이 일반화될 수 있다.

ㄴ. 구성의 자립성 조건: 문장은 다른 구성 속에 포함된 일
부이어서는 안 된다.

ㄷ. 구성의 완전성 조건: 문장은, 특별한 전제가 없는 한, 서
술어(또는 어떤 구성의 핵)가 필요로 하는 성분을 완전
히 갖추어야 한다.

ㄹ. 의미의 온전성 조건: 문장을 이루는 모든 요소들은 다
른 요소와의 의미 관련에서 이상을 가지지 않아야 한다.

ㅁ. 상황 관련 조건: 문장은 발화 장면이나 담화 속에 주어
진 일정한 상황과 관련하여 필요한 정보를 전달할 수
있어야 한다. 문맥이나 상황에 따라서는 온전한 문장뿐
만 아니라, 문장의 단편도 필요한 정보를 전달할 수 있
다. 이 때 중요성을 가지는 것은 억양(抑揚, intonation)
으로, 억양은 문장의 단편도 문장의 자격을 가질 수 있
게 한다.168)

(103) 최웅환(2000: 32)

ㄱ. 접사수반(형태적) 충족성: 하나의 서술어가 형태적인
폐쇄성을 동반해야 한다.

ㄴ. 어 순 적(통사적) 충족성: 위의 조건을 만족시키는 서술
어는 단위문장 내에서 가장 우측에 나타난다.

ㄷ. 논항보유(의미적) 충족성: 위의 두 조건을 만족시키는
서술어는 논항보유의 기능을 가져야 한다.

---

168) Matthews(1981)에서도 억양의 중요성을 지적한 바 있다. 그는 연속성(continuity)
과 완전성(completeness) 두 가지를 문장의 속성으로 논의하였는데, 연속성의
측면에서 억양을, 완전성의 측면에서 구성 성분의 실재/잠재를 고려하였다. 특
히 억양은 연속적인 자질로서, 평서문과 의문문과 같은 어떤 구성을 실현하는
데 결정적인 역할을 하고, 통사적인 단위들 간의 경계를 지어주므로 무시될 수
없다고 하였다(Matthews 1981: 33-34).

(104) 박영순(2001: 13-14)

　　문장의 성립 기준으로 단어의 일정한 순서성, 의미성, 종결
　　성 등을 설정할 수 있을 것

　　ㄱ. 주어와 서술어가 각각 하나 이상씩 있어야 한다.

　　ㄴ. 주어와 서술어에 수식하는 단어가 올 수 있으나, 일정한
　　　순서에 따라야 한다.

　　ㄷ. 문장은 어떤 완전한 의미를 전달할 수 있어야 한다.

　　ㄹ. 문장의 종결을 알려주는 문장 어미가 있어야 한다.

　　ㅁ. 문장의 종결을 알려주는 문장 부호가 있어야 한다.

(105) 김정대(2003: 74)

　　의미적 속성, 형식적 속성, 구성적 속성과 같은 이 세 가지
　　속성은 가히 문장을 이루는 세 가지 요건이라고 말할 수 있
　　을 것이므로 우리는 이 세 가지 요건을 갖춘 것을 문장으로
　　보고자 하는 것이다.

　이상의 조건 또는 성질은 약간씩 다르지만 궁극적으로 문장의 형식면과 내용면에 관한 것이 대별된다. Murray(1795-1850)의 '적절한 형태'와 '적절한 어순', Jespersen(1924)의 '독립성', 김민수(1971)의 '통일성'과 '종결성', 임홍빈·장소원(1995)의 '구성의 완전성' 등은 형식에 관한 것이다. 한편 Murray(1795-1850)의 '완전한 의미', 김민수(1971)의 '서술성', 임홍빈·장소원(1995)의 '의미의 온전성', 박영순(2001)의 '의미성' 등은 내용에 관한 것이다.

　다양하게 제시된 문장의 조건 및 성질은 본 연구의 서술성을 기준으로 다시 정리해 볼 수 있다. 서술성은 형식과 내용의 측면에 따라서 '서술형식의 완결성'과 '서술내용의 완전성'으로 구분된다. 서술형식의 완결성에는 적형의 문장 성분, 적절한 어순, 종결 형식, 그리고 억양이 포함된다. 한편 서술내용의 완전성에는 문장 성분의 실현과 의미의

정합성이 포함된다. 이들이 문맥 차원에서 온전히 보유되거나 복원될
수 있어야만 문장이라고 할 수 있다.

(106) 서술적 완비성을 이루는 요소

    ㄱ. 서술형식의 완결성: 적형의 문장 성분, 적절한 어순, 종
       결 형식, 종결 억양

    ㄴ. 서술내용의 완전성: 문장 성분의 실현, 의미적 정합성

서술형식의 완결성을 보면, '철수가 맛있는 밥을 먹는다.'라는 문장
이 있다고 할 때, '*철수이', '*철수로' 등은 '철수가'를 대체할 수 없다.
'-이'는 음운론적인 조건에 의해 결합될 수 없고, '-로'는 서술어 '먹-'
의 의미 특성 때문에 결합될 수 없다. 한편 '철수가 밥을 맛있는 먹는
다.'는 부적절하며 이는 수식어가 피수식어에 선행하는 어순의 특성
때문이다. 그리고 평서법의 종결어미 '-다'의 실현과 종결 억양의[169]
수반으로써 문장의 독립성이 확보된다.

---

169) 국어 종결 억양의 문법적 기능과 음성적 특징에 대해 연구한 오재혁(2011: 183-185)에서는 다음의 다섯 가지 종결 억양 유형을 설정하였다. 첫째 '상승 억양'으로, 이 억양은 목표 음높이가 9ST 이상으로 상승하는 억양이며 의문법 기능을 갖는다. 둘째, '하강 억양'으로, 이 억양은 목표 음높이가 3ST 이하로 하강하는 억양이며 평서법/명령법 기능을 갖는다. 셋째, '높은 상승-하강 억양'으로, 이 억양은 중간 굴곡 지점의 음높이가 12ST 이상으로 상승했다가 하강하는 억양으로 의문법/감탄법의 기능을 갖는다. 넷째, '낮은 상승-하강 억양'으로, 이 억양은 중간 굴곡 지점의 음높이가 6ST 이하로 상승했다가 하강하는 억양으로 평서법/명령법의 기능을 갖는다. 다섯째, '하강-상승'억양으로, 이 억양은 중간 굴곡 지점의 음높이 하강 지점과는 상관없이 음절 끝 지점의 음높이가 6ST 이하로 상승하는 억양으로 평서법/명령법의 기능을 갖는다. 여기서 음높이의 단위인 ST는 반음(semitone)을 가리키는 것으로, 1옥타브(octave: 주파수 비가 1:2가 되는 간격)를 지각적으로 같은 12개의 간격으로 나눈 단위이다. 가령 기준이 되는 음을 100Hz로 설정한다면 100Hz보다 1 옥타브가 높은 200Hz 사이의 음높이를 지각적으로 같게 12개의 음높이로 나눈 것이다(오재혁 2011: 55). 물론 이 종결 억양 유형이 각 문말 서법의 유형과 절대적인 대응 관계를 이루는 것이 아니라는 점에는 유의할 필요가 있다.

서술내용의 완전성에서는, 물론 서술어의 의미 내용을 명세하는 문장 성분이 충분히 실현되어야 한다. '철수가 먹는다', '밥을 먹는다'의 경우는 문맥 내에서 객어와 주어가 복원되지 않는 이상 언표 차원에서는 절과 구로 분석될 뿐이다. 또한 문장 성분들 간의 의미는 정합적이어야 한다. 문법적으로는 적절하지만 의미적으로는 부적절한 Chomsky (1957: 15)의 유명한 예 'Colorless green ideas sleep furiously.'는 의미적 정합성 조건을 잘 보여준다.

그러나 의미적 정합성은 지켜지지 않았다고 해서 꼭 문장이 아닌 것은 아니다. 전달하고자 하는 의미가 불분명한 '산은 산이요, 물은 물이다'와 같은 항진문, '찬란한 진실이 유리창을 꿰맸다.'와 같은 변칙문, 그리고 서술내용이 상충되는 '모든 무생물은 살아있다.'와 같은 모순문 등은 의미적 정합성을 갖췄다고 보기는 어렵다. 그러나 이들은 특별한 의도를 담고 있거나 문학적 효과를 기대하는 경우 사용될 수 있으므로 준(準)-언표 문장으로 간주된다.

의미적 정합성은 미묘한 문제이다. 예컨대 '철수가 소설을 시작했다.'의 경우 항진문, 변칙문, 모순문은 아니지만 꽤 불충분한 정보를 담고 있다. 그러나 '소설'의 어휘적 의미를 감안하여 '철수가 소설을 {읽기, 쓰기, 분석하기, 구입하기, …} 시작했다.' 등의 적절한 해석이 가능하다. 언어학자들은 이러한 경우를 '유형 강제(type coercion)' 현상으로 다뤄왔는데, 이들과 항진문, 변칙문, 모순문 사이의 의미적 정합성의 정도 차이를 엄격히 따지기는 어렵다.170)

이상과 같이 본 연구에서는 서술성으로서 문장을 규정짓고자 하였

---

170) 누군가는 항진문, 변칙문, 모순문 등도 특정한 경우에 의미적 정합성이 지켜진다고 할 수 있다. 본 연구에서는 의미적 정합성을 재단하듯 그 유무를 판단할 수 있는 것은 아니라고 보고 있다. 유형 강제에 대한 일반론은 Pustejovsky (1995)와 김윤신(2012) 참고.

지만 이와 다른 견해도 많다는 것을 확인할 수 있었다. 어떠한 기준으로 문장을 규정짓는가에 따라서 연구 방법이 달라질 수 있다. 본 연구에서는 서술성을 문장의 핵심적 성질로 보았기 때문에 서술어를 문장의 명제와 양상을 구별하는 기준으로 삼았고, 서술형식의 완결성을 우선하여 '소형문'이나 '조각문'을 설정하지 않았으며, 서술내용이 완전치 못한 것은 '준-언표 문장'으로 규정하였다.

한편 문장을 본 연구와는 다른 관점에서 규정하는 입장이 있다. 대표적인 것이 문장을 '사건의 존재'를 표시하는 단위로 보는 사건의미론의 입장이다. 문장에 대한 다른 관점에서의 규정은 다른 연구 방법과 출발점을 함의한다.171) 본 연구에서는 상향식 접근법으로서 문장을 구성하는 개별 요소들의 의미가 전체 문장의 의미에 기여한다고 보는데, 사건의미론에서는 하향식 접근법을 취해 전체로서의 사건을 상정하고 사건과 구성 요소의 관계를 파악한다.

> (107) 문장 의미의 구성에 대한 상향식 접근법 (최호철 2011: 507-511)
> ㄱ. 언표 문장의 의미 = 언표 단어의 의미 + 통사적 의미

---

171) 예컨대, 문장 단위를 음성학적으로 연구하는 입장에서는 음성 연쇄체로서의 발화된 문장을 연구 대상으로 삼게 된다. 음성 연쇄체는 선형적이므로 필연적으로 앞서 나타나는 음성 형식순으로 파악될 수밖에 없다. 그러나 본 연구와 같은 문장의 의미 분석 과정은 음성 형식의 산출 및 지각 과정과는 차이가 있다. 즉 발화된 것의 음성적 특징은 선형적으로 분석되지만 의미는 비선형적으로 분석된다. 한편 사용 기반 이론(usage based theory)에서 주목하는 갖가지 논제들은 음성 형식과 의미의 긴밀성을 잘 보여주지만, 이는 서술어 중심의 문장 의미 분석과는 다른 차원의 문제이다. 사용 기반 이론에서는 높은 빈도로 인접되어 실현되는 형식들이 다양한 층위의 구성(construction)을 이루어 덩어리(chunk)로서 저장되는 것과 관련된 여러 문제, 문법화와 어휘화 등을 포함한 언어 변화의 문제 등을 다루는데, 이러한 것들은 음성의 연쇄체로서의 발화의 특성이 많이 고려되는 것이다. 사용 기반 이론에 대한 개관은 Bybee(2010) 참고.

ㄴ. 문장 발화의 의미 = 언표 문장의 의미 + 화행적 의미
= 언표 단어의 의미 + 통사적 의미
+ 화행적 의미
ㄷ. 화행적 의미의 요소 = 사람 + 상황
사람 = 화자와 청자의 태도 + 화자와 청자의 관계
상황 = 발화의 장면 + 발화의 화시
ㅁ. 태도 = 화자와 청자의 배경, 의도
관계 = 화자와 청자의 지위, 나이, 친소
장면 = 발화의 시간, 공간, 사태
화시 = 언어 외적 사항

(108) 문장 의미의 구성에 대한 하향식 접근법 (임채훈 2012: 49-50)
문장의 각 성분들이 전체와의 관계를 통해 의미 기능을
갖게 된다. (중략) 문장의미는 서술어를 중심으로 계층적으
로 합성되는 것이 아니다. 문장의미 전체로서 사건이 존재
하고, 각 성분은 이 사건을 서술하는 기능을 갖는다. (중략)
문장의 각 요소들은 개별적으로 의미를 갖거나 구성 요소
간 부분의 합으로 의미를 생성하는 것이 아니다. 각 성분들
이 문장이 의미하는 사건을 각각 서술하면서 문장의미를 형
성하고 있다.

(107)은 언표 문장과 문장 발화가 어떻게 구성되는지 분석적으로
제시한 최호철(2011)을 인용한 것이다. 상향식 접근법에서 언표 문장
의 의미는 문장을 구성하는 하위 언어 단위인 언표 단어의 의미에 그
것들을 문법적으로 관계 맺어주는 통사적 의미가 더해진 것이다. 여
기에 언어 표현과 발화 상황 사이의 관계에서 나타나는 화행적 의미
가 더해지면 문장 발화의 의미가 된다. 또한 화행적 의미는 화자와 청
자의 태도와 관계, 발화 장면과 화시로 구성된다.

반면 (108)은 사건의미론적 관점에서 문장의 의미는 곧 어떤 사건

을 나타내는 것으로 보고, 문장의 구성 성분들은 사건의 세부 사항을 서술한다고 보는 임채훈(2012)를 인용한 것이다. 하향식 접근법에서 문장의 의미는 사건의 존재로 치환된다. 즉 서술어를 중심으로 하여 다른 문장 성분들이 서로 관계를 맺고 문장의 의미를 구성하는 것이 아니라, 서술어를 비롯한 모든 문장 성분들이 전체 의미로서의 사건과 관계를 맺으며 사건을 서술한다는 것이다.

임채훈(2012: 43-44)에서는 합성성의 원리의 한계를 지적하였다. 합성이라는 개념을 받아들이는 순간 더불어서 '구성 요소, 즉 부분들의 의미는 합성 이전에 결정되어 있어야 한다.'는 사실과 '부분들이 점층적, 계층적으로 합성되어 전체를 구성한다.'는 사실을 받아들여야만 하는데, 부분들의 의미는 합성 이후의 결과인 전체의 의미에 의해 결정된다는 점에서 합성성의 원리는 모순을 갖고 있다는 것이다.172) 이는 의미의 선후 관계에 대한 문제이다.

그런데 사건의미론적 관점 또한 이러한 모순처럼 느껴지는 상황에서 자유로운 것은 아니다. 문장 의미가 가리키는 전체로서의 사건이 각 구성 성분들에 의해 서술된다고 하면 그 구성 성분들의 의미 또한 이미 존재하는 것이어야 한다. 부분의 의미가 전체 속에서 결정되지만 반대로 전체의 의미는 부분의 의미에 의해 결정된다. 부분의 의미를 모르는 채로 전체의 의미를 알 수는 없는 일이다. 부분과 전체의 상호관련성은 모순이 아니라 필연적인 것이다.

본질적이고 핵심적인 것은 문장을 구성하는 개별 요소들, 즉 어사들의 의미가 맥락에 의해 결정된다는 사실이다. 어사의 의미가 맥락 의

---

172) 또한 보문 강제와 상적 강제와 같은 강제(coercion) 현상을 통해서도 개별 어휘의 의미나 통사 규칙 등으로는 설명할 수 없는 전체로서의 문장 의미가 확인되므로 합성성의 원리에는 한계가 있다고 하였다(임채훈 2012: 42-48).

존적이라는 것은 언어 사실이지만,173) 부분들과 맥락을 통합한 전체 의미로서의 사건을 설정하는 것은 이론내적인 문제이다. 사건 개념의 도입 없이도 맥락에 따르는 개별 요소들의 의미는 설정할 수 있다. 그리고 요소들의 의미와 관계를 통해 언표 문장의 의미를 파악하고 나아가 발화 문장의 의미도 분석할 수 있다.

요컨대, 사건의미론의 관점과 같은 문장의 의미에 대한 하향식 접근법 역시 궁극적으로는 구성 성분들의 의미에 의존하고 있는 것이다. 그리고 어떤 사건의 존재를 설정하고 각 문장 성분들이 사건을 서술한다고 하는 설명은, 이미 맥락을 통해서 알고 있다고 전제되는 의미를 사건과 관련지은 환언이라고 볼 수 있다. 매개 언어를 이용하여 형식화한 표상이 이를 방증한다. 결국 문장의 의미를 분석하기 위해서는 개별 구성 성분의 의미를 고려해야만 한다.

그러면 이제 하향식 접근법에서 비판의 대상으로 삼았던, 상향식 접근법을 대표하는 합성성의 원리에 대해 살펴보고 논평하도록 하겠다. 그러면서 합성성의 원리에 대한 본 연구의 입장을 밝히고, 본 연구에서 취하는 상향식 접근법에 대해 설명하고자 한다. 합성성의 원리는 수리논리학자이자 철학자인 G. Frege로부터 시작되었다고 평가되며 'Frege의 원리'라고도 불린다. 합성성의 원리에 대한 정의는 연구자들마다 차이를 보인다. 다음 (109)를 보자.174)

---

173) 맥락에 따라 나타나는 단어의 여러 의미들은 서로 무관하거나 개별적인 것이 아니라, 기본 의미로부터의 변이로 설명될 수 있는 것이다. 변이 의미, 즉 이의 (異義, alloseme)는 기본 의미(주이의)와 파생 의미(부이의)로 구분되고, 기본 의미는 이의의 집합인 의소(義素, sememe)를 대표한다(최호철 1993ㄱ: 43).

174) '합성성(compositionality)'의 개념에 대한 논의들을 프레게 이전 시기, 프레게 시기, 프레게 이후 시기의 셋으로 나누어 역사적으로 살핀 연구는 Janssen(2012) 참고. 합성성의 원리에 관한 더 많은 정의는 Pelletier(2001) 참고.

(109) 합성성의 원리에 대한 여러 정의들

　ㄱ. 합성성의 원리는 어떤 표현의 의미가 그 부분들의 의미
　　의 기능과 그 부분들이 결합되는 방식이라는 원리이다.
　　(Pelletier 1994: 11)

　ㄴ. 어떤 복합 표현의 의미는 그 구성 요소의 어휘적 의미,
　　문법적 의미, 그리고 그 전체의 통사적 구조에 의해 결
　　정된다. (Löbner 2002: 15)

　ㄷ. 한 표현의 의미는 부분들의 의미(기능)와 그것들이 통
　　사적으로 결합되는 방식에 의한 것이다. (임채훈 2006:
　　186; 2012: 43)

　ㄹ. 언어표현 전체의 의미는 그것을 구성하는 부분들의 의
　　미와 부분들이 결합하는 통사규칙에 의하여 결정된다.
　　(윤평현 2008: 223)

　ㅁ. 복합 표현의 의미가 그것이 포함하고 있는 단어의 의미
　　와, 그 단어들이 한 언어의 통사론에 의해 조합될 수 있
　　는 방식으로 구성된다는 자연 언어의 보편적인 속성으
　　로 간주되는 것. (Cann, Kempson, and Gregoromichelaki
　　2009: 2)

합성성의 원리에 관한 정의는 부분들의 의미 및 기능과, 부분들이
결합되는 방식 또는 규칙의 조합으로 보는 점에서 대체로 비슷하면서
도 약간씩 다르다. 예컨대 Löbner(2002)의 '통사적 구조'와 윤평현(2008)
의 '통사 규칙'이 동질적인지는 분명하지 않다. 흔히 관용구를 정의할
때 '비합성적 의미'라는 기준을 동원하는 점을 고려하면 어떤 '의미적
규칙성'이나 '의미의 예측가능성'이 합성성의 원리를 이루는 한 부분
일 것 같지만 이는 명시된 특성이 아니다.

이것은 이 원리가 그의 이름을 따 올 만큼 선구적인 입론임을 인정
받고 있는 상황임에도, Löbner(2002: 18)의 지적처럼 "Frege가 분명히
이 원리를 적용하기는 하였지만 인용할 수 있는 그의 저작에는 어떠

한 구절(passage)도 없다."라는 사실 때문에 생긴 일이다. G. Frege는 합성성의 원리에 대해 구체적으로 언명한 바가 없다. 한편 Janssen(1997, 2001)에서는 오히려 G. Frege가 합성성의 원리를 부정했다고 주장하기도 하였다(임채훈 2006: 186).175)

그러나 설령 T. M. V. Janssen의 주장에 따라 G. Frege가 합성성의 원리를 부정했다손 하더라도, 선행 연구들에서 언급한 내용에 대해 Frege가 주목했던 것만은 분명해 보인다. (109)에 제시된 여러 정의들을 참고할 때, 합성성의 원리의 요체는 어떤 복합 표현의 의미가 그 구성 성분들의 의미와 구성 성분들이 결합하는 방식 혹은 구조에 의해 결정된다는 것이다. 이러한 관점은 문장의 의미에 대해 분석적으로 접근하고자 하는 본 연구와도 상통한다.

'합성성의 원리'라는 용어에는 부분 의미와 전체 의미 사이의 체계적 사상 관계를 상정하는 것 같은 모종의 암시가 느껴지는 것이 사실이다. 이 때문에 부분 의미는 독립되어 이미 존재하는 것으로 오해될 수 있다. 언어 표현의 생성적인 측면을 부각하는 것처럼도 느껴진다. 그러나 G. Frege로부터 뚜렷이 정의된 바 없는 합성성의 원리를 두고 이것의 근간에 어떤 이론적 전제와 암시가 있었는지 판단하는 것은 불가능하며 의의를 찾기 어려운 일이다.

합성성의 원리를 도입하여 어떤 언어학적 사실을 설명하려고 시도한 모든 논의들에서 단어의 '불변적이고 고유한' 의미를 상정하고 그것들이 합성된다고 보았는지는 불분명하다.176) 물론 합성성의 원리를

---

175) Pelletier(2001: 111)에서는 "맥락성(contextuality)이나 합성성(compositionality) 중의 어느 것도 "Frege's principle"로 불려서는 안 된다."라고 단언하고 있기도 하다. Janssen(1997)에서는 합성성이 G. Frege의 것이 아니라 프레게주의자 (Fregean)들의 것이라고 불릴 수 있을 것이라고도 하였다. 이러한 논의들을 통해서 소위 합성성의 원리라는 것의 기원과 속성이 불분명한 것임을 알 수 있다.

나름대로 해석한 어떤 연구자의 특정한 관점을 비판할 수는 있을 것이다. 오직 분명한 사실은 전체 복합 표현의 의미에는 그것을 구성하는 부분들의 의미와 그것들이 결합하는 방식 혹은 구조가 관여된다는 것이다.177) 이 점은 부정되기 어려울 것 같다.

다만 유의할 점도 있다. 합성성의 원리라는 것을 문장 의미의 상향식 구성 방식의 특성을 나타내주는 어떤 속성으로 여기는 것을 넘어서, 복합적인 언어 형식에 반드시 적용되어야 하는 어떤 법칙이나 규정 또는 강령 따위로 간주할 필요는 없다. 합성성의 원리를 교조적으로 받아들여 이것을 불변적인 진리로 간주하거나 늘 준수되어야만 하는 것으로 여기는 것은 부적절한 태도이다.178) 반대로 타도되어야 할 대상으로 취급하는 것 또한 온당하지 못하다.

물론 어떤 복합 표현에 대해서 합성성의 원리가 지켜지고 있다거나 그렇지 않다고 말할 수는 있을 것이다. 많은 일반적인 복합적 언어 형식들은 합성성의 원리가 지켜지는 것으로 간주되고, 관용구는 제3의 의미를 가지는 구성이어서 합성성의 원리가 준수되지 않는 것으로 간주된다. 다양하고 복잡한 변이가 존재하는 실제 언어 현상의 특성을 파악하는 견지가 필요할 것이며, 상정된 어떤 원리를 앞세워 언어 실제를 강제하려는 태도는 지양되어야 한다.

생각건대, 합성성의 원리는 구성 요소들의 의미와, 올바른 복합 표

---

176) 명백하게도, 한 단어가 가지는 의미는 그것이 실현되는 맥락에 의존적이며 탈맥락적으로 존재하는 의미란 성립되지 않는다.

177) 김민수(1971: 45)에서도 "文의 意味는 文을 이룬 單語의 意味로 결정되지만, 그 文에 포함된 單語의 意味의 총계는 아니다. (중략) 文의 意味와 그 부분의 意味와의 관계는 단순한 합산이 아니며 文法的이기 때문이다."라고 하였다.

178) 언어학자가 자신의 이론 체계에서 공리 또는 공준으로 상정한 어떤 원리가 언어 실제에 앞설 수는 없는 일이다. 따라서 합성성의 원리에 의해 복합 표현이 도출되어야 한다거나, 합성성의 원리가 준수되어야만 올바른 복합 표현이라고 말하는 것은 부당하다.

현이 성립할 수 있도록 하는 통사적·의미적 규칙이 조화되는 것을 가리키기 위한 용어로 받아들이는 것이 적절할 것 같다.179) 이 외에 어떤 이론적 배경 지식을 필요로 하는 사항들은 연구자에 의해 보충된 것이고, 당위적이거나 의무적인 성질은 본래의 취지와는 거리가 있는 것으로 보인다. 합성성의 원리는 문장 의미에 대한 상향식 접근법의 특성을 유별하게 이름한 것으로 여겨진다.

---

179) 이는 박철우 선생님과의 개인적 의사소통(2015년 4월 25일)에 의지한 것이다.

제2부 국어 어휘의 의미 분석

제1장 유사 관계: '책, 서적, 도서'의 관련어 네트워크를 중심으로

제2장 대립 관계: 유형 분류를 중심으로

제3장 양립불가능 관계: 어휘 관계와의 관련성을 중심으로

제1장 유사 관계: '책, 서적, 도서'의 관련어 네트워크를 중심으로*

1.1. 서론

언어는 그 구성단위들의 관계로 구성된다. 일찍이 소쉬르는 언어의 모든 것이 관계에 근거한다고 하며 담화 가운데에서 연쇄되어 있는 낱말들의 횡적 관계(예: '다시 읽다', '사람의 일생' 등)인 결합 관계와, 담화 밖에서 무엇인가 공통되는 요소를 가지며 상호간 대체 가능한 낱말들의 종적 관계(예: '뉘우침-다그침', '교육-학습' 등)인 계열 관계를 구분하였다(Saussure 1916(오원교 역 1983: 158-162)).

이 중 결합 관계는 어떤 대상어(target word)와 특정하게 제한된 범위 내에서 흔히 공기하는 다른 단어와의 관계인 연어 관계(collocation)가 주로 다뤄져 왔다.[180] 그런데 특정하게 제한된 범위란 것은 대상어를

---

* 이 글은 도재학 · 강범모(2012). "관련어 네트워크를 활용한 유의어 분석: "책, 서적, 도서"를 중심으로." 「한국어의미학」 37집. 한국어의미학회. 131-157쪽에 수록된 것을 수정 · 보완한 것이다.
180) 만약 대상어가 용언일 경우, 용언은 그 용언이 갖는 논항 구조 내의 한 자리를 차지하면서 선택 제약을 위반하지 않는 어떤 단어와 연어 관계에 있다고 할 수 있다(예. '밥을 먹다', '바람이 불다' 등).

중심으로 하여 좌우 몇 개의 형태소, 단어, 어절, 문장 또는 문단 전체가 될 수도 있다. 여기서 그 범위가 문장 이상이 될 경우 '대상어와 공기한 단어'는 잇닿아 있는 말을 뜻하는 '연어(連語)'보다는 그 외연이 훨씬 넓다. 따라서 '관련어(關聯語, related word)'라는 상의어를 사용하여 그 공기어를 규정하게 된다.181)

관련어는 어휘의미론 분야의 오랜 연구주제인 하의 관계, 부분 관계, 동의/유의 관계, 반의 관계 등의 어휘 관계들로 묶이지는 않지만, 이런 것들을 포함하여 어떤 이유에서든지 연상되고 관련되는 단어들이다. 한 단어의 관련어 속에는 그 단어의 하의어, 부분어, 동의어 등도 섞여 있을 수 있지만 그것들에 한정되지는 않는다. 한 마디로 말한다면, 관련어는 (적어도 잠재적으로) 우리가 '상대적으로 많이 관련/연관되어 있다고 느끼는 단어'이다. 예를 들어 '병원'의 관련어는 '의사'뿐만 아니라 '환자', '간호사', '병', '수술', '약' 등으로 다양하며 특정 범위에 한정되지 않는다. 이러한 관련어들의 목록이나 관련성 정도는 사람마다 다를 수 있다(강범모 2010: 3).182)

---

181) 이러한 넓은 의미의 관련어 개념을 바탕으로 하면서, 본 연구에서는 관련어를 문장 이상의 단위에서 서로 유의미하게 공기하는 단어를 지칭하기 위한 것으로 규정하였다. 관련어의 품사는 연구 목적에 따라 명사, 동사, 형용사, 부사 등 다양하게 추출할 수 있고 특정 품사에 제한되지 않으며, 관련어의 추출 범위는 연구 목적에 따라 문장, 문단, 그리고 텍스트 등이 될 수 있다고 본다. 본 연구에서는 명사 유의어의 비교를 위해 문단 단위에서 명사 관련어만을 추출하였다. 동사, 형용사 등의 비교는 크게 변별적이지 못한 것으로 확인되었다. 부사의 경우라면 그것이 수식하는 서술어의 정보가 중요하므로 관련어 추출 시 동사와 형용사를 함께 고려할 필요가 있다. 그러나 '책, 서적, 도서'의 경우는 대체로 '읽다', '사다', '보다' 등 공통된 서술어가 관련어로 나타나므로 변별적인 특징을 찾기 어려워 명사 관련어만을 대상으로 논의하였다.

182) 일찍이 켄트와 로사노프와 같은 심리학자들은 연상작용에 의해 연결되는 이러한 관련어에 대해 단어 연상 테스트의 방법을 이용해 그 연관성 정도를 측정해 왔다. 'chair'에 대해 'table' > 'seat' > 'sit' > 'furniture' > 'sitting' > 'wood' 등의 순으로 연상 결과가 나온다는 식이다(Miller 1991(강범모·김성도 역(1998: 193-194).

대규모 코퍼스를 활용하면 어떤 대상어와 관련어들의 관련성 정도를 수치로 계산해 낼 수 있다. 나아가 이러한 정보를 바탕으로 대상어와 관련어들이 이루는 연관 관계를 네트워크로 시각화할 수 있다. 이러한 관련어 네트워크의 시각화가 갖는 장점은 표로써 나타내진 수치들의 종적 혹은 횡적 배열만으로는 찾아내기 어려운 특성이나 경향을 발견하기 쉽다는 점이다. 또한 복수의 대상어와 그 관련어들의 네트워크를 동시에 비교할 수 있다는 이점도 있다. 그렇기 때문에 관련어 네트워크는 유의어의 의미와 사용 영역을 구별하는 데에 활용될 수 있다.

이러한 이유로 본 연구에서는 코퍼스에 기초하여 추출한 관련어의 네트워크를 이용해 유의어 분석을 시도해 보고자 한다. 연구 대상이 되는 대상어는 '책, 서적, 도서'이다. 이들은 사전에서 유의어 혹은 동의어로 처리되어 있어 그 의미적 차이가 뚜렷하게 드러나지 않는데 관련어 네트워크로서 그 공통점과 차이점을 확인해 볼 것이다. 이로써 유의어 간의 상관성이 밝혀질 수 있으리라 기대한다.

기존의 유의어 분석은 봉미경(2005: 116-118)에서 정리해 보인대로 대치 검증, 배열 검증, 반의어 검증, 결합 제약 검증 등 여러 방식으로 수행되어 왔다. 그리고 최근 들어 코퍼스에서 추출된 용례의 분석에 기반하여 이루어지기도 했다. 하지만 이상의 방식들은 기본적으로 직관에 의존하고 있다는 점에서 자연적으로 집합 혹은 무리[群]를 이루고 있는 어휘의 세계를 총체적으로 감안하지는 못하고 시차적 특성을 밝히는 데 주력해 왔다는 점이 한계로 지적될 수 있다. 기존의 연구와는 달리 본 연구에서는 기본적으로 어휘가 이루고 있는 관계망을 종합적으로 고려하면서 그 속에서 각 대상어가 가지는 특성을 살피고자 한다.

이러한 관련어 네트워크 분석 방법론을 통한 유의어 분석은 다음과 같은 특징이 있다. 첫째, 본 연구에서는 연어 관계를 이루지 못하는 명사까지도 추출하여 고려하므로 유의어들의 차이점을 확인하는 데에 보다 입체적인 시각을 제공할 수 있다. 즉, 문단 내의 공기어(관련어)를 추출함으로써 연어 관계가 보여줄 수 없는 주제적 측면까지 고려하여 유의어 분석을 수행할 수 있다는 장점이 있다. 둘째, 본 연구의 유의어 분석에서는 통계적 연구 방법을 통해 객관적으로 관련어를 추출하였다. 관련어 추출 단계에서 객관성을 획득함으로써 연구의 신뢰도를 높이고자 하였다. 셋째, 본 연구는 네트워크 시각화 도구를 활용하여 관련어 네트워크를 통해 유의어들의 공통점과 차이점을 한눈에 확인하고 비교하였다. 이상의 면에서 본 연구는 기존의 유의어 분석 방식과 상호보완적으로 이용될 수 있는 새로운 방법론적 시도라 할 수 있다.

본 연구에서 관련어 네트워크를 구성하는 데 기본 자료가 되는 관련어 목록 및 관련성 정도(t-점수)는 동아·조선·중앙·한겨레 이상 4개 신문사의 총 10년 동안(2000~2009년)의 신문기사를 담고 있는 약 4억 어절 규모의 [물결 21] 코퍼스로부터 추출되었다(김홍규 외 2010; 강범모·김홍규 2011). 관련어 네트워크를 시각화하는 데는 pajek 프로그램을 활용하였다(Batagelj and Mrvar 2010).[183]

---

183) 본 연구는 대규모 신문 코퍼스를 기반으로 한 언어·사회·문화 연구의 일환이다. 언어 네트워크 분석 연구는 강범모(2010)에서 구체적으로 연구 방법이 제시되었다. 한편 김일환 외(2010)에서는 감정 명사, 이영제 외(2010)에서는 가치 명사, 신우봉 외(2010)에서는 공간 명사, 김혜미 외(2011)에서는 사건 명사, 정유진·강범모(2011)에서는 친족 명사를 대상으로 관련어 네트워크를 구성하고 분석을 시도한 바 있다. 위의 연구들에서는 언어 자료에 기반하되 사회 현상을 보다 객관적으로 관찰하고 그에 대한 설명을 시도한 반면, 본 연구에서는 유의어의 분석에 집중한다는 차이가 있다.

1.2. 관련성 정도(t-점수)와 네트워크

앞서 관련어의 목록이나 관련성의 정도는 사람마다 다를 수 있다고 하였다. 그러나 코퍼스를 이용하여 어떤 대상어와 그 관련어의 관련성을 계산하게 되면 수치로써 그 결과가 파악된다. 그리고 관련성의 크고 작음이 객관적으로 비교될 수 있다. 물론 코퍼스의 규모가 작을 경우 텍스트를 작성한 누군가의 개인적 성향이 반영될 가능성이 있다. 그러나 4억 어절가량의, 약 200만 건에 달하는 신문기사에서 추출된 관련어와 관련성의 정도는 충분히 일반적이라고 할 수 있다.

코퍼스를 활용한 많은 연구들에서 단어의 빈도를 활용한 관련성 측정 방식은 다양하게 제시되어왔고 대표적인 것이 t-점수(t-score)와 상호정보(mutual information)이다. 이외에도 z-점수(z-score), simple-ll(simple-log likelihood) 등의 값들이 활용되기도 한다(Evert 2009). 이들은 모두 관찰빈도(observed frequency, O로 약칭)와 예상빈도(expected frequency, E로 약칭)를 토대로 계산된다.

대표적인 예인 t-점수와 상호정보를 간단히 비교해 보도록 하자. 대상어 A와 관련어 B가 공기하는 실제 관찰빈도를 O, 예상빈도를 E라고 하고, 각각의 수식을 보이면 다음과 같다.[184]

(1) $t = \dfrac{O-E}{\sqrt{O}}$

(2) $MI = \log \dfrac{O}{E}$

---

184) t-점수의 수식은 연구자에 따라 조금씩 다른 경우가 있지만 그 원리는 동일하다. 본 연구에서 제시한 것은 Church *et al.*(1991), Stubbs(1995), 박병선(2005), 강범모(2011) 등에서 사용한 수식이다.

(1)은 t-점수, (2)는 상호정보를 계산하는 수식이다. 일반적으로 실제 관찰빈도가 낮은 단어의 예상빈도는 아주 낮게 마련이다. 그런데 수식을 통해서도 쉽게 짐작할 수 있듯 상호정보의 경우는 로그의 분모에 예상빈도가 들어가고 이에 따라 관련성의 정도를 과장하는 경향이 있다. 그렇게 되면 실제 관찰빈도가 높고 예상빈도가 적절히 낮은 경우와 비교가 어렵게 된다. 이에 비하면 t-점수는 관찰빈도가 분모에 들어가므로 관련성 정도를 과장하는 일은 없다.[185]

간단한 예로 어떤 단어 A와 B가 공기하는 실제 관찰빈도가 1이고 예상빈도가 0.01인 경우와, 어떤 단어 A와 C가 공기하는 실제 관찰빈도가 10,000이고 예상빈도가 100인 경우를 비교해 보자. 위 식에 따르면 전자의 t-점수는 0.99, 후자는 99이다. 그런데 상호정보는 2로 동일하다. 두 경우 모두 예상빈도보다 관찰빈도가 100배 많기 때문이다. 그러나 실제로 많이 나오는 것 자체도 의미가 있는 것이며 우리는 이 사실을 고려해야 한다. 예상빈도가 0.01에 불과한 경우가 코퍼스에서 단 1회 출현하는 경우는 우리의 언어 직관에 비추어 볼 때 매우 우연한 것이다. 따라서 이런 경우가 갖는 가치는 거의 없는데도 상호정보는 그것을 반영하지 못한다.

정리하면, 예상빈도와 관찰빈도의 배율(倍率)도 물론 중요하겠지만 실제로 드러난 절대 빈도수도 고려될 때 관련성의 유의미성이 보장될

---

185) 참고로 z-점수와 simple-ll의 수식을 보이면 아래와 같다.

$$z = \frac{O - E}{\sqrt{E}} \qquad\qquad \text{simple-ll} = 2\left(O \cdot \log \frac{O}{E} - (O - E)\right)$$

이상에서 볼 수 있듯이, z-점수는 상호정보와 마찬가지로 분모에 예상빈도가 들어가고 루트까지 씌워져 있어 관련성의 정도를 더 과장하는 경향이 있다는 예측이 가능하다. 한편 simple-ll의 경우 수치의 과장을 줄일 수 있는 요소가 들어가 있기는 하다. 그러나 예상빈도 낮은 경우 simple-ll보다는 t-점수가 관련성 계산 과정에서 그 수치를 과장하지 않고 더 효율적으로 처리해준다는 사실이 Evert(2009: 1241-1242)에서 확인되었다.

수 있으며 그러한 관련성이 우리의 직관에 더 부합한다. 이 때문에 상호정보는 t-점수보다 관련성을 제대로 보여주지 못하는 경우가 있다. 이러한 이유로 많은 선행연구에서는 t-점수가 더 많이 사용되어 왔고 본 연구에서도 t-점수를 활용한다.[186)]

한편 네트워크를 구성하는 두 가지 요소는 노드(node)와 링크(link)이다. 관련어 네트워크에서 노드는 대상어를 포함한 관련어 모두가 해당된다. 링크는 노드 사이를 연결하는 선으로서, 대상어와 관련어가 서로 링크로 연결되며 그 연결 강도를 나타내는 것이 바로 t-점수이다. 이러한 네트워크 관련 정보는 네트워크 시각화 및 분석 프로그램인 pajek에 의해 자동으로 처리될 수 있다(Batagelj and Mrvar 2010).

간단한 예로 대상어 '독서'의 상위 관련어 네트워크를 보이도록 하자. 그에 앞서 상위 관련어 20개의 목록과 t-점수를 표로 보이면 아래 [표 1]과 같다. 이 관련어는 '문단' 단위에서 추출된 결과이다. '문장'에서는 제한된 범위의 일부 관련어만 추출할 수 있는데 하나의 화제와 내용적 응집성을 가지고 전개되는 문단에는 보다 많은 수의 관련어들이 나타나기 때문에 문장보다 문단이 보다 넓은 범위의 관련어 추출에 유용하다(강범모 2010: 4).[187)]

---

186) 여기서 t-점수는 상대적 관련성의 정도만을 보여주는 것임을 고려해야 한다. 소위 t-검증의 임계값으로 논의되는 수치는 정규분포에서 유의미한 것이다. 자유도가 무한인 표준정규분포에서 t-검증의 임계값은 신뢰도가 90%일 경우 1.645, 95%일 경우 1.960, 99%일 경우 2.576으로 제시된다(Manning and Schütze 1991: 609). 그런데 언어자료는 비정규분포를 이루므로 t-점수가 3.000이 나왔다고 해서 그 관련성이 99%이상으로 유의미하다고 할 수는 없다. 다만 그것이 1.500이나 2.000이 나온 경우보다 관련성이 크다고 할 수 있을 뿐이다.

187) 연구 목적에 따라서 관련어를 추출하는 언어 단위는 달라질 수 있다. 대상어가 명사인 경우 필요에 따라 문장이나 문단이 될 수 있다. 그런데 부사인 경우는 그 수식 범위가 대체로 문장을 벗어나지 않으므로 문장에서 관련어를 추출하는 것이 더 적합할 것이다. 명사와 달리 부사는 문단이 갖는 화제적 응집성과는 거의 관련 없이 한 문장 내에서 기능하기 때문이다.

[표 1] '독서'의 상위 관련어 20개의 목록과 t-점수

순위	관련어	t-점수	순위	관련어	t-점수
1	N/책	163.049	11	N/토론	52.434
2	N/아이	80.730	12	N/활동	51.839
3	N/교육	77.977	13	N/능력	50.009
4	N/논술	73.624	14	N/시간	49.680
5	N/도서관	72.647	15	N/학습	48.353
6	N/지도	64.072	16	N/프로그램	48.027
7	N/학생	63.412	17	N/어린이	47.059
8	N/학교	56.610	18	N/글	44.982
9	N/도서	55.469	19	N/다양	44.775
10	N/교사	54.466	20	N/공부	44.530

[표 1]을 통해 관련어마다 t-점수에 차이가 있다는 것이 확인된다. 이러한 관련성의 차이는 네트워크에 세 가지 방식으로 표시할 수 있다. 첫째는 링크의 굵기[Different Widths]이고, 둘째는 링크의 진한 정도[GreyScale]이며, 셋째는 링크의 길이[Value of Lines-Similarity]이다. 이 중 첫째는 관련성이 높은 항목이 너무 굵게 표시되고 둘째는 관련성이 낮은 항목이 거의 투명하게 표시되어 가시성이 떨어지는 경우가 많다. 셋째는 링크의 가중치(t-점수)에 따라 링크 길이를 다르게 표시하므로 네트워크를 한눈에 파악하기 쉽다는 장점이 있다. 아래 [그림 1]은 '독서'의 상위 관련어 50개와 그 t-점수를 링크의 길이로써 다르게 표시한 네트워크이다. 독서를 중심으로 한 동심원은 확인의 편의를 위해 그려 넣은 것이다.

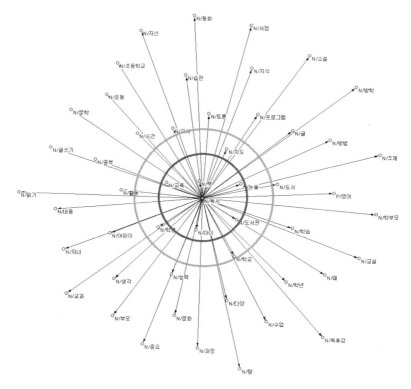

[그림 1] '독서'의 상위 관련어 50개의 네트워크

'독서'를 중심으로 가장 가까운 '책', '아이', '교육', '논술' 등의 순으로 [표 1]에서 보인 관련어의 순서가 네트워크에 반영된 것이 확인된다. 이렇게 네트워크를 보이면 표로 제시되었던 관련어들과 관련성을 간편하게 확인하고 상호 비교할 수 있다는 장점이 있다.[188] [그림 1]

---

188) [그림 1]은 대상어 '독서' 하나만을 두고 관련어들의 네트워크를 그린 것이므로 단순한 모습을 보인다. 사실 이것은 네트워크 본연의 모습을 나타내 주는 것이 아니며 '독서'를 포괄하는 전체적인 네트워크의 일부분을 예시의 편의를 위해 기계적으로 떼어낸 것으로 보는 것이 옳다. 네트워크의 종류는 다양하며 그 특성도 다르나 여기서 부가적인 설명은 하지 않는다. 네트워크의 종류에는 정규 네트워크, 좁은 세상 네트워크, 무작위 네트워크, 척도없는 네트워크 등이 있는

을 통해 확인되는 네트워크의 기본적 속성은 다음 세 가지이다. 첫째는 단어들이 네트워크의 노드로 나타난다는 점이다. 대상어인 '독서'뿐만 아니라 관련어들이 모두 노드가 된다. 둘째는 노드 간에 관련이 있을 경우 링크가 만들어진다는 점이다.[189] 셋째는 t-점수가 링크의 가중치로 반영되어 그려진다는 점이다. 이상의 기본적인 사항을 바탕으로 더 세부적인 네트워크 분석이 가능하다.

1.3. 유의어 '책, 서적, 도서'의 분석

이제 네트워크의 기본적인 사항과 pajek에서 제공하는 여러 분석 정보들을 바탕으로 유의어 분석을 진행한다. 본 연구에서 시도하는 방식과는 달리 기존의 유의어의 의미 차이를 다룬 연구들은 직관에 의존하는 경우가 많았다. 대체로 결합 가능성 여부를 확인하는 것으로 의미의 차이를 밝히려는 시도가 많이 이루어졌고(예: '보리차가 {시원하다 / '서늘하다}'), 코퍼스가 연구에 도입된 이후로는 보다 객관적인 자료라 할 수 있는 용례를 분석함으로써 유의어의 차이를 분석하는 시도가 나타나고 있다(봉미경 2005 등). 물론 이러한 방법 역시도 유의어 분석에 큰 효용을 가지며 많은 성과를 보여주었다.

그런데 네트워크를 활용하면 직관의 활용과 용례의 분석만으로는 확인할 수 없는, 단어가 갖는 의미적 영역의 종합적인 측면을 거시적

데, 이들의 특성과 대표적인 예에 대해서는 Barabasi(2002(강병남·김기훈 역 (2002)), 윤영수·채승병(2005: 284-321) 참고.
189) [그림 1]에서 보인 것은 '독서'와 그 관련어들 사이의 일방적인 연결이므로 관련어 상호간의 링크는 그려지지 않았다.

으로 관찰할 수 있다. 이는 유의어 분석이 또 다른 측면에서도 이루어 질 가능성을 열어준다. 유의어의 의미 차이를 직관에 의존해 분석하면 지엽적인 시차성(示差性)만을 보여줄 수 있다. 또한 수많은 용례를 활용해 분석하는 것은 쉽지가 않다. 그러나 관련어의 네트워크를 분석하면 단어들이 공유하는 의미 영역을 확인하는 것은 물론 때로는 차별적으로 사용되는 영역과 결합적 특성까지도 비교적 용이하게 확인할 수 있다.190)

먼저 '책, 서적, 도서'의 사전 뜻풀이를 보자.

> (3) 책191): 「1」종이를 여러 장 묶어 맨 물건. ≒서권(書卷).
> 「2」일정한 목적, 내용, 체재에 맞추어 사상, 감정, 지식 따위를 글이나 그림으로 표현하여 적거나 인쇄하여 묶어 놓은 것. ≒ 도서06(圖書)「1」·문적03(文籍)· 서사05(書史)「1」·서적02(書籍)·서전02(書典)·서질 「1」·서책(書冊)·전적04(典籍)·책자(冊子)·편적01 (篇籍)·편한.
> (4) 서적: = 책01(冊)「2」.
> (5) 도서: = 책01(冊)「2」.

위에서 확인되듯 '책, 서적, 도서'는 거의 동의어에 가까워 보이는 유의어이다. 직관적으로는 차이를 분명히 알기가 어려운데 네트워크를 이용해 그 차이를 확인할 수 있다.192) 먼저, '책, 서적, 도서'의 관

---

190) 강범모(2010)에서는 '여자, 여성', '남자, 남성'의 관련어 네트워크를 분석한 바 있다. 그러나 '여자, 여성' 그리고 '남자, 남성'은 그 뜻의 비슷한 정도가 약하다. 본 연구는 거의 동의어에 가까운 유의어를 대상으로 관련어 네트워크를 이용한 심층적인 분석을 시도하고자 한다.

191) 본 연구에서는 다의어의 이의(異義, alloseme)차원에서까지 분석하여 논의를 진행하지는 않았다. 단일 어휘소 차원에서 확인되는 관련어의 양상을 추출하여 비교하였다.

런어들은 화제적 응집성을 갖는 '문단' 단위에서 명사 관련어들을 추출하였다. 세 단어는 동일한 의미 영역에 속한 명사이므로 비교적 더 넓은 범위의 관련어를 추출하기 위해서 문단 단위를 설정하였다.

다음으로 '책, 서적, 도서' 각각의 상위 관련어 20개, 그리고 그 20개의 관련어들을 네트워크로 구성하여 시각화하고 비교하였다. 예를 들어 '책'의 상위 관련어가 '아이, 저자, 도서관, 독서, 이야기, 출간, 출판사, 출판, 어린이' 등의 순서인데, '도서관'의 상위 관련어는 '책, 학교, 어린이, 공공, 문화, 도서, 독서' 등의 순서이다. 여기서 '책'의 관련어인 '도서관'의 관련어 중, '책'의 다른 관련어인 '어린이'와 '독서'가 겹치는 것을 확인할 수 있다. 이런 경우가 많아서 노드 간의 연결이 복잡한 네트워크가 구성된다.

---

192) 다만 주의해야 할 것이 있다. [물결 21] 코퍼스는 형태 분석 말뭉치이고 의미 분석까지는 현재 이루어져있지 않은 상태이다. 따라서 동형이의어가 구별되지 않는다는 문제를 감안해야 한다. 사전을 보면 '책'과 '서적', '도서'는 모두 동형이의어를 갖고 있다. 따라서 이들이 본 연구에서 찾고자 하는 "서책(書冊)"의 의미로만 사용되었을 것이라고 쉽게 가정할 수는 없다. 본 연구에서는 형태 의미 분석까지 모두 되어 있는, 세종 말뭉치를 수정한 SJ-RIKS 코퍼스의 검색을 통해서 각 단어들이 어떤 의미로 몇 회나 사용되었는지 확인했다. 비율로 따져본 다면 '책'은 99.79%, '서적'은 100%, '도서'는 87.26%가 "서책(書冊)"의 의미로 사용되었다(http://db.koreanstudies.re.kr/sjriks/corpusFrame.jsp). 따라서 '책'과 '서적'의 경우 다른 의미로 사용되었을 가능성은 거의 무시해도 좋을 것으로 판단되지만 '도서'의 경우는 그렇지 않다. 4억 어절에 달하는 [물결 21] 코퍼스에서 '도서'의 관련어를 찾는다면 "크고 작은 온갖 섬"의 의미로 사용된 '도서'의 관련어도 어느 정도 나올 것이라는 예상이 가능하기 때문이다. 실제로 [물결 21] 코퍼스를 약 1,000만 어절 규모로 축소하여 임의로 1,000개가량의 용례를 단어별로 추출해 확인한 결과 '책'과 '서적'은 코퍼스 전체에서도 거의 대부분 "서책(書冊)"의 의미로 사용되었을 것으로 판단할 수 있었다. 한편 '도서'는 "섬"의 의미로 쓰이는 경우가 일부 발견되고, 관련어를 추출해 본 결과 '지역(22위)', '벽지(24위)' 등이 확인되기도 하였다. 상위 관련 20위로 기준을 삼았으므로 실제 본 연구의 분석에 포함되지 않았다. 하지만 만약 기준을 30위까지로 잡는 입장이라고 한다면 '도서'의 "섬"의 의미에 따라 일부 발견되는 관련어에 대해서는 네트워크 분석에서 제외하는 입장이라는 점을 밝혀둔다.

한편 네트워크를 비교하고자 할 때, '관련어의 수'와 't-점수' 중 어느 것을 기준으로 하여 네트워크를 구성하고 비교할 것인지는 연구 목적과 방법에 따라 달라질 수 있을 것으로 생각된다. 예를 들어, 본 연구에서처럼 상위 관련어 20개(와 그것의 상위 관련어들)의 네트워크를 비교하지 않고, t-점수 10이상의 관련어(와 그것의 t-점수 10이상 관련어들)의 네트워크를 비교할 수도 있다. 관련어 수를 고정하는 것은 노드의 속성을 고려하는 것이고, t-점수를 고정하는 것은 네트워크의 규모를 고려하는 것의 차이로 귀결되는 것으로 생각되는데, 유의어 분석에서는 전자가 비교적 더 타당할 것으로 보고 연구를 진행하였다.

[물결 21] 코퍼스에서 확인되는 '책'의 절대 빈도는 245,902회이고, '서적'은 10,887회, '도서'는 19,538회로 그 차이가 현격하다. 이렇기 때문에 네트워크의 규모를 고려하게 되는 t-점수의 기준을 적용하게 되면 자연히 '책'이 '서적'과 '도서'에 비해 더 많은 관련어가 고려되고 이들의 시차적 특성도 발견하기 어렵게 되는 문제가 발생한다.

아래의 [그림 2]-[그림 4]에서는 단어별 네트워크의 전체 모습을 보인 것이다. 링크의 가중치는 노드로부터의 거리 차이로 나타나도록 했다. 전체적인 모양을 잘 보이게 하기 위해 노드의 글자크기는 작게 유지하였고 세부적인 모습을 살필 때에 크게 보였다. 전체적인 모양에서 확인할 수 있는 사실은 '책'의 경우 한 덩어리를 이루는 중심부에 관련어가 몰려 있고 링크를 1개만 갖는 노드가 대체로 외곽에 분포한다는 것이다. 반면 '서적'은 관련어 '불온'이 중심부로부터 멀리 떨어져 있고 다른 노드는 대체로 한 덩어리를 이룬다. 그리고 '도서'는 부채꼴 모양을 이루는 링크 1개짜리 노드군(node群)이 여럿 확인된다.

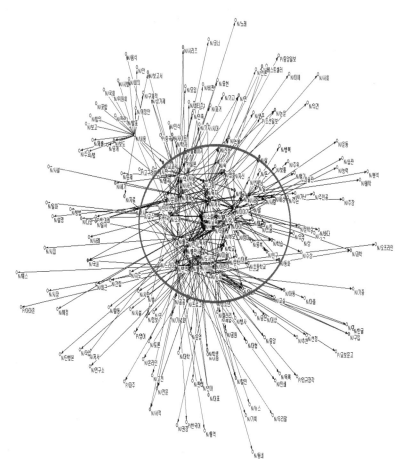

[그림 2] '책'의 상위 관련어 20개 사이의 네트워크

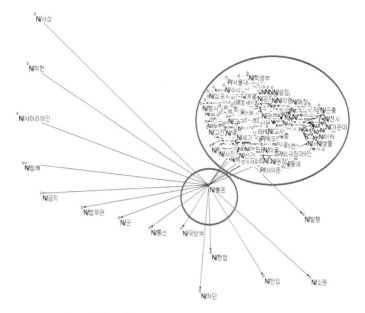

[그림 3] '서적'의 상위 관련어 20개 사이의 네트워크

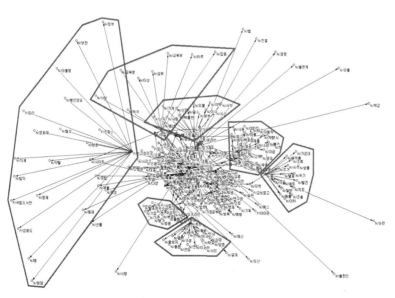

[그림 4] '도서'의 상위 관련어 20개 사이의 네트워크

'책, 서적, 도서' 각각의 상위 관련어 20개(그리고 그것들의 관련어) 사이의 네트워크가 보여주는 차이는 다음과 같이 설명될 수 있다. '책'의 관련어들은 서로 많이 관련되는 하나의 큰 영역에 속해 있다. '서적'도 '책'과 유사한 특성을 가지지만 '불온'이라는 예외적 단어가 관련어로 존재한다. 마지막으로 '도서'는 작은 공통 영역이 있지만 관련어들 중에서 개별적인 영역을 가진 것들(네트워크에서 부채꼴 모양을 이룬 것들)이 많이 존재한다. 이러한 사실을 좀 더 구체적으로 확인해 보자.

　다음 [그림 5]-[그림 7]에는 각 네트워크의 중심부를 확대하여 보인 것이다. '책, 서적, 도서'와 함께 각 네트워크의 중심부를 이루는 노드를 볼 수 있다. '책'이 '서적, 도서'보다 연결정도가 높다는 것이 확인된다.

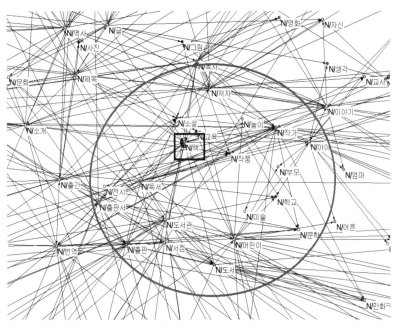

[그림 5] '책' 네트워크의 중심부

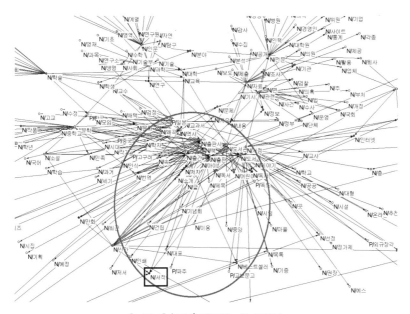

[그림 6] '서적' 네트워크의 중심부

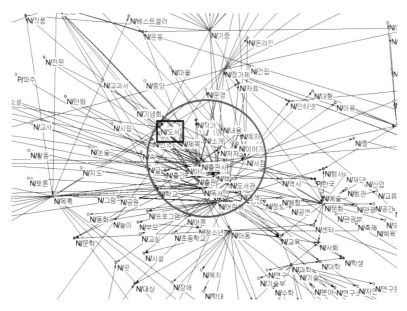

[그림 7] '도서' 네트워크의 중심부

[그림 5]에서는 '책'의 연결정도가 매우 높고 관련어들이 서로 복잡하게 연결되어 있다는 것이 확인되며, [그림 6]에서는 '서적'에 직접 연결된 정도가 상대적으로 낮고 여러 관련어들이 복잡하게 얽혀있기보다는 일부 허브가 되는 단어들을 중심으로 개별적인 영역이 있음이 확인된다. [그림 7]에서는 '서적'과 마찬가지로 일부 개별적인 영역이 확인되고, '도서'에 직접 연결된 정도도 상대적으로 낮다는 것이 확인된다.

이상과 같이 네트워크에서 관찰된 특징적 양상은 네트워크의 분석 정보에서 수치적으로도 확인된다. pajek에서 자동으로 추출 가능한 여러 가지 정보 중에서 대표적인 것이 네트워크의 밀도(density)와 평균 연결정도(average degree), 그리고 연결 중심화정도(degree centralization)이다. 이들은 네트워크 이론에서 다음과 같이 정의된다. 밀도는 노드를 연결하는 링크의 밀도이다. 즉 노드 사이에 얼마나 많은 링크가 있고 그 링크가 밀집해 있는가를 수치화한 것이다. 평균 연결정도는 네트워크에 존재하는 모든 노드가 평균적으로 몇 개의 링크를 갖는지 보여주는 것이다. 연결 중심화정도는 얼마나 많은 연결이 중심성을 갖고 몰려 있는가를 나타내는 것이다. 이들 정보는 상대적으로 비교 가능한 수치들이라 할 수 있다. 앞에 보인 네트워크의 정보를 정리해 보이면 아래와 같다.

[표 2] '책, 서적, 도서'의 상위 관련어 사이의 네트워크 정보

구 분	노드 수	밀도	평균 연결정도	연결 중심화정도
책	218	0.0084556	3.6697248	0.05658
서적	250	0.0064257	3.2000000	0.05425
도서	275	0.0053086	2.9090909	0.05164

각 단어별 상위 관련어 20개의 상위 관련어 20개씩을 정리하여 네트워크를 구성하였으므로 만일 모든 단어가 링크 1개씩만을 가졌다고 가정한다면 노드 수는 401개가 된다. 그리고 서로 관련되어 겹치는 노드가 많을수록 실제 노드 수는 줄어든다. 즉 노드 수에서 네트워크의 집중 정도를 파악할 수 있는데 다른 네트워크 정보에서도 '책 > 서적 > 도서'의 순으로 나타나는 것이 확인된다. 이로써 '책'이 갖는 의미적 집중성이 상대적으로 높다고 평가할 수 있다. 이는 전체 네트워크의 모습에서 '책'이 서로 많이 관련되는 하나의 영역을 이룬다는 사실과도 연관된다.[193)]

네트워크를 시각화하는 과정에서 추출된, 연결정도가 높은 단어들을 살핌으로써도 '책, 서적, 도서'의 공통점과 차이점을 확인할 수 있다. 아래 [그림 8]은 각 네트워크에서 3개 이상의 링크를 갖는 노드를 대상으로 하여 그들의 관계를 보인 것이다.[194)] 셋 모두가 공통적으로

---

193) 한 심사위원께서는 각 단어의 상위 관련어 20개의 상위 관련어 20개씩을 정리하여 네트워크를 구성한 것에 대하여, 링크의 수가 많아 허브 역할을 하는 노드들이 있을 수 있는데 관련어에 이러한 단어가 포함된다면 그 단어의 특징이 대상이 되는 단어 분석에 관여할 수밖에 없는데 그것이 대상어의 의미와 직접적인 관련이 있는지 의문을 제기하였다. 그러나 본 연구에서 분석하고자 하는 유의어의 의미적 차이는 대상어의 개념적 의미(conceptual meaning) 또는 표시 의미(denotation)가 아닌 맥락적으로 확인되는 연상적 의미(associative meaning) 또는 암시 의미(connotation)와 관계되는 것이기 때문에 비록 대상어와는 2차적으로 관계된 관련어라 할지라도 그것은 맥락적 의미특성으로서 간접적으로 대상어와 관계된 것으로 고려될 수 있다. 관련어에 허브가 되는 단어가 존재하면 그 특징이 대상이 되는 단어의 분석에 영향을 미치는 것은 사실이다. 그러나 더 중요한 것은 그 단어의 어떤 특성이 대상어와 연관되느냐 하는 것이다. 링크가 많은 노드가 관련어로 존재한다는 사실 자체는 대상어의 의미적 특성을 파악하는 데 결정적인 영향을 미친다고 보기 어렵다.

194) [그림 8]은 3개 이상의 링크를 갖는 노드를 대상으로 표시한 것이다. 표로 보이면 아래와 같다. 괄호 안의 숫자는 링크(연결)의 수를 나타낸다. 한 심사위원께서는 링크 3이상이라는 기준이 자의적이라는 것을 지적하면서, [표 2]에서 평균 연결정도를 제시하였으면 그 값보다 높은 것을 대상으로 하거나 또 다른 대안으로 링크의 숫자를 내적으로 관찰하여 더 객관적인 기준 설정이 필요하다는 것을

갖는 관련어와 그렇지 않은 것들을 구분하여 표시하였다. 이로써 각 대상어가 독자적으로 갖는 관련어를 통해 개별적인 특성을 확인할 수 있고, 공통적으로 갖는 관련어를 통해 서로 공유하고 있는 특성도 확인할 수 있다. 예를 들면, '책'이 '이야기'라는 독자적인 관련어를 가지므로 '이야기'가 '책'의 개별적인 특성이라고 할 수 있다. 그리고 '내용'은 '책'이 '서적'과 함께 공통적으로 갖는 관련어이므로 이 둘이 공유하는 특성이라고 할 수 있다. 그런데 그렇다고 해서 '이야기'가 온전히 '책'만이 갖는 고유하고 본질적인 속성이라고 간주하는 것은 아니다. 다만

언급하였다. '3개'라는 기준 설정이 자의적이라는 언급에 동의하지만 어떤 기준을 설정하여도 자의적이라는 지적이 마찬가지로 있을 수 있으므로 본 연구에서는 대상어의 차이를 보다 잘 보여줄 수 있는 기준을 찾고자 하였다. 링크 수가 높은 관련어들만을 비교하면 전체적인 면을 조망하기 어렵고, 링크 수가 낮은 관련어들까지 모두 고려하면 오히려 특성이 희석되어 관찰하기 어려우므로, 몇 가지 기준을 설정하고 비교해본 뒤 특성이 조금은 더 잘 드러나는 기준을 선택하였다. 단어들의 평균 연결정도가 3에 가깝다는 점도 참고되었다.

구 분	네트워크 내에서 링크가 30이상인 노드
책 (42개)	작가(28), 이야기(26), 독자(25), 도서(25), 출판(25), 출판사(25), 출간(24), 아이(23), 내용(23), 역사(23), 서점(23), 어린이(23), 번역(23), 도서관(23), 글(23), 소개(23), 독서(22), 저자(22), 사람(21), 제목(21), 책(19), 작품(8), 소설(8), 한국(7), 교수(6), 문화(6), 문학(6), 만화(5), 자신(5), 교육(4), 사진(4), 학교(4), 그림(4), 기사(3), 삶(3), 교과서(3), 국내(3), 생각(3), 동화(3), 속(3), 영화(3), 프로그램(3)
서적 (45개)	책(30), 출판사(27), 도서(27), 출판(26), 서점(25), 출간(24), 도서관(23), 문학(23), 역사(23), 판매(23), 자료(22), 종(22), 교과서(22), 전문(22), 과학(22), 관련(21), 인문(21), 신간(20), 학술(20), 불온(20), 교수(7), 문화(6), 한국(6), 대학(5), 소설(5), 교육(5), 번역(5), 작가(5), 만화(4), 연구(4), 서적(4), 내용(4), 독자(4), 할인(4), 기관(4), 어린이(3), 인터넷(3), 작품(3), 독서(3), 분야(3), 저자(3), 정보(3), 문제(3), 구입(3), 베스트셀러(3)
도서 (42개)	책(31), 도서관(25), 서점(24), 문화(24), 독서(24), 어린이(24), 출판(24), 출판사(24), 할인(23), 구입(22), 목록(21), 정가제(21), 아동(21), 선정(21), 권장(21), 추천(21), 종(20), 과학(20), 기증(20), 외규장각(20), 도서(11), 교육(6), 판매(5), 한국(4), 학교(4), 아이(4), 운동(3), 출간(3), 교수(3), 카드(3), 문학(3), 인터넷(3), 대상(3), 독자(3), 학생(3), 행사(3), 번역(3), 청소년(3), 자료(3), 작가(3), 사회(3), 작품(3)

'책'이 '서적', '도서'와 동의어에 가까운 유의관계를 이룬다는 점에 비추어볼 때 '상대적으로' 더 갖는 특성으로 이해할 수 있다.195)

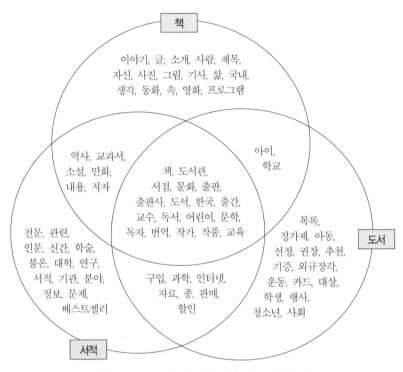

책

이야기, 글, 소개, 사람, 제목, 자신, 사진, 그림, 기사, 삶, 국내, 생각, 동화, 속, 영화, 프로그램

역사, 교과서, 소설, 만화, 내용, 저자

책, 도서관, 서점, 문화, 출판, 출판사, 도서, 한국, 출간, 교수, 독서, 어린이, 문학, 독자, 번역, 작가, 작품, 교육

아이, 학교

도서

전문, 관련, 인문, 신간, 학술, 불온, 대학, 연구, 서적, 기관, 분야, 정보, 문제, 베스트셀러

구입, 과학, 인터넷, 자료, 종, 판매, 할인

목록, 정가제, 아동, 선정, 권장, 추천, 기증, 외규장각, 운동, 카드, 대상, 학생, 행사, 청소년, 사회

서적

[그림 8] '책, 서적, 도서' 네트워크에서 링크 3이상 갖는 노드

[그림 8]에 제시된 명사들을 살핌으로써 각 대상어가 갖는 특성을 분석하기에 앞서 '책', '서적', '도서'가 공통적으로 갖는 개념적 의미인 '서책(書冊)'이 가지는 특성에 대해 먼저 구분을 할 필요가 있겠다. 어

---

195) 한편 독자적으로 갖는 관련어로 나타났음에도 불구하고, 그 대상어가 갖는 상대적으로 두드러지는 특성으로 보기 어려운 경우가 있을 수 있다. 이러한 점은 양적 연구에서 감안해야 할 예외적인 부분으로 생각된다. 대체적인 경향성을 파악하고 그로부터 드러나는 특성을 살피는 것을 목적으로 한다는 점에 무게중심을 더 두고자 한다.

떤 대상의 특성을 논할 때, 그 특성의 구분 방식은 다양할 수 있겠지만, 일차적으로 그 자신의 존재적(내적) 특성과 외부와의 관계적(외적) 특성을 구분할 수 있다. 그리고 전자는 다시 형식적인 특성과 내용적인 특성으로 나눌 수 있다. 존재적 특성은 곧 '서책(書冊)'이 그 자체로 갖는 특성이라 할 수 있고, 이것은 다시 형식으로서의 (텍스트를 담은) 물체('책이 무겁다'할 때의 '책'의 의미)로서의 특성과, 내용으로서의 텍스트('책이 어렵다'할 때의 '책'의 의미)로서의 특성으로 구분된다.196) 한편 외부와의 관계적 특성은 곧 존재적 특성이 외부와 관계 맺는 방식과 관련되는데 이는 곧 기능적 특성이다. 이러한 점에서 '서책(書冊)'의 기능적 특성은 독서와 교육의 측면과 연관된다.

이제 [그림 8]에 제시된 '책, 서적, 도서'가 갖는 관련어들을 검토해 보자. 세 대상어가 공통적으로 갖는 관련어들은 이들이 공유하는 공통 속성을 반영한다고 간주할 수 있는데, 일반적으로 쉽게 연상되는 것들이 대부분이다. 대체로 책의 생산('출판, 출판사, 출간, 교수, 번역, 작가' 등)과 소비('서점, 어린이, 문학, 독자, 작품' 등), 그리고 활용('도서관, 문화, 독서, 교육' 등)과 관계되는 것이 확인된다.

한편 독자적으로 갖는 관련어를 보면 개별적인 특성들이 확인된다. '책'이 독자적으로 갖는 관련어들은 대체로 '책'의 내용으로서의 텍스트적 특성, 그 중에서도 비전문적인 이야기의 특성과 관계되는 것으로 보인다. 문맥을 통해 보았을 때 대체로 '제목'은 '내용'을 반영하는 것이고, 어떤 '사람'이 자기 '자신'의 '삶'과 '생각'을 '이야기'나 '글'로써 '사진'이나 '그림'과 함께 마치 '동화'나 '영화'처럼 풀어낸다는 등의 기술(記述)과 많이 연관되었기 때문에 나타난 것으로 확인되었다. 물론

---

196) 이러한 구분은 세종전자사전의 의미 부류에서도 적용되었고, 이른바 다면어(多面語, faceted word)의 논의에서 일반적인 구분이다.

'국내', '프로그램' 등 이러한 특성과 관련이 낮아 보이는 단어도 있다.

'서적'의 경우는 '책'과 유사하게 내용으로서의 텍스트적 특성을 갖는 것으로 보이는데, 그 중에서도 전문적인 학술연구의 특성과 관계되는 것으로 보인다. '전문, 인문, 학술, 관련, 신간, 대학, 기관, 연구, 분야'가 이러한 특성을 반영하는 것으로 이해된다. '불온, 문제, 베스트셀러'의 경우는 이른바 불온서적으로 선정된 문제의 책이 베스트셀러였다는 사실로 인해 야기된 사회적 파장과 관련하여 많이 나타났는데 이 경우는 전문적인 학술연구로서의 '서적'과는 다소 거리가 멀다 하겠다.

'도서'는 두 가지 특성을 갖는 것으로 보인다. 한 가지는 '정가제, 기증'을 통해 확인되는 것으로 매매되거나 주고받는 대상, 곧 형식으로서의 텍스트를 담은 물체의 특성과 관계되는 것이다. 다른 한 가지는 '아동, 학생, 청소년, 선정, 권장, 추천, 목록'에서 확인되는 것으로 책이 활용되는 기능적 특성, 곧 교육의 특성과 관계되는 것이다. 이러한 '도서'의 특징과 직접적으로 관계가 낮아 보이는 '외규장각, 운동, 대상'은 프랑스에 가 있던 반환 대상인 외규장각 도서를 되돌려 받자는 반환 촉구운동과 관계되어 나타났다.[197]

단어별로 독자적으로 갖는 관련어를 통해 나타난 특성을 정리하면 '책'은 내용으로서의 텍스트적 특성, 그 중에서도 이야기와 같은 비전문적인 특성과 관계된다. '서적' 역시 마찬가지로 내용으로서의 텍스트적 특성을 갖지만 '책'과 달리 학술연구와 관계된 전문적인 특성과

---

197) 이상의 '책, 서적, 도서'가 독자적으로 가지는 관련어의 해석에 대한 부분은 연구자가 작위적으로 말을 맞추어낸 것이 아니며, [물결 21] 코퍼스의 용례 추출 도구를 통해 대상어와 관련어가 실제로 함께 쓰인 문장들을 추출하고 임의적으로 선별한 뒤 검토한 결과이다. 특히 '서적'과 '도서'의 예외적인 관련어로 보이는 '불온, 베스트셀러', '외규장각, 운동' 등의 설명에 있어서는 특히 주의를 기울였다.

관계된다. 한편 '도서'는 형식으로서의 텍스트를 담은 물체의 특성과 함께 교육에 활용되는 기능적 특성과 더 관계된다.

그리고 '책, 서적, 도서' 중 두 개와 공통적으로 관련되는 단어들에서도 유의어 사이의 관계가 드러난다. '책'과 '서적'의 공통 관련어는 '역사, 교과서, 소설, 만화, 내용, 저자'에서 텍스트적 특성을 확인할 수 있다. '책'과 '도서'의 공통 관련어는 '아이, 학교'로서 '책'도 교육과 관계된 기능적 특성이 있음이 드러난다. '동화'가 '책'의 개별적 관련어라는 사실도 이와 연관될 수 있다. 한편 '서적'과 '도서'의 공통 관련어는 '구입, 자료, 판매, 할인' 등으로서 '서적'도 텍스트를 담은 물체의 특성과 일부 관계된다는 것이 확인된다.

이러한 의미적 특성은 개별적으로 사용되는 단어들로 명사구 구성을 이루어보아도 나타난다. 물론 이것이 전적으로 단어들의 시차적인 의미특성을 드러내 보여줄 수 있다는 것은 아니다. 다만 자연스러운 것을 유의어로서의 특성으로 간주하고, 낯선 것을 유의어 간의 미묘한 차이로 이해할 수 있다는 것이다. '책 출판, 서적 출판, 도서 출판'은 모두 자연스럽다. 이런 점은 유의어로서의 특성이다. 한편 '인문 서적, 대학 서적, 연구 서적'은 자연스러우나 '인문 책, 대학 책, 연구 책'은 용인불가능한 것은 아니지만 매우 낯설다. 이는 전문성의 차이 때문으로 보인다. 또한 '이야기 책'에 비하여 '이야기 서적, 이야기 도서'가 좋지 않은 것은 비전문적 특성이 반영된 것이다. 이상의 사항들은 아래와 같이 [표 3]으로 요약될 수 있다.

[표 3] '책, 서적, 도서'의 차이

	서책(書冊)으로서의 특성			
	존재적(내적) 특성			관계적(외적) 특성
	내용적(텍스트)		형식적 (텍스트를 담은 물체)	기능적 (교육적)
	비전문적	전문적		
책	○*			○
서적		○*	○	
도서			○*	○*
예	역사, 내용 등		판매, 할인 등	아이, 학교 등

*: 주요특성

위의 [표 3]은 앞서 논의한 '서책(書冊)'의 특성을 일차적으로 존재적 특성과 관계적 특성으로, 이차적으로 존재적 특성을 내용적 특성과 형식적 특성으로 분류한 뒤, 다시 '책'과 '서적'의 관련어 분석을 통해 드러난 특성을 비전문적 특성과 전문적 특성으로 분류하여 보인 것이다. 여기서 공백으로 비워둔 칸(欄)이라고 해서 해당 단어가 그 특성을 갖지 않는다는 것은 아니다. 공통적으로 갖고 있는 의미적 특성이 더 많고 그 때문에 직관적으로는 구분하기 쉽지 않지만 관련어 분석을 통해 확인한 상대적으로 두드러지는 특성을 표시하기 위한 것임을 밝혀 둔다.

그리고 지금까지 논의된 '책, 서적, 도서'의 의미 차이를 특성의 정도 차이로 보이면 다음과 같이 분석할 수도 있다.

(6) ㄱ. 전문적 특성: 서적 > 도서 > 책
   ㄴ. 비전문적 특성: 책 > 도서 > 서적
   ㄷ. 형식적 특성: 도서 > 서적 > 책
   ㄹ. 기능적 특성: 도서 > 책 > 서적

여기서 전문성과 비전문성을 구별하지 않고 텍스트적인 특성만을 통합하여 보면 앞서 언급했듯 '책'과 '서적'이 유사하다고 생각할 수 있다. 그런데 한편으로 한 심사위원이 언급한 바와 같이 [그림 8]에서 제시한 관련어들을 정량적(定量的)으로 분석해 보면 흥미로운 결과를 볼 수 있다. '책, 서적, 도서' 중 무엇과 무엇이 상대적으로 더 가까운지, 즉 비슷한 맥락에서 나타나는지를 살펴볼 수 있기 때문이다. 자카르드 유사성(Jaccard Similarity)이라고 불리는 공통 속성에 기반한 유의도 측정 모델을 이용하여 이들 각각의 유의도를 측정해 본 값은 아래와 같다.[198]

(7) 자카르드 유사성

ㄱ. '책'과 '서적'

$$J('책', '서적') = \frac{|\,'책'의\ 관련어 \cap '서적'의\ 관련어\,|}{|\,'책'의\ 관련어 \cup '서적'의\ 관련어\,|} = \frac{24}{42+45-24} = \frac{24}{63} = 0.3810$$

ㄴ. '책'과 '도서'

$$J('책', '도서') = \frac{|\,'책'의\ 관련어 \cap '도서'의\ 관련어\,|}{|\,'책'의\ 관련어 \cup '도서'의\ 관련어\,|} = \frac{20}{42+42-20} = \frac{20}{64} = 0.3125$$

ㄷ. '서적'과 '도서'

$$J('서적', '도서') = \frac{|\,'서적'의\ 관련어 \cap '도서'의\ 관련어\,|}{|\,'서적'의\ 관련어 \cup '도서'의\ 관련어\,|} = \frac{25}{45+42-25} = \frac{25}{62} = 0.4032$$

위의 자카르드 유사성 측정 방식에 따라 두 단어들 간의 유의도를 측정한 값으로부터 '서적'과 '도서'가 가장 유사하고, 그 다음으로 '책'과 '서적'이 '책'과 '도서'보다 더 유사하다는 것이 확인된다. 이로써 '서적'과 '도서'가 사용되는 맥락이 가장 유사하다고 결론 내릴 수 있다.

---

198) 관련어 목록을 두고 연구자가 수행한 정성적(定性的) 분석 방식에 더하여 정량적(定量的) 분석 방식을 더 보완할 수 있도록 뜻깊은 조언을 제공해 주신 익명의 심사위원께 감사드린다. 자카르드 유사성에 대한 정보는 다음 웹페이지 참고(http://en.wikipedia.org/wiki/Jaccard_index).

이상으로 '책, 서적, 도서' 세 유의어에 대해 관련어 네트워크를 활용하여 그 연상적 의미의 차이에 대해 논의하였다. 미묘한 어감 상의 차이만을 갖는다고 할 수 있을 정도로 유사한 의미를 갖는 단어들이기에 직관적으로 그 차이를 파악하기에는 쉽지 않다. 하지만 대규모 코퍼스에서 추출한 관련어 정보를 바탕으로 네트워크를 구성하여 그 특징을 살피고 관련어 정보를 분석함으로써 매우 가까운 유의어들 간의 차이도 비교적 명시적으로 보일 수 있다는 것을 예증하였다.

1.4. 결론

이상으로 코퍼스 자료에 기초하여 관련어를 추출하고 이를 바탕으로 시각화한 관련어 네트워크를 활용하여 유의어 '책, 서적, 도서'의 공통점과 차이점을 확인하였다. 이는 기존의 직관에 의거한 유의어 분석방법론과 상호보완적으로 이용될 수 있는 새로운 방법론적 시도로서 텍스트 기반의 관련어 네트워크를 활용한 유의어 분석이라고 할 수 있다.

지금까지 보았듯 관련어 분석에서 나타나는 (동의어에 가까운) 유의어의 의미 차이는 텍스트의 종류를 포함하여 언어 사용의 맥락을 반영한다. 의미의 일부로 반영된 맥락 특성은 소위 암시 의미(connotation)로 볼 수 있다. 그렇다면 '책, 서적, 도서'는 동일한 표시 의미(denotation)를 가지지만 다른 암시 의미를 가진 단어들이라고 할 만하다.

본 연구에서는 네트워크라는 방법론을 도입해 언어 현상을 설명하고자 하고자 하였으나 구체화되고 심화되어야 할 부분이 많다. 첫째 어휘 네트워크를 통한 어휘 관계의 분석 방식이 보다 더 다양해지고 구체화될 필요가 있다. 둘째 pajek에서 자동으로 추출되는 다양한 분석 정보를 어떻게 언어 현상에 접목시켜 평가하고 활용할 수 있을지에 대한 고민이 더 필요하다. 셋째 네트워크로써 어휘의 총체적인 양상을 조망할 수 있게 되었는데 그로부터 유의미한 정보를 찾아낼 방법론이 현재로서는 부재하다. 여기서는 2-3개의 유의어를 변별하는 데에 주목하였지만, 방법론 개발을 통해 더 많은 논의가 가능할 것이다.199)

한편 본 연구의 유의어 분석이 '신문'자료로 구축된 코퍼스에 기반하고 있다는 점에서 그 한계점을 예측할 수 있다. 신문은 공식성을 갖는 정제된 언어를 담고 있으며 문어적 특성을 내재하고 있다. 구어적인 특성까지 반영하고 있지는 못하다는 점에서 구어 자료를 바탕으로 한 유의어 분석이 더불어 요구된다고 하겠다. 본 연구의 유의어 분석결과는 공식적 문어 텍스트에서 '책, 서적, 도서'가 각각 어떤 특성을 보다 더 많이 가지고 사용되는지 확인한 것이다. 비공식적인 또는 구어적 담화/텍스트 환경에서 연구된 분석의 결과와 상호보완적으로 고려될 수 있을 것이다(단 21세기 세종계획 등에서 구축된 형태소 분석 구어 코퍼스의 양은 '책, 서적, 도서'의 유의어 분석에 이용될 수 있을 만큼 충분하지 않다).

---

199) 본 연구에서 이용한 네트워크 분석은 복잡계 연구의 한 방법론이다. 언어가 하나의 복잡계라는 사실은 '많이 쓰이는 단어는 소수이며 대다수의 단어들은 저빈도'라는 널리 알려진 지프의 법칙(Zipf's Law)이 곧 복잡계의 대표적 속성인 거듭제곱법칙이라는 것에서 확인되었다. 복잡계적 관점에서의 언어 연구가 국내외에서 이루어지고 있는데 본 연구 역시 같은 맥락에 있다고 할 수 있다. 이러한 언어의 복잡계적 특성에 주목한 외국의 최근 연구로는 Larsen-Freeman and Cameron(2008), Lee and Ou(2008), Beckner *et al.*(2009), Cornish *et al.*(2009) 등을 들 수 있다. 연결주의(connectionism) 관점에서 어휘부의 존재방식에 대해 접근한 논의인 나은미(2009)도 복잡계적 관점에서의 연구이며, 어휘부가 보여주는 자기조직화와 창발적 특성에 대해 논의한 채현식(2007) 또한 국내의 주목할 만한 성과이다.

제2장 대립 관계: 유형 분류를 중심으로*

2.1. 서론

본 연구에서는 어휘의 의미 관계의 체계에 대해 논의하고,[200] 그 중에서 대립적 의미 관계의 유형에 대해 상술해 보고자 한다. 인간의 언어활동이 지향하는 바가 언어 사용자의 의사를 전달하고 수용하는 데 있으므로 언어 연구에서 의미에 대한 연구는 본질적인 가치를 지니며 핵심적인 위상을 갖는다. 그런데 언어의 의미 연구는 언어 단위상의 '어휘의 의미 연구'가 가장 기본이 되고(최호철 1995ㄱ: 305), 어휘

---

* 이 글은 도재학(2013). "대립적 의미 관계에 대하여." 「국어학」 66집. 국어학회. 41-77쪽에 수록된 것을 수정 · 보완한 것이다.

200) 의미 관계는 어휘의 의미 관계와 문장의 의미 관계를 포괄하는 상위 개념이지만, 그간의 연구들이 주로 어휘의 의미 관계에 주목해 왔기 때문에 그 논의들에 대해 검토하고 재평가하는 작업이 현재 상황에서 우선적으로 요구된다. 문장 간의 의미 관계에 대해서는 박영순(2004: 122-134)에서 '긍 · 부정문', '능 · 피동문', '주 · 사동문', '동의문', '반의문' 등을 검토한 바 있는데 어휘의 의미 관계까지 고려한 보다 넓은 체계 속에서 더 면밀하게 검토될 필요가 있는 것으로 보인다. 문장의 의미 관계를 포괄하는 의미 관계에 대한 논의는 후고를 기약하며, 본 연구에서는 어휘의 의미 관계에 주목하기로 한다.

의 의미 연구에서 중추적인 부분이 되어 왔던 것이 바로 '의미 관계'이므로 이에 대한 면밀한 고찰은 필수적으로 요구된다.

의미 관계에 대한 기존 논의들은 대체로 유의 관계(synonymy), 반의 관계(antonymy), 상하의 관계(hypernymy/hyponymy), 부분 관계(meronymy) 등으로 유형을 나누고 그 특성에 대해 다룬 바가 많았다(Lyons 1968; Nida 1975; Lyons 1977; 이숭명 1980; Leech 1981; Cruse 1986; 임지룡 1992; Cruse 2000; 남경완 2000; Murphy 2003 등).[201] 그런데 이들 대다수가 의미 관계의 본령에 관심을 두기보다는 어휘(vocabulary, or lexemes)의 의미적 구조, 다시 말해 어휘의 체계적 실존 양상을 관찰하기 위한 수단으로서의 의미 관계를 고찰하였다.

그런데 남경완(2008: 39)에서 지적하듯이, "'어휘'라는 것은 곧 의미가 실현되는 언어의 단위에 해당하는 것이고, 이와 같이 어떤 어휘소를 통해 실현되는 '의미'는 형식과 대비되는 내용으로서의 언어의 구성 요소에 해당하는 것이다. 따라서 '어휘 체계'와 '의미 체계', '어휘 관계'와 '의미 관계'는 그것이 지칭하는 개념과 범위가 같을 수 없다."라는 사실은 자명하다. 그러므로 '어휘 관계'를 규명하기 위한 방편으로서의 의미 관계에 대한 기존 연구는 의미 관계 자체의 실제적 양상과 체계적 특징을 살피는 데는 한계가 있었다고 하겠다.

그렇다면 의미 관계는 어떻게 고찰되어야 할 것인가? 절차를 살펴보자면, 우선은 어휘를 전제하지 않아야 한다. 의미가 어휘라는 형식에 기대어 나타나는 것이기에 그 관련은 인정할 수밖에 없지만, 그렇다고 해서 의미 관계를 어휘 관계로 온전히 치환하여 파악할 수는 없

---

201) 여기 제시된 것은 의미 관계에 대해 개괄적으로 다루고 있는 대표적인 논의들만 꼽은 것이다. 세부 논의로 가면 용어와 번역 술어, 하위분류 등에서 다양한 차이를 확인할 수 있지만 여기서는 상술하지 않는다. 다만 대립적 의미 관계에 대해서는 2.3절에서 다룰 것이다.

기 때문이다. 다음은 의미를 객관적으로 분석하여 단위화된 의미, 즉 단의(單義, seme)를 평정하고 실현 환경을 기술해야 한다.[202] 그 결과를 바탕으로 하여 단의들이 서로 관계 맺는 양상을 의미적 특성에 따라 구별해야만 의미 관계를 온전히 규정할 수 있게 된다.[203]

본 연구에서는 이러한 절차를 염두에 두고 의미 관계, 특히 대립적 의미 관계에 대해 논의하고자 한다.[204] 먼저 2.2절에서 의미 관계의 유형에 대한 기존 분류와 그 기준의 적절성 등을 검토하고 의미 관계의 체계와 각 관계의 위상에 대해 논의할 것이다. 2.3절에서는 대립 관계에 주목하여, 대립 관계의 유형 분류에 대한 논의를 종합적으로 검토하고 대립의 본유적 속성인 방향성(directionality)에 의거한 새로운 분류를 보일 것이다. 끝으로 2.4절에서는 본론에서 논의된 내용을 요약하고 미진한 부분과 향후 과제에 대해 밝힐 것이다.

---

202) 이때 단의는 말 그대로 낱개의 의미를 지칭하는 것이다. 한편 '다의어 내에서 다른 단의들과 유연성을 갖는 낱개의 의미'를 지칭하기 위해서는 이의(異義, alloseme)가 사용될 수 있다. 후술하겠지만, 의미 관계는 곧 단의 사이의 관계 또는 이의 사이의 관계로 치환된다.

203) 이를테면, 우리는 흔히 '가다'와 '오다'가 서로 반의 관계를 이루는 반의어라고 하지만, 엄밀히 말해 다의어인 '가다'와 '오다'가 갖는 모든 이의(異義, alloseme) 들이 서로 대립하는 것은 아니다. '가다'의 한 이의인 '(완곡하게) 사람이 죽다' 에 대당되는 '오다'의 이의는 없기 때문이다. 그럼에도 일반적으로 우리는 '가 다'와 '오다'의 기본적 의미, 즉 '화자의 기준점으로부터 멀어지다'와 '화자의 기준점에 가까워지다'가 대립한다는 사실을 바탕으로 반의 관계로 규정한다. 본 연구에서도 편의상 이러한 일반적인 사용을 고려하여 반의 관계의 경우 '단어 A의 어떤 이의와 단어 B의 어떤 이의가 대립한다'고 하지 않고, '단어 A와 단어 B가 대립한다'라고 할 것이다.

204) 본 연구에서 의미를 객관적으로 분석하여 단의를 평정하는 과정에 대해서는 상술하지 않는다. 의미 분석의 원리와 절차에 대한 상세한 논의는 최호철(1993 ㄱ), 최호철(1996ㄴ), 남경완(2008) 등을 참고할 수 있다. 본 연구의 이후 내용에서는 별다른 이견의 여지가 없을 것으로 생각되는, 의미 평정이 충분히 이루어진 예를 다루도록 하고 논의 대상인 의미 관계에 주목할 것이다.

2.2. 의미 관계의 체계

의미 관계의 체계에 대해 논의하기 전에 의미 관계라는 용어 자체에 대한 검토가 필요하다. 국어를 대상으로 의미 관계를 논의한 기존의 여러 논의에서 채택한 영어 용어는 'semantic relation'이다. 우선 이 술어의 적절성 여부는 차치하고서라도 이것이 가질 수 있는 외연이 매우 넓다는 것은 자명하다.[205] 'semantic relation'은 국어로는 '의미((론)적) 관계'로 번역되고, 축자적으로 해석하면 '어떤 관계가 의미의 측면에서 맺어진 경우'를 이를 때 사용할 수 있을 것으로 생각된다. 그러나 국어와 영어 용어 둘 모두 구체성이 미약하다.

또한 국어 용어인 '의미 관계'의 경우 '의미의 관계'와 '의미적 관계' 모두를 이를 수 있다. 최호철(1995ㄱ: 291)에서의 '어휘의 의미'는 언어 단위 상의 명명이고 '어휘적 의미'는 의미 특성상의 명명이라는 규정을 원용하여 설명하자면, '의미의 관계'는 단위화된 의미(단의)에 주목

---

205) 이는 학술연구정보서비스(riss.kr)에서 '의미 관계'라는 키워드로 검색 후, 영문 제목과 초록에 'semantic relation', 'meaning relation', 'sense relation'이라는 용어를 대응시킨 논의를 살핀 결과이다. 'meaing relation'과 'sense relation'이라는 용어를 사용하는 경우는 드물다. 그런데 Lyons(1968, 1977), Leech(1981), Cruse (1986) 등의 연구에서도 'semantic relation'이란 용어는 찾아볼 수 없고, 언어학 사전의 하나인 Crystal(1997)에서 'semantic relation'과 'sense relation'이란 용어를 표제어가 아닌 해설 부분에서 확인할 수 있다. 해설에서의 내용 또한 어휘의 의미 관계를 설명하는 것이었다. 한편 Cruse(1986)에서는 어휘의 계열 관계와 결합 관계를 포괄하는 것으로서의 'lexical relation'을 사용하고 있다. 이처럼 다수의 선행 연구들이 Cruse(1986)과 동궤의 입장에서 어휘의 의미 관계 중 계열적 의미 관계를 하위분류하면서 유의 관계, 반의 관계, 상하의 관계 등을 다루었으므로, 의미 관계에만 초점을 맞추어 용어를 사용한 경우는 드문 것으로 보인다. Lyons(1968, 1977)에서는 의미에 초점을 두어 'sense relation'을 사용하고 있는데 일반적인 용어로 굳어지지는 못한 것으로 생각된다. 이상의 용어 사용의 경향에서 '의미 관계'와 '어휘 관계'가 엄밀히 구별되지 못한 채 규정되고 사용되고 있다는 것을 확인할 수 있다.

한 명명이고 '의미적 관계'는 관계의 성격이 의미 차원에서 규정되는 점에 주목한 명명이다. 전자는 '형식의 관계',206) '음소의 관계',207) '형태소의 관계'208) 등과 계열 관계에, 후자는 '형식적 관계',209) '개념적 관계',210) '연상적 관계'211) 등과 계열 관계에 있는 것이다.

이상의 설명을 고려할 때, '의미의 관계'는 의미의 단위 요소적 특성을 반영하는 것임을 알 수 있고 '의미적 관계'는 의미 사이의 성격적 특성을 반영하는 것임을 알 수 있다. 그런데 의미 관계라는 명명 아래 그간 논의된 내용들이 비록 어휘 관계로 치환되어 이해되어오기는 했지만 모두 단위 요소로서의 '의미의 관계'임을 앞서 확인하였다. 또한 '의미적 관계'라는 것이 성격적인 면을 부각시키는 점을 고려하면, 의미적 관계는 그 정도성의 유무 또는 높고 낮음에 대한 논의가 가능할 뿐이므로 앞으로 우리는 '의미의 관계'에 주목하게 된다.

나아가 '의미 관계'라는 용어를 '의미의 관계'로 한정시켜 이해한다

---

206) 이를테면, '꾸미거나 딸린 것이 없는'을 의미하는 접두사 '민-'과 '눈, 코, 입 따위가 있는 얼굴의 바닥'을 의미하는 명사 '낯'이 결합한 '민낯'이라는 파생어에서 '접두사+명사'라는 '형식의 관계'가 확인된다고 할 것이다.

207) 이를테면, 한 음절 내에서 국어의 모든 단모음과 이중 모음은 /ㅃ, ㄸ, ㅉ/의 앞에 오지 못한다(신지영·차재은 2003: 330-331)는 음소 결합 제약에 의해 '바ㅃ(조합형 한글 코드에서 이 글자는 한 음절로 표현되지 않음)'과 같은 어휘 형태소가 국어에는 존재하지 않는다. 이런 경우를 국어의 모음과 /ㅃ, ㄸ, ㅉ/가 보여주는 '음소의 관계'라고 할 수 있다.

208) '형식의 관계'에 대한 설명 참고. 형태소의 관계는 복합어를 이루는 어근의 결합뿐만 아니라, 체언과 조사의 결합, 용언과 어미의 결합 등이 모두 해당될 것이다.

209) 이를테면, '민낯', '민무늬', '민소매' 등의 단어들은 접두사 '민-'을 취하고 있다는 점에서 서로 '형식적 관계'가 있다.

210) 이를테면, '가다', '오다', '뛰다', '걷다' 등의 단어들은 《이동》이라는 개념적 의미를 공유하고 있다는 점에서 서로 '개념적 관계'가 있다.

211) 이를테면, '하늘', '바다', '풀' 등의 단어들은 《푸르다》라는 연상적 의미를 공유하고 있다는 점에서 서로 '연상적 관계'가 있다. 물론 김민수(1981: 59)에서 언급했듯이 연상적인 내포가 같을 뿐, 이들의 연상적 의미의 공통성은 언어적인 것은 아니다. 이러한 경우 외에도 모든 연어 관계를 이루는 어휘가 서로 연상적 관계에 있다는 점은 자명하다.

하더라도 '어휘 관계'의 유형으로 거론되어 온 유의 관계, 반의 관계, 상하의 관계 등을 '의미 관계'의 하위에 직접 배치시키는 것은 부적절하다. 어휘와 의미를 구분해야 하는 이유는 형식과 의미가 일대일로 대응되지 않기 때문이며, 하나의 형식에 두 개 이상의 의미가 대응되는 다의어가 존재하는 자연 언어의 체계에서는 '어휘 체계'의 범위보다 '의미 체계'의 범위가 넓을 수밖에 없다(남경완 2008: 40). 따라서 의미 관계를 어휘 관계로 치환하여 인식할 수 없는 것이다.

어휘 관계는 어떤 각각의 의미를 담고 있는 언어 단위(즉 단어)들의 관계를 지칭하는 것이고, 의미 관계는 형식에 담긴 내용(즉 의미)들의 관계를 지칭하는 것이다. 그렇다면 어휘 관계는 복수의 단어를 전제하고 의미 관계는 복수의 의미를 전제하는 개념임을 알 수 있다. 의미가 언어 형식에 기대어 실현될 수밖에 없다는 점, 그리고 어휘 관계의 규명을 위해 의미 관계가 필연적으로 동원될 수밖에 없다는 점에서 관련성을 배제할 수는 없다. 하지만 그렇다고 해서 어휘와 의미가 동일시될 수는 없는 것이고 혼동이 있어서도 안 될 것이다.

의미 관계는 남경완(2008: 56-66)에서 설명하였듯이, 어휘라는 형식을 전제하지 않고 의미 차원에만 주목하여 그 관계를 따져본다고 한다면 "일차적으로 한 어휘소의 내부의 관계로 한정되는지 여부에 따라 어휘소 내부의 의미 관계와 어휘소 외부의 의미 관계로 구분되고, 다시 어휘소 외부의 의미 관계는 그것이 의미 사이의 종적 관계인지 아니면 횡적 관계인지에 따라 각각 계열적 의미 관계와 결합적 의미 관계로 구분"된다. 여기서 유사 관계, 대립 관계, 포함 관계와 같은 성격상의 분류는 차후의 논제임이 여실히 드러나게 된다.212)

---

212) 어휘 관계인 유의 관계, 반의 관계, 상하의 관계와 구별되는, 의미 관계의 성격적 특성을 고려한 유사 관계, 대립 관계, 포함 관계라는 용어는 남경완(2000)의 입장

아래에 남경완(2008: 66)에서 정리된 어휘의 의미 관계를 가져왔다.

(1) 어휘의 의미 관계

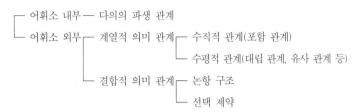

(1)에서는 어휘소 내부의 의미 관계를 '다의의 파생 관계'로만 규정하였다. 그런데 남경완(2000: 11; 2008: 56)에서 언급하였듯이 의미 관계는 의미 분석을 통해 어휘 사이의 관계를 고찰하는 데 그칠 것이 아니라 분석된 단의들 차원에서 다뤄져야 하는 것이다. 그러므로 다의어의 이의 차원에서도 의미 관계가 특성에 따라 적절히 규명될 필요가 있다. 남경완(2008: 58-59)에서는 "다의어의 이의가 의미 관계만 형성할 뿐 어휘 관계로 확장되지 않는다"라고 하면서 다의의 파생 관계를 규정하였고 구체적인 내용은 다루지 않았다.

다의어의 이의 간의 관계를 규정하기 위해서는 의미적 유연성(有緣性, motivation)의 개념을 먼저 정립해야만 한다. 유연성은 다의어와 동음이의어의 구분 기준이 된다는 점에서 주요한 관심사항이다. 형식이 동일한 어떤 두 항목이 있다고 할 때 유연성이 있으면 한 어휘소 내의 관계 즉 다의어의 이의 관계로 간주되고, 없으면 개별 어휘소 간의 관계 즉 동음이의어 관계로 간주되기 때문이다. 의미적 유연성의 유무라는, 이론적 차원에서 뚜렷한 구분기준은 실상 그 개념 자체의 불명

을 따랐다. 어휘 사이의 의미 관계와 그러한 관계를 맺고 있는 어휘 자체의 명칭을 구분하기 위한 입장이 용어 선택에도 반영되어야 할 것으로 생각하기 때문이다.

확성으로 인해 실용적 차원에서는 효용이 크지 못했다.

기본적으로 의미라는 것이 형식의 동일성 여부를 확인하는 것과 같은 적부(的否)의 문제 대상이라기보다는, 어느 정도로 비슷한지를 가늠하는 것과 같은 정도(程度)의 문제 대상이기 때문에 개인마다 편차를 보일 수밖에 없다. 의미 간에 '관련이 있다/없다'와 같은 판단이 저마다의 개인적 경험과 지식, 직관 등에 크게 좌우되기에 기계적이고 엄밀한 구분 기준이 확립되기 어렵다는 것은 주지의 사실이다. 이러한 의미의 특성은 의미적 유연성의 개념에도 고스란히 드러난다. 어휘 지식의 총체를 담고 있는 사전에서도 그 일면이 발견된다.

(2) ㄱ. 「표준」에서의 '빠지다'
　　　빠지다01 「동사」
　　　「1」박힌 물건이 제자리에서 나오다. ¶ 책상 다리에서 못이 빠지다
　　　빠지다02 「동사」
　　　「1」물이나 구덩이 따위 속으로 떨어져 잠기거나 잠겨 들어가다. ¶ 개울에 빠지다
(2) ㄴ. 「민중」에서의 '빠지다'
　　　빠지다
　　　1. 물·구덩이 따위로 떨어져 들어가다. ¶ 물에 ～.
　　　4. 지니거나 박힌 것이 떨어지거나 물러나다. ¶ 이가 ～/ 밑이 ～.

이상에서 '빠지다'라는 항목에 대해 「표준」에서는 동음이의어로, 「민중」에서는 다의어로 처리하고 있음을 볼 수 있다.[213] '빠지다'가 의미적으로 목표로 해석되는 대상과 함께 사용되면 '들어가다'의 의미가

---

213) 「표준」은 표준국어대사전을, 「민중」은 민중국어사전을 가리킨다.

되고, 원천으로 해석되는 대상과 함께 사용되면 '나오다'의 의미가 되는데 이 차이를 사전마다 달리 반영한 것이다. 사전을 활용하는 입장에서는 한 표제어(다의어)의 이의로 나타난 것은 '서로 관련된 항목'임을, 다른 표제어로 나타난 것은 '서로 관련 없는 항목'임을 상정하게 된다고 볼 때 의미 기술에 더 유의할 필요가 있음은 물론이다.

즉 의미들 사이의 관계가 유연적인지 아닌지에 대한 판단에 따라서 한 다의어의 이의 간의 관계로 보게 될 수도 있고 단어들 사이의 어휘 관계로 보게 될 수도 있다.214) 하지만 숱한 논의에도 불구하고 다의어와 동음이의어의 구분은 현재까지 일종의 이론적 난제로 남아있다 (관련 논의는 Lyons 1977: 553-555; Kempson 1977: 76-83; Palmer 1981: 102-106 등 참고). 그러므로 여기에 대해 상술하지는 않는다. 다만 본 연구에서는 '연상(聯想, association)'의 개념을 바탕으로 하여 다의어와 동음이의어의 구분 기준을 삼으려고 한다.

김민수(1981: 50)에서는 유연적 다의성을 이루는 연상으로서 '유사성(類似性, similarity)'과 '근접성(近接性, contiguity)'을 든 바 있다. 최호철(1993ㄱ: 28)에서도 의미의 유연성에는 유사성과 근접성의 두 유형이 있음을 지적하였다. 그런데 천시권·김종택(1985: 251-252)에서는 '(시간적, 공간적) 인접율(隣接律), 유사율(類似律), 반대율(反對律)'이 세 가지를 연상(책의 용어로는 '연합관계')을 성립시키는 조건으로 들었다. 나아가 아리스토텔레스가 연상의 조건으로 '근접(近接), 유사(類似), 대비(對比)'의 세 가지를 지적했음도 언급하였다.

이상의 내용을 토대로, 본 연구에서는 연상의 동인(動因)이 되는 유사성, 근접성, 대립성이 확인되면 다의어로 보는 입장에 있다. 유사성

---

214) 의미적 유연성에 대한 판단에 따라서 다의어와 동음이의어가 구별된다고 설명되어야 합리적일 것이라는 한 심사위원의 말씀에 감사드린다. 표현을 수정함으로써 같은 의도를 더 분명히 전달할 수 있게 되었다.

에 의한 유연성은 어떤 대상의 (외적) 형상과 (내적) 속성, 즉 구상적인 측면과 추상적인 측면에서의 유사성 여부에 따른다.215) 근접성에 의한 유연성은 시간과 공간의 두 영역에서 항목들이 서로 관련을 맺는지의 여부를 고려한다. 마지막으로 대립성에 의한 유연성은 단 하나를 제외한 모든 속성이 동일하고, 그 한 속성이 우리의 인식 상 방향적으로 대립되는 것으로 간주될 때 드러나는 경우가 해당된다.216)

요컨대, 본 연구에서는 의미적 유연성이 유사성, 근접성, 대립성 세 가지로 확인될 수 있고, 이로써 다의어임이 보장되는 어휘소 내부에도 이의 간의 관계적 성격을 고려한 의미 관계의 체계 수립이 가능할 것으로 본다. 그러면 의미 관계는 단위에 따라 어휘소 내부 관계와 외부 관계로 나뉘고, 한편 성격에 따라 유사 관계, 대립 관계, 포함 관계로217) 나뉜다. 이상의 내용을 고려하여 아래와 같은 의미 관계의 체계를 구성할 수 있다. 유연성의 판단 기준 중 유사성은 유사 이의 관계로, 대립성은 대립 이의 관계로 반영됨을 확인할 수 있다.218)

---

215) 최호철(1993ㄱ: 75-76)에서는 명사의 의미 특질에 대해 논의하면서, 개체가 추상적 개체와 구상적 개체로 우선적으로 분류됨을 보인 바 있다.

216) 의미적 유연성의 기준인 유사성, 근접성, 대립성을 제시하고서 다의어의 판별 과정에 천착하는 모습은 보여주지 못했다는 한 심사위원의 말씀이 있었다. 온당한 지적이나, 본 연구에서 다의어와 동음이의어의 구별에 관한 논의를 상세히 다루기에는 주제의 어긋남과 지면의 제약이 있어 부득이 간소화된 결론적 내용을 제시할 수밖에 없었음을 밝힌다. 의미적 유연성과 다의어와 동음이의어의 판별에 대한 세부적 논의는 다른 지면을 빌어 전개하고자 한다.

217) 의미 관계를 그 성격에 따라 유사 관계, 대립 관계, 포함 관계로 구분한 이유는 다음과 같다. 첫째, 종래에 '의미 관계'로 설정되어 온 유의 관계, 반의 관계, 상하의 관계보다 의미 관계의 외연이 넓기 때문이다. 유의 관계, 반의 관계, 상하의 관계는 어휘 관계를 이르는 것이다. 둘째, 의미 관계와 그러한 관계를 맺고 있는 의미 또는 어휘의 명칭을 구분하기 위해서이다(남경완 2000:12-13). 즉, 유사 관계는 어휘소 내부의 '유사 이의 관계'와 어휘소 외부의 '유의 관계', '연어 관계'를 포괄하는 명칭이다. 부연하면, '유사 이의 관계'는 '유사 이의', '유의 관계'는 '유의어', '연어 관계'는 '연어'로 이루어지는 관계로 규정될 수 있다.

218) 한 심사위원께서는 본 연구에서 밝힌 의미 관계 체계상의 각 유형이 설정되어

(3) 어휘의 의미 관계의 체계219)

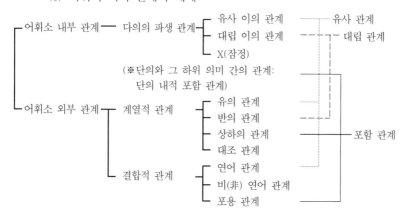

야만 하는 필연성이 세밀하게 논의되고 있지 않다고 말씀하셨다. 의미 관계의
체계와 각 유형의 설정에 대한 필연성에 관한 설명은 의미 관계와 그 하위 항목
의 성립 기반, 세부적 특징 등에 대한 전면적인 논의를 요구하는 것이어서 본
연구에서 모두 포괄하기에는 제한될 것으로 생각된다. 위의 (3)은 본격적인 논
의에 앞서 우선적으로 대립적 의미 관계의 '의미 관계 체계 내의 위상'을 보이
려는 목적에서 제안된 것이다. 다른 의미 관계 유형에 대한 세부적인 논의를 본
지면에서 상세히 다루지 못하고 각주로 소략하게 예시할 수밖에 없다는 점도
아쉬운 부분이다. 그러나 이러한 전체 체계에 대한 고려 없이 세부적 논의를 하
는 것은 설계도 없이 집을 짓는 일이라 생각되어, 필자의 입장에서 미진한 것이
나마 의미 관계의 체계를 구성해 본 것임을 밝힌다.

219) 의미 관계의 성격을 기준으로 체계를 구성해 볼 수도 있다(도재학 2011: 17-18
    일부 수정).

    유사 관계: 다의어의 이의 간의 관계   - 유사 이의 관계
           어휘 간의 계열적 관계   - 유의 관계
           어휘 간의 결합적 관계   - 연어 관계
    대립 관계: 다의어의 이의 간의 관계   - 대립 이의 관계
           어휘 간의 계열적 관계   - 반의 관계
           어휘 간의 결합적 관계   - X
           (cf. 비(非) 연어 관계는 성격으로 구분된 관계에는 속하지 않음. 이
           유는 후술.)
    포함 관계: 다의어의 이의 간의 관계   - X(잠정)
           (cf. 단의와 그 하위 의미 간의 관계 - 단의 내적 포함 관계)
           어휘 간의 계열적 관계   - 상하의 관계
           어휘 간의 결합적 관계   - 포용 관계

(3)의 체계에 대해 약간의 부연을 더하고자 한다. 포함 관계의 경우 수평적 관계인 유사 관계나 대립 관계와는 달리 수직적 관계이기 때문에 의미 관계의 체계 속에서 특이한 양상을 보인다. 포함 관계에서는 다의어의 각 단의들 간의 관계가 상정되지 않을 것으로 본다. 왜냐하면 그 의미가 배타적으로 분절된 관계에 있는 것이 아니기 때문이다. 의미와 그 의미의 실현 환경이 배타적으로 분절되어야 이른바 이의 간의 상보적 분포가 상정되고 하나의 의소에 포괄될 수 있다. 그런데 포함 관계는 그것이 불가능한 것 같다.[220]

한편 단의들 간의 관계로 상정되지 않는 포함 관계, 즉 상위 의미가 하위 의미를 포함하는 관계는 '단의 대 단의'로써가 아니라 '단의 대 그 단의의 하위 의미'로써 간주되어야 할 것으로 보인다. 따라서 그 관계는 '단의 내적 포함 관계'로 규정할 수 있다. 예를 들어 '고등학교'는 상위 의미로서의 '고등학교'(예. 저는 고등학교를 2003년도에 졸업하였습니다.)와 그 하위 의미로서의 '남자고등학교'(예. 내가 다닌 대건 고등학교 옆에는 효성 여자고등학교가 있었다.)와 '남녀공학고등학교'(예. 남녀 학생들이 합반을 하는 고등학교는 부러움의 대상이다.)의 의미를 갖는다. 이런 경우가 단의 내적 포함 관계로 규정될 수 있다. 이와 같은, '고등학교'가 맥락에 따라서 상위 의미로서의 '고등학교'와 하위 의미로서의 '남자고등학교', '남녀공학고등학교'의 의미를 갖는 문제에 대한 서로 다른 세

---

220) 한 심사위원께서는 "의미 차이가 존재한다면 그 분포적 차이를 배타적으로 설명할 수 있는 기준이 없지 않을 것이다. 아직 못 찾아냈다고 말한다면 몰라도, 그것이 언제나 중의적이고 분포적으로 겹쳐지는 것은 아닐 것 같다. (중략) (다의의 파생 관계에서의 포함 관계가) 본질적으로 성립하지 않는 것처럼 처리하는 것은 지나친 것 같다"라고 말씀해 주셨다. 심사위원의 말씀에 대해 필자도 전적으로 동의하며 'X(잠정)'으로 표기를 수정하였다. 일단 현재로서는 다의의 파생 관계에서의 포함 관계를 성립될 수 없는 것으로 간주한다. 필자의 현재적인 입장은 '단의 내적 포함 관계'의 설정을 통해 이 문제가 해소될 수 있는 것으로 본다.

가지의 처리 방식이 존재할 수 있을 것으로 생각된다.

첫째는 배타적 분포를 이의의 기준으로 엄밀히 보아 동음이의어로 처리하는 방식이다. 그러나 예의 '고등학교'와 '남자고등학교', '남녀공학고등학교'가 전혀 동떨어진 의미라고 보기는 어렵다는 문제가 있다. 즉 '고등학교^1'에 상위 의미인 '중학교를 졸업한 사람에게 고등 보통 교육과 실업 교육을 실시하는 학교'를 기재하고, '고등학교^2'와 '고등학교^3'에 하위 의미인 '{남자에게/남자와 여자를 함께 모아} 고등학교의 교과 과정을 실시하는 학교'를 기재하는 것은 직관에 부합하지 않는다는 생각이 든다.

둘째는 다의어의 이의로 처리하는 방식이다. Oxford English Dictionary 등의 영어 사전에서는 'dog', 'duck' 같은 단어에 대해 상위 의미인 종(種)으로서의 'dog', 'duck'과 그 하위 의미인 수캐와 암오리로서의 'dog', 'duck'을 다의어의 이의로 처리하고 있다. 이런 방식으로 '고등학교'도 처리해 봄직하다. 그러나 각 의미가 실현되는 분포적 차이를 배타적으로 명시하기 어렵다는 문제가 있다. '고등학교' 뿐만 아니라 'dog', 'duck' 역시 대부분의 경우에 중의적이어서, 어떤 문맥적 또는 화맥적 환경에서 각 의미가 배타적으로 구별되어 실현되는지 불분명하다. 따라서 다의어의 이의로 보기에도 문제가 있다.

마지막 셋째는 본 연구에서 취한 방식으로, 하위 의미가 문맥적으로 조정되어 실현될 수 있는 것으로 보고 이른바 '단의 내에 포함된 의미'로 처리하는 것이다. 여기서 문맥적 조정이라 함은, 이의(異義, alloseme)로써 구별될 각각의 문맥 또는 화맥에 따른 의미의 변이(variation)가 아니라, 상위 의미의 범위를 벗어나지 않는 선에서의 일종의 맥락적인 수의적 변조(contextual private modulation) 정도로 파악할 수 있을 것 같다. 「우리말 큰사전」의 일러두기 뜻풀이난에서는 "기본 뜻

갈래에 포함되면서도 약간의 다른 특징을 띠는 경우에는 ㉠㉡…으로 나타낸다"라고 밝히고 있다. 이렇듯 의미와 그 실현 환경의 배타적 분포로써 하나의 단의로 독립시키기는 어렵지만, 한편 완전히 같다고도 보기 어려운 경우를 나타내기 위한 사전적 처리 방편은 이러한 단의 내적 포함 관계를 위해 고안된 것으로 파악할 수 있다.

대조 관계는 Lyons(1968) 등에서 이른바 양립불가능(incompatibility)이라고 일컬어 온 '개:소', '연필:지우개' 등이 이루는 관계이다. 이들은 서로 유의 관계도 아니고 반의 관계도 아니며 상하의 관계도 아니라는 점에서 다른 관계들과 차이가 있지만 분명 어떠한 관계를 이루고 있는 것으로 인식된다.

연어 관계는 '밥'과 '먹다', '책'과 '읽다' 등과 같이 흔히 연상 관계를 이루는 어휘가 해당된다. 이러한 어휘소 외부의 결합적 관계는 계열적 관계와는 그 본질적 성격이 다르다. 계열적 관계가 어휘소들의 지시물이나 개념의 유사성이 상정되는 것임에 비해, 결합적 관계는 의미 자질의 유사성이 상정되는 것으로 이해할 수 있다. 예를 들어 '밥'이 갖는 [음식] 자질과 '먹다'가 대상역 논항에 대해 갖는 [음식]이라는 선택자질이 일치한다는 점에서 유사성이 상정된다.

비연어 관계는 선택 제약 관계라고도 지칭할 수 있을 것이다. 예를 들어, 시적 허용의 경우를 제외한다고 했을 때 '먹다'라는 동사의 목적어로 '강(江)', '우주(宇宙)', '마그마(magma)' 따위가 선택될 수는 없는데, 이는 이것들이 섭취할 수 있는 음식이 아니기 때문이다. 이 경우 '먹다'와 '강', '우주', '마그마'는 비연어 관계이다. 달리 말하면 연상되지 않는 관계인 것이며, 의미적으로 서로 제약되는 관계이다. 양립불가능 관계에는 속한다고 할 수 있으나 성격적으로 구분되는 유사 관계, 대립 관계, 포함 관계 중에서는 그 어디에도 속하지 않는다.221)

포용 관계(encapsulated relation)는 결합적 밭 이론을 전개한 포르지히 (Porzig)의 '본질적 의미 관계'의 개념에서 유래한 것으로(Lyons 1977: 261-266; 이익환 1995: 66-68; 윤평현 1995: 18 참고), 결합 관계에 있는 어휘를 포함하고 있는 관계를 이른다(예. 발:차다, 혀:핥다 등).222) '발로 차다', '혀로 핥다'와 같이 잉여적이지만 결합적으로 표현하는 것이 가능하므로 '발'과 '차다', '혀'와 '핥다' 간의 관계를 지칭할 만한 개념이 필요하며, 한편 연어 관계와 포용 관계의 차이는 다음과 같이 상정할 수 있을 것으로 생각된다.

어휘 간의 결합적 유사 관계인 연어 관계는 '밥:먹다', '책:읽다' 등의 예로 대표된다. 전자의 경우 '밥'이 갖는 [음식]의 자질과, '먹다'의 대상역 논항에 대한 선택 제약 자질인 [음식]이 일치함으로써, 후자의 경우 '책'이 갖는 [텍스트] 자질과, '읽다'의 대상역 논항에 대한 선택 제약 자질인 [텍스트]가 일치함으로써 서로 연어 관계를 이룬다고 할 수 있다. 즉 '먹다'와 '읽다'는 '밥'과 '책'이 갖는 어떤 의미 자질과 관계되며, '밥'과 '책'이라는 어휘를 온전히 포용하는 것은 아니다. 반면에 어휘 간의 결합적 포함 관계인 포용 관계는 '발:차다', '혀:핥다' 등의 예로 대표된다. 이 경우 '차다'와 '핥다'가 '발'과 '혀'의 어떤 의미 자질과만 관계되는 것이 아니라, 어휘 자체를 포용하는 것이다. 포용 관계는 넓은 의미의 연어 관계에 포함될 수 있지만 의미 관계로서는

---

221) Lipka(1992: 159)에서는 "영국의 전통에서 어휘소들의 결합적 양립불가능 관계에 대해서는 연어 제약과 공기 제약이라는 용어가 주로 사용되었다"라고 밝힌 점 또한 참고가 된다. 의미적으로 제약되는 관계를 대립 관계에 귀속시킬 것을 고려해 볼 수 있으나, '대립'이란 개념의 외연이 '의미적 무관련성'의 범위까지 넓어지는 문제가 발생하므로 그러한 처리에는 어려움이 있다.

222) 도재학(2011: 17-18)에서는 포용 관계 또한 연어 관계에 속할 것으로 판단하면서, 논항 구조 혹은 선택 제약은 수평적 관계에서 논의되는 것이지 수직적 관계에서 논의될 수 있는 성격의 것이 아니기 때문에 어휘 간의 결합적 관계 역시 포함 관계에서는 상정되지 않는다고 보았지만, 여기서 견해를 수정하는 바이다.

위와 같이 구분되는 것으로 생각된다.

이상과 같이 의미 관계의 체계는 다의어의 이의 관계와 단어들 사이의 어휘 관계를 포괄하는 것으로 상정될 수 있다. 그리고 각각의 관계에 대한 명칭 또한 체계적으로 정리가 가능하다. 유의 관계(synonymy), 반의 관계(antonymy), 상하의 관계(hypernymy/hyponymy), 대조 관계(contrastive relation, or incompatibility), 그리고 연어 관계(collocation), 포용 관계(encapsulated relation)라고 명명되어 온 어휘 관계를 모두 포괄하는 이 의미 관계의 체계 속에서 다의어의 이의 간의 관계, 즉 유사 이의 관계와 대립 이의 관계의 위상이 규정된다.223)

부분 관계(meronymy)는 의미 관계의 체계에 반영되지 않았다. Cruse (1986: 136-179; 2000: 177-188)에서는 분지 위계조직(branching hierarchy)을 분류 위계조직(taxonomic hierachies)과 부분 위계조직(meronymic hierachies)으로 나누는 등, 선행 연구들에서는 부분 관계를 포함 관계와 관련이 있는 것으로 다루어 왔다. 하지만 부분 관계의 본질에 대해 고려해보면, 이것은 그 관계적 양상이 순수한 개념적 의미 관계라기보다는 실세계의 지시물과의 관련성을 전제로 한 일종의 실물지시적 관계(ostensive relation)임을 알 수 있게 된다.224)

물론 실세계와의 관련성을 전제로 했다는 이유로만 의미 관계에

---

223) '대립 이의 관계'는 다의어 내에서 유연성을 갖는 이의 간의 대립적 의미 관계를 나타내기 위한 용어로 제안하였다. '유사 이의 관계' 또한 마찬가지이다. 도재학(2011)에서는 대립 이의 관계에 대당되는 영어 용어로 Lepschy(1981)에서 사용한 바 있는 'enantiosemy'를 사용하는 한편, 체계를 고려하여 용어의 시안(試案)을 제안한 바 있다. 아래에는 다소 수정하여 가져온 것이다. '대립 이의 관계를 갖는 단어'로는 국어 용어로 '단어 내적 반의어', '양면어', '관점대립어' 등을, 영어 용어로 'antiphrasis', 'Janus word', 'enantiodromia', 'auto-antonym' 등을 검토하였다. 그러나 국어 용어는 특별히 제안하지 않았으며 '대립 이의 관계를 갖는 단어'를 사용하였다. 이선영(2011)에서는 대립 이의 관계를 갖는 단어를 지칭하기 위해 '모순어'를 사용한 바 있다.

서 제외한다면 이는 임의적인 처리 방편이 될 것이다. 의미의 의미 (meaning of meaning)에 관한 여러 설(說) 중 지시물설의 입장이 존재하고, 언어 표현이 가리키는 지시물이 곧 의미인 경우를 부정할 수 없기 때문이다. 따라서 의미 관계로 인정은 할 수밖에 없다. 하지만 모든 추상 명사와 대다수의 용언, 부사, 문법 형태소 등을 배제하게 되는 특이성이 존재하고, 일부 명사의 경우로 제한된다는 점을 감안할 때 이 것은 예외적인 의미 관계로 다루어져야 할 것으로 생각된다.225)

구 분	의미 관계의 명칭		의미 관계의 구성 요소	
유사 관계 (analogous relation)	유사 이의 관계	syn-allosemy	유사 이의	syn-alloseme
	유의 관계	synonymy	유의어	synonym
	연어 관계	collocation	연어	collocation
대립 관계 (oppositive relation)	대립 이의 관계	anti-allosemy	대립 이의	anti-alloseme
	반의 관계	antonymy	반의어	antonym
포함 관계 (inclusive relation)	단의 내적 포함 관계	inner-hypersemy inner-hyposemy	단의 내적 상위 의미 단의 내적 하위 의미	inner-hyperseme inner-hyposeme
	상하의 관계	hypernymy hyponymy	상의어 하의어	hypernym hyponym
	포용 관계	encapsulated relation	포용한 단어 포용된 단어	encapsulating word encapsulated word

※ 'collocation'은 의미 관계를 나타내는 명칭으로서의 '연어 관계'와 의미 관계 구성 요소인 '연어' 모두를 나타낼 수 있는 것으로 생각된다.

224) 남경완(2000: 23-24)에서는 "부분 관계는 흔히 포함 관계와 더불어 함께 설명되는 것이지만 그 양상은 포함 관계와 확연히 구분되어야 한다"라고 하였다. 또한 "포함 관계가 어휘 사이에 나타나는 의미 관계의 한 종류임에 반해, 부분 관계는 순수한 어휘의 의미 관계라기보다는 실세계와의 관련성이 개입된 것이기 때문"에 "부분 관계는 포함 관계와는 달리 어휘의 의미 관계에서는 제외되는 것으로 판단한다"라고 하였다.

225) 부분 관계의 유형과 특징에 관해서는 김은영(1998), 윤평현(2008) 참고. 한편, 다의어 내에서 부분 관계(meronymy)가 확인되는 경우가 있다. 바로 '머리'가 '두부(頭部)' 외에 '머리카락'도 의미하는 것을 예로 들 수 있다. 이 경우 '부분 이의 관계'라고 명명할 수 있을 것 같은데, 용어가 개선될 필요가 있을 것 같다. 여기서는 부분 관계가 다의어 내에서 발견된다는 것을 지적하는 것으로 관련

2.3. 대립적 의미 관계의 유형

여기서는 의미 관계의 유형 중 대립적 의미 관계에 주목하여 논의를 진행해 볼 것이다. 유사 관계나 포함 관계의 경우는 선행 연구들에서 용어 및 하위분류의 측면에서 많은 이견을 보이지 않았던 반면에 대립 관계는 그 혼란이 현재까지도 이어져오고 있는 것으로 생각되기 때문이다. 어휘 관계에만 주목한 의미 관계의 논의를 벗어나, 최근 다의어의 이의 간의 관계, 그 중에서도 대립적 의미 관계에 주목한 세 편의 논의, 도재학(2011), 이민우(2011),[226] 이선영(2011)이[227] 비슷한 시기에 발표되었다는 점도 대립 관계를 화두로 삼은 이유이다.[228]

2.2절에서 논의했듯이 대립 관계(oppositive relation)가 도재학(2011)의 용어로는 대립 이의 관계(enantiosemy), 반의 관계(antonymy)를 포함한다.[229] 그러므로 대립 관계의 유형과 체계를 전면적으로 살피기 위해

논의를 갈음하고자 한다.

226) 이민우(2011)에서는 '대립 이의 관계'를 '어휘 의미의 자체대립 관계'라고 명명하고 논의를 전개하였다.

227) 이선영(2011)에서는 '대립 이의 관계를 갖는 단어'를 '모순어'라고 명명하고 논의를 전개하였다.

228) 한 심사위원께서는 필자의 석사학위논문 도재학(2011)과 3장의 내용이 어떻게 다른지 분명히 밝혀야 한다고 말씀해 주셨다. 본문에서 분명히 드러내고자 하였으나, 미리 설명하자면, 필자의 석사학위논문에서 다룬 것은 대립적 의미 관계의 한 양상인 '대립 이의 관계'에 한정된다. 본 연구에는 석사학위논문에서 다루었던 대립 이의 관계에 대한 논의가 일부 포함되지만 그 경우 전거를 분명히 밝혔으며, 석사학위논문에서 다루지 않은 '반의 관계'를 포괄적으로 다루었다. 연구 대상의 범위가 더 확장되었고, 이로써 대립적 의미 관계의 체계를 뒤에 제시한 (7)과 같이 정리할 수 있었다.

229) 이들은 모두 양립불가능(incompatibility) 관계에 있는 것으로 볼 수 있다. 하지만 양립불가능 관계는 대립 관계의 외연을 넘어서는 것으로 생각되므로 전면적으로 수용하지는 않기로 한다. Leech(1981: 92-93)에서는 의미적 대조성(semantic contrastingness)를 위한 용어로 antonymy보다 incompatibility가 더 일반적이고 유용한 개념이라고 했지만, 예를 들어 색채어 '초록색'과 '갈색', 인공물인 '냉장

서는 어느 하나에 대한 논의만을 다루어서는 안 되며, 둘 모두를 종합적으로 검토할 필요가 있다. 이를 위해서는 선행 연구들에서 제시된 유형 분류 그 자체만이 아니라, 분류의 기준을 엄밀히 살펴야 한다. 이 과정에서 다른 개념을 지시하는 비슷한 용어, 또는 비슷한 개념을 지시하는 다른 용어에 대해서도 주의를 기울여야만 한다.230)

선행 연구들은 대체로 계열적 어휘 관계의 하나인 반의 관계만을 논의해 왔다는 점을 서론에서 언급하였다. 그러나 반의 관계 역시 대립적 의미 관계가 실현되는 하나의 국면이므로 이것의 유형을 분류한 선행 연구는 대립 관계의 본질을 규명하는 데 좋은 참고가 된다. 반의 관계를 하위분류한 대표적인 논의들을 꼽자면 Lyons(1968), 이승명 (1973), Nida(1975), Kempson(1977), Lyons(1977), 이승명(1980), Leech (1981), Cruse(1986), 박유정(1988), 김주보(1989), 임지룡(1989), Lipka (1992), 전수태(1997), 남경완(2000) 등을 들 수 있다.

시기별로 차례로 살펴보자. 학자들마다 용어 사용에 차이가 있으므로 번역어는 괄호 속에 제시하였다.231) 그리고 각 세부 분류별로 제시된 대표적인 예도 한두 가지씩 제시할 것이다. 먼저 Lyons(1968: 460-469)에서는, 의미의 대립(oppositeness of meaning)에 대해 논의하면서

고'와 '샤프' 등이 서로 전혀 관련이 없다는 점에서도 이른바 양립불가능관계를 이룬다고 볼 때, 이것을 온전히 대립적 의미 관계를 설명하기 위한 용어로 사용하는 것은 문제가 있다고 판단된다.

230) 한 심사위원께서는 용어 선택의 문제가 왜 중요한지에 대해 밝힐 필요가 있다고 말씀하셨다. 대립적 의미 관계처럼 비슷한 개념에 대한 다른 용어 사용, 또는 다른 개념에 대한 비슷한 용어 사용이 혼란스럽게 나타나는 경우에는 이것을 정리해 인식할 필요가 있다. 본 연구에서는 연구자별 하위분류를 보다 쉽게 파악할 수 있도록 예를 함께 제시하였다.

231) 번역서가 있는 경우 번역서의 용어를 따랐고, 그렇지 않은 경우 필자가 적당하다고 생각하는 것을 제시하였다. 서로 다른 논의들 간에 용어가 엇갈리고 불일치하는 부분이 있을 수 있는데, 각 연구자마다의 분류를 좀 더 쉽게 이해하고자 하는 선에서 참고를 위해 제시한 것이므로 결정적인 의견 제안이 아님을 밝혀 둔다.

complementarity(상보성: male:female), antonymy(반의성: big:small), converseness (상반성: husband:wife, give:receive)을 거론하였다. 여기서는 이원적 대립만을 논의 대상으로 삼아 상대적으로 간소한 분류를 보여주었지만 분류 자체는 명료하다고 생각된다.

이승명(1973)에서는 상대어라는 용어를 제안하며 반대어(antonym: 밤:낮), 대립어(oppositive: 민주주의:공산주의), 대칭어(symmetrics: 전:후)로 유형을 분류했다. 그런데 세부적으로 보면, 상황적인 것이라고 규정한 대립어가 다른 것들과 층위가 같지 않고, 대립의 특성이나 용어의 측면에서 일관된 규정이 필요해 보인다. Nida(1975(조항범 역(1990: 108-111)))에서는 opposites(반대어: cold:hot), reversives(대역어: tie:untie), conversives(상대어: buy:sell)로 분류하였다. 상보적 대립 관계가 빠져 있어, 대립의 유형을 모두 포괄하지 못한 점이 지적될 수 있다.

Kempson(1977: 84-85)에서는 양립불가능 관계(incompatibility relations)를 상위에 두고 true antonyms(simple binary opposition, 진반의어: alive: dead), multiple taxonomies(다원 분류: glass:cup:mug), gradable opposition (등급 반의어: hot:cold), converse(반대쌍: buy:sell, above:below) 등 네 부류를 구분하였다. 여기서는 이원적 분류와 다원적 분류가 우선적으로 구분되지 않고 이원적 반의어에 속하는 'true antonyms', 'gradable opposition', 'converse'가 다원 분류와 동일한 층위에 있어 분류 기준의 비체계성이 지적될 수 있다.

Lyons(1977: 270-290)에서는 대조(contrast)를 가장 상위에 두고, 이분법적·이원적 대조에만 opposition(대립)이란 명칭을 부여했다. 이로써 이원적 대립과 비이원적 대조(non-binary contrast)를 일차적으로 구분하였다. 그리고 대립의 하위에는 antonymy(반의어: big:small), complementarity(상보어: male:female), converseness(상반어, 역: buy:sell, above:below), directional

opposition(방향적 대립: up:down, go:come)을 두었다. 그리고 방향적 대립
은 다시 orthogonal opposition(직교적 대립)과 antipodal opposition(대척적
대립)으로 구분하였다.

한편 비이원적 대조는 serially ordered(순차적 순서: excellent:good:
average:fair:poor)와 cyclically ordered(순환적 순서: spring:summer: autumn:
winter)로 하위분류하였다. 이들 비이원적 대립이 양립불가능 관계로
기술될 수 있지만, 양립불가능 관계의 개념은 대립의 개념만큼 정밀하
게 만들기는 어렵다고 하였다. Lyons(1977)은 Lyons(1968)의 분류에 방
향적 대립과 비이원적 대립을 추가하여 대립의 체계를 구체화한 점에
서 의의가 있다. 그렇지만 'converseness'에도 방향성은 존재한다는 점
에서 분류가 더 엄밀해질 필요가 있다.[232]

이승명(1980: 11-13)에서는 상대어를 가장 상위에 설정하고, 대립어
에는 상황적 대립어(민주주의:공산주의), 이원적 대립어(사랑하다:미워하다),

232) 이러한 Lyons(1977)의 체계는 Lipka(1992: 145-151)에서도 고스란히 반영되고
있다. 다만 방향적 대립에서 orthogonal opposition(직교적 대립)과 antipodal
opposition(대척적 대립) 외에도 consequence(결과: learn:know)라는 항목을 하
나 더 설정하였다. 그러나 이것은 방향적 대립의 하위에 '대립하는 항목의 특성'
에 따른 세부 분류를 하나 더 추가한 것이므로 전체 체계에 차이가 있는 것은
아니라고 하겠다.
한편 Lipka(1992)의 초판인 Lipka(1990)에서는 사뭇 다른 체계를 보여주고 있
다. 일차적으로 binary opposition(이원적 대립)과 non binary opposition(비이원
적 대립)을 나눈 뒤, 전자의 하위에 complementarity(상보어: even:odd),
antonymy(반의어: hot:cold), perspectival opposition(관점적 대립: 남편:아내),
directional opposition(방향적 대립: come:go)를 두었다. 후자의 하위에는
one-dimensional opposition(일차원적 대립)과 multimensional opposition(다차원
적 대립)을 구분하고, 다시 전자에는 serially ordered opposition(순차적 대립)인
scale(척도)와 rank(계급)을 두었으며 비순차적 대립인 cycle(순환)을 구분하였
고 후자에는 directional opposition(방향적 대립)과 incompatibility(양립불가능
관계)를 두었다(이상의 내용은 Geeraerts(1994: 138) 재인용). 여기서 directional
opposition이 이원적 대립과 비이원적 대립 모두에 제시된 것, 그리고 외연이 아
주 넓은 incompatibility가 대립의 한 유형으로 제시된 것 등은 체계상의 문제로
제기될 수 있다.

다원적 대립어(색상어들), 관계적 대립어(부모:자식)을, 대칭어에는 극대칭어(크다:작다), 중심 대칭어(전:후), 역대칭어(사다:팔다), 반대어(살다:죽다), 대조어(산:바다)를 제시하였다. 특성에 따른 여러 분류가 제시된 것은 의의가 있으나, 다원적 대립어가 다른 여타의 분류들과 계열적이지 않은 점, 대칭어, 반대어 등에 제시된 대립어들이 결국 이원적 대립어에 속하는 점 등이 보완되어야 한다.

Leech(1981: 99-109)에서는 양립불가능 관계가 더 일반적이고 유용한 개념이라고 하면서, binary taxonomy(이원 분류; alive:dead), multiple taxonomy(다원 분류; gold:copper:iron etc), polarity(극성; large:small), relation (관계; parent:child), hierachy(위계; inch:foot:yard), inverse opposition(역대립; possible:necessary)의 여섯 가지로 의미적 대조(contrast of meaning)의 유형을 구분하였다. 이 역시도 이원 분류와 다원 분류를 극성 대립이나 관계 대립과 동일한 층위에 놓음으로써 일관된 분류 기준을 마련하지 못하였다.

Cruse(1986: 197-262)에서는 opposites(대립어)를 상위에 두고, complementaries (상보어; dead:alive), antonyms(반의어), directional opposites(방향적 대립어)로 분류하였다. 이 중에서 antonym을 polar antonym(양극 반의어; long:short), overlapping antonym(중첩 반의어; good:bad), equipollent antonym (결성 반의어; hot:cold)로 나누었으며, directional opposites는 antipodal(대척어; top:bottom), counterparts(대응어; mound:depression), reversives(역동어; rise:fall), converses(관계 대립어; above:below)로 나누었다. Cruse(1986)은 antonym과 directional opposites를 보다 상세히 분류했다는 점에서 의의가 있다.

박유정(1988: 123-149)에서는 상대어라는 명칭으로 이분 상대어(살다:죽다), 다분 상대어(보다:듣다:맡다:맛보다:만지다), 양극 상대어(오르다:내리다), 관계 상대어(때리다:맞다, 가다:오다)를 설정하였는데 분류의 체계에 비일관성이 확인된다. 김주보(1989)에서는 의미적 성격에 따라 상보적(남자:여자), 정도적(높다:낮다), 평가적(안전하다:위험하다), 관계적(남편:부인), 방향적(위:아래)을 구분하고, 구조적 성격에 따라 이원적 대립과 다원적 대립을 구분하였다. 대립의 성격에 따른 구분과 대립항의 수에 따른 구분이 잘 이루어졌다고 생각된다.

임지룡(1989: 26-47)에서는 대체로 Cruse(1986)의 견해에 따르되 '정도 상보 대립어'를 또 하나의 항목으로 설정하였다. 이것은 정도 대립어와 상보 대립어의 속성을 공유하고 있는 것으로, 정도 부사 수식이 가능하고 비교 구문으로 쓰일 수 있는데 중립지역이 존재하지 않는다는 점에서 정도 상보 대립어라고 규정되었다. 그러나 이것은 본질적으로는 정도성을 갖는 상보 대립어라는 점에서 결국은 상보 대립어로 수렴되지 않을까 생각된다. 용어의 조어 방식도 '정도'가 '상보 대립어'를 수식하는 형식으로 상보 대립어임을 시사하고 있다.

전수태(1997: 56-66)에서는 반의어라는 명칭 아래 상보 반의어와 관계 반의어, 정도 반의어로 유형을 크게 구분하였다. 상보 반의어는 단순 상보 반의어(남자:여자)와 종속 상보 반의어(부분:전체)를 나누었고, 관계 반의어는 상관 관계 반의어(스승:제자), 역동 관계 반의어(묶다:풀다, 늘다:줄다), 위치 관계 반의어(상:하)로 다시 나누었다. 또한 정도 반의어는 단순 정도 반의어(무겁다:가볍다)와 평가 정도 반의어(좋다:나쁘다)를 나누었다. 여기에서는 종속 상보 반의어가 실은 반의어가 아닌 양립불가능 관계라는 점 등이 지적될 수 있다.

남경완(2000: 13-17)에서는 대립 관계를 가장 먼저 양항 대립과 다항 대립으로 구분하고, 양항 대립에 상보 대립(남:여), 정도 대립(춥다:덥다), 관계 대립(사다:팔다)를, 다항 대립의 단차원 대립에 순열적 대립(수:우:

미:양:가), 순환적 대립(월:화:수:목:금:토:일)을, 다차원 대립에 교차적 대립(동:서:남:북)과 단계적 대립(덥다:따뜻하다:서늘하다:춥다)를 제시하였다. 분류 기준이 가장 명확하고 체계적이다. 그러나 한 가지 부분, 단차원 대립의 순열적 대립과 다차원 대립의 단계적 대립 사이의 본질적인 차이가 있는지에 대한 의문이 생긴다.

이상으로 어휘 관계로서의 반의 관계를 하위분류한 논의들에 대해 살폈다. 분류의 기준으로 제시된 것은, 첫째 대립하는 항목들의 수, 둘째 대립의 성격, 셋째 대립하는 항목의 의미적 특성으로 요약될 수 있을 것으로 보인다. 그런데 세 번째 대립하는 항목의 의미적 특성은, 얼마나 더 상세하게 분류할 것이냐에 따라 달라질 수 있으므로 분류의 기준은 첫째와 둘째를 분명히 하는 것으로 충분할 것으로 생각된다. 대립하는 항목들의 수는 이미 선행 연구들에서 이원적 대립과 다원적 대립이 충분히 논의되었으므로 더 추가할 것이 없다.

한편 대립의 성격은 논의가 필요하다. 선행 연구들에서 거의 빠지지 않고 등장하는 것이 바로 '남자:여자', '죽다:살다'로 대표되는 상보적(complementary) 관계와 '크다:작다', '짧다:길다'로 대표되는 정도적(gradable) 관계이다. 이 둘 외에 '주다:받다', '스승:제자', '밤:낮', '가다:오다', '처음:끝', '묶다:풀다' 등의 예들이 다양한 명칭으로 분류되어 왔다. 이상을 고려하면서 도재학(2011: 34-43)에서는 대립의 유형이 단일한 차원인 방향적 속성에 의거해서만 일관되게 분류될 필요가 있다고 보고 상보적, 상반적, 상관적, 정도적 대립을 제안하였다.

상보적 대립은 철학에서의 모순 대립에 대응하는 것인데 중간항이 없고 대립을 구성하는 항목들이 모여 하나의 실체 또는 개념을 이룬다. 상반적 대립은 반대 대립에 대응하는 것으로, 중간항이 있고 항목들이 서로 반대 방향에 놓인다. 여기서 중간항은 기준점 역할을 한다.

상관적 대립은 매개물을 중심으로 서로 관련을 맺는다. 이때의 매개물은 중간의 기준점이 아니라 상관적 대립을 이루는 항목들에 귀속되는 성질을 갖는다. 정도적 대립은 논리학에서의 대소대당(大小對當)의 개념과 상통하는 것으로, 단일 방향으로의 양적 차이만을 갖는다.

이들 네 가지를 간단히 도식화하여 나타내면 아래와 같다.

(4) 이원적 대립 관계의 하위분류

ㄱ. 상보적 대립 관계의 도식화

A (남자)	B (여자)

ㄴ. 상반적 대립 관계의 도식화

A ←← 기준점 →→ B
(전)   (후)

ㄷ. 상관적 대립 관계의 도식화

A →→ 매개 ←← B
(주다)   (받다)

ㄹ. 정도적 대립 관계의 도식화

기준점[233] →→ A →→ B
(작다) (크다)

이 넷 중에서 상반적 대립과 상관적 대립이 Lyons(1968, 1977)의 converseness, Nida(1975)의 conversives, Leech(1981)의 relation, Cruse (1986)의 converses, 김주보(1989)의 관계적 의미 대립, 전수태(1997)의 관계 반의어 등에 대응하는 것이다. 이러한 방식으로, 약간씩 다른 속성을 갖는 대표적인 반의 관계의 예들이 기존 연구의 분류에 따르면 각각 어떻게 대응되는지 아래 [표 1]에 요약하였다. 그리고 마지막에는 도재학(2011)에 따른 단일 차원에서의 방향적 속성에 의거한 네 가지 대립의 유형에 어떻게 해당되는지를 보였다.[234]

---

233) 정도적 대립 관계의 도식화에서 사용된 기준점은 단일 방향으로의 양적 차이를 확인할 수 있게 하는 기준점을 나타내기 위해 사용한 것이다. 즉 언어 사용자의 직관에 '작다'와 '크다'의 대립의 인상적 기준점이 되는, 작지도 않고 크지도 않은 중간점을 나타내는 것이 아님에 유의할 필요가 있다.

234) 여기서는 이원적 대립의 경우만을 다루었다. 다원적 대립은 하위분류한 논의가 적고 이견이 많지 않기에 뒤에서 간략히 다루도록 하겠다. 선행 연구들의 분류

[표 1] 반의 관계의 여러 예와 선행 연구들에서의 분류

구분	남자 : 여자	길다 : 짧다	부모 : 자식	사다 : 팔다	전 : 후	처음 : 끝	묶다 : 풀다	오목한 : 볼록한	민주주의 : 공산주의	부분 : 전체	산 : 바다
Lyons (1968)	complementarity	antonymy	converseness	converseness	converseness	converseness	converseness	converseness	·	·	·
이승녕 (1973)	반대어	반대어	대칭어	대칭어	대칭어	대칭어	대칭어	대칭어	대립어	·	
Nida (1975)	·	opposites	conversives	conversives	conversives	conversives	reversives	conversives	·	·	·
Kempson (1977)	true antonyms	gradable opposition	converse	converse	converse	converse	converse	converse	·	·	·
Lyons (1977)	complementarity	antonymy	converseness	converseness	converseness / directional opposition	converseness / directional opposition	converseness	converseness	·	·	·
이승녕 (1980)	반대어	극대칭어	관계적 대립어	역대칭어	중심 대칭어	중심 대칭어	역대칭어	중심 대칭어	상황적 대립어	·	대조어
Leech (1981)	binary taxonomy	polarity	relation	relation	relation	relation	relation	relation	·	·	·
Cruse (1986)	complementaries	antonyms	converses	converses	converses	antipodals	reversives	counterparts	·	·	·
박유정 (1988)	이분 상대어	양극 상대어	관계 상대어	관계 상대어	관계 상대어	양극 상대어	관계 상대어	양극 상대어	·	·	
김주보 (1989)	상보적 의미대립	정도적 의미대립	관계적 의미대립	관계적 의미대립	방향적 의미대립	방향적 의미대립	방향적 의미대립	방향적 의미대립	·	·	
임지룡 (1989)	상보 대립어	반의 대립어	관계 대립어	관계 대립어	관계 대립어	대척어	역동어	대응어	·	·	
전수태 (1997)	단순 상보 반의어	단순 정도 반의어	상관 관계 반의어	상관 관계 반의어	위치 관계 반의어	위치 관계 반의어	역동 관계 반의어	위치 관계 반의어	·	종속 상보 반의어	
남경완 (2000)	상보 대립	정도 대립	관계 대립	관계 대립	관계 대립	관계 대립	관계 대립	관계 대립	·	·	
도재학 (2011)	상보적 대립	정도적 대립	상관적 대립	상관적 대립	상반적 대립	상반적 대립	상반적 대립	상반적 대립	·	·	

※ 대응된 명칭이 없이 필자가 ' · '으로 표시한 부분은 대체로 양립불가능 관계로 간주되는 것 같다.

를 고려하여 각 예들에 대응되는 용어를 부여하고자 하였는데, 혹 잘못된 것이 있다면 전적으로 텍스트에 대한 필자의 미진한 이해에 기인한 것이다.

기존의 논의들은 대립의 기준을 혼용하여 다른 차원에서 분류된 항목들을 나란히 계열 관계에 두거나, 대립에 참여하는 어휘의 의미가 갖는 미세한 특성들에까지 주목하여 각기 다른 명명을 부여하였다. 이 때문에 대립적 의미 관계를 일관되게 분류할 수 있는 기준이 마련되지는 못했다. 하지만 Cruse(1986: 262)에서 언급했듯이 대립성의 인식에 관한 핵심은 '요소들의 양분적 방향 대립'이며, 위에서 제시한 네 가지 방향적 패턴이 바로 인간이 대립성을 인식하는 본유적인 방식임을 고려하면 대립적 의미 관계는 일관되게 분류될 수 있다.

한편 다원적 대립은 이 관계를 설정하고 있는 논의를 종합하면 Kempson(1977)의 'multiple taxonomies', Lyons(1977)의 'non-binary contrast', 이승명(1980)의 '다원적 대립어', Leech(1981)의 'multiple taxonomy', 김주보(1989)의 '다원적 의미 대립', 남경완(2000)의 '다항 대립'이다. 이 중에서 하위분류까지 시도한 논의는 세 가지인데, 정리하면 다음과 같다. Lyons(1977)의 'serially ordered(순차적)'와 'cyclically ordered(순환적)', 김주보(1989)의 '평가적 의미 대립'과 '정도적 의미 대립', 그리고 남경완(2000)의 단차원 대립의 '순열적 대립'과 '순환적 대립', 다차원 대립의 '교차적 대립'과 '단계적 대립' 이상이다.

그런데 김주보(1989)의 다원적 의미 대립은 정도 부사의 수식이 가능한, 즉 평가적 속성을 갖는 '위험하다:안전하다', '기쁘다:슬프다' 등의 예, 또는 등급 반의어(극성 반의어)로 불리는 '길다:짧다', '높다:낮다' 등의 예를 설명하는 것이어서, 대립에 참여하는 항목이 둘 이상임을 뜻하는 다원적 대립과는 개념의 차이가 있으므로 제외된다. 한편 남경완(2000)에서 제시되었던 단차원 대립의 '순열적 대립(수:우:미:양:가)'이 다차원 대립의 '단계적 대립(덥다:따뜻하다:서늘하다:춥다)'이 분명히 구분되지 않는다는 점에서 재고가 필요할 듯하다.

본 연구에서는 '순차적 대립(수:우:미:양:가)', '순환적 대립(봄:여름:가을:겨울)', '교차적 대립(동:서:남:북)' 이상 세 가지 경우로 여러 다원적 대립 관계의 예들이 분류될 수 있다고 본다. 셋 이상의 항목이 단일 차원에서 관계 맺으며 존재할 수 있는 가능성을 생각해 보면, 첫째 단일 축선에서 정도성의 차이만을 가지는 대립, 둘째 순환성을 갖는 대립, 셋째 본질적 속성이 동일한 둘 이상의 축선에서 상반적 방향성을 가지는 대립, 이상이 전부이다. 이 외의 경우 대립의 층위(또는 차원)가 달라지는 것이므로 계열적으로 논의될 수 없겠다.235)

지금까지 논의한 다원적 대립 관계의 하위분류를 도식화하면 아래와 같이 나타낼 수 있다.

    (5) 다원적 대립 관계의 하위분류
       ㄱ. 순차적 대립 관계의 도식화

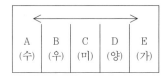

---

235) 한 심사위원께서는 '진:선:미', '자:축:인:묘:...', '갑:을:병:정:...', '도:개:걸:윷:모' 등의 예를 다원적 대립으로 볼 가능성에 대해 말씀하셨다. 필자도 이들은 다원적 대립으로 인정가능하다고 본다. '진:선:미'는 어떤 대회의 수상 등급의 명칭으로서, '도:개:걸:윷:모'도 윷놀이에서 윷말이 움직일 수 있는 거리를 나타내는 것으로서 순차적 대립 관계이다. 한편, '자:축:인:묘:...', '갑:을:병:정:...'은 무엇을 나열하는 데에 쓰일 때에는 순차적이라 할 만한데, 시간의 개념으로 '자시:축시:인시:...' 또는 '갑자년:을축년:병인년:...' 등으로 하면 순환적이라 할 수 있다. 항목들이 사용되는 환경이 어떠한가에 따라 달라진다고 할 수 있다. 이 예들은 대체로 양립불가능 관계로 설명되기도 한다. 한편 필자는 양립불가능 관계가 대립 관계와 계열적으로 논의될 수 없을 것으로 본다. 한 상의어의 공하의어들로만 제한되지 않는 것으로 보이지 않고 외연이 더 넓기 때문이다. 양립불가능 관계에 대한 규정은 이에 대해 논의한 연구자마다 다소 다른 견해를 보이고 있기에 여기서 결론을 짓기는 어려울 것으로 보인다. 다른 연구 논문에서 이 주제를 다루고자 한다.

ㄴ. 순환적 대립 관계의 도식화

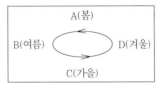

ㄷ. 교차적 대립 관계의 도식화

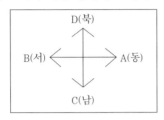

　마지막으로 논의할 것은, '대립 이의 관계'를 다룬 논의들에서의 하위분류이다. '대립 이의 관계'를 다룬 기존 연구는 수적으로 많지 않다. Schlegel(1891), Lepschy(1981), Karaman(2008), 도재학(2011), 이민우(2011), 이선영(2011) 정도로 손에 꼽을 정도이다.236) Schlegel(1891)에서는 'antiphrasis', Lepschy(1981)에서는 'enantiosemy', Karaman(2008)에서는 'contronymy'라는 용어로 대립 이의 관계에 대해 논의했는데, 이 중 'antiphrasis'와 'contronymy'는 엄밀히 말하면 '대립 이의 관계를 갖는 단어'를 일컫는 용어이므로 적절하지 못하다.

　이들 용어를 분석해보면, 'antiphrasis'는 '반대의, 적대의'라는 의미를 가진 접두사 'anti-'에 '말[言]'이라는 의미를 갖는 'phrasis'가 결합한 것이다. 'contronymy'는 '반대, 역'이라는 의미를 가진 접두사 'contro-'와 '단어'의 의미를 가진 접미사 '-nym', 그리고 '어떤 성질을 갖는, 어

---

236) 관련 내용은 도재학(2011: 9-11) 참고. '대립 이의 관계'에 대해서 단편적으로 언급한 Baron(1989), Eulenberg(1995ㄱ, ㄴ), Safir(1997), Galef(2002) 등이 더 있으나 심도 있는 논의는 이루어지지 않고 있다.

떤 경향이 있는'을 나타내는 접미사 '-y'가 결합한 것이기 때문이다. 'enantiosemy'만이 '~속에, ~안에'의 의미를 가진 접두사 'en-'과 '반대의, 적대의'라는 의미를 가진 접두사 'anti-', 그리고 'monosemy', 'polysemy' 등에서 '의미의 성질'을 나타내는 부분인 '-semy'를 결합하여 '내적인 반대의 의미 관계'를 나타낸다(도재학 2011: 19-22).

세부 내용을 살펴보면, Schlegel(1891)에서는 여러 언어에서 발견되는 antiphrasis의 경우를 살피고 발생 원인에 초점을 맞추어 논의하여 분류까지는 시도하지 않았다. 한편 Lepschy(1981)은 아리스토텔레스의 대립에 관한 네 가지 분류를 다소 변용하여 세 유형으로 체계적으로 정리하였다. 첫째가 contrary(반대: 어휘소 alto가 "high"와 "deep"을 의미하는 것), 둘째가 contradictory(모순: 어휘소 immutato가 "changed"와 "unchanged"를 의미하는 것), 셋째가 converse(역: 어휘소 affittare가 "to rent"와 "to let"을 의미하는 것)이었다.

Karaman(2008: 177)에서는 계열적 의미 관계 중 대립과 배제(opposition & exclusion)를 어휘 관계인 거시 층위(macro level)와 이의 관계인 미시 층위(micro level)로 나누었다. 그리고 각각 incompatibility(양립불가능 관계), complementarity(상보 관계), antonymy(반의 관계), reversivity(역동 관계), conversivity(역의 관계)의 다섯 가지 하위 유형을 갖는 것으로 보았다. 그러나 Karaman(2008)의 논의는 일반적으로 대립 관계와는 구별되는 것으로 간주되는 양립불가능 관계를 대립 관계의 하위 유형으로 둠으로써 체계의 불균형을 초래하였다.

국어를 대상으로 이민우(2011)과 이선영(2011)을 보면, 이민우(2011)에서는 '자체대립 관계'라는 명명 아래, 의미의 관계에 따라서 상보 대립(어휘소 '지다'가 "생성"과 "소멸"을 의미),237) 반의 대립(어휘소 '너무'가 "긍정"과 "부정"의 평가적 의미를 동시에 가짐), 방향 대립(어휘소 '앞'이 "과거"와

"미래"를 의미)으로 구분하고, 형식에 따라서 어휘적 대립, 문법적 대립, 맥락적 대립을 구분하였다. 이선영(2011)에서는 모순어의 유형을 형식적으로만 분류하여 단어와 연어가 서로 상반되는 의미로 해석되는 경우에 대한 여러 예들을 다루었다.

이상과 같이 이민우(2011)과 이선영(2011)은 국어에 존재하는 대립이의 관계를 갖는 단어의 일부를 직관적으로 찾아내어 그 특성을 기술하고 유형 분류를 시도하였다. 한편 도재학(2011)에서는 의미가 실현 환경에 따라 기본적 의미, 문맥적 의미, 화맥적 의미로 성격이 나뉠 수 있음을 확인하고 문맥적 의미 차원에서 대립이 확인되는 단어들만을 「고려대 한국어대사전」에서 찾아내었다.[238] 그 후 앞서 밝힌 상보적 대립, 상반적 대립, 상관적 대립, 정도적 대립의 네 가지 유형으로 각 항목들을 분석하고 그 발생 원인에 대해 논의하였다.

도재학(2011: 36-37)에서 분류한 대립 이의 관계를 유형별로 보이면 다음과 같다.

---

237) 여기서는 어휘소 '치다'또한 "생성"(나무가 가지를 치다)과 "소멸"(정원사가 가지를 치다)을 의미하는 것에서 상보 대립이라고 보았는데 '치다'의 경우는 동음이의어를 혼동한 것으로 보인다. 생성의 치다는 15세기에 '치다'였고, 소멸의 치다는 '티다'였기 때문이다. 앞서 2.1절과 2.2절에서 의미를 객관적으로 분석하여 단위화된 의미, 즉 단의(單義, seme)를 평정하고 실현 환경을 기술하는 한편 다의어와 동음이의어를 구별할 기준을 마련한 뒤에야 의미 관계를 제대로 논의할 수 있다고 하였는데, 이런 혼동을 막기 위한 것이다.

238) 문맥적 의미 차원에서 대립이 확인되는 단어만을 연구 대상으로 삼은 이유는, 화맥적 의미라는 것이 사전의 검토만으로는 온전히 확인되기 어렵기 때문이다. 사전의 의미 기술에는 표제어의 기본적 의미뿐만 아니라 문맥적 의미와 화맥적 의미가 혼합되어 있는데, 화맥적 의미는 사전에 기술되지 않은 것이 훨씬 더 많다. 즉, 화맥적 의미는 담화상의 화자와 청자의 태도 등을 모두 감안해야만 알 수 있는 것인데 사전의 기술 내용만으로는 화맥적 의미를 모두 파악하는 것이 불가능하다. 거의 모든 단어는 반어법적으로 사용되면 화맥적으로 대립의 의미가 나타난다고 할 수 있다. 게다가 화맥적 의미까지 모두 감안하여 찾아내고자 한다면, 모든 가능한 상황을 상정하는 노력을 기울여야 하는데도 불구하고, 그 자체가 너무나도 직관의존적이어서 객관성을 담보하기 어렵다.

(6) ㄱ. 상보적 대립 - 값없다

① 가치가 없다   [없음]

예문 : 이따위 물건은 값없어.

② 많은 가치가 있다   [있음]

예문 : 이건 아무데서나 살 수 없는 값없는 물건이야.

ㄴ. 상관적 대립 - 임대하다

① 빌리다   [빌림]

예문 : 정호는 파견 근무가 끝날 때까지 당분간 아파
트를 임대해서 생활하기로 했다.

② 빌려주다   [빌려줌]

예문 : 건물주는 건물 전체를 은행에 임대하였다.

ㄷ. 상반적 대립 - 앞

① 이미 지나간 시간   [전(前)]

예문 : 우리는 앞에 간 사람들보다 먼저 도착하였다.

② 장차 올 시간   [후(後)]

예문 : 일 년 앞을 내다보다.

ㄹ. 정도적 대립 - 돈푼

① 어느 정도 되는 돈, 또는 꽤 많은 돈   [많음]

예문 : 돈푼이나 벌었다고 마구 뿌려가면서 무엇을 하겠
다는 행위가 국리민복차원에서 출발한 것인가?

② 얼마 되지 않는 돈   [적음]

예문 : 왕한은 돈푼이나 더 줄까 하고 그 학생의 얼굴
만 쳐다보았다.

이상으로, 대립적 의미 관계에 해당하는 계열적 어휘 관계로서의 '반의 관계'와 다의어의 이의 간의 관계로서의 '대립 이의 관계'에 대해 종합적으로 논의하였다. 지금까지 논의한 대립적 의미 관계에 대한 내용을 정리하여 그 체계를 보이면 아래와 같다.

(7) 대립적 의미 관계(oppositive relation)

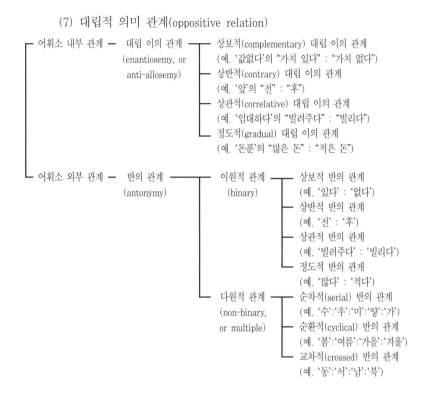

2.4. 결론

본 연구에서는 어휘 관계와는 구별되는, 의미 관계의 체계 수립과 내부에 존재하는 각 관계의 위상에 대해 논의하였다. 그 중에서도 여러 선행 연구들에서 이견을 보여 왔던 대립적 의미 관계를 대상으로 하여, 반의 관계와 대립 이의 관계를 면밀하게 살폈다. 그러면서 대립이라는 것이 본질적 속성에 따라서 상보적 대립, 상반적 대립, 상관적 대립, 정도적 대립으로 나뉜다고 보았다. 이러한 특성을 갖는 둘 또는 그 이상의 단위화된 항목들 사이에서 확인되는 성질이 바로 '대립'인 것으로 보고 대립적 의미 관계에 대한 체계를 세워보았다.

기존에는 대체로 어휘 관계에만 집중되어 온 의미 관계에 대한 논의의 외연을 다의어의 이의 차원으로까지 확장시키고자 하였다. 유의 관계, 반의 관계, 상하의 관계 등이 의미 관계 논의의 대요(大要)인 것은 사실이지만 이것이 온전히 의미 관계 전체에 상당하는 것은 아니기 때문이다. 한편 부분 관계의 경우는 이 관계 자체의 실물지시적 특성으로 인해, 이것이 의미 관계의 체계 속에서 어떻게 고려되어야 할 것인지 여전히 난제로 남아 있다. 본 연구에서 다루지 않은 유의 관계와 포함 관계 내부의 관계도 고찰해야 할 과제로 남아 있다.

한편 본 연구에서 제시한 (7)의 분류도 Lipka(1990)에[239] 대해 Geeraerts(1994)에서 제기한 두 가지 분류상의 문제 중 하나로부터는 자유롭지 못하다. 제기된 문제는 첫째, 이원적, 다원적 대립의 구별은 어휘 항목의 수에 따른 형식적 구별인데, 그 하위의 상보적, 방향적 대립 등의 구별은 의미적 구별이라는 점이다. 둘째, 대립하는 단어들의 구별에 필요한 의미적 차원의 수와 논리적 함의 관계를 바탕으로 의미적 분류를 하였는데 이 과정에서 antonymy(hot:cold)와 directional opposition(up:down)의 구별을 엄밀히 하지 못했다는 점이다.

본 연구에서 이 중 둘째 문제는 분명히 구별하였다. 상반적 대립(Lipka(1990)의 directional opposition)과 정도적 대립(Lipka(1990)의 antonymy)의 차이를 논의하면서, 이들이 기준점으로부터 서로 반대 방향에 놓이는지 아니면 단일 방향으로의 양적 차이만을 보이는지에 따라서 구별되며, 논리학의 용어로는 반대대립과 대소대당에 해당하는 것임을 언

---

239) Lipka(1990)은 Lipka(1992)의 초판이다. Lipka(1992)에서 분류 체계가 일부 수정되기는 했으나 Geeraerts(1994)의 문제제기는 여전히 유효한 것으로 생각된다.

급하였다. 상반적 대립의 기준점과, 정도적 대립의 단일 방향으로의 양적 차이를 확인하게 하는 기준점과, 인상적으로 상정되는 작지도 않고 크지도 않은 중간점의 차이를 구별했기 때문이다.240)

한편 첫째 문제는 해결을 요하는 것이기보다는 유형 분류와 체계화를 시도한 일 자체에 자연스럽게 뒤따르는 사안일 것으로 생각된다. 본 연구에서도 대립 관계의 유형을 일차적으로는 대립하는 어휘 항목의 수를 기준으로, 이차적으로는 대립의 성격을 기준으로 분류하여 체계를 세웠다. 이에 따라 '남성:여성'을 고려하면 이원적이면서 상보적인 대립인데, 남성이면서 여성인 '자웅동체'를 함께 고려하게 되면 '남성:자웅동체:여성'은 남성성과 여성성을 양극단으로 하는 연속체 위에 존재하는 다원적이면서 순차적인 대립으로 보게 된다.241)

이것은 동일한 대상을 어떤 경우에는 이원적 대립으로 보았다가 어떤 경우에는 다원적 대립으로 보는 것이 타당한가 하는 의문을 낳는다. 그러나 한편으로 이것이 분류 자체의 문제인가 하는 점을 생각해 볼 필요도 있다. 이것은 분류가 낳은 문제가 아니라 단어가 가리키는

---

240) 한 심사위원께서는 본 연구에서 정도적 대립의 '기준점'과 '중간점'의 구별을 강조하는 것에 대한 부연에서 '기준점'만을 강조해서는 안 된다고 말씀해 주셨다. 온당한 지적이라 생각하며, 필자는 '기준점(영점)'의 위치에 대한 인식이 상반적 대립과 정도적 대립의 구별에 중요하다는 것을 부각시키려는 의도에서 강조한 것이다. '중간점'의 역할과 의의가 부인될 수 없음은 물론이다. 심사위원께서 말씀하셨듯이 '중간점'으로부터 아래에 있는 '작다', '짧다' 등이 가지는 부정적 함의와 그로 인한 유표성, 반면 '크다', '길다'가 갖는 무표성과 '크기', '길이'로의 척도 명사의 쓰임 등 언어 현상을 파악하는 데에는 '중간점'이 많은 논의거리를 제공하는 것이 사실이다. 구체적인 자료를 바탕으로 한 '대립적 의미 관계'의 언어적 실현과 관계되는 문법적 특징, 화용적 효과 등에 관한 논의는 지면의 제약과 필자의 부족함으로 인해 본 연구에서 모두 담아내지 못했다.

241) 이것은 '차갑다'와 '따뜻하다', '차갑다'와 '미지근하다'와 '따뜻하다'에서도 발견되는 현상이며, '우연'과 '필연', '우연'과 '개연'과 '필연'에서도 발견되는 현상이다. 즉 '미지근하다'와 '개연'을 고려할 것이냐 말 것이냐에 따라 이원적 대립과 다원적 대립이 나뉘게 되는 것이다.

지시물 또는 개념의 관계를 인식하는 방법의 문제일 수 있기 때문이다. Geeraerts(1994: 139)에서는 이런 형식적 고려에 따른 의미론적 유형론에 관한 교차 분류는 언어 사용자가 반의성을 인식하는 두 가지 명백하게 구별되는 방법이 있다는 것을 시사한다고 하였다.

3.1. 서론

본 연구에서는 주로 의미 관계 또는 어휘 관계의 일종으로 다뤄져
온 '양립불가능 관계'를 대상으로 하여 그 개념과 외연을 검토하고, 유
의 관계와 반의 관계 등 여타 어휘 관계와의 상관성에 대해 살피는 것
을 목적으로 한다. 기존 논의에서는 양립불가능 관계의 개념 규정이
논저마다 달라서(3.2절 참고) 외연 파악의 어려움이 가중되어 왔다. 더
불어 유의 관계, 반의 관계 등 여타 어휘 관계와의 차이 또한 명시되
지 못했다는 한계가 지적될 수 있다(3.3절 참고). 용어 사용에 있어서도
성질로서의 '양립불가능성(incompatibility)'과 관계로서의 '양립불가능
관계(incompatible relation)'가 혼용된 경우가 있었다.242)

---

* 이 글은 도재학(2013). "양립불가능 관계와 어휘 관계의 상관성에 대한 일고찰." 「한
  국어의미학」 42집. 한국어의미학회. 1-26쪽에 수록된 것을 수정·보완한 것이다.
242) Lyons(1977), Cruse(1986, 2000) 등에서는 양립불가능 관계에 대해 'incompatibility'
  를, 양립불가능 관계를 이루는 항목에 대해 'incompatible(s)'를 사용하였다. 그러
  나 본 연구에서는 영어의 접미사 '-ity'가 일반적으로 '~한 특성 또는 상태'를 나
  타낸다는 점을 고려하여 양립불가능성에 대해 'incompatibility'를, 양립불가능 관

Lyons(1968)에서의 용법을 고려해 볼 때, 처음에 양립불가능 관계라는 용어는 유의 관계나 반의 관계가 아니면서 '어휘 항목들 간의 의미적 대조를 이루는 관계(a relation of semantic contrast among lexical items)'를 지칭하기 위해 사용되었다. 이를테면 '빨간색'과 '초록색'은 유의 관계도 아니고 반의 관계도 아니지만, '색채어'라는 상위의 범주적 의미를 공유하고 그 하위적 의미로서 대조적인 관계를 이루고 있다. 그러나 이러한 공하의적 대조 관계를 지칭하기 위한 '양립불가능 관계'는 용어 자체의 외연이 넓어서 결국 여러 학자들로부터 조금씩 차이나는 개념 규정을 부여받게 된 것으로 보인다.

문제는 바로 '두 항목이 동시에 성립할 수 없는 관계'라는 이 표현이 그리 명료하지 못하다는 데 있다. 구체적으로는 ①두 항목은 단어에만 국한되는 것인지,243) ②동시에 성립할 수 없는 언어 층위가 어디인지,244) ③양립불가능한 차원은 제한적인 것인지245) 등의 여러 측

계에 대해 'incompatible relation'을, 양립불가능항 또는 양립불가능한 항목에 대해 'incompatible item(s)'를 대응시키고자 한다. 단, 선행 연구를 정리할 때에는 맥락상 번역어를 서로 교차하여 사용한 경우도 있음을 밝혀둔다.

243) 대표적인 양립불가능 관계로 색채어인 '초록색'과 '빨간색' 등이 주로 예시되는데, 양립불가능 관계를 이루는 항목(또는 언어 단위)이 정말로 단어로만 한정되어야만 하는 것인지에 대해 의문이 제기될 수 있다. 이를테면, '철수는 2012년 8월 25일 오전 9시 정각에 학교에 갔다'라는 문장과 '철수는 2012년 8월 25일 오전 9시 정각에 놀이터에서 놀았다'라는 문장이 있다고 할 때, 전자가 참이라면 후자는 반드시 거짓이다. 이러한 두 문장의 관계에 대해서도 양립불가능 관계라는 용어를 사용할 수 있을 것으로 보인다.

244) '이 바구니는 둥글고 네모나다'와 같은 문장에서 '둥글다'와 '네모나다'는 함께 대등 구성을 이루어 문장 내에서 쓰일 수 없다. 그러나 이런 경우에만 양립불가능 관계를 말할 수 있는 것은 아닌 것 같다. 예를 들어 한 음절 내에서 국어의 모든 단모음과 이중 모음은 /ㅃ, ㄸ, ㅉ/의 앞에 오지 못한다(신지영·차재은 2003: 330-331)는 음소 결합 제약에 의해 '바ㅃ(조합형 한글 코드에서 이 글자는 한 음절로 표현되지 않음)'과 같은 어휘 형태소가 국어에는 존재하지 않는다. 이런 경우 국어의 모음과 /ㅃ, ㄸ, ㅉ/가 보여주는 관계는 단어가 아닌 '음소'의 음절 내에서의 양립불가능 관계라고 말할 수도 있다.

245) 단어 '곰'과 '사자'는 '이 동물은 곰이면서 사자다'라고 말할 수 없다는 점에서

면에서 모호성이 해소되지 못한 채로 용어의 외연이 규정되어 왔다. 이 때문에 "양립불가능 관계의 개념은 대립(opposition)의 개념만큼 정밀하게 하기 어렵다(Lyons 1977: 288)."라거나 "양립불가능 관계는 (반의 관계나 유의 관계와 같은) 다른 뜻 관계들보다 덜 연구되어 왔다(Crystal 1997: 193)."라는 평가들이 나온 것으로 생각된다.

본 연구의 구성은 다음과 같다. 먼저 3.2절에서는 선행 연구들에서 양립불가능 관계에 대해 규정한 내용을 살펴보면서 차이를 확인한다. 3.3절에서는 선행 연구들의 논의를 평가하면서 각각의 논의에서 발견되는 문제점을 살핀다. 어떤 지점에서 그러한 문제점들이 발견되는지를 점검하고 양립불가능 관계의 개념의 외연을 한정한다. 그러면서 이 용어의 일반성 및 광의성을 확인한다. 3.4절에서는 양립불가능 관계의 외연 중에서 의미론과 관계된 부분을 확인하고, 3.5절에서는 그 의미론적 함의에 대해 논의한다. 마지막으로 3.6절에서는 전체적인 내용을 개괄하고 미진하게 논의된 부분을 짚어 본다.

양립불가능 관계이다. 이 경우 '동물'의 차원에서 양립불가능한 것이다. 한편 단어 '곰'과 '연필'은 '이것은 곰이면서 연필이다'라고 말할 수 없다는 점에서 마찬가지로 양립불가능 관계이다. 이 경우 '사물(thing) 또는 실체(entity)'의 차원에서 양립불가능한 것이다. 한편 '곰'과 '방정식'은 '이것은 곰이면서 방정식이다'라고 말할 수 없다는 점에서 양립불가능 관계이다. 이 경우는 어떤 차원(명사의 차원?)에서 양립불가능한 것인가? 양립불가능 관계를 규정하는 많은 논의들이 하나의 상의어에 속하는 공하의어(co-hyponym) 간의 관계인 '곰'과 '사자'의 관계만을 양립불가능 관계로 규정하고 다뤄왔다. 그 외의 나머지는 논의에서 거의 소외되었다. Lyons (1977: 288)에서는 "양립불가능한 것들로서 그것들의 지위를 논의하는 것은 의미가 거의 없다"라고 한 바 있고, Cruse(1986: 93)의 "'단순한' 양립가능 관계처럼, '단순한' 양립불가능 관계는 상대적으로 거의 중요하지 않다. affix와 volcano가 양립불가능한 것이란 사실은 특별히 정보적이지 않다"라는 등의 이유로 이들을 다루지 않았지만, 분명 양립불가능 관계의 차원이 공하의어 간의 관계에 국한되지 않는다는 점이 확인된다. 여기서도 양립불가능 관계의 개념의 모호성이 드러나는 것이다.

3.2. 선행 연구

본 절에서는 어휘 관계 또는 의미 관계의 한 종류로 양립불가능 관계에 대해 다루고 있는 논의들을 살핀다. 그 중에서 대표로 삼을 만한 연구들을 중심으로 양립불가능 관계가 어떻게 규정되어 왔는지를 다룬다. 개별 단어 또는 단어군(낱말밭)에 대한 관심을 넘어 어휘 관계나 의미 관계에 대한 체계적인 접근이 언어에 대한 구조주의적 시각으로부터 시작되었다는 것을 고려한다면, 선행 연구들이 20세기 중반 이전으로까지 거슬러 올라가지는 않을 것이라고 짐작할 수 있다. 여기서는 대표적인 선행 연구를 중심으로 정리하고, 특정 논의의 입장을 전적으로 수용하고 있는 것은 소략하게 다루기로 한다.

먼저 살펴볼 것은 Greimas(1966/McDowell *et al.*(1983: 127))인데, 의미 세계의 조직(The organization of the semantic universe)이라는 장(章) 아래 양립불가능 관계가 다뤄지고 있다. 여기서는 의미소(sememe)의 결합에 관한 내용을 다루면서, 의미소의 결합에 있어서의 양립불가능 관계를 형식적(formal)인 것과 실질적(substantial)인 것으로 구분하였다. 전자는 (언어적) 표현에 있어서 어떤 의미소가 특정한 의미소와 관련될 수 없는 경우를 일컫고,[246] 후자에 대해서는 구체적인 설명이나 예시가 없었지만,[247] 맥락상 이들이 결합적인 항목 간의 관계적 특성을 일컫기

---

246) 긍정적 의미소가 부정적 의미소와 함께 나타날 수 없는 경우가 언급되었다.

247) Greimas(1966/McDowell *et al.*(1983: 127))에서는 실질적 양립불가능 관계에 대한 설명이 아주 소략하였고 예시가 없었기에 이에 대한 구체적 개념을 확인하기는 어려웠다. 전문을 번역하면 다음과 같다. "이것의 확인은 경험적 어려움을 일으키고, 이론적 문제는 일으키지 않는다. 우리가 의미적 기술(semic descriptions)을 할 수 있을 때, 심지어 부분적인 것도 할 수 있을 때, 우리로 하여금 의미적 결합(semic combination)의 비문법성(agrammaticality) 또는 비어휘성(alexicality) 뿐만 아니라 주로 그 비의미성(asemanticity)을 판단하게 해 주는 그 어려움의

위한 용어로 사용되고 있다는 것은 확인된다.248)

다음으로 주목할 논의는 Lyons(1968)이다. 여기서는 의미 구조 (semantic structure)의 하위 부문을 이루는 것으로 상하의 관계와 함께 양립불가능 관계(incompatibility)를 다루고 있다. 여기서는 양립불가능 관계에 대한 서로 다른 차원의 두 가지 규정이 제시되었다. 하나는 '문장 의미 간의 논리적 모순성을 발생시키는, 동일한 통사적 위치에 놓이는 임의의 어휘 항목 x와 y의 관계'이고(Lyons 1968: 458), 다른 하나는 '한 상의어의 공하의어들에서 명백하게 드러나는 관계'이다(Lyons 1968: 459). 둘 모두 한 상의어 내에 속하는 공하의어들 사이에서만 확인되는 관계여야 한다고 규정하지는 않았음이 확인된다.249)

즉, 공하의어들 사이에서 명백하게 드러나는 것이라고 했지, 다른 것들에서 드러나지 않는 것이라고는 하지 않았다. 그러나 Lyons(1968: 459-460)의 다음과 같은 언급이 주요하게 참고된다. "우리가 의자(chair) 와 소(cow) (아니면 여러 다른 어휘 항목들 - 루이스 캐롤(Lewis Carrol)의250) 예를 쓰자면, 신발(shoe), 선박(ship), 봉랍(sealing wax) 또는 양배추(cabbage)와 왕 (king)) 같은, 이것들이 물리적 실체를 표시하고 있다는 사실 이상의 공통점을 의미론적으로 아무 것도 가지지 않는 단어들의 쌍을 고려할 때, 양립불가능 관계와 뜻의 다름(difference of sense)를 구별하는 것은 거의 의미가 없다."

해결책을 개괄해볼 수 있을 것이다."
248) 한편, 의미 구조 또는 의미 관계와 같은 명명 아래 논의된 것은 아니지만, Palmer (1981: 132-133)과 Lyons(1981: 154)에서도 어휘 항목의 결합적 양립불가능 관계에 대한 언급을 보여주고 있다. 양립불가능 관계라는 용어의 일반성을 엿볼 수 있게 하는 대목이라 하겠다.
249) 양립불가능 관계에 대한 Lyons(1968)의 이 두 가지 정의를 모두 수용한 연구로 는 양태식(1984: 20, 43)와 Lipka(1992: 145)가 있다.
250) 영국의 동화작가이자 수학자로, 언어유희(pun)를 즐겨 사용하였다. <이상한 나라의 앨리스(Alice's Adventures in Wonderland)> 등의 작품이 널리 알려져 있다.

위 내용은 의미론적으로 아무 관련이 없는 어휘 항목들, 이를테면 '의자'와 '소'의 관계는 양립불가능 관계의 일종으로 볼 수도 있지만 이것은 단순히 뜻(sense)이 다르다고 하는 것과 사실상 차이가 없다는 언급이다. 관련이 없는 항목들 간의 관계에 양립불가능 관계라는 용어를 사용하지는 않겠다는 태도가 드러난다. 실제로 Lyons(1968)에서는 양립불가능 관계와 관련되는 몇몇 문제들, 이를테면 지시적 불명확성(어디부터 어디까지가 파란색인지 등), 상의어의 존재 여부 등에 대해 다루면서도 개념 규정은 덜 엄밀하게 하였고, 논의 또한 빨간색, 초록색, 파란색 등 공하의어를 예로 들며 전개하였다.251)

동일한 견해가 Lyons(1977: 242)에서도 유지되고 있다. 다만 차이는 문장 의미의 모순성을 통해서 양립불가능 관계를 정의하지 않는 점이다. 여기서는, 계열적으로 관련 있는 어휘소들(lexemes)이 의미적으로 관련이 없을 수도 있고(예. 'old'와 'tall'), 다양한 방식으로 관련될 수도 있다고 하면서 양립불가능하거나(예. 'blue'와 'green') 반의적이거나(예. 'old'와 'young') 상하의적일 수 있다는(예. 'cat'과 'animal') 것을 언급하였다. 여기서 의미적으로 관련이 있지만 반의적이거나 상하의적이지 않은 것을 양립불가능 관계로 간주하는 것이 확인된다. 이는 곧 Lyons(1968)의 두 번째 정의와 상통하는 것이다.252)

또한 Lyons(1977: 288)의 '비이원적 대조(non-binary contrasts)'의 내용에서도 "{'일요일', '월요일' … '토요일'}과 같은 여러 구성원 집합 내의 어휘소들 간에 유지되는 뜻의 관계는 양립불가능 관계로 기술될

---

251) Lyons(1968)에서는 양립불가능 관계와 뜻의 다름 사이의 연속체적 성격을 지적하였는데, 연속체의 양 극단에 대해 명확한 개념 규정을 하지는 않았다.
252) 한편 Lyons(1981: 95)에서는 논리함의와 부정의 면에서 양립불가능 관계를 규정하였다. 그러나 이전의 논의와 크게 구별되는 점이 없다고 판단되므로 상세히 다루지 않기로 한다.

수 있다."라고 하면서, "중요한 점은 어휘 관계로서의 양립불가능 관계
가, 대립과 마찬가지로, 유사성 내에서의 대조에 기초한다."라고 하였
다.253) 여기서 '유사성 내에서의 대조'는 양립불가능 관계의 성립조건
이 되는 것이다.254) Lyons(1968)과 동궤의 입장에서 "'장미'와 '돼지'는
거의 모순되지만, 양립불가능한 것들로서의 그것들의 지위를 논하는
것은 의미가 거의 없다"라고 한 점도 주목된다.255)

한편 Kempson(1977), Leech(1981), 윤평현(2008) 등에서는 Lyons(1968,
1977)의 입장보다 조금 더 넓은 개념 규정이 확인된다. 여기서는 상호
대조적인 항목들 간의 관계, 즉 반의 관계와 공하의 관계를 포괄하는
용어로 양립불가능 관계를 규정하였다. Kempson(1977: 84-85)에서는 양
립불가능 관계라는 명명 아래, 대립 또는 대조의 관계 일반을 ①단순
이분 대립어,256) ②다원 분류어,257) ③계층 반의어,258) ④역 관계어

---

253) 이렇듯 Lyons(1977)과 같은 입장에서 '한 어휘장 내 단어 간의 배타적 관계' 또
는 '공하의어 간의 대조 관계'로 양립불가능 관계를 규정하는 논의로는 Palmer
(1981: 69), Crystal(1987: 105), Crystal(1997: 192-193), Cruse(2000: 287- 289),
박종갑(2001ㄷ: 108-109) 등이 있다.

254) 필자는 Lyons(1977)에서 말한 양립불가능 관계가 갖는 '유사성 내에서의 대조'
와, 심재기(1975), 성광수(1986) 등에서 말한 반의 관계가 갖는 '동질성의 조건
과 이질성의 조건'이라는 것이 근본적으로 다르지 않다는 견해를 가지고 있다.
다만 반의 관계와 양립불가능 관계(본 연구에서의 대조 관계)는 관계를 이루는
항목들 사이의 방향성(directionality) 유무 여부에서 차이가 있다고 본다. 그리
고 후술하겠듯이 양립불가능 관계는 의미 관계 또는 어휘 관계의 한 종류로 간
주하지 않고 임의의 두 항목 간의 관계를 규정할 수 있는 일반적인 술어로 남겨
두고자 한다. 기존에 양립불가능 관계로 규정되어 왔던 색채어류의 단어들은
(다원적) 대조 관계의 한 유형으로 처리될 수 있을 것이다.

255) Lipka(1992: 145)에서도 동일한 맥락에서 "양립불가능한 어휘소들은 중요한 의
미 자질을 공통적으로 갖고 있어야 하기 때문에, 단순한 의미의 차이는 양립불가
능 관계와 같지 않다"라고 하였다. '의자'와 '소', '장미'와 '돼지'처럼 의미적으로
아무 관련이 없는 어휘 항목들은 양립불가능 관계에서 배제한다는 것이 재확인
된다. 이들은 그저 뜻의 다름(difference of sense)을 보여주는 관계일 뿐이다.

256) 진반의어(true antonym)라고도 한다. '죽다', '살다' 등이 대표적이다.

257) 상위 개념에 단어들이 모두 소속되는 유사점을 가지고 있으면서 개별 단어들은

로259) 나누었다. ①, ③, ④가 통상의 반의 관계 유형에, ②는 공하의 관계에 해당된다. 여기서는 양립불가능 관계가 반의 관계와 공하의 관계를 포괄하기 위해 사용되었음을 알 수 있다.260)

Leech(1981: 92-94)에서는 '반의어(antonym)'라는 용어가 오직 단일 차원에서의 대조를 갖는 단어들을 생각하게 하는 문제가 있는데 실제적으로 단어들은 수많은 차원에서 대조된다는 점을 고려해야 하고, 이런 점에서 반의 관계보다 '의미적 대조성'에 관한 더 일반적이고 유용한 개념은 양립불가능 관계(incompatibility)라고 하였다. 그러면서 "만약 어떤 것이 갖는 한 자질이 다른 것이 갖는 어떤 자질과 대조되면, 그 둘은 양립불가능 관계이다."라고 하였다.261) 용어 사용의 의도와 논의된 예들을 고려하면 양립불가능 관계의 외연이 반의 관계와 공하의 관계를 넘어서지 않는다는 것이 확인된다.262)

이상 논의한 Lyons(1968, 1977), Kempson(1977), Leech(1981) 등과는 달리, Cruse(1986), Murphy(2003, 2010)에서는 양립불가능 관계를 '의미적 관련성이 없는 항목 간의 관계'로 규정하였다. 이는 Lyons(1968)의 '뜻의 다름'까지를 포괄하는 입장이다. Cruse(1986: 92-94)에서는 "공통의 요소를 가지지 않은 부류들 사이의 관계와 유사한 뜻 관계는 양립불

서로 다른 차이점을 가지고 있는 것을 일컫는다. 색채어가 대표적이다.

258) '차다'와 '뜨겁다'와 같은 양립불가능 관계의 중간에 '따뜻하다', '미지근하다', '선선하다'와 같은 중간 단계의 단어들이 들어갈 수 있는 경우를 일컫는다.

259) '사다', '팔다'와 같이 상호 관계에 있어서, 서로 대당되는 문장 관계를 이루는 것을 일컫는다.

260) Kempson(1977)의 견해는 염선모(1987: 54)에서도 수용되었는데, 여기서는 "양립불능관계는 한 낱말의 의미가 결코 다른 낱말의 의미에 포함될 수 없는 관계"라고 설명하고 있다.

261) 이에 더해 "양립불가능 관계는 한 의미의 다른 의미로부터의 배제(exclusion)이다"라고 하였다.

262) 이러한 Leech(1981)의 입장과 동궤에 있는 연구로 윤평현(2008: 148-150, 424 미주 72번)이 있다.

가능 관계(incompatibility)이다."라고 하였다.263) 이처럼 양립불가능 관계를 공통점이 없는 뜻 간의 관계, 즉 전혀 관련 없는 것 간의 관계라고 보았는데, 그러면서도 주목할 만한 양립불가능 관계로는 공하의어들 간의 배타적 관계라고 명시하였다.

구체적인 설명으로, Murphy(2003: 249-250)의 5장 미주 1번에서는 "의미 대조와 양립불가능 관계는 둘 다 문헌에서 흔하게 사용되는 용어이다. 그러나 두 용어는 동의적이지 않다. 왜냐하면 대조 집합들은 보통 공하의어들을 구성하는 것으로 이해되고 양립불가능 관계는 공하의어들(Lyons 1977: Cruse 2000)이나 고양이(cat)/정의(justice)와 같이 동일한 사물을 지칭할 수 없는 어떤 단어들을 묘사하기 때문이다."라고 하였다. 즉 양립불가능 관계에 서로 무관한 것들까지 포함시키고 있다. 이 입장에서 Lyons(1968, 1977)에서 규정된 공하의어 간의 배제의 관계는 양립불가능 관계의 한 경우로 귀속된다.264)

이상으로, 기존 연구들에서 규정된 양립불가능 관계에 대해 시기 순으로 그리고 유형별로 나누어 검토해 보았다. 특징적인 점을 간단히 정리하면, 먼저 양립불가능 관계에 대해서 Greimas(1966)은 결합적 관계로 규정한 반면 나머지들은 계열적 관계로 규정하고 있다. 그리고 Lyons(1968, 1977) 등에서는 공하의어 간의 대조 관계에 국한된 규정을 한 반면, Kempson(1977), Leech(1981) 등에서는 반의 관계와 공하의 관계를 포괄하는 입장이고, Cruse(1986)과 Murphy(2003) 등에서는 그보다도 더 넓게 의미적 관련성이 없는 항목 간의 관계로 규정하였다. 외연이 점점 더 넓어져 왔음을 확인할 수 있다.

---

263) Cruse(1986)에서는 양립가능 관계와의 대조를 통해서 양립불가능 관계를 규정했는데, "부류들 간의 겹쳐진 부분에 해당하는 어휘 관계는 양립가능 관계(compatibility)라고 하였고, 'husband'와 'policeman' 등의 예가 제시되었다.

264) Murphy(2010: 117-118)에는 Murphy(2003)과 유사한 설명이 나타나 있다.

3.3. 양립불가능 관계의 개념(선행 연구의 비판적 검토)[265]

3.2절에서는 대표적인 선행 연구를 중심으로 하여 양립불가능 관계가 어떻게 정의되어 왔는지에 대해 대략적인 흐름을 살폈다. 본 절에서는 보다 구체적으로 각각의 선행 연구에서 규정된 양립불가능 관계의 개념에 대해 비판적으로 검토한다. 그러면서 '의미 관계의 전체 체계를 고려할 때 양립불가능 관계는 어떻게 규정되어야 합리적이며 그에 따른 대안은 무엇일지'에 대해서 논의하겠다. 특히 계열적인 관계로 양립불가능 관계를 규정한 논의들에 대한 이해의 편의를 돕기 위해서, 본 연구에서 설정하고 있는 의미 관계의 전체 체계를 보인 뒤이를 기준으로 삼아 선행 연구들과 대조하기로 한다.

Greimas(1966)은 양립불가능 관계를 항목(의미소) 간의 결합적 관계로 규정했다는 점에서, 양립불가능 관계를 항목 간의 계열적 관계로 규정한 그 외의 다른 모든 논의들과 구별된다. 여기서 우리는 양립불가능 관계의 범위가 오직 계열적 관계를 이루는 항목에 국한될 필연성은 없다는 사실을 확인할 수 있다. 그리고 양립불가능 관계를 구성하는 항목도 내용적 차원에서의 의미소이거나, 형식적 차원에서의 단어일 수 있다는 것을 고려할 수 있다. 즉 언어의 다양한 차원과 층위에 양립불가능 관계라는 술어가 적용될 수 있는데 이는 이 용어의 일

---

265) 복수의 심사위원께서는 본 연구의 '선행 연구' 부분과 '개념 정의' 부분을 분리하여 필자의 관점을 보다 더 분명하게 드러내 줄 것을 요구하셨다. 선행 연구에 대한 검토와 동시에 개념 정의를 시도하려던 필자의 의도가 잘 전달되지 못한 점을 지적해 주신 부분에 대해 감사의 말씀을 드린다. 또한 '양립불가능 관계'를 '대조 관계'라는 개념으로 재정립하는 필자의 의도가 보다 잘 드러날 수 있도록 '대조 관계'의 견지에서 기존 논의들을 재조명할 수 있도록 논문 체재에 대한 조언을 해 주신 부분에 대해서도 감사의 말씀을 드린다.

반성 또는 광의성을 반증하는 것으로 볼 수 있다.

　이제 계열적인 항목 간의 관계로 양립불가능 관계를 규정한 논의들에 대해 더 세부적으로 분석해 보기로 한다. 우선 계열적 어휘 관계의 전체적인 체계를 보인 다음, 각각의 논의에 대해 평가해 보기로 하겠다. 도재학(2013: 52)에서는 어휘의 의미 관계의 체계를 보인 바 있는데, 여기서는 그것을 참고하되 다소 보완하여 [표 1]로 제시하였다. 어휘소 외부 관계, 그리고 그 중에서도 계열적 관계만을 그 특성에 따라서 체계화해 본 것이다. 도재학(2013)에서는 부분 전체 관계를 그 지시적 특이성 때문에 어휘의 의미 관계의 체계에서는 제외하였으나, 아래 [표 1]에는 수직 관계의 하나로 반영해 두었음을 밝혀 둔다.

[표 1] 계열적 어휘 관계의 체계 + 뜻의 다름 (I)

	의미적 관련 '있음' (=계열적 어휘 관계)					의미적 관련 '없음'
	수평 관계 = '공하의 관계(co-hyponymy)'			수직 관계		
	유사 관계	대립 관계	대조 관계	분류 관계 (포함 관계)	분해 관계	'뜻의 다름' (difference of sense(Lyons 1968))
	'유의 관계' (synonymy)	'반의 관계' (antonymy)	기존 용어: '양립불가능 관계' (incompatibility (Lyons 1968)) 대안: '대조 관계' (contrastive relation)	'상하의 관계' (Hypernymy, Hyponymy)	'부분 전체 관계' (meronymy)	
예	계란:달걀 책:서적	남자:여자 앞:뒤	빨강:파랑 개:소	동물:개 꽃:장미	시침:시계 손잡이:문	쥐:책상 꽃:방정식

　[표 1]에서 보듯이 계열적인 어휘 관계는 의미적 관련이 있는 것으로 한정된다. 의미적 관련이 없는 경우는 Lyons(1968)에서 말한 대로 '뜻의 다름'에 해당된다. 계열적 어휘 관계는 다시 수평 관계(=공하의 관계)와 수직 관계로 나뉜다. 전자는 유사 관계, 대립 관계, 대조 관계로 특성화될 수 있는데, 이는 기존에 각각 유의 관계, 대립 관계, 그리

고 양립불가능 관계(Lyons 1968)라고 지칭되어 오던 것이다. 후자는 분류 관계(=포함 관계)와 분해 관계로 특성화될 수 있고, 이는 기존에 상하의 관계, 부분 전체 관계로 지칭되어 오던 것이다. 대조 관계라는 대안적 용어를 제시한 이유는 후술하도록 하겠다.

이상의 계열적 어휘 관계의 체계에 비추어 볼 때, Lyons(1968, 1977) 등에서 양립불가능 관계를 '한 어휘장 내 단어 간의 배타적 관계' 또는 '공하의어 간의 대조 관계'로 규정한 것은 수평 관계 중에서 유의 관계도 아니고 반의 관계도 아닌 어떤 관계를 가리키기 위한 것이었음이 명시적으로 확인된다. 앞서 설명했듯이 Lyons(1968)에서는 이러한 양립불가능 관계에 대해 두 가지 정의를 보여주었다. 하나는 '문장 의미 간의 논리적 모순성을 발생시키는, 동일한 통사적 위치에 놓이는 임의의 어휘 항목 x와 y의 관계'이고, 다른 하나는 '한 상의어의 공하의어들에서 명백하게 드러나는 관계'이다.

그러나 잘 살펴보면 Lyons(1968)의 두 규정은 층위가 같지 않다. 예를 들어 '철수가 부산으로 날아갔다'와 '철수가 화성(Mars)으로 날아갔다'라는 두 문장이 있다고 하자. 만약 전자가 참이라면 후자는 참일 수 없다. 여기서 '부산'과 '화성(Mars)'은 동일한 통사적 위치에 놓인 임의의 어휘 항목이라 할 수 있지만, 이 둘을 한 상의어의 공하의어로 보기는 어렵다. '공간'이라는 점에서 공하의어로 볼 여지가 없지는 않겠지만 일반적 상식에 비추어 볼 때 '부산'은 '서울', '대전', '대구' 등 한국의 지명과, '화성'은 '수성', '금성', '목성' 등 태양계 행성과 공하의 관계에 있다고 보는 것이 더 타당할 것이다.

그러면 Lyons(1968)의 두 규정 중에서 전자가 포괄 범위가 더 넓은 것이라고 결론내릴 수 있다. 따라서 두 규정을 공히 긍정할 경우 개념적인 혼선이 유발될 소지가 있다. Lyons(1977)에서는 후자의 규정을 따르고 있음을 이미 확인하였다. 하지만 양립불가능 관계의 영역은 더 한정될 필요가 있다. Lyons(1968: 459)에서는 '양립불가능 관계'와 '뜻의 다름'이 공하의어가 아닐 때(상의어가 없는 경우 등)는 구별이 덜 분명하다고 하면서 연속체적 관점을 보였는데, 연속체의 양 극단에 대한 명시적인 언급이 없었다. 그렇다면 양립불가능 관계를 공하의어로만 제한하는 것도 한 방법일 수 있다.

한편, Cruse(2000: 287-289) 등에서는 양립불가능 관계의 주요한 특성으로 공하의어 간의 배제의 특성을 꼽는데,[266] 이것이 비단 양립불가능 관계만의 특성이 아니라는 점을 고려해야 한다. '철수는 남자다'라고 하면 곧 '철수는 여자다'가 배제된다. 이렇듯 반의 관계에서도 확연히 드러나는 배제의 특성은 심지어 유의 관계에서도 드러난다.[267] 그리고 Cruse(2000: 166)에서는 여왕(queen)과 어머니(mother)는 둘 다 여자(woman)의 하의어이지만 여왕인 어떤 사람이 동시에 어머니인 것을 막는 것은 아무도 없다는 점을 언급했다. 이는 공하의어들이 모두 양립불가능 관계를 이루는 것도 아님을 보여준다.

Lyons(1968)을 비롯한 연구들에 대한 검토에서 확인할 수 있는 문제점은 다음과 같다. 첫째, 양립불가능 관계가 공하의어 간의 대조 관계에서 명백하게 드러나는 것은 맞지만 그 외의 경우들에 대한 검토와 설명이 부족하다. 즉 양립불가능 관계가 성립할 수 있는 범위가 분명히 제한되어 있지 않다. 둘째, '여왕'과 '어머니'의 경우에서 보듯이, 공

---

266) Cruse(2000)은 Lyons(1968, 1977) 등과 동궤에 있는 논의이다.

267) 유의 관계의 경우에서도 계열 관계에 있는 항목의 배제가 확인된다. '책'과 '서적'은 유의어인데, '이야기 책'과 '연구 서적'은 자연스럽지만 '연구 책'과 '이야기 서적'은 부자연스럽다(도재학·강범모 2012). '중고 책', '중고 서적'은 모두 자연스럽다. 이렇듯 경우에 따라 '책'과 '서적'이 서로 배제되는 경우가 있다. 이는 관용화의 정도에 따르는 것으로 보인다.

하의 관계이지만 양립불가능 관계가 아닌 경우가 존재한다. 즉 공하의 관계는 온전히 양립불가능 관계에 포함될 수 있는 개념이 아니다.[268] 이를 토대로 '공하의어 간의 대조 관계'만을 동원해서는 양립불가능 관계를 온전히 규정할 수 없다는 것을 알 수 있다.

다음으로 검토할 논의는 양립불가능 관계를 반의 관계와 공하의 관계의 포괄적 상위 개념으로 본 Kempson(1977), Leech(1981) 등이다. 핵심 내용은 선행 연구를 정리하면서 다루었으므로 생략한다. 다만 주요하게 고려할 것은 바로 반의 관계와 공하의 관계 사이의 상관성이다. [표 1]에서 확인되듯이 반의 관계는 실상 공하의 관계의 한 유형이다. 상의어 '성(sex)'과 하의어 '남성(male)'과 '여성(female)'을 생각해보면 명백하다. 이렇듯 반의 관계가 공하의 관계의 부분 집합이라는 점이 드러난 이상 공하의 관계의 상위 개념을 다시 '양립불가능 관계'라는 이름으로 따로 설정할 필요는 없어진다.[269]

다음으로는 양립불가능 관계를 의미적 관련성이 없는 항목 간의 관계로 본 Cruse(1986), Murphy(2003) 등에 대해 검토한다. 이 입장은 [표 1]에서의 '대립 관계'와 '대조 관계'와 '뜻의 다름'을 모두 포괄하는 것이라 할 수 있다. 여기서 우리는 반의 관계 또는 공하의어들의 집합은 양립불가능 관계의 한 경우라는 견해를 확인할 수 있다. 그런데 이 입장에서는 가장 근본적인 의문을 품게 만든다. Cruse(1986)에서는 양립

---

268) 공하의 관계와 양립불가능 관계는 서로 겹치는 부분이 있지만(예: '곰'과 '사자'), 공하의 관계에만 해당하는 경우가 있고(예: '여왕'과 '어머니'), 양립불가능 관계에만 해당하는 경우가 있다(예: '꽃'과 '방정식'). 여기서 '여왕'과 '어머니' 등이 공하의 관계인가에 대해 재고해 볼 여지가 있다. 그러나 여기서 더 상세히 논의하지는 않으며, 다만 '여왕'과 '어머니'는 Cruse(2000: 166)에서 공하의 관계로 예로 든 것을 가져왔음을 밝혀둔다.

269) 공하의 관계의 속성 중의 하나로 '양립불가능 관계의 형성'을 꼽을 수는 있겠으나, 바로 위에서 확인했듯 모든 공하의 관계가 양립불가능 관계를 형성할 수 있는 것도 아니므로 온전히 타당한 기술은 되지 못한다.

불가능 관계를 어휘 관계(lexical relation)로 다루었고, Murphy(2003, 2010)에서는 어휘 의미적 관계(lexical semantic relation)로 보았다. 그런데 이 시각은 타당할 수 있는가?

Cruse(1986), Murphy(2003, 2010) 등에서의 양립불가능 관계는 '공유하는 의미가 없는' 항목들 간의 관계이다. 여기서 '의미'라는 용어를 어떻게 해석할지의 문제가 여전히 남게 되겠지만, 공유하는 지시물이나 개념적 속성이 전혀 없는데도 불구하고 이것을 '의미 관계'라고 부를 수 있는가 하는 의문이 생긴다. 나아가 의미 관계가 아니라면 의미를 갖는 형식 간의 관계인 어휘 관계라고는 물론 말할 수 없게 된다.270) 이상의 내용을 고려하면 Cruse(1986)과 Murphy(2003, 2010) 등에서는 양립불가능 관계를 어휘 의미 관계로 보아야 하는 타당한 의미론적 근거를 제공해야만 한다는 문제제기를 할 수 있다.

지금까지 선행 연구들에 대한 비판적 검토를 통해 양립불가능 관계가 여러 층위에서 다양한 방식으로 규정되어 왔음을 확인하였다. 그리고 논의들에서 발견되는 몇 가지 문제점들에 대해 짚어보았다. 이상의 내용을 정리하면, 첫째, 양립불가능 관계의 외연이 분명하게 한정되지 못했다. 둘째, 양립불가능 관계와 의미 관계 자체와의 관련성

---

270) 공하의어 간의 관계의 대표적인 예인 '빨간색'과 '초록색' 등의 경우 그들이 공유하는 것은 '색채'라는 범주적 성격이다. 이러한 '색채'라는 범주에 속한다는 것을 빨간색과 초록색이 갖는 '의미'의 하나로 볼 수 있기에 남경완(2000) 등에서는 이들을 다원적 대립의 한 종류로 간주할 수 있다고 보는 것이다. 하지만 의미적 관련성이 없는 항목 간의 관계인 경우에 이러한 의미가 있는지는 의문스럽다. 예를 들어 '꽃'과 '방정식' 간의 관계를 구상 명사이든 추상 명사이든 명사라는 점에 착안하여 이른바 '것'으로서의 의미를 공유한다고 할 수도 있을지 모르겠으나 직관적으로 받아들이기 어렵다. 그렇다고 '명사'의 의미를 공유한다고도 할 수는 없을 것이다. 후술하겠지만, 본 연구는 양립불가능 관계의 일부가 의미 관계 또는 어휘 관계일 수 있지만 전적으로 그런 것은 아니라고 보는 입장이다. 다만 Murphy(2010)에서 밝혔듯 양립불가능 관계의 하나인 반의 관계나 대조 관계는 의미 관계 또는 어휘 관계라고 말할 수 있을 것이다.

및 차별성이 근본적인 차원에서 논의되지 못했다. 셋째, 반의 관계, 공하의 관계와의 차별성이 명시되지 못했다. 이 세 가지는 서로 연관되어 있고, 필자가 본 연구를 통해 제안하고자 하는 '대조 관계'라는 용어의 도입 필요성과도 직접적으로 연관되어 있다.

앞서 언급하였듯이 양립불가능 관계의 외연은 내용적 차원과 형식적 차원에 두루 걸쳐 있을 가능성이 있다. 그러나 선행 연구들에서는 Greimas(1966)을 제외하고는 모두 형식적 차원에 한정된 논의를 전개하였다. Lyons(1968)에서는 유의 관계나 반의 관계가 아니면서 항목들이 서로 대조되는 공하의 관계를 일컫기 위해 용어를 사용했는데, '여왕'과 '어머니'처럼 공하의 관계이면서도 양립가능한 예로 인해서 정의상 문제가 노정되었다. 공하의 관계와 양립불가능 관계의 차이를 분명히 해야 할 필요가 생긴 것이다. 이 문제는 양립불가능 관계와 별도로 '대조 관계'의 개념을 도입하여 해소할 수 있다.

선행 연구에서 양립불가능 관계의 외연이 점점 확대되어 온 것은 용어 자체의 일반성 또는 광의성 때문일 가능성이 높다. 직관적으로 '양립불가능 관계'가 어휘 관계 또는 공하의 관계를 이루는 항목들에만 적용되는 것이라고 생각되지는 않기 때문이다. 오히려 임의의 특정 항목들 사이에서 발견되는 '특성(property)'을 표시하기 위한 일반적 용어로 여겨지는 경향이 강하다.271) 그러므로 양립불가능 관계를 다

---

271) 한 심사위원께서는 "비양립성은 범주를 설정하기 위한 용어가 아니라 관계의 특성을 표현하기 위한 것이므로 이것의 외연을 한정한다는 것이 본질적으로 문제가 있다고 할 수 있겠습니다."라고 말씀해 주셨다. 여기서, 비양립성은 범주를 설정하기 위한 용어가 아니라 관계의 특성을 표현하기 위한 것이라는 말씀에 대해서는 필자도 전적으로 동감하며, 그렇기 때문에 본 연구에서는 어휘 의미 관계의 하나로 '양립불가능 관계'를 설정하는 것에 대해 회의적인 입장을 취하고 있다. 양립불가능 관계라는 것이 어휘 의미 관계에 한정되는 것이 아니라, 관계의 특성을 표현하는 술어인 만큼 국어학의 제 분야에서 논의되는 다양한 층위의 항목들 사이에 상정될 수 있는 양립불가능 관계를 그 외연으로 삼을 수

양한 층위에서 두루 사용될 수 있는 일반적 용어로 남겨 두고, 공하의 관계의 한 부분집합으로서의 '대조 관계'를 상정하면 Lyons(1968)에서 처음에 의도했던 바를 문제없이 나타낼 수 있다.

그러면 대조 관계는 어떤 지위와 특성을 가지는가? 대조 관계는 수평 관계의 하나로서, 유의 관계, 반의 관계와 계열을 이룬다. 유의 관계가 항목 간의 공통점(유사성)에 초점을 맞추는 것이라면, 반의 관계와 대조 관계는 차이점(차별성)에 초점을 맞추는 것이다. 반의 관계는 그 본질적 속성인 방향적 대립을 갖는 것이고(도재학 2013), 대조 관계는 방향적 대립 없이 차별성만 부각되는 것이다. Lyons(1977: 288)의 "유사성 내의 대조에 기초하는 관계"나 Murphy(2003: 249-250)의 "대조 집합들은 보통 공하의어들을 구성"한다는 언급을 참고하면, '대조 관계'라는 용어는 이 성격을 잘 반영한다 하겠다.

3.4. 양립불가능 관계의 범위

3.2절과 3.3절에서는 양립불가능 관계에 대한 선행 연구들을 살피고 비판적으로 검토하였다. 사실 사용자 스스로의 명확한 기준이 있고 한 문헌 내에서 혼란스럽게 사용되지만 않는다면 어떤 용어의 개념을 어떻게 사용할 것인가 하는 문제는 부차적일 수 있다. 그러나 두루 사용되고 있는 전문 용어에 대해 학자별 또는 논저별 개념 규정의 공통점과 차이점을 확인하고 어떤 관점이 더 나을지 검토한 뒤 보다

있을 것으로 보고 3.4절의 내용을 기술하였다.

일반화된 용어로 고정적으로 사용될 수 있도록 제안하는 작업은 그 자체로도 의의가 있을 것으로 생각된다. 이제 지금까지 논의한 내용을 토대로 양립불가능 관계의 범위에 대해 살펴보고자 한다.

양립불가능 관계를 계열적 항목 간의 관계로 규정한 논의와 결합적 항목 간의 관계로 규정한 논의로 나누어 살피는 과정에서 종합적으로 판단할 수 있는 내용은 다음과 같다. 첫째, 양립불가능 관계는 계열적으로든 결합적으로든 항목들 간의 대조 또는 배제의 관계를 일컫기 위한 용어로 두루 사용될 수 있다. 둘째, 양립불가능 관계는 외연이 공하의 관계와 일치하지는 않으며 상대적으로 더 넓다. 공하의 관계는 계열적 항목 간의 관계에 국한되지만 양립불가능 관계는 결합적 항목 간의 관계에도 사용될 수 있기 때문이다. 셋째, 양립불가능 관계를 이루는 항목은 어휘 단위에 한정되지 않을 수 있다.

앞서 양립불가능 관계를 '의미적 관련성이 없는 항목 간의 관계'로 규정한 논의에 대한 평가 과정에서 이것이 의미 관계 또는 어휘 관계에 국한되지 않는다는 것이 확인되었다. 그리고 의미 관계를 이루는 것에 대해서는 '대조 관계'라는 용어 도입의 필요성을 제기하였다. 이상을 고려하면 양립불가능 관계는 보다 넓은 외연을 갖는 일반적 용어라는 결론을 내리게 된다. 즉 어떤 조건 하에서 임의의 항목들 간의 대조(또는 배제)를 함의하는 관계라면 양립불가능 관계로 규정될 수 있다. 언어 단위로서의 임의의 항목들로는 '개념', '의미', '음소', '형태소', '단어', '문장' 등이 다양하게 상정될 수 있다.

다시 말해 의미를 갖는 형식을 전제하지 않는 내용적 차원에서의 양립불가능 관계를 상정할 수 있다. 어떤 공통점을 바탕으로 추상(抽象)된 여러 상념들의 집합이라고 규정되는, 언어화되기 이전의 생각의 단위인 '개념(槪念)'이나(김봉주 1988), 언어화된 개념이라고 말할 수 있

는 '의미'도 양립불가능 관계를 이룰 수 있다. 한편 형식적 차원에서
도 양립불가능 관계를 상정할 수 있다. 의미와는 무관한 형식적(음성
적) 언어 단위인 '음소'뿐만 아니라 의미를 갖는 언어 단위인 '형태소',
'단어', '문장' 모두가 양립불가능 관계를 이룰 수 있다. 또한 이 모든
관계가 계열적, 결합적으로 성립될 수 있다.

언어화되기 이전의 생각의 단위인 개념 차원에서 【그릇】과 【컵】은
양립불가능하다.272) 전형적인 것과 비전형적인 것의 경계가 모호하겠
고 다양한 모양의 그릇과 컵이 존재하지만, 우리가 전형적으로 【그
릇】이라고 간주하는 어떤 물건에 대해 적어도 【컵】이라는 개념을 갖
지는 않는다. 이런 점에서 【그릇】과 【컵】은 계열적으로 양립불가능하
다고 할 수 있다. 한편 결합적으로, 【그릇】과 【컵】을 떠올리면서 【둥
글다】, 【단단하다】 등의 개념은 갖겠지만(【둥근 그릇】, 【컵이 단단하다】
등), 【휴식하다】, 【즐겁다】 등의 개념은 갖지 않는다(˙【휴식한 컵】, ˙【컵이 즐겁
다】 등).

언어화된 개념 단위인 의미 차원에서도 양립불가능 관계가 나타난
다. 의미에서는 두 가지가 구별될 수 있다. 하나는 ≪그릇≫과 ≪컵≫
처럼 관련 없는 의미들 간의 관계이다. 다른 하나는 관련 있는 의미들,
한 의소(義素, sememe)의 이의(異義, alloseme) 간의 관계이다. 전자는 우리
가 전형적으로 ≪그릇≫이라고 말할 물건에 대해 ≪컵≫이라고 말하
지는 않는 것에서 확인된다. 후자는 동사 '먹다'의 의미가 철수가 밥을
먹었다. 에서 '유정물 행위주가 음식물을 섭취하다'로, 호랑이 담배 먹
던 시절의 이야기다. 에서 '유정물 행위주가 담배를 피우다'로, 결합한

---

272) 이 절에서만큼은, 개념을 표시할 때는 '【 】'를, 의미를 표시할 때는 '≪ ≫'
를, 음소를 표시할 때는 '/ /', 형태소를 표시할 때는 '{ }', 단어를 표시할 때는
' " " ', 문장을 표시할 때는 글자기울임(이탤릭체)를 사용하기로 한다.

논항에 따라 변이되는 것에서 드러난다.

언어 형식의 단위에서는 의미를 갖지 않는 단위인 '음소', 의미를 갖는 단위인 '형태소', '단어', '문장' 등에서도 계열적, 결합적 양립불가능 관계가 나타난다. 계열적 양립불가능 관계는 '음소'를 이루는 '이음(異音, allophone)'에서 확인되는 관계라 할 수 있다. 한국어의 음소 /ㄹ/은 음절말에서는 설측음(舌側音) [l]로 실현되지만(예. 불[pull], 날다[nalta]), 모음 사이에서는 탄설음(彈舌音) [r]로 실현된다(예. 나라[nara]). 이때 음소 /ㄹ/의 이음인 [l]과 [r]은 음운론적 조건에 따라 상보적으로 실현되는 양립불가능 관계에 있다. 결합적 양립불가능 관계는 서론의 각주에서 다룬 음소 결합 제약에서 확인된다.

'형태소'의 경우도 마찬가지이다. 계열적 양립불가능 관계는 '형태소'를 이루는 '이형태(異形態, allomorph)'들의 관계에서 확인된다.273) 주격 조사 {가}는 모음 뒤에서 '가'로, 자음 뒤에서 '이'로 상보적으로 실현된다. 결합적 양립불가능 관계는 주격 조사 {가}와 보조사 {는}은 결합할 수 없다고 하는 등의 형태소 결합 제약이라고 불리는 현상에서 확인된다. '단어'에서도 계열적인 것은 앞서 많이 다뤄 온 색채어처럼 공통된 범주에 속하면서도 대조 집합을 이루는 "초록색", "빨간

---

273) 환경에 따른 상보적 분포가 이음뿐만 아니라 이형태의 규정에도 중요한 조건이 되는데, 문제되는 사항이 없지는 않다. 예를 들어 목적격 조사 {를}의 경우 그 이형태로 '을', '를', 'ㄹ'을 갖는데 '을'과 '를'은 음운론적인 이형태이지만, '를'과 'ㄹ'은 그렇지 않다(예. 누가 철수를 때렸니? / 누가 철술 때렸니?). 보조사 {는}의 경우도 마찬가지이다(예. 철수는 왜 맞았니? / 철순 왜 맞았니?). 이 경우 어떤 환경에서 상보적으로 '를'과 'ㄹ'이 실현되는지 명세하기가 매우 어렵다. 이 경우 목적격 조사의 이형태 '를'과 'ㄹ', 보조사 {는}의 이형태 '는'과 'ㄴ'은 양립불가능 관계에 있다고 말하기가 주저된다. 그러나 본 연구에서는 형태소의 규정과 관계된 문제는 더 이상 다루지 않으며, 이런 문제가 있기는 하지만 대체로는 상보적 분포 환경을 명세할 수 있는 이형태 간의 관계는 양립불가능 관계라는 점에 더 주목하고자 한다.

색” 등에서 확인된다. 결합적인 것은 ‘손으로 차다 와 같은 구성에서 확인되는 이른바 연어적 선택 제약을 들 수 있다.

‘문장’에서도 Lyons(1968)에서 논의되었던 것과 같이 모순 관계를 이루는 문장들은 계열적으로 양립불가능하다고 할 수 있다. 철수는 남자이다. 가 참이라면 철수는 여자이다. 는 거짓이다. 이 경우는 물론 근본적으로는 “남자”와 “여자”의 어휘적 차원에서의 양립불가능 관계가 문장 차원으로 사상된 것으로 보아야 마땅할 것이다. 이외에 철수가 밥을 먹었다. 와 철수가 밥을 안 먹었다. 처럼 부정에 의해서도 문장의 모순 관계는 성립된다. 한편 결합적으로 양립불가능한 경우는, 철수는 남자이다. (그리고/그래서/...) 철수는 남자가 아니다. 와 같이 모순 관계의 문장이 연결되는 경우를 들 수 있다.

지금까지 살펴본 ‘의소’, ‘형태소’, ‘단어’ 등이 이룬 계열적 양립불가능 관계는 모두 공하의 관계에 해당된다. 이 지점에서 우리는 기존 논의들이 양립불가능 관계를 ‘단어’의 차원에만 국한시켜 규정해 오고 있었음을 알 수 있다. 그러나 양립불가능 관계는 ‘단어’들의 공하의 관계에만 한정되지 않는다는 것이 확인되었고, 양립불가능 관계의 외연은 더 넓다는 점이 드러났다. 다시 말해 어떤 조건 하에서 임의의 항목들 간의 대조(또는 배제)를 함의하는 관계라면 양립불가능 관계로 규정될 수 있다. 아래의 [표 2]에 지금까지 논의한 양립불가능 관계가 포괄할 수 있는 범위를 정리해 보았다.

[표 2] 양립불가능 관계의 포괄 범위

구 분		단위	계열적 양립불가능 관계	결합적 양립불가능 관계	
내용적 차원	언어화 이전의 생각	개념	지시물에 대한 차이 【그릇】 / 【컵】	개념 간의 결합불가능 【그릇】 / 【휴식하다】	
	언어 형식에 담긴 내용	의미	①관련 없는 의미 《그릇》 / 《컵》 ②한 의소의 이의 "먹다"의 경우, 《(음식을) 섭취하다》 / 《(담배를) 피우다》	의미 간의 결합불가능 《그릇》 / 《휴식하다》	
형식적 차원	의미를 변별하는 소리의 최소단위	음소	한 음소의 이음 /ㄹ/의 경우, 음절말 설측음 [l] / 모음 사이 탄설음 [r]	음소 결합 제약 한 음절 내에서 국어의 모음은 /ㅃ, ㄸ, ㅉ/ 앞에 올 수 없다	양립불가능 관계 중 의미 관계를 이루는 것
	의미를 갖는 단위	형태소	한 형태소의 이형태 주격 조사 {가}의 경우, 모음 뒤 '가' / 자음 뒤 '이'	형태소 결합 제약 주격 조사 {가}와 보조사 {는}은 결합할 수 없다	
		단어	대조 집합을 이루는 공하의어 "빨간색" / "초록색"	연어적 선택 제약 ⁱ손으로 차다	
		문장	모순 관계의 두 문장 철수는 남자이다 / 철수는 여자이다	모순 관계인 문장 나열 ⁱ철수는 남자이다. 그런데 철수 는 남자가 아니다.	

3.5. 양립불가능 관계의 의미론적 함의

　지금까지 양립불가능 관계의 개념과 범위에 대해 논의하면서 이것이 특정 의미 관계 또는 어휘 관계의 한 종류로서만이 아니라 보다 넓은 범위에서 사용될 수 있는 것임을 보았다. 그 외연은 항목들이 대조될 수 있는 모든 범위에 걸쳐 있는 것으로 보고 크게 계열적 양립불가능 관계와 결합적 양립불가능 관계로 나뉠 수 있는 것으로 보았다. 대부분의 기존 논의들에서 암묵적으로 상정하고 있었던 '단어' 차원의 관계로만 양립불가능 관계를 규정할 수는 없음이 확인되었다. 아래에서는 이러한 양립불가능 관계의 범위 속에서 의미론과 관련되는 부분은 무엇무엇인지, 그 특성은 어떠한지 살펴보겠다.

위의 [표 2]에는 양립불가능 관계 중 의미 관계를 이루는 것을 표시해 두었다. 내용적 차원에서 '언어화된 개념'으로서의 의미와 형식적 차원에서 의미를 갖는 단위인 형태소, 단어, 문장의 양립불가능 관계가 곧 '의미 관계(semantic relation)'를 이루는 것이다. 이 중에서 다시 형태소, 단어, 문장은 양립불가능 관계가 '언어 형식으로 나타난 의미'에 의해 성립되는 것이므로 '어휘 관계(lexical relation)' 또는 '문장 관계(sentential relation)'라고 말할 수 있다. 형태소와 단어는 어휘 관계에 해당되며, 문장은 문장 관계에 해당된다. 여기서 의미 관계가 어휘 관계와 문장 관계를 포괄하는 것이 드러난다.[274]

이상의 내용을 바탕으로 할 때, 만약 의미론의 영역에서 양립불가능 관계가 다뤄진다고 한다면, 지금 논의한 의미 관계를 이루는 것들만이 대상이 되어야 할 것이다.[275] 그리고 의미 관계로서의 양립불가능 관계가 갖는 함의는 다음과 같이 정리된다. 바로 계열적 관계에서의 대체불가능성(irreplaceability)과 결합적 관계에서의 의미 자질의 상충(conflict of semantic feature)이다. 다시 말하면, 계열적인 항목 간의 양립불가능 관계는 곧 어떤 항목을 다른 어떤 것으로 바꿔 쓸 수 없다는

---

274) 남경완(2008: 40)에서는 어휘와 의미를 구분해야 하는 이유는 형식과 의미가 일대일로 대응되지 않기 때문이며, 하나의 형식에 두 개 이상의 의미가 대응되는 다의어가 존재하는 자연 언어의 체계에서는 '어휘 체계'의 범위보다 '의미 체계'의 범위가 넓을 수밖에 없다고 밝힌 바 있다.

275) 그리고 개념 관계는 추상적 차원에 국한되고 음소 관계는 형식적 관계로만 남게 된다.

것을 함의하고, 결합적인 항목 간의 양립불가능 관계는 곧 항목 간의 의미적(또는 기능적) 제약이 있다는 것을 함의한다.

'저 차는 빨간색이다'가 참이라고 할 때, 이 의미를 전달하기 위해서 '저 차는 초록색/노란색이다'라고는 할 수 없다. '저 사람은 남자이다'가 참이라면, 이때 '남자'를 '여자'로 대체할 수 없다. 반의 관계 외에 유의 관계도 마찬가지이다. '책'과 '서적'은 유의어이지만 '이야기 책'과 '연구 서적'은 자연스러운데 비해 '연구 책'과 '이야기 서적'은 부자연스럽다(도재학·강범모 2012). 의미 변별이 더 어려운 '달걀'과 '계란'에서도 보면 '{달걀 / ?계란}도 굴러가다 서는 모가 있다' 등의 예에서, 사람마다 직관이 상이할 수 있으나 대체불가능성이 확인되는 경우가 존재한다는 것은 분명하다.276)

결합적 항목 간의 양립불가능 관계로 주격 조사 {가}와 보조사 {는}은 결합이 불가능하다는 것을 고려해 보자. 조사 중첩에 관한 논의들에서는277) 이러한 결합불가능 관계에 대해 작용역이 같고 문법적 기능이 충돌하거나 모순되는 두 조사는 중첩되지 않는 것으로 설명한다(황화상 2003: 120). 또는 이들이 문법 관계 표지라기보다는 공히 한정사 범주에 속하기 때문인 것으로 설명하기도 한다(목정수 1998: 20). 즉, 동일한 기능을 하기 때문에 그 기능의 충돌로 인해 결합할 수 없다는 것이다. '*손으로 차다'와 같은 연어적 선택 제약의 예는 널리 알려진 것이므로 상세한 설명은 생략하도록 하겠다.

의미론의 대상이 되는, 의미 그 자체 또는 의미를 갖는 언어 단위에

---

276) 대조 관계 또는 반의 관계에서 확인되는 비교적 명백한 대체불가능성과, 유의 관계에서 확인되는 정도적인 대체불가능성의 차이는 '논리적 대체불가능성'과 '화용적 대체불가능성'이라고 볼 수 있다. 이 차이에 대해 지적해 주신 고려대학교 김숙정 선생님께 감사 말씀을 올린다.

277) 목정수(1998), 황화상(2003), 임동훈(2004), 최웅환(2004) 등을 참고할 수 있다.

서의 양립불가능 관계가 갖는 함의를 계열적 대체불가능성과 결합적 의미 자질 상충으로 구분하여 살펴보았다. 양립가능 관계에 대해 살펴보자면 계열적으로는 중의성(重義性, ambiguity)을, 결합적으로는 적절성(adequacy)을 함의하는 것으로 볼 수 있다. 의미적 중의성을 "하나의 언어 표현이 둘 이상의 해석을 가능하게 하는 언어적 현상(윤평현 2008: 249)"로 규정한다면,[278] 중의성은 형태소, 단어, 문장 층위에서만 존재한다고 할 수 있다. 그러나 아래 설명에서 보겠듯이 의미 자체만으로도 그것이 갖고 있는 개념은 중의적일 수 있다.

≪그릇≫을 예로 들면 【밥그릇】, 【국그릇】, 【보시기】, 【종지】, 【대접】 등의 여러 개념을 포괄적으로 가지는 점에서 중의적이라 할 만하기 때문이다. 형태소 중에서 접미사 '-이'는 주격 조사, 명사 파생 접미사, 부사 파생 접미사 등으로 나뉜다. 단어로는 동음이의어 '배'가 복부(腹部), 과실(果實), 선박(船舶)의 의미를 갖는 것을 예로 들 수 있다. 통사적 구성인 상적 표지 '-고 있-'은 진행상과 결과상의 의미를 갖는다. 문장의 경우는 수식 구조에 의한 중의성이나 부정의 초점에 의한 중의성 등을 예로 들 수 있다.[279]

---

278) 본 연구에서는 중의성을 "의미하는 바가 명료하지 않아 무엇을 말하는지 분명하게 알 수 없는 언어적 현상(윤평현 2008: 263-264)"인 모호성(模糊性, vagueness)과 구별한다.

279) 한편, '단어' 단위의 양립불가능 관계는 언어별로 다를 수 있다. 쉬운 예로, 본래 고유어인 색채어 '파란색'은 영어의 'green'과 'blue'를 포괄한다(예. 신호등의 파란색 불. 파란색 바다). 이런 경우 한국어의 고유어 '파란색'에 있어서 'green'과 'blue'라는 개념은 양립불가능 관계를 이루지만, 단어는 하나인 것이다. 고유어 '생각'에 대당되는 한자어가 '사고(思考)', '사색(思索)', '묵상(默想)', '고려(考慮)', '고찰(考察)', '추측(推測)', '숙고(熟考)' 등으로 많은데, 이 경우 또한 여러 한자어들은 양립불가능 관계를 이룬다 하겠다.

박진호(2012)에서는 개념 공간의 구조를 시각적으로 나타낸 개념 지도를 바탕으로 하여 특정 언어에서 여러 언어 요소들이 이 개념 공간을 분할하는 양상을 나타낸 의미 지도(semantic map)를 이용해 '섭취 행위 동사', '색채어', '친족어', '계사 관련 의미 지도' 등 여러 언어들에서의 상이한 어휘적 실현 결합적 적절성은 한 언어 내에서 통용가능한 적형의 음소 결합 형식으로서 조음(調音)되고 청음(聽音)될 수 있는 음성 형식의 경우, 그리고 문법성과 용인성을 갖춘 적절한 언어 표현으로서 정상적인 의미를 전달하는 모든 경우에 적용될 수 있는 것이므로 따로 더 설명이 필요치는 않다. [표 2]에서 제시되었던 결합적 양립불가능 관계의 예가 아닌 경우라면 사실상 모두 결합적 양립가능 관계로 이해되는 것이기 때문이다. 음소 결합 제약, 형태소 결합 제약, 연어적 선택 제약 등에 해당되지 않는, 이른바 모든 적형의 언어 표현들은 양립가능 관계에 따른 결합적 적절성을 함의하는 것으로 볼 수 있다.

3.6. 결론

본 연구에서는 양립불가능 관계에 대해 고찰하였다. 3.2절에서는 의미론 관계 논저에서 다뤄진 양립불가능 관계에 대해 시기 순으로, 유형별로 나누어 검토하였다. 3.3절에서는 필자의 시각에서 선행 연구들을 비판적으로 검토하여 양립불가능 관계의 개념에 대해 정리하면서 '대조 관계'의 도입 필요성을 제기하였다. 4절에서는 양립불가능 관계를 '어떤 조건 하에서 임의의 항목들 간의 대조(또는 배제)를 함의하는 관계'로 규정하고, 그 외연이 '개념', '의미', '음소', '형태소', '단

양상을 시각적으로 나타냈다. 예를 들어 한국어에서 '마시다'는 액체와 기체의 섭취를 포괄하지만, 일본어에서 액체 섭취는 'のむ(nomu)'로, 기체 섭취는 'すう(suu)'로 표현하여 양립불가능 관계를 이룬다. 중국어에서도 액체 섭취는 '喝(hē)', 기체 섭취는 '吸入(xīrù)'로 표현하여 일본어와 마찬가지로 양립불가능 관계를 이룬다.

어', '문장'에 두루 걸치는 것이라고 주장하였다. 그 중 의미론과 관계된 부분은 '의미', '형태소', '단어', '문장'이라고 보았다.

이렇듯 양립불가능 관계를 일반적이고 포괄적인 개념으로 규정한 본 연구에서는, 어휘 관계의 일종으로서 양립불가능 관계를 설정할 수 없게 된다. 앞서 선행 연구들에 대한 검토 과정에서 양립불가능 관계가 공하의 관계, 그리고 '뜻의 다름'과 구별이 제대로 이루어지지 못한 것을 지적하였다. 그러면서 공하의 관계의 하위에서 유의 관계, 반의 관계와 계열을 이루는 '대조 관계'의 설정에 대해 논의하였다. 이상의 내용을 토대로 [표 1]에 제시된 것 가운데 양립불가능 관계에 해당되는 것을 표시하면 다음 [표 3]과 같다. 편의상 [표 1]의 내용을 가져오면서 아래에 추가적인 표시를 가했다.

[표 3]에서 보듯이 의미적 관련이 없는 '뜻의 다름'을 먼저 구별해 내고 나면, 의미적 관련이 있는 경우인 계열적 어휘 관계의 체계가 상정된다. 이는 수평 관계(=공하의 관계)와 수직 관계로 다시 나뉜다. 전자는 유사 관계, 대립 관계, 대조 관계로, 후자는 분류 관계(=포함 관계)와 분해 관계로 세분된다. 이 가운데 유의 관계는 화용적 양립불가능 관계를 이루고, 반의 관계와 부분 전체 관계, '뜻의 다름'은 논리적 양립불가능 관계를 이룬다. 대조 관계의 경우는 '개'와 '소'처럼 양립불가능 관계인 경우가 많지만 '여왕'과 '어머니'(Cruse 2000: 166)처럼 양립불가능 관계가 아닌 경우도 있다.

[표 3] 계열적 어휘 관계의 체계 + 뜻의 다름 (II)

의미적 관련 '있음' (=계열적 어휘 관계)					의미적 관련 '없음'
수평 관계 = '공하의 관계(co-hyponymy)'			수직 관계		
유사 관계	대립 관계	대조 관계	분류 관계 (포함 관계)	분해 관계	'뜻의 다름' (difference of sense)
'유의 관계' (synonymy)	'반의 관계' (antonymy)	기존 용어: '양립불가능 관계' (incompatibility) 대안: '대조 관계' (contrastive relation)	'상하의 관계' (Hypernymy, Hyponymy)	'부분 전체 관계' (meronymy)	

| 예 | 계란:달걀 책:서적 | 남자:여자 앞:뒤 | 빨강:파랑 개:소 | 동물:개 꽃:장미 | 시침:시계 손잡이:문 | 쥐:책상 꽃:방정식 |

양립불가능 관계에 해당되는 것[280]

여기서 '대조'라는 용어의 개념은 광의적으로 이해하면 공하의 관계를 포괄하는 것으로 볼 수 있다. 나아가 의미적 관련이 없는 경우까지 포괄할 수 있을지도 모른다. 하지만 본 연구에서는 '대조'의 개념을 좁혀 사용하는 것에 큰 무리가 없으며 한편으로는 어느 정도의 타당성도 가질 수 있을 것으로 본다. 이 관계를 규정하는 데에는 공통된 의미 자질을 공유하고 있는 항목들이 보여주는 상호 대조적인 특성이 반영되어야 하는데, Leech(1981: 92)에서도 '의미적 대조성(semantic contrastingness)'에 초점을 맞추어 양립불가능 관계를 정의했던 점을 고려한다면 '대조'라는 용어는 적절하다고 볼 수 있다.

한편 대립 관계와 대조 관계의 구분 기준으로는 Cruse(1986: 262)에

280) 여기서 대조 관계를 점선으로 연결한 것은, 앞서 보았듯이 '여왕'과 '어머니'의 경우와 같이 양립불가능 관계가 아닌 경우도 있기 때문에 구별하여 표시한 것이다.

서 제안했던 대립성의 인식에 관한 핵심적인 사항인 '양분적 방향 대립(binary directional opposition)'의 존재 여부를 삼을 수 있다. 대립 관계는 '상보적 대립', '상반적 대립', '상관적 대립', '정도적 대립'으로 크게 하위 분류될 수 있는데(도재학 2011), 이 네 가지 경우가 인간이 대립성을 인식하는 본유적인 방식임을 고려한다면 이러한 네 가지 방향 대립적 속성이 드러나지 않는 경우는 대조 관계로 간주될 수 있다. '빨강 : 파랑', '개 : 소', '산 : 바다' 등의 예들을 고려해 보면 방향 대립성이 확인되지 않으므로 대조 관계이다.

한편 의미론의 영역에서 양립불가능 관계가 갖는 성질을 두 가지로 정리하였는데, 계열적인 대체불가능성(irreplaceability)과 결합적인 의미 자질의 상충(conflict of semantic feature)을 들었다. 한편 양립가능 관계가 갖는 성질로는 계열적인 의미적 중의성(ambiguity)과 결합적인 적절성(adequacy)을 들었다. 본 연구에서는 양립불가능 관계를 다루면서도, 이와 직간접적으로 관계되는 유의 관계, 반의 관계, 상하의 관계, 공하의 관계 등에 대해 상세히 다루지는 못하였다. 이들 여러 어휘 관계와 양립불가능 관계를 더 엄밀하고 분명하게 구별하고 각각의 지위와 성격을 규명하는 작업이 필요할 것이다.

참고문헌

강계림(2015ㄱ). "문법 교육에서 "어절"의 효용성." 「새국어교육」 103. 한국국어교육
　　학회. 415-439.

강계림(2015ㄴ). "한국어 증거성 표지의 화용론적 추론 의미." 「언어과학」 22-1. 한
　　국언어과학회. 1-22.

강범모(1991). "1980년대의 의미이론." 김방한 편. 「언어학 연구사」. 서울: 서울대학
　　교 출판부. 363-390.

강범모(2010). "공기 명사에 기초한 의미/개념 연관성의 네트워크 구성." 「한국어의
　　미학」 32. 한국어의미학회. 1-28.

강범모(2011). 「언어, 컴퓨터, 코퍼스언어학(개정판)」. 서울: 고려대학교 출판부.

강범모(2014). "텍스트 맥락과 단어 의미: 잠재의미분석." 「언어학」 68. 한국언어학
　　회. 3-34.

강범모·김흥규(2011). "명사 빈도의 변화, 사회적 관심의 트렌드: 물결 21 코퍼스
　　[2000-2009]." 「언어학」 61. 한국언어학회. 1-37.

강창석(2011). "국어 문법과 주어." 「개신어문연구」 33. 개신어문학회. 47-77.

강현화(1998). 「국어의 동사연결 구성에 대한 연구」. 서울: 한국문화사.

고광주(1999). "대등 접속문에 대한 재검토." 「한국어학」 9. 한국어학회. 49-80.

고려대학교 민족문화연구원 편(2009). 「고려대 한국어대사전」. 서울: 고려대학교 민
　　족문화연구원.

고영근(1986). "서법과 양태의 상관관계." 유목상 외 공편. 「국어학신연구 I 」. 서울:
　　탑출판사. 249-265.

고영근(2006). "동작상에 대한 이해." 「한국어학」 30. 한국어학회. 1-30.

고영근(2007). 「한국어의 시제 서법 동작상(보정판)」. 파주: 태학사.

고영근·구본관(2008). 「우리말 문법론」. 서울: 집문당.

구본관(2010). "국어 품사 분류와 관련한 몇 가지 문제." 「형태론」 12-2. 형태론 편
　　집위원회. 179-199.

구본관 외(2015). 「한국어 문법 총론」. 서울: 집문당.

국립국어원 편(2017). 「표준국어대사전」. http://stdweb2.korean.go.kr/main.jsp

권영문(1996). "맥락과 의미에 관한 연구." 계명대학교 박사학위논문.

권재일(1992). 「한국어 통사론」. 서울: 민음사.

권재일(2004). 「구어 한국어의 의향법 실현방법」. 서울: 서울대학교 출판부.

김건희(2014). "단어, 품사, 문장성분의 분류에 대한 일고찰: 상호 연관성과 변별성
　　을 중심으로." 「인문논총」 71-1. 서울대학교 인문학연구원. 279-316.

김광해(1993). 「국어 어휘론 개설」. 서울: 집문당.

김민국(2009). "'-이서'의 분포와 문법범주." 「형태론」 11-2. 형태론 편집위원회. 335-356.

김민국(2013). "부사격 조사 '로서' 주어에 대한 연구." 「한국어학」 60. 한국어학회. 111-142.

김민국(2016). "한국어의 격조사와 초점: 주격과 대격을 중심으로."(말터모임 2016 년 1월 월례발표회 발표자료) 1-32.

김민국·손혜옥(2015). "이론문과 분석문." 유현경 외. 「한국어의 문법 단위」. 서울: 보고사. 301-322.

김민수(1954). "국어 문법의 유형: 국어 문법사 시고." 「국어국문학」 10. 국어국문학회. 10-12.

김민수(1961). "'늣씨'와 'Morpheme': 주시경 및 Bloomfield의 문법적 최소단위에 대하여." 「국어국문학」 24. 국어국문학회. 44-51.

김민수(1971). 「국어문법론」. 서울: 일조각.

김민수(1981). 「국어의미론」. 서울: 일조각.

김민수(1983). 「신국어학(전정판)」. 서울: 일조각.

김봉주(1988). 「개념학: 의미론의 기초」. 서울: 한신문화사.

김선영(2005). "부정 구성 '-지 말-'의 통합 양상과 의미." 「국어학」 46. 국어학회. 331-353.

김성도(2002). 「구조에서 감성으로: 그레마스의 기호학 및 일반의미론의 연구」. 서울: 고려대학교 출판부.

김성화(1990). 「현대국어의 상 연구」. 서울: 한신문화사.

김수진·차재은·오재혁(2011). "발화 요소와 발화 유형." 「한국어의미학」 36. 한국어의미학회. 91-118.

김영희(1978). "겹주어론." 「한글」 162. 한글학회. 39-75.

김영희(1991). "무표격의 조건." 「언어논총」 9. 계명대학교 언어연구소. 5-32.(김영희 (1998). 「한국어 통사론을 위한 논의」. 서울: 한국문화사. 263-292. 재록.)

김영희(2001). "여동 구문의 "와"." 「국어학」 38. 국어학회. 155-180.

김원경·고창수(2015). "주어의 개념에 대하여." 「언어와 정보사회」 25. 서강대학교 언어정보연구소. 1-28.

김윤신(2012). "국어의 상적 의미 구문에 대한 의미 해석." 「한국어의미학」 39. 한국어의미학회. 77-99.

김은영(1998). "국어 어휘의 부분-전체 관계에 대한 고찰." 「한국어의미학」 2. 한국어의미학회. 155-174.

김의수(2006). 「한국어의 격과 의미역: 명사구의 문법기능 획득론」. 파주: 태학사.

김의수(2008). "문장의 구조와 해석문법." 「한국언어문학」 67. 한국언어문학회. 5-35.

김일성종합대학출판사(1977). 「조선문화어문법규범」. 평양: 김일성종합대학출판사.

김일웅(1986). "생략의 유형." 유목상 외 공편. 「국어학신연구」. 서울: 탑출판사. 349-360.

김일환(2005). "국어 명사형 어미의 계량적 연구." 고려대학교 박사학위논문.

김일환·이도길·강범모(2010). "공기 관계 네트워크를 이용한 감정명사의 사용 양상 분석." 「한국어학」 49. 한국어학회. 119-148.

김정대(2003). "'문장'에 대한 이해." 「시학과 언어학」 6. 시학과 언어학회. 65-113.

김종도(2003). 「인지언어학적 원근법에서 본 은유의 세계」. 서울: 한국문화사.

김종도(2005). 「인지문법적 관점에서 본 환유의 세계」. 서울: 경진문화사.

김주보(1989). "국어 의미대립어 연구." 성균관대학교 석사학위논문.

김지은(1991). "국어에서 주어가 조사 없이 나타나는 환경에 대하여." 「한글」 212. 한글학회. 69-88.

김진웅(2012). "한국어 증거성의 체계." 「한국어의미학」 39. 한국어의미학회. 101-124.

김창섭(1984). "형용사 파생 접미사들의 기능과 의미: '-답-, -스럽-, -롭-, 하-'와 '-적'의 경우." 「진단학보」 58. 진단학회. 145-161.

김창섭(2010). "조사 '이서'에 대하여." 「국어학」 58. 국어학회. 3-27.

김천학(2012). "소유 관계와 소유 구성." 「한국어의미학」 39. 한국어의미학회. 125-148.

김태엽(2007). 「한국어 대우법」. 서울: 역락.

김태자(1993). "맥락 분석과 의미 탐색." 「한글」 219. 한글학회. 79-113.

김현주(2010). "국어 대우법 어미의 형태화 연구." 고려대학교 박사학위논문.

김혜령(2015). "국어 어휘 의미의 실현 조건 연구." 고려대학교 박사학위논문.

김혜영·이도길·강범모(2011). "사건명사의 공기어 네트워크 구성과 분석." 「언어와 언어학」 50. 한국외국어대학교 외국어 종합연구센터 언어연구소. 81-106.

김흥규 외(2010). 「물결 21: 신문 텍스트 기반의 장기간 언어·사회·문화 연구」. 서울: 고려대학교 민족문화연구원.

김희상(1911). 「조선어전」. 경성: 보급서관.(김민수·하동호·고영근 공편(1977). 「역대한국문법대계 제1부 제7책」. 서울: 탑출판사.)

나은미(2009). 「(연결주의 관점에서 본) 어휘부와 단어 형성」. 서울: 박이정.

남경완(2000). "다의 분석을 통한 국어 어휘의 의미 관계 연구." 고려대학교 석사학위논문.

남경완(2005ㄱ). "상태성과 동작성에 대한 고찰." 「민족문화연구」 43. 고려대학교 민족문화연구원. 129-155.

남경완(2005ㄴ). "의미 관계로서의 다의 파생 관계에 대한 고찰." 「한국어의미학」 17. 한국어의미학회. 151-175.

남경완(2008). 「국어 용언의 의미 분석」. 파주: 태학사.

남경완(2009). "주시경 문법 "드" 구성 성분의 체계와 기능." 「민족문화연구」 51. 고려대학교 민족문화연구원. 461-495.

남경완(2010). "주시경 문법에서 '드'의 개념과 범위." 「국어학」 59. 국어학회. 131-152.

남기심(1971). "인용문의 구조와 성격." 「동방학지」 12. 연세대학교 국학연구원. 223-233.

남기심(1974). "반대어고." 「국어학」 2. 국어학회. 133-139.

남기심(1985). "학교문법에 나타나는 문법 단위 '어절'(語節)에 대하여." 「연세교육과학」 26. 연세대학교 교육대학원. 1-9.

남기심(1986). "'서술절'의 설정은 타당한가?" 유목상 외 공편. 「국어학신연구」. 서울: 탑출판사. 57-64.

남기심(2001). 「현대 국어 통사론」. 서울: 태학사.

남기심·고영근(1993). 「표준국어문법론 개정판」. 서울: 탑출판사.

도원영(2008). 「국어 형용성 동사 연구」. 파주: 태학사.

도원영(2012). "다의어의 단의 간 역학 관계에 관한 시고." 「한국어의미학」 37. 한국어의미학회. 105-133.

도재학(2011). "현대 국어 다의어의 대립적 의미관계 연구." 고려대학교 석사학위논문.

도재학(2013). "대립적 의미 관계에 대하여." 「국어학」 66. 국어학회. 41-77.

도재학(2014). "우언적 구성의 개념과 유형에 대하여." 「국어학」 71. 국어학회. 259-304.

도재학(2015). "진행상을 표시하는 우언적 구성들의 차이에 대하여." 「한국어의미학」 48. 한국어의미학회. 49-78.

도재학·강범모(2012). "관련어 네트워크를 활용한 유의어 분석: "책, 서적, 도서"를 중심으로." 「한국어의미학」 37. 한국어의미학회. 133-159.

두산동아 편집국(2008). 「프라임 영한사전」. 서울: 두산동아.

목정수(1998). "한국어 조사 {가}, {를}, {도}, {는}의 의미체계: 불어 관사와의 대응성과 관련하여." 「언어연구」 18. 서울대학교 언어연구회. 1-48.

목정수(2005). "국어 이중주어 구문의 새로운 해석." 「언어학」 41. 한국언어학회. 75-99.

목정수(2013). "선어말어미 '-시-'의 기능과 주어 존대." 「국어학」 67. 국어학회. 63-105.

목정수(2014). "한국어 서술절 비판: 통사 단위 설정을 중심으로." 「현대문법연구」 76. 현대문법학회. 101-126.

문병열(2015). "한국어 조사 상당 구성에 대한 연구." 서울대학교 박사학위논문.

민중서림 편(2007). 「민중국어사전」. 서울: `민중서림. (한글2007 프로그램 내 제공)

민현식(1977). "국어조사와 격에 대하여: 의미격, 성분격 및 체언화기능을 중심으로." 「선청어문」 8. 서울대학교 국어교육과. 113-142.

민현식(1999). 「국어 문법 연구」. 서울: 역락.

박덕유(1998). 「국어의 동사상 연구」. 서울: 한국문화사.

박병선(2005). 「한국어 계량적 연구 방법론」. 서울: 역락.

박석준(2004). "선어말어미 '-시-'의 문법외적 용법에 관하여." 「한말연구」 14. 한말연구학회. 201-220.

박승빈(1931). 「조선어학강의요지」. 경성: 보성전문학교.(김민수·하동호·고영근 공편(1977). 「역대한국문법대계 제1부 제19책」. 서울: 탑출판사.)

박양규(1975). "소유와 소재." 「국어학」 3. 국어학회. 93-117.

박영순(2000). 「한국어 은유 연구」. 서울: 고려대학교 출판부.

박영순(2001). 「한국어 문장의미론」. 서울: 박이정.

박영순(2004). 「한국어 의미론」. 서울: 고려대학교 출판부.

박유정(1988). "한국어 상대어의 한 고찰." 동국대학교 석사학위논문.

박유현(2006). "현대 국어 조사 '-가'의 구어에서의 비실현 양상 연구." 「어문론총」 45. 한국문학언어학회. 211-260.

박은정(2015). "현대 국어 인식 양태 부사의 유의 관계 연구." 고려대학교 석사학위논문.

박재연(2006). 「한국어 양태 어미 연구」. 파주: 태학사.

박재연(2007). "보조용언 구성 '-어지-'의 양태 의미에 대하여." 「국어학」 50. 국어학회. 269-293.

박종갑(2001). 「토론식 강의를 위한 국어의미론」. 서울: 박이정.

박진호(1994). "통사적 결합 관계와 논항구조." 서울대학교 석사학위논문.

박진호(2003). "한국어의 동사와 문법요소의 결합 양상." 서울대학교 박사학위논문.

박진호(2010). "언어학에서의 범주와 유형." 「인문학연구」 17. 경희대학교 인문학연구원. 265-292.

박진호(2011ㄱ). "시제, 상, 양태." 「국어학」 60. 국어학회. 289-322.

박진호(2011ㄴ). "한국어에서 증거성이나 의외성의 의미성분을 포함하는 문법요소." 「언어와 정보사회」 15. 서강대학교 언어정보연구소. 1-25.

박진호(2012). "의미지도를 이용한 한국어 어휘요소와 문법요소의 의미 기술." 「국어학」 63. 국어학회. 459-519.

박진호(2016). "문법에서의 환유." 「제43회 한말연구학회 전국학술대회 발표자료집」. 한말연구학회. 73-83.

박창영(2014). "한국어 주어 연구." 동국대학교 석사학위논문.

박철우(2002). "국어의 보충어와 부가어 판별 기준." 「언어학」 34. 한국언어학회. 75-111.

박철우(2003). 「한국어 정보구조에서의 화제와 초점」. 서울: 역락.

박철우(2007). "국어의 태 범주: 통사부와 의미부의 접면 현상." 「한국어학」 37. 한국어학회. 207-228.

박철우(2011ㄱ). "화시의 기능과 체계에 대한 고찰." 「한국어의미학」 36. 한국어의미학회. 1-37.

박철우(2011ㄴ). "국어 화시 표현의 유형." 「한말연구」 29. 한말연구학회. 141-164.

박철우(2013ㄱ). "부정의 작용역에 대하여." 「한국어학」 61. 한국어학회. 145-171.

박철우(2013ㄴ). "부정문의 중의성 문제 재고: 작용역과 정보구조의 상호작용." 「국어학」 68. 국어학회. 135-165.

박철우(2014ㄱ). "한국어에는 주어가 없는가." 「현대문법연구」 76. 현대문법학회. 149-172.

박철우(2014ㄴ). "'대조' 의미의 언어학적 성격: 정보구조와 관련하여." 「한국어의미학」 45. 한국어의미학회. 129-157.

박철우(2015ㄱ). "부정문의 다중 의미 해석: 작용역과 정보구조."(말터모임 2015년 초청 특강 발표자료) 1-8.

박철우(2015ㄴ). "보조사의 기능과 정보구조." 「국어학」 73. 국어학회. 269-307.

박청희(2013). "현대 국어의 생략 현상 연구." 고려대학교 박사학위논문.

봉미경(2005). "시간부사의 어휘 변별 정보 연구: 유의어 "방금"과 "금방"의 분석을 중심으로." 「외국어로서의 한국어교육」 30. 연세대학교 한국어학당. 113-139.

서경숙(2004). "현대국어 조사 상당어에 대한 연구." 서울대학교 석사학위논문.

서은아·남길임·서상규(2004). "구어 말뭉치에 나타난 조각문 유형 연구." 「한글」 264. 한글학회. 123-151.

서정수(1984). 「존대법의 연구: 현행 대우법의 체계와 문제점」. 서울: 한신문화사.

서정수(1994). 「국어문법」. 서울: 뿌리깊은나무.

성광수(1972). "국어 소형문에 대한 검토." 「한글」 150. 한글학회. 117-131.

성광수(1977). "국어 조사에 대한 연구: 생성이론적 분석을 중심으로." 고려대학교 박사학위논문.

성광수(1986). "동의성과 반의성의 한계." 「사대논집」 11. 고려대학교 사범대학. 157-174.

성기철(1970). "국어 대우법 연구." 「논문집」 4. 충북대학교. 35-58.

손남익(2006). "국어 반의어의 존재 양상." 「한국어의미학」 19. 한국어의미학회. 65-83.

송원용(2006). "국어문장성분 분석의 원리와 절차." 「개신어문연구」 24. 개신어문학회. 5-31.

송재목(2007). "증거성(evidentiality)과 주어제약의 유형론: 한국어, 몽골어, 티벳어를 예로 들어." 「형태론」 9-1. 형태론 편집위원회. 1-23.

송재목(2009). "인식양태와 증거성." 「한국어학」, 44. 한국어학회. 27-53.

신서인(2009). "어순 변이와 문장 의미 해석." 「한국어의미학」, 28. 한국어의미학회. 105-125.

신우봉·김일환·김흥규(2010). "신문 텍스트에서 나타나는 공간명사의 사용 양상과 네트워크 분석." 「텍스트언어학」, 29. 텍스트언어학회. 221-250.

신지연(2011). "주제 분석과 텍스트 유형." 「한국어의미학」, 36. 한국어의미학회. 181-202.

신지영(2011). 「한국어의 말소리」, 서울: 지식과 교양.

신지영·차재은(2003). 「우리말 소리의 체계」, 서울: 한국문화사.

심재기(1975). "반의어의 존재양상." 「국어학」, 3. 국어학회. 135-149.

안명철(2001). "이중주어 구문과 구동사." 「국어학」, 38. 국어학회. 181-207.

안병희(1966). "부정격(Casus Indefinitus)의 정립을 위하여." 「동아문화」, 6. 서울대학교 동아문화연구소. 222-223.

안확(1923). 「(수정)조선문법」, 경성: 회동서관.(김민수·하동호·고영근 공편(1986). 「역대한국문법대계 제1부 제9책」, 서울: 탑출판사.)

양정석(2004). "개념의미론의 의미구조 기술과 논항 연결: 이동동사·움직임 동사 구문을 중심으로." 「언어」, 29-3. 한국언어학회. 329-357.

양정석(2013). "개념의미론과 합성성." 「한국어의미학」, 40. 한국어의미학회. 1-41.

양정호(2006). "'늦씨' 개념의 재고찰." 「어문연구」, 51. 어문연구학회. 323-346.

양태식(1984). 「국어구조의미론」, 부산: 태화출판사.

연재훈(2008). "국어에 능격이 존재하는가: 능격의 개념과 그 오용." 「한글」, 282. 한글학회. 125-154.

연재훈(2011). 「한국어 구문 유형론」, 파주: 태학사.

염선모(1985). "문장 의미의 개념." 소당 천시권 박사 화갑기념 국어학논총 간행위원회 편. 「소당 천시권 박사 화갑기념 국어학논총」, 서울: 형설출판사. 411-435.

염선모(1986ㄱ). "문장 의미의 해석." 백민 전재호 박사 화갑기념 국어학논총 간행위원회 편. 「백민 전재호 박사 화갑기념 국어학논총」, 서울: 형설출판사. 449- 472.

염선모(1986ㄴ). "국어 문장 의미의 연구." 경북대학교 박사학위논문.

염선모(1987). 「국어의미론」, 서울: 형설출판사.

오재혁(2011). "국어 종결 억양의 문법적 기능과 음성적 특징에 대한 지각적 연구." 고려대학교 박사학위논문.

유길준(1909). 「대한문전」, 한성: 융문관.(김민수·하동호·고영근 공편(1979). 「역대한국문법대계 제1부 제2책」, 서울: 탑출판사.)

유동석(1990). "조사생략." 서울대학교 대학원 국어연구회 편. 「국어연구 어디까지

왔나」. 서울: 동아출판사. 233-240.

유동석(1998). "주제어와 주격중출문." 서태룡 외 공편. 「문법 연구와 자료」. 서울: 태학사. 47-81.

유현경(1998). 「국어 형용사 연구」. 서울: 한국문화사.

유현경(2007). "'에게'와 유정성." 「형태론」 9-2. 형태론 편집위원회. 257-275.

유현경 외(2015). 「한국어의 문법 단위」. 서울: 보고사.

윤석민(2000). 「현대국어의 문장종결법 연구」. 서울: 집문당.

윤영수・채승병(2005). 「복잡계 개론」. 서울: 삼성경제연구소.

윤평현(1995). "국어 명사의 의미관계에 대한 연구." 「한국언어문학」 35. 한국언어문학회. 91-115.

윤평현(2003). "국어 소형문의 발화 행위에 대한 고찰." 「한글」 259. 한글학회. 199 -232.

윤평현(2008). 「국어의미론」. 서울: 역락.

이관규(1992). 「국어 대등구성 연구」. 서울: 서광학술자료사.

이관규(1999). "조사의 통사론적 연구." 한국어학회 편. 「국어의 격과 조사」. 서울: 월인. 289-317.

이관규(2002ㄱ). 「개정판 학교문법론」. 서울: 월인.

이관규(2002ㄴ). "국어의 문장 구성에 대한 연구와 전망." 「한국어학」 16. 한국어학회. 105-147.

이광정(1987). 「국어품사분류의 역사적 발전에 관한 연구」. 서울: 한신문화사.

이규호(2008). "체언 수식 부사." 「국어학」 51. 국어학회. 3-28.

이금희(2014). "체언 수식 부사의 발생과 의미." 「반교어문연구」 38. 반교어문학회. 277-310.

이남순(1988). 「국어의 부정격과 격표지 생략」. 서울: 탑출판사.

이남순(1998). "격표지의 비실현과 생략." 「국어학」 31. 국어학회. 339-360.

이동혁(2008). "문장의 의미 해석을 위한 의미영역의 역할: 상거래를 중심으로." 「한국어의미학」 26. 한국어의미학회. 183-209.

이래호(2012). "선어말 어미 '-시-'의 청자 존대 기능에 대한 고찰." 「언어학연구」 23. 한국중원언어학회. 147-166.

이민우(2011). "어휘 의미의 자체대립 유형 연구." 「어문논집」 11. 중앙어문학회. 55-74.

이병근(1979). "주시경의 언어이론과 '늣씨'." 「국어학」 8. 국어학회. 29-49.

이상춘(1925). 「조선어문법」. 개성: 송남서관.(김민수・하동호・고영근 공편(1979). 「역대한국문법대계 제1부 제14책」. 서울: 탑출판사.)

이선영(2011). "국어의 모순어에 대하여." 「국어학」 61. 국어학회. 265-289.

이선웅(2001). "국어의 양태 체계 확립을 위한 시론." 「관악어문연구」 26. 서울대학교 국어국문학과. 317-339.

이성하(1998). 『문법화의 이해』. 서울: 한국문화사.

이승명(1973). "국어 상대어론(Ⅰ)." 『어문논총』 8. 경북어문학회. 87-93.

이승명(1980). 『국어어휘의 의미구조에 대한 연구』. 서울: 형설출판사.

이승욱(1989). "체언병렬구성의 {-과/와}." 제효 이용주 박사 회갑기념논문집 간행 위원회 편. 『제효 이용주 박사 회갑기념논문집』. 서울: 한샘. 72-88.

이영제·김흥규·강범모(2010). "사회적 가치와 관련된 명사의 사용 양상과 네트워크 분석." 『한국어의미학』 34. 한국어의미학회. 259-294.

이용주(1990). "언어의 필연과 필수: 문 성분을 중심으로." 『국어학』 20. 국어학회. 13-27.

이윤미(2014). "한국어의 비주격 주어에 대한 연구." 연세대학교 석사학위논문.

이은경(2015). "구어 텍스트에서의 목적격 조사의 비실현 양상." 『우리말글』 64. 우리말글학회. 57-86.

이익섭(2003). 『국어 부사절의 성립』. 서울: 태학사.

이익환(1995). 『수정·증보판 의미론 개론』. 서울: 한신문화사.

이정민(1977). "부정명령의 분석." 『어학연구』 13-2. 서울대학교 어학연구소. 105- 114.

이정민(1992). "(비)한정성/(불)특정성 대 화제(Topic)/초점." 『국어학』 22. 국어학회. 397-424.

이정복(1998). "상대경어법." 서태룡 외 공편. 『문법 연구와 자료』. 서울: 태학사. 329-357.

이정복(2010). "상황 주체 높임 '-시-'의 확산과 배경." 『언어과학연구』 55. 언어과학회. 217-246.

이정식(2003). 『다의어 발생론』. 서울: 역락.

이정택(2004). 『현대 국어 피동 연구』. 서울: 박이정.

이정택(2006ㄱ). "필수성과 수의성의 본질: 인지언어학적 관점에서." 『한국어학』 30. 한국어학회. 243-266.

이정택(2006ㄴ). "이른바 중주어문에 관하여: 서술절 설정의 당위성을 중심으로." 『청람어문교육』 34. 청람어문교육학회. 243-258.

이종열(2002). "국어 환유 표현의 사상적 특징과 의미 작용." 『어문학』 76. 한국어문학회. 65-93.

이종열(2003). 『비유와 인지』. 서울: 한국문화사.

이준희(2000). 『간접화행』. 서울: 역락.

이호승(2007ㄱ). "국어 주제어와 담화 주제." 『개신어문연구』 28. 개신어문학회. 5-23.

이호승(2007ㄴ). "복합서술어의 특성과 범위." 『어문연구』 55. 어문연구학회. 51-72.

이홍식(2000). 『국어 문장의 주성분 연구』. 서울: 월인.

이희자(2002). "'의사소통의 최소단위'로서의 '발화문'과 '문장'." 『텍스트언어학』 13.

텍스트언어학회. 343-366.

임근석(2005). "문법적 연어의 개념 정립을 위하여." 「형태론」 7-2. 형태론 편집위원회. 277-301.

임근석(2009). "문법적 연어와 한국어 교육: 조사적 연어를 중심으로." 「한국어교육」 20-3. 국제한국어교육학회. 161-184.

임근석(2010). 「한국어 연어 연구」. 서울: 월인.

임동훈(1997). "이중 주어문의 통사 구조." 「한국문화」 19. 서울대학교 한국문화연구소. 31-66.

임동훈(2000). 「한국어 어미 '-시-'의 문법」. 서울: 태학사.

임동훈(2003). "국어 양태 체계의 정립을 위하여." 「한국어의미학」 12. 한국어의미학회. 127-153.

임동훈(2004). "한국어 조사의 하위 부류와 결합 유형." 「국어학」 43. 국어학회. 119-154.

임동훈(2006). "현대국어 경어법의 체계." 「국어학」 47. 국어학회. 287-320.

임동훈(2008). "한국어의 서법과 양태 체계." 「한국어의미학」 26. 한국어의미학회. 211-249.

임동훈(2009). "한국어 병렬문의 문법적 위상." 「국어학」 56. 국어학회. 87-130.

임동훈(2011ㄱ). "한국어의 문장 유형과 용법." 「국어학」 60. 국어학회. 323-359.

임동훈(2011ㄴ). "담화 화시와 사회적 화시." 「한국어의미학」 36. 한국어의미학회. 39-63.

임동훈(2012). "'은/는'과 종횡의 의미 관계." 「국어학」 64. 국어학회. 217-271.

임동훈(2015). "보조사의 의미론." 「국어학」 73. 국어학회. 335-373.

임지룡(1989). 「국어 대립어의 의미 상관체계」. 서울: 형설출판사.

임지룡(1992). 「국어의미론」. 서울: 탑출판사.

임지룡(2004). "국어에 내재한 도상성의 양상과 의미 특성." 「한글」 266. 한글학회. 169-205.

임지룡(2009). "다의어의 판정과 의미 확장의 분류 기준." 「한국어의미학」 28. 한국어의미학회. 193-226.

임채훈(2006). "문장 의미와 사건." 「한국어의미학」 21. 한국어의미학회. 183-220.

임채훈(2007). "국어 문장 의미 연구: 사건과 발화상황을 중심으로." 경희대학교 박사학위논문.

임채훈(2012). 「사건 발화상황 그리고 문장의미」. 서울: 역락.

임홍빈(1974). "주격중출론을 찾아서." 「문법연구」 1. 서울: 탑출판사. 111-148.

임홍빈(1983). "국어의 '절대문'에 대하여." 「진단학보」 56. 진단학회. 97-136.(임홍빈(1998). 「국어 문법의 심층: 문장 범주와 굴절」. 서울: 태학사. 7-58. 재록.)

임홍빈(2007). 「한국어의 주제와 통사 분석: 주제 개념의 새로운 전개」. 서울: 서울대학교 출판부.

임홍빈·장소원(1995). 「국어문법론 I 」. 서울: 한국방송대학교출판부.

장경희(1985). 「현대국어의 양태범주연구」. 서울: 탑출판사.

장경희(1998). "서법과 양태." 서태룡 외 공편. 「문법 연구와 자료」. 서울: 태학사. 261-303.

전수태(1997). 「국어 반의어의 의미 구조」. 서울: 박이정.

전후민(2015). "단어." 유현경 외. 「한국어의 문법 단위」. 서울: 보고사. 111-164.

정경미(2016). "한국어 추론 증거성 연구." 고려대학교 박사학위논문.

정렬모(1946). 「신편고등국어문법」. 서울: 한글문화사.(김민수·하동호·고영근 공편(1985). 「역대한국문법대계 제1부 제25책」. 서울: 탑출판사.)

정유진·강범모(2011). "친족명사의 공기어 양상과 네트워크 분석." 「언어학」 Vol. 19. No. 2. 대한언어학회. 209-235.

정인아(2010). "한국어의 증거성(Evidentiality) 범주에 관한 연구." 상명대학교 박사 학위논문.

정주리(2000). "구성문법적 접근에 의한 문장 의미 연구." 「한국어학」 12. 한국어학회. 279-307.

정희자(2002). "전경 함축과 배경 함축." 「담화와 인지」 9-1. 담화·인지언어학회. 151-170.

조민하(2011). "연결어미의 종결기능과 억양의 역할." 고려대학교 박사학위논문.

조병태 외(1980). 「영문법개론 (1)」. 서울: 신아사.

조성식(1983). 「영문법연구 1」. 서울: 신아사.

조일영(1995). "국어 양태소의 의미 기능 연구: 시간관련 선어말어미를 중심으로." 고려대학교 박사학위논문.

주시경(1910). 「국어문법」. 경성: 박문서관.(김민수·하동호·고영근 공편(1977). 「역 대한국문법대계 제1부 제4책」. 서울: 탑출판사.)

주시경(1914). 「말의 소리」. 경성: 신문관.(김민수·하동호·고영근 공편(1977). 「역 대한국문법대계 제1부 제4책」. 서울: 탑출판사.)

진가리(2014). "'-다 못하-' 구성에 대하여." 「국어학」 71. 국어학회. 229-257.

채완(1975). "조사 '는'의 의미." 「국어학」 4. 국어학회. 93-113.

채현식(2007). "어휘부의 자기조직화." 「한국언어문학」 63. 한국언어문학회. 129-145.

천시권·김종택(1985). 「국어의미론(증보판)」. 서울: 형설출판사.

철학사전편찬위원회(2009). 「철학사전」. 서울: 중원문화.

최경봉(1997). "은유 표현에서의 단어의 의미론적 역할." 「한국어의미학」 1. 한국어 의미학회. 171-190.

최경봉(1999). "단어 의미의 구성과 의미 확장 원리: 다의어 문제를 중심으로." 「한 국어학」 9. 한국어학회. 307-331.

최경봉(2000ㄱ). "단어의 의미 확장과 어휘 체계." 「언어학」 8-2. 대한언어학회. 177-195.

최경봉(2000ㄴ). "은유 표현에서 단어의 선택과 해석 원리." 「한국어의미학」 7. 한국어의미학회. 215-241.

최경봉(2002). "은유 표현에서 어휘체계의 의미론적 역할." 「한국어학」 15. 한국어학회. 285-306.

최경봉(2015). 「어휘의미론」. 서울: 한국문화사.

최규수(2007). "학교 문법의 문장의 성분과 짜임에 대한 비판적 검토." 「한글」 275. 한글학회. 165-192.

최동주(1995). "국어 선어말어미 배열순서의 역사적 변화." 「언어학」 17. 한국언어학회. 317-335.

최웅환(2000). 「국어 문장의 형성 원리 연구」. 서울: 역락.

최웅환(2004). "조사의 기능과 배합." 「언어과학연구」 29. 언어과학회. 289-312.

최웅환(2007). "주어와 관련된 몇 가지 문제." 「언어과학연구」 43. 언어과학회. 49-69.

최재희(1999). "국어의 격 표지 비실현 현상과 의미 해석." 「한글」 245. 한글학회. 49-78.

최현배(1937/1971). 「우리말본」. 서울: 정음사.

최형용(2003). 「국어 단어의 형태와 통사: 통사적 결합어를 중심으로」. 파주: 태학사.

최형용(2010). "품사의 경계: 조사, 어미, 어근, 접사를 중심으로." 「한국어학」 47. 한국어학회. 61-92.

최호철(1989). "주시경과 19세기의 영어문법." 「주시경학보」 4. 주시경연구소. 22-45.

최호철(1993ㄱ). "현대 국어 서술어의 의미 연구: 의소 설정을 중심으로." 고려대학교 박사학위논문.

최호철(1993ㄴ). "어휘부의 의미론적 접근." 「어문논집」 32. 안암어문학회. 185-217.

최호철(1995ㄱ). "의미 연구의 전제와 차원." 「한남어문학」 20. 한남어문학회. 287-306.

최호철(1995ㄴ). "국어의 보어에 대하여." 「한국어학」 2. 한국어학회. 447-490.

최호철(1995ㄷ). "국어의 문법 단위와 문법 교육." 「어문논집」 34. 안암어문학회. 637-657.

최호철(1995ㄹ). "의소와 이의에 대하여." 「국어학」 25. 국어학회. 77-98.

최호철(1996ㄱ). "국어의 의미격 설정에 대하여." 「한글」 232. 한글학회. 123-146.

최호철(1996ㄴ). "어휘 의미론과 서술소의 의미 분석." 「한국어학」 4. 한국어학회. 67-108.

최호철(1996ㄷ). "의미격 실현 방법과 문장 구조." 「국어국문학」 116. 국어국문학회. 109-126.

최호철(1998ㄱ). "구조 의미론의 수용 양상과 국어 어휘 의미론의 과제." 「한국어의 미학」, 2. 한국어의미학회. 11-39.

최호철(1998ㄴ). "범주와 계층의 통용과 통합." 「순천향어문논집」, 5. 순천향어문학 연구회. 525-542.

최호철(1999). "조사의 의미론적 연구." 한국어학회 편. 「국어의 격과 조사」. 서울: 월인. 319-359.

최호철(2000). "국어의 형태론과 어휘론." 「국어학」, 35. 국어학회. 313-365.

최호철(2002). "한국어 의미 연구의 나아갈 길." 박영순 편. 「21세기 국어학의 현황 과 과제」. 서울: 한국문화사. 65-92.

최호철(2011). "국어 발화의 의미에 대하여." 「한국어의미학」, 36. 한국어의미학회. 481-529.

최호철(2014ㄱ). "우리말의 의미를 연구하는 마음가짐." 「구어의 의미론(제34차 한 국어의미학회 전국학술대회 발표자료집)」, 한국어의미학회. 3-6.

최호철(2014ㄴ). "현대 국어 조사, 어미의 분류 재고." 「언어와 정보 사회」, 23. 서강 대학교 언어정보연구소. 295-329.

최호철 외(1998). "기계 번역을 위한 한국어 논항 체계 연구." 「한국어의미학」, 3. 한 국어의미학회. 1-39.

하정수(2009). "주어와 목적어가 조사 없이 나타나는 현상에 대하여." 홍종선 외. 「국 어 문장의 확대와 조사의 실현」. 서울: 박문사. 175-241.

한글학회(1992). 「우리말 큰사전」. 서울: 어문각.

한송화(2000). 「현대 국어 자동사 연구」. 서울: 한국문화사.

한정한(2011). "통사 단위 단어." 「국어학」, 60. 국어학회. 211-232.

한정한(2013). "국어의 주어를 어떻게 정의해야 하는가?: 유형론의 관점, 서술어의 유형별 주어 정의." 「한국어학」, 60. 한국어학회. 189-225.

허웅(1961). "서기 15세기 국어의 "존대법"과 그 변천." 「한글」, 128. 한글학회. 133-190.

허웅(1983). 「국어학: 우리말의 오늘·어제」. 서울: 샘문화사.

허철구(2001). "국어 주제어의 문법적 특성에 대하여." 「국어 연구의 이론과 실제」. 서울: 태학사. 1141-1168.

홍기문(1947). 「조선문법연구」. 서울: 서울신문사.(김민수·하동호·고영근 공편(1986). 「역대한국문법대계 제1부 제15책」. 서울: 탑출판사.)

홍승우(2001). "문장 의미도 다의적이고 모호하다?" 「언어와 언어학」, 26. 한국외국 어대학교 언어연구소. 333-357.

홍윤기(2002). "국어 문장의 상적 의미 연구." 경희대학교 박사학위논문.

홍종선(1983). "명사화 어미 '_음'과 '_기'." 「언어」, 8-2. 한국언어학회. 241-272.

홍종선(1987). "국어 시제의 발달." 「어문논집」, 27. 안암어문학회. 805-822.

홍종선(1989). "시간과 시제: 국어의 미래 시제 설정을 위하여." 이정 정연찬 선생 회갑기념논총 간행위원회 편. 「국어국문학논총Ⅲ」. 서울: 탑출판사. 996-1015.
홍종선(1996). "서술 내용의 대용 표현." 월촌 이기반 교수 정년기념논문집 간행위원회 편. 「월촌 이기반 교수 정년기념 국어국문학연구」. 서울: 배명사. 101-120.
홍종선(2008). "국어의 시제 형태소의 체계와 그 기능 변이." 「한글」 282. 한글학회. 97-123.
홍종선(2009ㄱ). "국어 표현의 복합문 구조화 방향성: 형태론적 표지의 통사 구조화." 홍종선 외. 「국어 문장의 확대와 조사의 실현」. 서울: 박문사. 9-37.
홍종선(2009ㄴ). "현대 국어의 상대 높임 체계." 홍종선 외. 「국어 높임법 표현의 발달」. 서울: 박문사. 9-30.
홍종선(2009ㄷ). "국어 시제 체계와 그 표현." 홍종선 외. 「국어의 시제, 상, 서법」. 서울: 박문사. 9-28.
홍종선(2014). "구어와 문어를 아우르는 사용자 중심의 한국어 문법." 「어문연구」 42-1. 한국어문교육연구회. 7-35.
황병순(2004). 「한국어 문장 문법」. 서울: 한국문화사.
황화상(2003). "조사의 작용역과 조사 중첩." 「국어학」 42. 국어학회. 115-140.
木田 元 外 編(1994). 「現象學事典」. 東京: 弘文堂.(이신철 역(2011). 「현상학사전」. 서울: 도서출판 b.)
Aikhenvald, A. Y., R. M. W. Dixon and M. Onishi(2001). *Non-canonical Marking of Subjects and Objects*. Amsterdam: John Benjamins Publishing Company.
Allan, K.(1986). *Linguistic Meaning(Vol. 1)*. London: Routledge & Kegan Paul.
Asher, R. E. *et al.*(1994). *The Encyclopedia of Language and Linguistics*. Oxford: Pergamon Press.
Barabasi, A.(2002). *Linked: The new science of network*. Massachusetts: Perseus Pub.(강병남·김기훈 역(2002). 「링크: 21세기를 지배하는 네트워크 과학」. 서울: 동아시아.)
Baron, D.(1989). "A Literal Paradox." *Declining Grammar and Other Essays on the English Vocabulary*. Illinois: National Council of Teachers of English. pp. 73-80.
Batagelj, V. and A. Mrvar(2010). *Pajek: Reference Manual(PDF)*. Ljubljana: University of Ljubljana.
(http://vlado.fmf.uni-lj.si/pub/networks/pajek/doc/pajekman.pdf)
Beckner, C. *et al.*(2009). "Language is a Complex Adaptive System: Position Paper." *Language Learning*. Vol. 59. Oxford: Blackwell. pp. 1-23.
Bhaskararao, P. and K. V. Subbarao(2004). *Non-nominative Subjects(Volume 1, 2)*. Amsterdam: John Benjamins Publishing Company.

Bhat, D. N. S.(1991). *Grammatical Relations: The Evidence Against Their Necessity and Universality.* London: Routledge.

Blakemore, D.(1992). *Understanding Utterances: An Introduction to Pragmatics.* Oxford: Blackwell.

Bloomfield, L.(1926). "A Set of Postulates for the Science of Language." *Language* Vol. 2. No. 3. pp. 153-164.

Bloomfield, L.(1933). *Language.* London: George Allen & Unwin LTD.

Bolinger, D.(1968). "Entailment and the Meaning of Structures." *Glossa* Vol. 2. pp. 119-127.

Bybee, J.(1985). *Morphology: a Study on the Relation between Meaning and Form.* Amsterdam: John Benjamins Publishing Company.(이성하·구현정 역 (2000). 『형태론: 의미-형태의 관계에 대한 연구』. 서울: 한국문화사.)

Bybee, J.(2010). *Language, Usage and Cognition.* Cambridge: Cambridge University Press.

Bybee, J., R. Perkins and W. Pagliuca(1994). *The Evolution of Grammar: Tense, Aspect, and Modality in the Languages of the World.* Chicago: University of Chicago Press.

Cann, R., R. M. Kempson and E. Gregoromichelaki(2009). *Semantics: An Introduction to Meaning in Language.* Cambridge: Cambridge University Press.

Carston, R.(1988). "Implicature, Explicature and Truth-theoretic Semantics." in R. Kempson (ed.) *Mental Representation: The Interface between Language and Reality.* Cambridge: Cambridge University Press. pp. 155-181.

Chomsky, N.(1957). *Syntactic Structures.* The Hague: Mouton Publishers.

Church, K. *et al.*(1991). "Using Statistics in Lexical Analysis." in U. Zernik (ed.) *Lexical Acquisition: Exploiting on-line resources to build a lexicon.* Hillsdale, N. J.: Lawrence Erlbaum Associates. pp. 115-164.

Colston, H. L. and A. N. Katz(2005). *Figurative Language Comprehension: Social and Cultural Influences.* Mahwah: Lawrence Erlbaum Associates.

Comrie, B.(1989). *Language Universals and Linguistic Typology: Syntax and Morphology(2nd ed.).* Chicago: University of Chicago Press.

Cornish, H., M. Tamariz and S. Kirby(2009). "Complex Adaptive Systems and the Origins of Adaptive Structure: What Experiments Can Tell Us." *Language Learning.* Vol. 59. Oxford: Blackwell. pp. 1-14.

Croft, W.(1991). *Syntactic Categories and Grammatical Relations: The Cognitive Organization of Information.* Chicago: University of Chicago Press.

Croft, W.(2001). *Radical Construction Grammar: Syntactic Theory in Typological Perspective*. Oxford: Oxford University Press.

Cruse, D. A.(1986). *Lexical Semantics*. Cambridge: Cambridge University Press.(임지룡·윤희수 역(1989). 「어휘의미론」. 대구: 경북대학교 출판부.)

Cruse, D. A.(2000). *Meaning in Language: An Introduction to Semantics and Pragmatics*. Oxford: Oxford University Press.(임지룡·김동환 역(2002). 「언어의 의미: 의미·화용론 개론」. 서울: 태학사.)

Crystal, D.(1987). *The Cambridge Encyclopedia of Language*. Cambridge: Cambridge University Press.

Crystal, D.(1997). *A Dictionary of Linguistics and Phonetics(4th Edition)*. Oxford: Blackwell.

Crystal, D.(2008). *A Dictionary of Linguistics and Phonetics(Sixth Edition)*. Oxford: Blackwell Publishing.

Di Sciullo, A. M. and E. Williams(1987). *On the Definition of Word*. Massachusetts: The MIT Press.

Dik, S. C.(1989). *The Theory of Functional Grammar, Part I: The Structure of the Clause*. Dordrecht: Foris Publications.

Dik, S. C.(1997). *The Theory of Functional Grammar, Part I: The Structure of the Clause. (second, revised edition)*. edited by K. Hengeveld. Berlin: Mouton de Gruyter.

Dik, S. C. *et al.*(1981). "On the Typology of Focus Phenomena." in T. Hoekstra, H. van der Hulst and M. Moortgat (eds.) *Perspectives on Functional Grammar*. Dordrecht: Foris Publications. pp. 41-74.

Dixon, R. M. W.(2010ㄱ). *Basic Linguistic Theory(Vol. 1): Methodology*. Oxford: Oxford University Press.

Dixon, R. M. W.(2010ㄴ). *Basic Linguistic Theory(Vol. 2): Grammatical Topics*. Oxford: Oxford University Press.

Dixon, R. M. W. and A. Y. Aikhenvald(2002). *Word: A Cross-Linguistic Typology*. Cambridge: Cambridge University Press.

Dobrovol'skij, D. and E. Piiraninen(2005). *Figurative Language: Cross-cultural and Cross-linguistic Perspectives*. Leiden: Brill Academic Pub.

Downing, P.(1995). "Word Order in Discourse: By way of Introduction." in P. Downing and M. Noonan (eds.) *Word Order in Discourse*. Amsterdam: John Benjamins Publishing Company. pp. 1-27.

Dowty, D. R.(1991) "Thematic Proto-Roles and Argument Selection." *Language*. Vol. 67. No. 3. pp. 547 - 619.

Drubig, H. B. and W. Schaffar(2001). "Focus Constructions." in M. Haspelmath *et al.* (eds.) *Language Typology and Language Universals(HSK 20.2)*. Berlin: Walter de Gruyter. pp. 1079-1104.

Erteschik-Shir, N.(2007). *Information Structure: The Syntax-discourse Interface*. Oxford: Oxford University Press.

Eulenberg, A.(1995ㄱ). "Words that are their own opposites." Linguist List 6.74.

Eulenberg, A.(1995ㄴ). "Words that are their own opposites(part 2)." Linguist List 6.108.

Evert, S.(2009). "Corpora and collocations." in A. Lüdeling and M. Kytö (eds.) *Corpus Linguistics: An International Handbook*. Berlin: Walter de Gruyter. pp. 1212-1248.

Farrell, P.(2005). *Grammatical Relations*. Oxford: Oxford University Press.

Fillmore, C. J.(1968). "The Case for Case." in E. Bach and R. T. Harms (eds.) *Universals in Linguistic Theory*. New York: Holt, Rinehart and Winston, Inc. pp. 1-88.(남용우 외 공역(1986). "격을 알아본다." 「격문법이란 무엇인가」. 서울: 을유문화사. 1-96.)

Fillmore, C. J.(1971/1997). *Lectures on Deixis*. Stanford: CSLI Publications.

Fillmore, C. J.(1988). "The Mechanisms of "Construction Grammar"." *Proceedings of the Fourteenth Annual Meeting of the Berkeley Linguistic Society*. pp. 35-55.

Firbas, J.(1992). *Functional Sentence Perspective in Written and Spoken Communication*. Cambridge: Cambridge University Press.

Fries, C. C.(1952). *The Structure of English: An Introduction to the Construction of English Sentences*. New York: Harcourt, Brace & World, INC.

Galef, D.(2002). "The Trouble with Janus Words." *Verbatim The Language Quarterly*. Vol. XXVII. No. 2. pp. 14-16.

Geeraerts, D.(1994). "Antonymy." in R. E. Asher and J. M. Y. Simpson. (eds.) *The Encyclopedia of Language and Linguistics*. Oxford: Pergamon Press Ltd. pp. 137-139.

Givón, T.(1997). "Grammatical Relations: An Introduction." in T. Givón (ed.) *Grammatical Relations: A Functionalist Perspective*. Amsterdam: John Benjamins Publishing Company. pp. 1-84.

Goldberg, A. E.(1995). *Constructions: A Construction Grammar Approach to Argument Structure*. Chicago: The University of Chicago Press.(손영숙·정주리 역(2004). 「구문 문법」. 서울: 한국문화사.)

Goldberg, A. E.(2013). "Constructionist Approaches." in T. Hoffmann and G.

Trousdale (eds.) *The Oxford Handbook of Construction Grammar*. Oxford: Oxford University Press. pp. 15-31.

Green, M. and P. J. Jaggar(2003). "Ex-situ and In-situ focus in Hausa." in J. Lecarme (ed.) *Research in Afroasiatic Grammar II*. Amsterdam: John Benjamins Publishing Company. pp. 187-214.

Greimas, A. J.(1966). *Sémantique Structurale: Recherche de méthode*. France: Librairie Larousse.(Translated by D. McDowell, R. Schleifer and A. Velie(1983). *Structural Semantics: An Attempt at a Method*. Nebraska: University of Nebraska Press.)

Grice, H. P.(1975). "Logic and Conversation." in P. Cole and J. L. Morgan (eds.) *Syntax and Semantics 3: Speech Acts*. New York: Academic Press. pp. 41-58.

Gundel, J. K.(1999). "On Different Kinds of Focus." in P. Bosch and R. van der Sandt (eds.) *Focus: Linguistic, Cognitive, and Computational Perspectives*. Cambridge: Cambridge University Press. pp. 113-127.

Haiman, J.(1980). "The Iconicity of Grammar: Isomorphism and Motivation." *Language* Vol. 56. No. 3. pp. 515-540.

Harris, Z. S.(1951). *Structural Linguistics*. Chicago: The University of Chicago Press.

Heine, B.(1993). *Auxiliaries: Cognitive Forces and Grammaticalization*. Oxford: Oxford University Press.

Heine, B.(1997). *Possession: Cognitive Sources, Forces, and Grammaticalization*. Cambridge: Cambridge University Press.

Heine, B., U. Claudi and F. Hünnemeyer(1991). *Grammaticalization: a Conceptual Framework*. Chicago: University of Chicago Press.

Helasvuo, M. and T. Huumo(2015). *Subjects in Constructions: Canonical and Non-Canonical*. Amsterdam: John Benjamins Publishing Company.

Hopper, P. J. and E. C. Traugott(1993). *Grammaticalization*. Cambridge: Cambridge University Press.

Horn, L. R.(1984). "Toward a New Taxonomy for Pragmatic Inference: Q-Based and R-Based Implicature." in D. Schiffrin (ed.) *Meaning, Form, and Use in Context: Linguistic Applications*. Washington, D. C.: Georgetown University Press. pp. 11-42.

Jackendoff, R.(1990). *Semantic Structures*. Massachusetts: The MIT Press.(고석주·양정석 역(1999). 「의미구조론」. 서울: 한신문화사.)

Jakobson, R. and M. Halle(1956). *Fundamentals of Language*. The Hague: Mouton

& Co.

Janssen, T. M. V.(1997). "Compositionality (with an appendix by B. Partee)." in J. van Benthem and A. ter Meulen (eds.) *Handbook of Logic and Language.* Amsterdam: Elsevier. pp. 417–473.

Janssen, T. M. V.(2001). "Frege, Contextuality and Compositionality." *Journal of Logic, Language, and Information.* Vol. 10. No. 1. pp. 115-136.

Janssen, T. M. V.(2012). "Compositionality: It's Historic Context." in M. Werning, W. Hinzen and E. Machery (eds.) *The Oxford Handbook of Compositionality.* Oxford: Oxford University Press. pp. 19-46.

Jespersen, O.(1924). *The Philosophy of Grammar.* London: George Allen & Unwin Ltd.

Johnson, M.(1981). *Philosophical Perspectives on Metaphor.* Minneapolis: University of Minnesota Press.

Karaman, B. I.(2008). "On Contronymy." *International Journal of Lexicography.* Vol. 21. No. 2. Oxford: Oxford University Press. pp. 173-192.

Kempson, R. M.(1977). *Semantic Theory.* Cambridge: Cambridge University Press. (허광일·이석주·박양구(1980). 「의미론」. 서울: 한신문화사.)

Kiss, K.(1998). "Identificational Focus versus Informational Focus." *Language.* Vol. 74. No. 2. pp. 245-273.

Krug, M.(2011). "Auxiliaries and Grammaticalization." in H. Narrog and B. Heine (eds.) *The Oxford Handbook of Grammaticalization.* Oxford: Oxford University Press. pp. 547-558.

Kuteva, T.(2001). *Auxiliation: An Enquiry into the Nature of Grammaticalization.* Oxford: Oxford University Press.(김주식 역(2006). 「문법화의 본질」. 서울: 한국문화사.)

Lakoff, G. and M. Johnson(1980). *Metaphors We Live By.* Chicago: The University of Chicago Press.

Lambrecht, K.(1994). *Information Structure and Sentence Form: Topic, Focus, and the Mental Representations of Discourse Referents.* Cambridge: Cambridge University Press.

Larsen-Freeman, D. and L. Cameron(2008). *Complex Systems and Applied Linguistics.* Oxford: Oxford University Press.

Lee, M. K. and S. Ou(2008). "Language Network as Complex Systems." *Forum on Public Policy.* Vol. 2008. No. 2. pp. 1-11.

Leech, G.(1981). *Semantics: The Study of Meaning(Second Edition).* Harmondsworth: Penguin Books.

Leech, G. N.(1983). *Principles of Pragmatics*. London: Longman.

Lepschy, G. C.(1981). "Enantiosemy and Irony in Italian Lexis." *The Italianist*. Vol. 1. No. 1. pp. 82-88.

Levinson, S. C.(1983). *Pragmatics*. Cambridge: Cambridge University Press.

Lipka, L.(1992). *An Outline of English Lexicology: Lexical Structure, Word Semantics, and Word-Formation(Second Edition)*. Tübingen: Max Niemeyer Verlag.

Löbner, S.(2002). *Understanding Semantics*. London: Arnold.

Lyons, J.(1968). *Introduction to Theoretical Linguistics*. Cambridge: Cambridge University Press.

Lyons, J.(1977). *Semantics 1, 2*. Cambridge: Cambridge University Press.(강범모 역(2011). 「의미론 1: 의미 연구의 기초」. 서울: 한국문화사. / 강범모 역 (2013). 「의미론 2: 의미와 문법, 맥락, 행동」. 서울: 한국문화사.)

Lyons, J.(1981). *Language, Meaning, and Context*. London: Fontana.

Lyons, J.(1995). *Linguistic Semantics: An Introduction*. Cambridge: Cambridge University Press.

Manning, C. D. and H. Schütze(1999). *Foundations of Statistical Natural Language Precessing*. Massachusetts: MIT Press.

Marantz, A.(1984). *On the Nature of Grammatical Relations*. Massachusetts: MIT Press.

Matthews, P. H.(1981). *Syntax*. Cambridge: Cambridge University Press.

Miller, G. A.(1996). *The Science of Words*. New York: Scientific American Library. (강범모·김성도 역(1998). 「언어의 과학」. 서울: 민음사.)

Murphy, M. L.(2003). *Semantic Relations and the Lexicon*. Cambridge: Cambridge University Press.(임지룡·윤희수 역(2008). 「의미관계와 어휘사전」. 서울: 박이정.)

Murphy, M. L.(2010). *Lexical Meaning*. Cambridge: Cambridge University Press.

Nida, E. A.(1949). *Morphology: the Descriptive Analysis of Words*. Ann Arbor: University of Michigan Press.(김진형 역(2000). 「형태론: 단어의 기술적 분석」. 서울: 아카넷.)

Nida, E. A.(1975). *Componential Analysis of Meaning*. Netherlands: Mouton.(조항범 역(1990). 「의미분석론: 성분분석의 이론과 실제」. 서울: 탑출판사.)

Palmer, F. R.(1981). *Semantics(Second Edition)*. Cambridge: Cambridge University Press.(현대언어학연구회 역(1984). 「의미론」. 서울: 한신문화사.)

Payne, D. L.(1992). "Introduction." in D. L. Payne (ed.) *Pragmatics of Word Order Flexibility*. Amsterdam: John Benjamins Publishing Company. pp. 1-13.

Pelletier, F. J.(1994). "The Principle of Semantic Compositionality." *Topoi*. Vol. 13. Issue 1. pp. 11-24.

Pelletier, F. J.(2001). "Did Frege Believe Frege's Principle?" *Journal of Logic, Language, and Information*. Vol. 10. No. 1. pp. 87-114.

Pustejovsky, J.(1995). *The Generative Lexicon*. Massachusetts: The MIT Press.(김종복·이예식 역(2002). 「생성어휘론」. 서울: 박이정.)

Quirk, R. *et al.*(1985). *A Comprehensive Grammar of the English Language*. London: Longman.

Recanati, F.(2001). "What Is Said." *Synthese* Vol. 128. Issue. 1. pp. 75-91.

Reinhart, T.(1981). "Pragmatics and Linguistics: an Analysis of Sentence Topics." *Philosophica*. Vol. 27. No. 1. pp. 53-94.

Rochemont, M.(1986). *Focus in Generative Grammar*. Amsterdam: John Benjamins Publishing Company.

Ross, J. R.(1970). "On Declarative Sentences." in R. A. Jacobs and P. S. Rosenbaum (eds.) *Readings in English Transformational Grammar*. Massachusetts: Ginn and Company. pp. 222-277.

Safir, W.(1997). "Janus Lives." *New York Times Magazine*. May 4. p. 22.

Saussure, F.(1916). *Cours de linguistique générale*. Paris: Payot.(오원교 역(1983). 「일반언어학강의」. 서울: 형설출판사.)

Schlegel, G.(1891). "On the Causes of Antiphrasis in Language." *Toung Pao*. Vol. 2. No. 4. pp. 275-287.

Searle, J. R.(1969). *Speech Acts: an Essay in the Philosophy of Language*. Cambridge: Cambridge University Press.

Seiler, H.(1983). *Possesseion: as an Operational Dimension of Language*. Tübingen: Gunter Narr Verlag.

Senft, G.(2014). *Understanding Pragmatics*. Oxon: Routledge.

Sgall, P., E. Hajičová and J. Penevová(1986). *The Meaning of the Sentence in Its Semantic and Pragmatic Aspects*. Dordrecht: Kluwer Academic Publishers.

Smith, C. S.(1997). *The Parameter of Aspect (Second Edition)*. Dordrecht: Kluwer Academic Publishers.

Sperber, D. and D. Wilson(1986/1995). *Relevance: Communication and Cognition*. Oxford: Blackwell.

Stubbs, M.(1995). "Collocations and Semantic Profiles: On the cause of the trouble with quantitative studies." *Foundations of Language*. Vol. 2. No. 1. pp. 23-55.

Ullmann, S.(1962). *Semantics: An Introduction to the Science of Meaning*. Oxford:

Basil Blackwell.(남성우 역(1995). 「의미론: 의미과학입문」. 서울: 탑출판사.)

Vallduví, E. and M. Vilkuna(1998). "On Rheme and Kontrast." in P. W. Culicover and L. McNally (eds.) *The Limit of Syntax*. San Diego: Academic Press. pp. 79-108.

van Dijk, T. A.(1972). *Some Aspects of Text Grammars: A Study in Theoretical Linguistics and Poetics*. The Hague: Mouton Publishers.

van Dijk, T. A.(1977). *Text and Context: Explorations in the Semantics and Pragmatics of Discourse*. London: Longman.

Watters, J. R.(1979). "Focus in Aghem." in L. Hyman (ed.) *Aghem Grammatical Structure*. Los Angeles: University of Southern California. pp. 137-197.

Watters, J. R.(2010). "Focus and the Ejagham Verb System." in I. Fiedler and A. Schwarz (eds.) *The Expression of Information Structure*. Amsterdam: John Benjamins Publishing Company. pp. 349-375.

Wikipedia. https://www.wikipedia.org

찾아보기

[ㄱ]

가능성 118, 188
가능세계 116
가로 초점 236
가로 관계 173-174
간접 발화 145-146
간접 존대 179
간접 지식 187
간접 화행 145-146, 238-239
감정 감탄사 120
감정 양태 118, 187-188
감탄문 16-17, 116, 189, 195-196
감탄사 73-74, 76, 120
  감탄사의 유형 120
감탄어 105, 120, 153, 197-198
개념 구조 21, 23-24
개념의미론 21, 23-25
개념적 의미 287, 289, 301, 312
개연성 118, 184, 187, 191
개체 22, 104, 159, 210, 214, 235, 306
객어 43, 87, 94, 97-100, 103-104, 106,
  109, 120-124, 127-128, 133, 152,
  157-159, 161-163, 166, 202, 252, 258
  객어의 구성 104
  객어의 위상 99, 121
객어구 128, 134
객어절 127-128, 132, 134
객체어 99, 121
객체토 77, 82, 122, 126, 161-163, 165
  객체토의 위상 82
거부 초점 234
격 63, 79, 85-86, 88, 126, 159
격률 212
격조사 63, 74-75, 77-78, 89, 117,
  173-175, 230, 236
격표지 29, 126, 173
결과상 181-182, 184, 191, 357

결성 반의어 318
결합 제약 271, 301, 334, 352, 354, 358
결합적 긴밀성 165
결합적 패턴 24
겹칭 80, 170-171, 221
경계문 145, 195-196
경어법 76, 79, 195
경험주 100, 160, 180
계급 317
계사 34-35, 81, 83, 99, 115, 121, 132,
  155, 217, 357
계층 반의어 339
공간 화시 143, 211, 224-225
공간(의미역) 160, 162, 164-165
공기어 270, 272
공리 217, 265
공백화 133
공손토 83
공하의 관계 339-341, 343-346, 348-350,
  353, 359-361
  공하의 관계의 위상 343, 360
공하의어 324, 335, 337-339, 341,
  344-347, 349, 354
과거 136, 181, 183, 185-186, 190-192,
  201, 205, 222-223, 248, 326
과장법 249
관계(화맥적 변인) 137, 140-141,
  237-238, 260
관계 대립어 318, 322
관계 반의어 319, 321-322
관계 상대어 319, 322
관계어 76-77
관계적 대립어 318, 322
관계적 의미 29-30, 43, 58, 63-65, 135,
  160, 174, 176, 199, 215
관련성의 원리 44, 212
관련어의 개념 270

관련어 네트워크 271-272, 275, 279, 295
관습(화맥적 변인) 139-140, 150,
    211-212, 248, 250
관용구 77-78, 249, 263, 265
관용화 93, 218, 345
관점적 대립 317
관찰빈도 273-274
관형사 63, 73, 76-77, 82, 92, 99, 121,
    129, 206, 224
관형어 76, 85, 89-94, 96, 98-100,
    103-104, 106, 120-121, 127-128, 132,
    134, 152-153, 166-169, 175, 185,
    202, 207, 252
  관형어의 위상 99, 121
  관형어 설정 문제 91-93
  대등적 관형어 93, 98-100, 103, 106,
    121, 167, 175
  종속적 관형어 93, 98-100, 106, 121
관형어구 127-128, 134, 166, 169
관형어절 128, 132, 134, 167, 169
교차적 대립 320, 323-325
교호성 132
구문 24, 35, 86, 88, 91, 94, 100-102,
    110, 130-131, 160, 227, 230, 319
구성문법 21, 24-26, 29
  구성의 개념 24
  구성의 유형 25
구절구조 규칙 26
구조언어학 13, 47
규정사 74, 82, 108, 152-153, 166, 169,
    206, 224-225, 252
  규정사의 위상 82
규정적 어사 74
규정토 77, 82, 166-167, 169, 175,
    205-206
  규정토의 위상 82
극대칭어 318, 322
극성 초점 232-233
근접성 60, 169, 305-306
긍정문 16, 297

기능 변환소 76-77
기능 표지 76-77
기능어 73
기능적 단어 73, 76-78
기동상 183
기본 의미(명시적 의미) 209-210
기본의미설 60, 199
기본적 의미 37, 57, 59-62, 64-69, 135,
    155-156, 184, 198-199, 203-206, 208,
    213-215, 218, 252, 262, 299, 327
기원문 196
기준점(대립적 의미 관계) 320-321,
    330-331
깨달음 185

[ㄴ]
나이(화맥적 변인) 137, 139, 141, 211,
    237-239, 260
내용어 73
내포(↔외연) 20, 301
내포(↔접속) 19, 117, 129-130, 171
내포절 129, 132, 160-161
넓은 초점 231-232
노드 275, 278, 280-281, 284, 286-289
논항 22-23, 28-29, 43, 63, 75, 81, 84,
    88, 91-92, 96, 100, 104-105, 111-113,
    116-117, 120, 130, 132, 137, 152,
    156, 159-160, 165-166, 171, 198,
    200-202, 253, 255, 310-311, 352
논항 구조 84, 89, 269, 303, 311
능격 언어 88
능격성 88
능동문 16, 297
능력(양태) 118, 183, 188
능력 부정 189-190

[ㄷ]
다분 상대어 318
다원 분류 316, 318
다원 분류어 339

다원적 대립 319-321, 323-324, 330-331, 347
다원적 대립어 318, 323
다의성설 60, 199
다의어 60, 200, 202, 279, 299, 302-309, 312-314, 327-328, 330, 355
　다의어의 판정 기준 303-306
다차원 대립 320, 323
다항 대립 319, 323
단계적 대립 320, 323
단문 16, 18, 97-98, 162
단순 상보 반의어 319, 322
단순 가능도(simple-ll) 273-274
단순 이분 대립어 339
단순 정도 반의어 319, 322
단언 초점 233, 235
단의 내적 포함 관계 307-308, 310, 313
단일어 71-72
단차원 대립 319-320, 323
담화 주제 226
당위 양태 118, 186-188
대격 언어 88
대당성 165
대등절 132
대립 관계 299, 302-303, 306-308, 310-311, 313-316, 319, 321, 324-326, 331, 343, 346, 359-361
　대립 관계의 위상 343, 360
　이원적 대립 관계의 유형 321
　다원적 대립 관계의 유형 324-325
대립 이의 관계 306-307, 312-314, 325, 327-329
대립성 60, 166, 181, 305-306, 323, 361
대립어 316-318, 322
대명사 59, 62, 73, 76, 82, 86, 220, 224
대상(의미역) 85, 160
대상어 269-271, 273, 275, 277-278, 287-291
대상토 77
대소대당 321, 330

대안집합 175, 236
대역어 316
대용어 27, 131
대조 관계 307, 310, 312, 334, 339, 341-350, 356, 358-361
　대조 관계의 위상 343, 360
대조 주제 227-228
대조 초점 230-231, 233, 235-236
대조어 318, 322
대조화 174, 176
대척어 318, 322
대척적 대립 317
대체불가능성 355-357, 361
대치 초점 234-235
대칭성 132
대칭어 316, 318, 322
대하여성 226, 228
대형문 16, 18-19
더듬거림 120
도구(의미역) 160, 163-164, 166
도상성 169
독립어 73, 76, 81-82, 85, 89-90, 93, 98-100, 105-106, 115, 119-120, 127-128, 134, 153, 197-198
　독립어의 위상 99
　독립어 설정 문제 93-94
독립어구 128, 134
독립토 82
　독립토의 위상 82
동격어 91
동사 19, 21-24, 26, 29, 32, 34-35, 42-43, 63, 71, 73, 76, 81-82, 84-85, 87-89, 92, 94, 98, 100, 115-117, 119, 130-131, 155-156, 159, 170-171, 181-183, 201, 217-218, 224, 230, 236, 249, 253, 270, 304, 310, 351, 357
동사 연결 구성 153
동사 접속 구성 153-154
동의/유의 관계 270

동의문 16, 27, 297
동의어 270-271, 279, 289, 295
동작·행동 35-36, 152, 155-156, 159
동작주 85-87, 103, 159-161, 166
동적 양태 101, 118, 160-161, 187-188
동형성 169
동형이의어 280
두루낮춤 193, 237
두루높임 193
등급 반의어 316, 323
등재소 70
뜻의 다름 337-340, 343, 345-346,
　　359-360

[ㄹ]
링크 275-276, 278, 281, 286-289

[ㅁ]
말해진 것 43-45
매개 82, 112, 114-115, 118, 120, 136,
　　151-153, 168, 197-198, 252-253, 262
　매개의 분석 197-198
매개토 81-82, 252
맥락적 대립 327
명령문 16, 18, 53-54, 116, 146, 179,
　　189-190, 194-196
명사 25, 34-35, 63, 71, 73-74, 76, 81-82,
　　87, 92-93, 98, 103, 115, 117, 129,
　　185, 205, 216, 218, 220, 226, 270,
　　272, 275, 280, 289, 292, 301, 306,
　　313, 331, 335, 347, 357
명시적 의미 44, 63, 209
명제 21-22, 26, 43, 74-75, 78, 80-82, 85,
　　99-100, 104-105, 110-123, 125,
　　133-136, 142-143, 151-153, 156-157,
　　159, 167-174, 184, 187-190, 197-198,
　　228, 233, 251-253, 259
　명제의 개념 115-117
　명제의 분석 153-169
명제토 81-82, 113, 121, 152-153, 252

명항 78, 100, 112-114, 121, 136
명항구 83, 100, 113, 121, 126-128, 132,
　　153, 166, 228
명항사 74-75, 82, 92-93, 96, 100, 108,
　　112-113, 121, 126-127, 132, 153,
　　156, 158, 166, 168, 202, 205-206,
　　228, 252
　명항사의 위상 82
명항어 81, 92-93, 99-100, 103, 113,
　　121-122, 126-127, 132, 134-135,
　　152-153, 155, 157, 159-164, 166,
　　169, 173, 185
명항적 어사 74, 92, 104
명항절 100, 113, 121, 126-128, 132-133,
　　153, 166
명항토 77, 83, 122
　명항토의 위상 83
모순 대립 320
모순문 20, 258
모순성 36, 337-338, 344
모순어 312, 314, 327
모호문 16
모호성 29, 36, 38, 167, 335, 357
목적어 76, 84, 87-93, 98-99, 103-104,
　　121, 254, 310
목표(의미역) 160, 162, 164-166, 304
무시제문 81
무표적 초점 232-233
문내토 77
문말 서법 80-81, 83, 118, 123, 146, 152,
　　169, 171, 173, 184-186, 190, 192,
　　194-196, 257
　문말 서법의 위상 83
문맥적 의미 43, 45, 57-60, 63-67,
　　135-136, 159, 199-200, 204, 206,
　　252, 327
문법 관계 35, 76, 84-93, 95-100,
　　102-106, 114, 118, 120-130, 132-135,
　　153, 157, 159, 166, 169, 173,
　　197-200, 217, 252, 356

문법 관계의 구성 104
문법 관계의 분류 유형 98
문법 관계의 언어 단위 128
문법 관계의 종류 99, 121
문법 관계의 특성 85-89
문법 기능 84
문법 범주 76-78, 83, 117-118, 165-166, 169, 181, 184-185, 195, 202
문법 형태소 72, 313
문법상 80-81, 83, 118-119, 123, 152, 154, 169, 171-173, 181-182, 184, 188, 192
문법상의 위상 83
문법적 단어 64, 71-72
문법적 대립 327
문법적 동등성 51, 56
문법적 어사 72-79, 81-82, 104, 115, 123, 125, 134-136, 166, 169-170, 173, 184, 186, 198, 200-202, 252
문법화 93, 102, 161-162, 165-166, 181-182, 184, 188, 222, 259
문외토 77-78
문장 발화 16, 50, 52, 137, 260
문장 성분 22-23, 84, 89, 91, 99-100, 104, 110, 256-258, 261-262
문장 유형 18, 118, 145-146, 155, 195-196
문장 주제 226, 229
문장종결법 118, 195
미래 116, 185, 190-192, 201, 206, 223, 327
밀도 286

[ㅂ]
바람(양태) 118, 188
반-단언 극성 초점 232-233
반-단언 초점 233, 235
반대쌍 316
반대어 316, 318, 322
반대율 60, 305

반말체 193-194
반복상 181-182
반분절문 17
반어법 69, 249, 327
반의 관계 36, 212, 270, 298-300, 302, 306-307, 310, 312-315, 320-322, 326, 328-330, 333-335, 339-341, 343-349, 356, 359-361
반의 대립 326
반의문 16, 27, 297
반의성 316, 332
반의어 271, 299, 313, 316-319, 340
발화 14, 16-17, 19, 21, 28, 44, 46-57, 59, 80, 93, 120, 134, 137, 139-140, 143, 145-149, 210, 212, 221, 224, 228-230, 233, 236-237, 246-247, 254, 259-260
발화의 개념 47-50
발화 구 19, 51-53, 55
발화 단어 19, 51-52, 55
발화 문장 14, 19-20, 29, 45, 51-57, 62, 107, 136-137, 147, 149, 158, 176, 209-211, 213, 221, 237-238, 251-252
발화 문장의 의미 30, 62-63, 69, 107, 136-142, 149, 151, 209-214, 218, 228, 236, 239, 246, 251-253, 262
발화 상황 28, 64, 69, 74, 170, 220, 222, 226, 260
발화 장면 17, 19, 140-141, 148-149, 210-211, 239, 246-249, 255, 260
발화 절 19, 51-52, 54
발화 조각 55-56
발화문 16
발화시 64, 69, 136, 190-191, 222-224
방편어 98-101, 103-106, 120-122, 127-128, 133, 152-153, 157, 159, 163-166, 252
방편어의 구성 104
방편어의 위상 99, 121
방편어구 128, 134

방편어절 128, 132, 134
방편토 77, 82, 122
　방편토의 위상 82
방향 대립 323, 326, 361
방향(의미역) 160, 162-163
방향성 299, 317, 324, 339
방향적 대립 317, 330, 349
방향적 대립어 318
배경(화맥적 변인) 137, 139-140,
　　148-149, 214, 246, 248, 250, 260
배제(보조사) 175-176
배제화 174, 177
범위(보조사) 175-176
법성 80, 118, 170-171
변이 의미 108, 141-142, 153, 156, 199,
　　203, 205, 211-213, 247, 253, 262
변칙문 20, 258
변칙성 36
변형생성문법 14, 111
변형생성언어학 13
변화상 183, 201
병렬 초점 234-235
병렬절 132-133
보어 76, 85, 89-92, 94-100, 104, 123
　보어 설정 문제 94-99
보조 동사 구성 153
보조관념 203, 208, 218
보조용언 186, 188
보조사 54, 74, 76-77, 81, 83, 101, 119,
　　123, 141, 152, 167, 169, 173-177,
　　216, 227-228, 352, 354, 356
　보조사의 위상 83
보조토 83
복문 16, 129, 188
복잡계 296
복합 동사 구성 153
복합어 72, 301
본용언 83
본체부 80, 170-171
부가어 23, 94

부분 관계 270, 298, 312-313, 330
부분 위계조직 312
부분 이의 관계 313
부분 주제 228
부분어 270
부사어 22, 76, 89, 91-92, 94, 96, 98-106,
　　115, 119-122, 128-129, 132, 134,
　　152-153, 155, 157, 159, 163,
　　166-169, 173, 197-198, 202, 252
　부사어의 위상 99, 121
부사어구 128, 134, 168
부사어절 128, 134, 168, 223
　부사어절 설정 이유 129
부이의 262
부정 76, 79-81, 83, 117-119, 123, 152,
　　167, 169-173, 189-190, 197
　부정의 위상 83
부정 부사어 100, 105, 119-120, 153,
　　168, 197-198
부정문 16, 27, 190, 297
부정토 83
분류 관계 343-344, 359-360
　분류 관계의 위상 343, 360
분류 위계조직 312
분석문 16, 50, 52
분열문 230, 236
분절문 16
분절음 47
분지 위계조직 312
분해 관계 343-344, 359-360
　분해 관계의 위상 343, 360
불완전문 16, 51
비교(보조사) 167, 175-176
비분절문 17
비실현 63, 103, 126
비언표적 의미 57, 59, 62-63, 65-67,
　　138-139, 147, 209, 212, 248, 252
비완망상 182, 223
비유 62, 65, 203-204, 217, 249
비유적 의미 38, 40, 43, 57, 59-62,

65-69, 84, 135-136, 138, 141, 153, 155, 203, 209, 211, 213, 215, 252
비이원적 대립 317
비이원적 대조 316-317, 338
비정규문 17
비정규적 주어 100-102
비핵심 논항 104-105

[ㅅ]

사건시 222
사건의미론 21-22, 25-26, 28-29, 33, 36, 259-262
사격어 101, 104-105
사동문 16, 160-161, 297
사동주 160
사람(화맥적 변인) 137-140, 260
사태 36, 38, 41, 81, 115-116, 119, 137, 147-149, 154, 159, 166, 169, 183, 188, 190-192, 206, 211, 217-219, 221-223, 237-246, 248, 260
사회관계적 맥락 139-140
사회문화적 배경 139, 248, 250
사회문화적 배경지식 40, 68-69, 140, 148-150, 210-211, 246, 248-250
사회적 지시설 180
상관 관계 반의어 319, 322
상관적 대립 321-322, 327-329, 361
상당어 79, 165
상대 존대 64, 80-81, 83, 105, 118, 120, 123, 135, 152, 169, 171, 173, 190, 192-194
　상대 존대의 위상 83
상대어 316-319, 322
상반성 316
상반어 316
상반적 대립 320-322, 327-331, 361
상보 관계 326
상보 대립 319, 322, 326-327
상보 대립어 319, 322
상보 반의어 319

상보성 316
상보어 316-318
상보적 대립 316, 320-322, 327-329, 361
상성상 183, 201
상위절 130-131
상하의 관계 36, 270, 298, 300, 302, 306-307, 310, 312-313, 330, 337, 343-344, 360-361
상·하의문 16
상호정보 273-275
상황(화맥적 변인) 136-141, 148, 151, 209, 211, 246, 253, 260
상황 정보 139
상황적 대립어 317, 322
상황적 맥락 139-140
상황토 77
새로앎 185
생략 16, 19, 53, 58, 86, 103, 126, 131, 168, 180
생략문 16-18
서법 16, 34, 76, 79-80, 117-118, 170-171, 185-186, 191, 194-195
서법토 77-78, 83
서상 80, 170
서상법 116, 185
서상토 83
서술 34, 68, 78, 89, 96, 100, 105, 111-114, 118, 120-123, 134-136, 157-158
서술 관계 99, 106, 121, 132
서술 구성 33-35, 155
서술 기능 63, 74, 99
서술 보조소 76-78
서술 작용 32-33, 36, 41, 115
서술내용의 완전성 49, 253, 256-258
서술사 74, 76, 82, 108, 113, 121, 127, 152-153, 156-157, 159, 171, 183, 202, 252
　서술사의 위상 82
서술성 19, 80-81, 191, 253-254, 256,

258-259

서술어 22-23, 28, 32-39, 41-43, 50, 55, 61, 68-69, 71, 76, 80-81, 86, 89-100, 102-104, 106, 109-111, 113-115, 120-124, 127-135, 137, 151-160, 162-163, 166-172, 176-180, 184, 188-189, 197-198, 200-202, 207-208, 252-261, 270

  서술어의 구성 104

  서술어의 위상 99, 121

서술어구 58, 61, 113, 121, 126-128, 131, 134, 152, 156-159, 163, 168

서술어절 113, 121, 126, 128-135, 152, 156-157, 159, 163, 168, 179, 217

  서술어절 설정 이유 130-132

서술적 어사 74, 104

서술적 완비성 19-20, 251, 257

서술지표 80, 112

서술토 77, 83, 152, 157, 159

  서술토의 위상 83

서술형식의 완결성 19-20, 49, 51-52, 190, 253, 256-257, 259

서실법 185

선어말어미 63-64, 74-77, 83, 130-131, 135-136, 169, 186-187, 191, 222

선택 제약 26, 29, 269, 303, 310-311, 353-354, 356, 358

선택 초점 234-235

선행절 133

성구소 77-78

성분토 77, 83, 176

성질·상태 35-36, 152, 155-156, 159

세로 초점 175, 236

세로 관계 173, 175

소유 68-69, 93, 213-217

소유물 214, 216-217

소유주 214-217, 248

소형문 17-19, 51, 93, 259

수단(의미역) 154, 163-164

수사 73, 76, 82, 160

수식 34, 37, 78, 89, 96, 100, 112-114, 118, 120-123, 129, 132, 134-136, 155, 166, 226, 256, 270, 275, 319, 323, 357

수식 관계 99, 106, 117, 121, 132

수식 구성 33-34, 92

수식구 113, 124

수식사 113

수식어 76, 81, 91-92, 98, 113, 123, 152-153, 159, 166, 169, 198, 200, 202, 253, 257

수식절 113

수직 관계 343, 359-360

수평 관계 343-344, 349, 359-360

순열적 대립 319-320, 323

순차적 대립 317, 324

순차적 순서 317

순환적 대립 320, 323-325

순환적 순서 317

술부 97, 122, 162

습관상 181, 183

시간 화시 143, 210-211, 221-224

시간(의미역) 160, 162, 164

시간(화맥적 변인) 137, 139-140, 149, 211, 247, 260

시제 22, 34, 63-64, 76, 78-81, 83, 116-118, 123, 135-136, 152, 155, 169, 171, 173, 181, 184-186, 190-192, 201-202, 222, 230

  시제의 위상 83

시칭 80, 170-171

시칭토 83

신정보 초점 233-234, 236

실사 72-73

실제세계 116

실질적 의미 63, 65, 71, 135

심리 초점 235

심층 구조 19, 26

[ㅇ]

아주낮춤 192
아주높임 192
암시 의미 287, 295
암시적 의미 44, 63, 209
약속문 195-196
양극 반의어 318
양극 상대어 318, 322
양립불가능 관계 310-311, 314, 316-319,
    322, 324, 326, 333-361
양상 22, 82, 105, 110-115, 117-120, 123,
    133-134, 136, 151-153, 169-171, 173,
    176, 184, 189, 197-198, 251-253, 259
  양상의 개념 117-118
  양상의 분석 169-196
양상토 77-78, 81-83, 123, 153, 252
양태 34, 76, 78-81, 83, 101, 110,
    117-118, 123, 152, 160-161, 169,
    171-173, 183-192, 194-195, 197,
    201-202
  양태의 위상 83
  양태 부사어 100, 105, 119-120, 153,
    168, 197-198
양태법 118
양태소 80, 170
양태토 77-78, 83
양항 대립 319
어말어미 64, 76, 135, 187
어미 26, 70-71, 74-75, 78, 80, 92, 104,
    124, 145, 170, 180, 189-190, 237,
    255-256, 301
어순 26, 29, 67-69, 92, 141, 158, 168,
    227, 256-257
어절 71-72, 123-125, 127, 134, 270,
    272-273, 280
어휘 범주 76
어휘 체계 200, 298, 302, 355
어휘부 29, 83, 296
어휘상 181, 202
어휘소 279, 298, 302-303, 306-307,

310-311, 326-327, 329, 338-339, 343
어휘적 단어 63-64, 71, 73
어휘적 대립 327
어휘적 어사 72-74, 82, 119, 125, 134,
    136-137, 156, 200-202, 252
어휘적 의미 57, 59, 63-65, 72, 74, 82,
    109, 174, 258, 263, 300
어휘화 155, 259
언급대상성 91, 226
언어 유형론 32-33, 35, 88, 101, 105,
    155
언표 16-20, 49, 51-52, 54-55, 135, 142,
    209-210, 214, 247, 258
  언표의 개념 51-52
언표 구 19-20, 51
언표 단어 19-20, 51, 108, 114, 137-138,
    259-260
언표 문장 14, 16, 19-21, 29-30, 45,
    50-54, 57, 59, 62, 107, 113-114, 138,
    140-142, 151, 176, 199, 206,
    209-211, 220, 251-253, 260
언표 문장의 의미 29-30, 107-108, 110,
    114, 135-141, 151-153, 194, 198,
    203-204, 207, 209-213, 220, 246,
    251-253, 259-260, 262
언표 절 19-20, 51, 54
언표 조각 55
언표 텍스트 58, 62, 67
언표내적 행위 51, 145-146, 238
언표내적 힘 145-146
언표수반력 133, 239
언표적 의미 17, 57, 59, 62-67, 69, 135,
    142, 158, 174, 208-209, 218-219,
    248, 252
언표적 행위 52, 145-146
언향적 행위 145-146
여성어 249
역 관계어 339
역대립 318
역대칭어 318, 322

역동 관계 326
역동 관계 반의어 319, 322
역동어 318, 322
역의 관계 326
역할(의미 단위) 78, 89, 100, 104,
    112-114, 118, 120-123, 126, 134-136
역할 관계 99, 102-104, 106, 121, 132
연결 규칙 21, 23
연결 중심화정도 286
연결어미 54, 74, 76-78, 82, 117, 131,
    187
연상적 의미 287, 295, 301
연속상 181-182, 201, 217
연어 77-79, 165, 270, 306, 311, 313,
    327, 353-354, 356, 358
연어 관계 269, 272, 301, 306-307,
    310-313
예사낮춤 192
예사높임 192
예상빈도 273-274
예정상 183
완망상 181-182, 201, 205
완성 초점 234-235
완전 목록 초점 230, 232-234, 236
완전문 16, 19
외축 44, 209
용법설 60, 199
용언 73-74, 76, 82, 91, 99, 121, 131,
    230, 269, 301, 313
용인성 28-29, 358
우언법 79
우언적 구성 78-79, 83, 123, 135, 152,
    160-167, 169, 171-173, 181-184,
    186-189
운용어 76-79
운율 단위 47, 49
운율적 돋들림 228, 230-231, 236
원관념 203, 208, 218
원인(의미역) 160, 164, 166
원천(의미역) 160, 164, 305

원칙법 185-186
원형 의미 199
위계 318
위치 관계 139
위치 관계 반의어 319, 322
위치어 98-106, 120-122, 127-128,
    133-134, 152-153, 157, 159, 164,
    166, 216, 252
  위치어의 구성 104
  위치어의 위상 99, 121
위치어구 128, 134, 215-216
위치어절 128, 132, 134
위치토 77, 82, 122, 206
  위치토의 위상 82
유사 관계 302-303, 306-308, 310-311,
    313-314, 343, 359-360
  유사 관계의 위상 343, 360
유사 이의 관계 306-307, 312-313
유사성 40, 60, 203, 305-306, 310, 339,
    349
유사율 60, 305
유연성 155, 169, 199, 202-203, 214, 218,
    299, 303-306, 312
유의 관계 31, 36, 39-41, 45, 252, 289,
    298, 300, 302, 306-307, 310,
    312-313, 330, 333-335, 343-345,
    348-349, 356, 359-361
유의어 269-272, 278-279, 281, 287, 292,
    295-296, 306, 313, 345, 356
유정성 103, 160, 163, 215
유형 강제 258
은어 249
은유 27, 60, 68-69, 142, 203-206,
    214-218, 222, 249
은유적 의미 203-206, 213-214, 218
음운론적 단어 70-72
의도(양태) 188, 190-191
의도(화맥적 변인) 137, 139-140, 204,
    247, 260
의도/함축된 것 43-45, 212

의무(양태) 118, 160, 186, 188
의문문 16, 18, 53-54, 116, 161, 179,
    189-190, 194, 196, 255
의미 구조 23, 337
의미 단위 50, 71, 89, 100, 109-114, 117,
    120, 122, 134-135, 151, 197-198,
    251-252
의미 부류 33-34, 100, 155, 290
의미 자질 310-311, 339, 360
의미 자질의 상충 355, 357, 361
의미 체계 298, 302, 355
의미 초점 235-236
의미 층위 85-86, 105
의미 한정소 76
의미역 23, 29, 85-87, 89, 103, 105, 112,
    152, 159-160, 163-164
의미적 대조성 314, 340, 360
의미적 등가성 56
의미적 정합성 20, 190, 257-258
의소 60, 199, 262, 308, 351, 353-354
의외성 185, 191
의존부 170-171
의존어 170, 173-174
의지 감탄사 120
의지 부정 189-190
이동된 초점 236
이미지소 199
이분 상대어 318, 322
이원 분류 318
이원적 대립 316-321, 331
이원적 대립어 317-318
이유(의미역) 163-164
이의 60, 156, 185, 199, 202, 204, 206,
    262, 279, 299, 303, 305-309,
    312-314, 326, 328, 330, 351, 354
인식 양태 118, 184, 186-187, 191, 201
인용절 129, 195
인접성 79, 203, 207-208, 218
인접율 60, 305
인지언어학 203

인칭 화시 143, 210-211, 220-221
임이 125
임이금 125
임이듬 125
임이붙이 125
임이빗 125
입버릇 120

[ㅈ]
자격(의미역) 160, 163-164, 166
자격토 77-78, 81-82, 103, 112-113,
    121-122, 126-127, 134-135, 152-153,
    157, 159-165, 173, 252
자연 언어 14, 26, 263, 302, 355
자체대립 관계 314, 326
자카르드 유사성 294
장면(화맥적 변인) 137, 139
장소(화맥적 변인) 139
재료(의미역) 160, 162-164
적절성 46, 358, 361
전성어미 74, 76-78
전성토 75, 77-78, 81-83, 103, 113,
    121-122, 126-128, 133-135, 152-153,
    163, 223, 252
절 접속 76, 78-79
절대 빈도 274, 281
절대문 80-81, 190-191
절대시제 133
접속 92, 129
접속 기능소 76
접속 부사어 100, 119-120, 153, 168,
    197-199
접속어 76-77
접속조사 74, 76-78, 82
정규문 16
정도 대립 319, 322
정도 대립어 319
정도 반의어 319
정도 상보 대립어 319
정도적 대립 320-322, 327-331, 361

정보 초점 235-236
정보구조 55, 68-69, 91, 140-142,
　　144-145, 158, 174-175, 190, 209-211,
　　220, 229
정체·부류 35-36, 152, 155-156, 159
정태상 183
제시 초점 230-231, 236
제시어 91, 105, 120, 153, 197-198
제자리 초점 236
제트 점수(z-점수) 273-274
제한 초점 234-235
제한사 74, 82, 99, 103, 108, 121,
　　152-153, 168-169, 252
　제한사의 위상 82
제한적 어사 74
제한토 77, 82, 168-169
　제한토의 위상 83
조각 발화 52, 55
조각문 17-19, 51, 259
조사 70-71, 74-78, 87, 92-93, 95-105,
　　124, 126, 162, 164-165, 173,
　　175-176, 184, 215, 255, 301, 356
조성토 77
존경토 83
존대 의향 64, 136, 174, 177
존대설 180
존재 위치 67-68, 213-217
존칭 80, 170-171
좁은 초점 231-232
종결 억양 54-55, 257
종결 형식 256-257
종결상 182
종결어미 54, 74-79, 83, 117, 185-186,
　　190, 192-195, 237, 257
종속 상보 반의어 319, 322
종속절 102, 129, 132-133, 161, 189
주관성 41, 185
주동문 16, 297
주변 의미 199
주부 97, 122, 162

주어 34, 53-54, 58, 62, 68, 71, 76,
　　84-95, 97-104, 106, 109-111,
　　120-124, 127-128, 130-133, 152,
　　156-163, 166, 170, 180, 202,
　　216-217, 252-256, 258
　주어의 구성 104
　주어의 위상 99, 121
주어 존대 180
주어구 127-128, 134, 166
주어성 101
주어절 128, 132, 134, 166
주어짐성 226-228, 235
주이의 262
주절 133, 161, 171, 179
주제 53, 85-86, 89-91, 105, 132, 141,
　　144-145, 174, 210-211, 216-217,
　　225-230, 236
　주제의 개념 225-226
　주제의 실현방식 227-228
　주제의 유형 228
주제어 85, 89-91, 99
　주제어 설정 문제 90-91
주제화 29, 174, 217
주체 존대 63-64, 80-81, 83, 118-119,
　　123, 135, 152, 169, 171-174, 177,
　　179-180
　주체 존대의 위상 83
주체어 99, 121
주체토 77, 82, 121, 126, 160-163, 216
　주체토의 위상 82
준-언표 문장 20-21, 81, 259
중간항 320
중문 16, 129
중심 의미 199
중심 대칭어 318, 322
중의문 16
중의성 31, 36-38, 41, 45, 164, 190, 252,
　　357, 361
중첩 반의어 318
중층화 184

증거 양태 187
증거성 187, 191-192
지속상 182
지시 구성 33-34
지시어 27
지식(화맥적 변인) 139-140
지정수신인 53, 105, 120, 198
지칭성 87, 160
지표 80, 112-114, 121, 135-136, 251
지프의 법칙 296
직교적 대립 317
직업어 249
직접 발화 145-146
직접 지식 187, 191
직접 화행 145, 239
진리조건의미론 26
진반의어 316, 339
진행상 154, 181-182, 184, 357
질문 초점 234

[ㅊ]
참여자 정보 139
참조시 183, 222-224
처음앎 185
척도 317
첨가(보조사) 175-176
첨가토 79-83, 113, 123, 152-153, 169,
    171, 173, 177, 189, 252
청유문 16, 18, 116, 146, 189-190, 196
청자 존대 178-180, 193
청자의 태도 137, 139-141, 146-148, 169,
    211, 237, 242-245, 260, 327
체계문 16, 19, 50
체언 35, 73-74, 76, 82, 93, 95, 190, 215,
    301
초점 54, 85, 141, 144-145, 190, 210-211,
    225, 228-236, 357
  초점의 개념 228-230
  초점의 실현방식 230
  초점의 유형 230-236

초점화 29, 133
총괄어 91
총망라적 목록화 초점 230
최초 의미 199
추론 186-187
추상의미설 199
추측법 184, 186, 191
층위화 184

[ㅋ]
코퍼스 185, 271-274, 278, 280-281, 291,
    295-296

[ㅌ]
태 79, 89, 171
태도(화맥적 변인) 17, 137, 139, 147,
    237-246, 260
텍스트문 16-17, 19, 50, 52
토 73, 77, 81-83
통사 구조 14, 23, 79, 89, 91, 97, 109,
    120, 163, 171, 210, 216
통사 기능 34, 84
통사 단위 110-111, 252
통사 원자 70-72, 79
통사 층위 84-86, 89-92, 99, 105, 109,
    114, 123, 252
통사적 어사 72, 77, 82, 104, 135, 137
통사적 연쇄 24
통사적 의미 57, 59, 63-65, 72, 74, 78,
    82, 85, 107-109, 114, 135, 137-138,
    259-260
투사 규칙 27
특이격 주어 100
티 점수(t-점수) 272-276, 278, 281
  t-점수의 수식 273
  t-점수의 특성 274-275

[ㅍ]
파생 의미 60, 199, 262
평가 정도 반의어 319

평균 연결정도 286-288
평서문 16-17, 19, 116, 189-190, 195-196,
　　255
포용 관계 307, 311-313
포함 관계 302-303, 306-308, 310-314,
　　330, 343-344, 359-360
포함화 174, 177
표면 구조 19, 26
표시 의미 287, 295
품사 33, 70, 72-74, 87, 130, 270
피동문 16, 297
피동작주 159-162, 166
피사동주 160-161
필수적 부사어 89, 92, 94, 96, 98
필수토 79-83, 113, 123, 152-153, 169,
　　171, 173, 190, 252

[ㅎ]
하게체 192-194, 196
하오체 192-194, 196
하의어 270, 313, 345-346
학술용어 249
한정 기능 63, 74
한정사문 27
한정성 87, 160, 226-227
한정적 어사 74
한정토 77
함수 22
함의 주제 228
함축 27, 41, 43-44, 181, 183, 209, 212,
　　250
합성성 262, 264
합성성의 원리 27, 261-266
합쇼체 192, 194, 196
항진문 20, 258
항진성 36
해라체 192, 194, 196
해요체 193-194
해체 193, 237

핵어 173-174
핵어구구조문법 159-160
허락/허용 118, 188
허브 286-287
허사 72-73
현재 81, 155, 181, 190, 192, 206
형식의미론 14, 21-23, 25, 27
형용사 26, 34-35, 63, 73, 76, 81-82,
　　115-116, 130, 155-156, 218, 270
형태 층위 85-86, 105
형태론적 대상 70
호응설 180
호칭어 105, 120, 153, 197-198
호칭토 77
혼문 16
화맥적 변인 136, 138-141, 147, 149,
　　151, 209-212, 238, 251-253
화맥적 의미 38, 43, 45, 57-60, 62-67,
　　72, 82, 84, 135-139, 141, 143,
　　145-146, 148, 158, 174, 213, 228,
　　236-239, 242-243, 246, 249-250,
　　252-253, 327
화시 17, 63-64, 137, 139-145, 179,
　　209-211, 220-225, 260
화용 층위 44, 85-86, 90, 93, 105, 144
화자의 태도 39, 137, 139-141, 146-148,
　　169, 184-185, 211, 237-241, 260, 327
화행 유형 145-146, 195-197
화행의미론 26
확실성 118, 186-187, 191
확인 초점 230, 235-236
확장 의미 199
확장 초점 234-235
환유 60, 62, 142, 203-204, 207-209,
　　213-214, 216, 218-219
환유적 의미 203-204, 207-209, 213,
　　218-219
회상법 186, 191
후행절 54, 131

저자 소개

도재학

대구 출생
고려대학교 문과대학 국어국문학과 졸업(2007)
동 대학원 국어국문학과 문학석사(2011)
동 대학원 국어국문학과 문학박사(2016)
삼육대, 상지대, 성신여대, 한성대 강사 역임
현재 건국대학교 아시아콘텐츠연구소 학술연구교수

[주요 논문]
우언적 구성의 개념과 유형에 대하여(2014)
진행상을 표시하는 우언적 구성들의 차이에 대하여(2015)
한국어에서의 '바람(wish)' 개념의 실현 방책과 범주에 대하여(2016)
한국어 부정 표지 '-지 말-'에 대하여(2017)

국어의 문장 의미와 어휘 의미

초 판 1쇄 인쇄 2018년 6월 15일
초 판 1쇄 발행 2018년 6월 20일
저 자 도재학
펴낸이 이대현
편 집 박윤정
디자인 홍성권
펴낸곳 도서출판 역락 | 등록 제303-2002-000014호(등록일 1999년 4월 19일)
주 소 서울시 서초구 반포4동 577-25 문창빌딩 2층
전 화 02-3409-2058(영업부), 2060(편집부) | 팩시밀리 02-3409-2059
홈페이지 www.youkrackbooks.com | 블로그 blog.naver.com/youkrack3888
전자우편 youkrack@hanmail.net
ISBN 979-11-6244-095-7 93710